民族文化研究叢書 167

손온 홍루몽 화책의 서사성 연구

民族文化研究叢書 167

손온 홍루몽 화책의 서사성 연구

고명주 지음

高麗大學校
民族文化研究院

이 책은 용운장학재단이 한국학 연구의 발전과 신진 연구자의 연구성과 확산을 위해 지원하는 〈용운 한국학 연구교수 지원사업〉에 의하여 출판되었습니다.

책머리에

이 책은 중국 청대(淸代) 시기의 화가 손온(孫溫)이 그린 『홍루몽(紅樓夢)』 화책(畵册)에 나타난 서사성을 밝히는 것을 목적으로 한다.

청대 조설근(曹雪芹)이 창작한 백화 장편 소설 『홍루몽』의 메타 텍스트인 손온 『홍루몽』 화책은, 문자 텍스트의 서술이 완전히 배제된 순수한 이미지 텍스트로서, 오직 그림 언어로 원작의 서사를 표현해 내고 있다. 원 텍스트가 분명하게 존재하는 이미지 텍스트의 장점이자 단점은 원작의 내용과 직접적인 대조가 가능하다는 것인데, 감상자가 원작의 도움을 받아 그림 서사를 한결 순조롭게 해독할 수 있다는 장점이 있으나, 원작의 다채롭고 심오한 서사가 이미지 텍스트에 얼마나 완전하게 재현되었는지 여실히 재단된다는 것은 화가의 입장에서는 분명 단점이라고 할 수 있다. 그럼에도 불구하고 손온 『홍루몽』 화책은 여러 연구자들에 의해 그 예술성과 작품성을 인정받아 온 바, 이미지 텍스트로서 과연 얼마나 완성도 있게 원작의 서사를 재탄생 시켰는지, 그 방법은 무엇인지에 대한 의문에서 집필을 시작하게 되었다.

손온이 그린 것으로 알려진 이 『홍루몽』 화책은, 청대에 창작되었으나 오랜 기간 박물관에 비장되어 오다가 2004년에 이르러 유광당 관장에 의해 요녕여순박물관(遼寧旅順博物館)에 공개 전시 되었다는 특수한 이력을 가지고 있다. 창작 시기로부터 이미 긴 시간이 흘렀기에 화가와 작품의 창작 배경에 대해 연구자들이 정확하게 고찰해 내기 어렵다는 연구의 한계를 지니고 있으나, 이 책에서의 논의는 이미지 텍스트의 그림 서사에 집중하여 화폭 안에 표현된 그림 기호를 해체하고 분석하는 것을 중심으로 한다.

1장에서는 본 연구의 목적과 지금까지의 『홍루몽』 회화와 손온 화책에 대한 연구 현황, 그리고 본 논문의 연구 방법을 간략하게 설명한다.

2장에서는 본격적인 논의에 앞서 청대 『홍루몽』 회화가 등장하게 된 역사적 배경을 살펴보고, 역대 『홍루몽』 회화의 유형과 특징에 대해 분석한다. 또, 『홍루몽』의 회화본을 인물 수상 위주의 그림과 고사 위주의 그림으로 유형을 나누고, 그중 대표적인 작품들을 선택하여 간략한 소개를 진행한다. 나아가 화책의 창작자인 손온과 손윤모에 대해 알려진 정보들을 정리하고, 화책의 기본적인 서지 사항과 판본 형식, 그리고 미술적 풍격과 내용적 특징에 대해 설명하며 본격적인 분석에 앞선 초석으로 마련한다.

3장에서는 메타텍스트로서 화책이 창작되는 과정을 면밀히 분석하며, 화폭에 남아있는 흔적을 따라 원작에 대한 손온의 창작 의도와 여정을 엿본다. 또한 이미지로 이루어진 메타텍스트인 손온의 화책이 원작의 문자 텍스트로부터 벗어나면서 발생한 여러 가지 결핍과 공백에 대해 지적하고, 이를 극복하기 위한 비문자적 언어들의 필요성과 목표의식을 제안한다. 더불어 이미지 텍스트로서 자체적으로 서사성을 완성하기 위해 반드시 수반되어야 하는 화책의 미학적 가치와 예술성에 대해 살펴본다.

4장에서는 본격적인 이미지 텍스트 분석이 이루어지며, 이미지 텍스트의 내용을 더욱 풍요롭게 만드는 화폭에 담긴 여러 가지 그림 기호들에 대해 주목한다. 이미지화(visualization)된 텍스트 안에서 손온이 배열해 놓은 기호들을 찾아내고 그 의미를 해석하며, 각 기호들의 서사적 특성과 역할을 살펴본다. 그를 위해 먼저 그림을 구성하는 기호를 크게 인물 기호, 사물 기호, 그리고 배경 기호로 분류하고, 각각의 기호화 과정과 기호의 사용 방식, 효과 등을 분석하며, 더불어 그림 서사에서 기호의 외시 의미(denotation)와 함축 의미(connotation)의 독해 방법을 제시한다.

5장에서는 앞서 4장에서 분석한 그림 기호들과 그를 통해 완성된 그림 서사의 풍부한 내용이 정태(靜態)로부터 동태(動態)의 성질을 갖기 위해 필요한 서사 구조를 분석한다. 이를 통해 공간 예술이라 여겨지는 이미지 텍스트에서도 충분히 서사성을 발견 할 수 있게 될 것이며, 손온의 화책이 자체적으로 그림 서사를 구현 할 수 있다는 주장을 증명하는 최종적인 과정이 된다. 그를 위해 그림 서사의 구조를 시간 구조, 공간 구조 그리고 시점 구조로 분류하여 각각의 분석을 통해 그 특징과 역할을 확인하고자 한다.

이러한 과정을 통해 우리는 손온의 화책이 원작 텍스트로부터 파생되어 창작되고, 점차 문자의 제한으로부터 벗어나 이미지 텍스트로서 자체적인 서사성을 갖게 되는 과정을 파악할 수 있으며, 이를 실현 가능케 한 다채로운 그림 기호와 입체적인 서사 구조를 확인할 수 있다.

차례

제1장
서론

1. 연구 목적

『홍루몽(紅樓夢)』의 회화 예술, 특히 삽화나 화책(畵冊) 등의 회화본에 대한 연구는 소설 연구와 더불어 꾸준히 홍학(紅學) 연구자들의 관심과 흥미를 끌어왔던 영역이다. 물론 이러한 회화본은 원작으로부터 파생된 메타 텍스트로서, 순수한 소설 문학 연구에서 벗어난 주변 텍스트의 연구라는 지적이 제기되어 왔지만, 그림과 문자의 친밀한 관계는 역사적으로 부단히 증명되어 왔으므로, 연구자들은 회화본이 소설 문학에 미치는 강력한 영향력에 대해 충분히 인지하고 있는 바이다.

청대(淸代)에 『홍루몽』이 세상에 모습을 드러내고 사람들에게 애독되어 온 이후, 수많은 화가들이 앞 다투어 원작에서 받은 영감을 그림으로 그려내고자 했으며, 출판업자들은 삽화 판본을 제작하여 영업적인 이득을 취하고자 하면서 삽화의 빠른 전파를 주도했다. 이로써 수많은 『홍루몽』 이미지 텍스트들이 원작과 함께 민간에 퍼져 『홍루몽』의 유명세에 부채질 하였다. 그 중 예술성과 문학성을 인정받은 대표적인 『홍루몽』 회화본은 모두 오랜 시간에 걸쳐 여러 학자들의 활발한 연구가 이루어져 왔다. 다만 이 글의 연구 대상인 손온의 『홍루몽』 화책은 매우 특별한 경우로, 청말(淸末)에 창작되었지만 오랜 시간 비장되어 오다가 2004년에 이르러서야 유광당(劉廣堂) 관장에 의해 요녕여순박물관(遼寧旅順博物館)에 공개 전시 되면서 전국으로 출판되어 전 세계의 홍학계에 큰 반향을 불러일으켰다. 손온 작품의 가장 큰 특징은 미술적으로 뛰어난 회화 예술 수준을 갖추고 있다는 것과 문자 텍스트에서 벗어나 독립적인 서사가 가능한 화책이라는 점이었다. 손온의 작품은 고사화(故事畵), 즉 이야기 그림 형식의 독립된 화책으로, 여타 이야기 그림에 비해 지면의 크기가 월등히 크고, 화폭의 수량 또한 230폭에 달하며, 전에 없이 다양하고 상세한 내용을 담아내면서 비교적 완전하게 『홍루몽』의 그림 서사를 실현하였다. 다만 원작의 120회에 이르는 방대하고 복잡하며, 심오하고 섬세한 내용을, 그림이라는 한정적이고 제한적인 형태의 예술로 완벽히 재현해 내기란 불가능한 일이었다. 때문에 손온은 자신만의 독창적인 방식으로 원작을 재해석하며, 화책 한 폭 한 폭을 창작하고 구성함에 있어 보다 완전한 그림 서사를 표현하기 위해 여러 가지 시도를 한 것으로 보인다. 특히 230폭의 그림을 통해 표현된 각각의 사건들을 유기적으로 연결하여 원작의 서사성을 재현하기 위해 고심하였다. 서사성은 소설 문학의 핵심적인 특성으로 이를 기반으로 한 이미지 텍스트가 서사성을 보유하였다는 것은 어찌 보면 지극히 당연한 것이나, 비문자적 방식으로 표현된 서사는 좀 더 특별한 관찰과 분석을 요한다. 특히 원전 텍스트가 존재하는 이야기 그림은, 그림 읽기에 해답지가 있는 것과 비슷하다고 볼 수 있으므로 화가의 창작력과 독자의 상상력을 제한하기도 하지만, 그림의 표현과 문자의 표현은 완전히 같을 수는 없다. 이에 화가이자 독자로서 손온의 상상력에 의해 또 하나의 『홍루몽』이 탄생할 수 있게 된 것이다. 그러므로 화책의 서사성을 분석하기 위해서는 먼저 이미지 텍스트와 문자 텍스트의 상관관계를 비롯하여, 양 텍스트 간의 차별성, 그리고 이미지 텍스트만의 장점과 특징을 분명히 밝혀낼 수 있어야 한다. 문자 텍스트로부터 파생된 메타 텍스트의 하나인 회화본을 연구 대상으로 삼을 때, 원텍스트와의 비교는 필수적이다. 우리는 문자 텍스트가 화가에게 수용되는 과정을 통해 화책의 창작과 본질에 한 발 더 다가갈 수 있기 때문이다. 이는 회화본이 메타 텍스트로서 원작으로부터 무엇을 어떻게 흡수하였는지, 원작의 예술성과 문학성을 어떻게 드러내고자 하였는지에 대한 원론적인 질문에 대답하기 위한 과정이라고 할 수 있으며, 그를 통해 화가의 의도와 예술성에 접근했을 때, 비로소 화책의 진정한 가치와 역할을 발견할 수 있을 것이다. 그러나 잊지 말아야 할 것은, 이야기 그림은 선행하는 원전을 통해 내러티브를 확인할 수 있지만, 그것이 그 그림의 모든 것은 아니라는 것이다. 이야기 그림에는 그것과는 별도로 그림 그 자체가 지니는 내러티브 구조가 있으며, 이 양자는 독특한 상호작용 관계에 있다고 할 수 있기 때문이다.

또한 이미지 텍스트를 연구 대상으로 삼았을 때, 이미지 연구는 빼놓을 수 없는 부분인데, 이미지란 그림 서사를 표현하는 언어 그 자체이므로 특히 타당하게 세분화 되어 분석을 진행해야 한다. 한 이미지의 분석은 회화적 방면과 의미적인 부분을 모두 고려해야만 보다 완전한 분석에 가까워질 수 있다. 분명 화가는 그림을 그릴 때 미래의 독자와 소통하기 위해 암묵적으로 독자가 해석 가능할 만한 기호들을 남겨두었을 것이기 때문이다. 특히 손온의 화책은 대량의 이미지를 수록하고 있을 뿐만 아니라, 화폭의 크기 또한 여타 회화본에 비해 방대하므로, 진정한 의미의 손온 이미지 연구를 위해 회화의 유형이나 화풍 등의 일차원적인 분석에서 그치지 않고, 이미지의 함의와 서사적 역할에 대한 본격적이고 전문적인 분석이 반드시 필요하다. 그래야만 그림 서사를 읽는 독자는 명확한 독해의 기준을 가질 수 있으며, 손온의 화책은 독자에게 더 나은 그림 읽기를 제시할 수 있게 될 것이다.

손온의 화책은 다소 늦은 발견 시기로 인해 다른 전통 회화본 작품들에 비해 연구 성과가 현저히 저조하며, 중국에서 역시 화책의 서사성에 대한 심도 있고 전문적인 연구는 보기 드문 것이 사실이다. 특히 한국에는 아직 손온의 화책에 대해 본격적인 연구가 거의 이루어지지 않은 상태이며, 많은 연구자들에게 여전히 생소한 회화 작품으로, 그에 대한 정보량 또한 턱없이 부족하다. 이러한 국내외 연구의 실정에 동기를 부여 받아, 필자는 손온의 문학적 예술적 역량의 집대성인 『홍루몽』 화책을 단독 연구 대상으로 삼게 된 것이다. 이 책의 주요 연구는 원작 『홍루몽』의 문자 텍스트가 이미지 텍스트로 전환되는 과정에서, 원작의 풍부하고 다채로운 서사성이 손온의 화책에 미친 영향들을 살펴보고, 독해 가능한 요소들을 흡수한 손온의 화책이, 마침내 하나의 작품으로서 자체적인 그림 서사를 가능케 한 상세한 회화 전략과 서사 구조, 그리고 풍부한 그림 서사를 이끈 그림 기호들에 대해 분석하여, 손온 화책의 서사성을 밝혀내는 것을 목적으로 한다.

2. 연구 현황

현재까지의 손온 『홍루몽』 화책에 대한 국내외의 연구 상황을 살펴보기에 앞서, 우리는 먼저 『홍루몽』 회화 연구와 그 흐름을 알아 볼 필요가 있다. 청대에 『홍루몽』의 삽화본이 최초로 간행된 이후, 많은 사람들은 그에 대한 크고 작은 개인적인 견해들을 내놓았을 것이나, 학술사적 시각에서 정식적인 『홍루몽』의 회화 연구는 정진탁(鄭振鐸), 아영(阿英) 등의 문인 학자 등에 의해 20세기 초에 비로소 시작되었다고 할 수 있다. 먼저 정진탁은 고전 소설 삽화본 애호가이자 수집가로, 1920~30년 사이에

『홍루몽』의 그림 자료를 수집하기 시작했다. 다만 그의 작업은 주로 자료를 모으는 일이었으며, 별도로 자료에 대한 전문적인 연구를 진행한 것은 아니었다. 하지만 그가 수집하고 정리한 방대한 자료들은 후학의 연구를 위해 탄탄한 기초를 마련해주었으므로, 그 나름대로 상당한 가치를 지닌다. 한편, 최초로 『홍루몽』 회화 분야를 전문적으로 연구한 사람은, 바로 소설 연구의 대가 아영이라고 할 수 있다. 그는 1955년 『홍루몽판화집(紅樓夢版畵集)』을, 1963년 『양류청홍루몽년화집(楊柳青紅樓夢年畵集)』을 출판하였으며, 같은 해에 조설근 서거 200주년을 기념하여 〈만담홍루몽적삽도화화책(漫談紅樓夢的插圖和畵册)〉을 발표하면서 『홍루몽』 회화 연구의 시작을 알렸다. 이 글에서 아영은 『홍루몽』 삽화의 각 판본에 대해 요약하여 정리하고 있는데, 정갑본(程甲本), 형석산민(荊石山民)의 『홍루몽산투(紅樓夢散套)』, 개기(改琦)의 『홍루몽도영(紅樓夢圖詠)』과 왕희렴평본(王希廉評本) 등을 언급하면서 각 회화본의 예술적 특징을 간략하게 서술하였다. 아영은 청대 『홍루몽』 회화에 대한 자신만의 독특한 견해를 피력하였으며, 동시에 풍부한 자료 수집을 통해 『홍루몽』 후학의 회화 연구에 일조하기도 하였다. 아영은 중국의 『홍루몽』 회화 연구에서 선구적 위치의 절대적 인물로, 그 이후에도 감히 그를 능가 한다고 말할 만한 사람은 없다고 평가된다. 이후 1990년대의 비교적 대표적인 연구자로는, 홍진쾌(洪振快)가 1997년 『홍루몽고화록(紅樓夢古畵錄)』을 편찬하여 출간하였는데, 그림의 선택과 평론에 있어서 여전히 아영의 견해를 따랐으며, 청대의 『홍루몽』 회화 자료를 정리하는데 있어서는 더 상세하고 정연함을 보여주고 있다. 2000년대에 들어선 이후에는, 진평원(陳平原)이 2003년 『看圖說書——小說繡像閱讀劄記』를 출판하면서 서두에 『홍루몽』 삽화에 대한 세 편의 서설(書說)을 썼는데, 문학, 문화, 그리고 역사의 각도에서 『홍루몽』 삽화를 분석하고 있다. 위에서 언급한 정진탁, 아영, 홍진

쾌 등의 세 사람은 모두 방대한 『홍루몽』 회화 자료를 수집하였으며, 『홍루몽』 회화 연구 분야를 개척하는데 혁혁한 공을 세운 연구자들이라고 할 수 있겠다.[1] 다만 『홍루몽』 회화 연구 서적 중 전문적으로 특정 화가에 대해 연구한 서적은 1998년에 출판된 하연철(何延喆)의 『개기평전(改琦評傳)』이 유일하다고 할 수 있겠다.

앞서 마련된 선학들의 방대한 자료를 바탕으로, 『홍루몽』 회화의 심도 있고 자세한 논의는 학술 연구 분야에서 본격적으로 이루어지고 있다고 할 수 있으며, 대표적인 연구 성과로는 손손(孫遜), 정헌(靜軒), 이분란(李芬蘭) 등의 논문을 들 수 있다. 먼저 1993년 손손이 발표한 〈《紅樓夢》繡像, 文學和繪畫的結緣〉은 일부 판본의 전파에 대한 문제를 중점적으로 다루고 있으며, 정헌은 〈《紅樓夢》的插圖藝術〉(1997), 〈改琦: 來自紅樓夢時代的圖像——改琦《紅樓夢圖詠》研究〉(2006), 〈豔情人自畫紅樓——清代《紅樓夢》繪畫研究〉(2009) 등의 논문을 발표하며 『홍루몽』 회화 연구 영역에 다양한 화두를 제시하였다. 한편, 이분란은 손손의 제자로, 『홍루몽』 삽화 판본에 대해 정리하였으며, 주요 연구 성과로는 〈《紅樓夢》圖像傳播研究〉(2006)와 〈淺析以"程甲本"繡像爲代表的《紅樓夢》卷首木刻繡像〉(2007) 등이 있다. 또 진효(陳驍)의 〈清代《紅樓夢》的圖像世界〉(2012)와 고안(高雁)의 〈《紅樓夢》圖文關系的審美嬗變〉(2017)은 소설 원작과 회화 작품 간의 관계를 심도 있게 분석하고 있어, 점차 『홍루몽』 회화 연구의 저변이 확대되고, 연구의 깊이는 심화되는 양상을 보여주고 있다.

한편, 국내에서는 『홍루몽』 회화를 전문적으로 분석한 서적은 아직 없으며, 학술 연구 성과로는 박민정의 「청대 『홍루몽』 삽도」(2008), 최용

---

1) 『홍루몽』 회화 연구에 대한 정리는 陳驍의 글을 일부 참조하였다. (陳驍, 《淸代《紅樓夢》的圖像世界》, 中國美術學院 博士學位論文, 2012, p.11.)

철의 「청대 홍루몽의 판본삽화와 대중전파」(2017) 등이 있는데, 논문에서는 『홍루몽』의 회화사를 정리하고 대표적인 작품들을 중심으로 그 특징을 소개하고 있다. 한편 김수현은 「재학화된 인물표상: 《紅樓夢》과 《鏡花緣》의 인물-기물 삽도 연구」(2012)에서 왕희렴(王希廉) 평본의 『홍루몽』 삽화에서 인물과 화초를 대응시킨 표현 방식에 대해 분석하였으며, 「청대 器物 문화와 일상의 심미화-《紅樓夢》 텍스트와 삽화 속의 기물 재현을 중심으로」(2021)를 통해 『홍루몽』 원작에서 나타난 청대의 기물 묘사와 삽화의 재현 양상에 대해 분석하는 등 다양한 주제의 연구가 진행되어 왔다.

하지만 중국이나 한국에서 대다수의 『홍루몽』 회화 연구는 『홍루몽』 단독으로 이루어지기 보다는, 청대나 명청 시기 고전 소설 삽화의 전체적인 연구 중 한 챕터를 차지하는 데에 그치는 경우가 많다. 때문에 『홍루몽』의 회화본 중 단독의 한 작품인 경우에, 그보다도 세부적인 연구 대상이라 할 수 있으므로 연구 성과가 더욱 드물 수밖에 없다. 특히 『홍루몽』 회화 연구에서, 손온 『홍루몽』 화책에 대한 전문적인 연구 성과는 여타 『홍루몽』의 전통 삽화나 화책에 비해 미진한 것이 사실이다. 하지만 2004년 공개 이후, 손온 『홍루몽』 화책은 『홍루몽』의 회화 분야에서 새로운 연구 대상으로 부상하여 활발히 연구가 진행되고 있다. 현재 국내외에서 손온의 『홍루몽』 화책을 연구한 전문 서적은 전무한 상황이다. 중국 현지의 연구 성과로는 대부분이 학술지 위주이고, 석사 논문이 세 편 있으며, 산발적으로 연구가 이루어지는 단계라고 할 수 있겠다.

최초로 손온 『홍루몽』 화책에 대해 연구를 진행한 사람은 물론 화책의 발견자인 유광당이다. 여순박물관 관장인 유광당은 손온 화책에 대해 십여 년간의 심도 있고 세밀하며 체계적인 연구를 진행하며, 손온 화책 연구의 초석을 다졌다. 유광당은 〈丹青造奇境癡絕畵紅樓〉(2004)에 그의 연구 성과를 정리하였으며, 2004년 『청손온회전본홍루몽』에 수록하여 출판하였다. 연구에서 유광당은 화책의 특색, 제작연도 및 작가에 대해 고증하였고, 화책의 예술적 가치와 문화적 가치 등에 대해 언급하였다. 이듬해인 2005년에 유심무(劉心武)는 『홍루망월(紅樓望月)』에서 「霜前月下誰家種——評析孫溫繪《紅樓夢》」을 발표하였는데, 손온의 창작 의도, 화폭에서의 원작 텍스트의 시각적 재현 방식 및 손온과 조설근 가족의 관계 등을 분석하며 본격적으로 손온 화책을 다각도에서 바라보기 시작하였다고 할 수 있다. 이후 2007년, 방학혜(房學惠)는 「卷帙浩繁, 富麗精雅——旅順博物館藏《紅樓夢》圖冊探析」에서 손온 『홍루몽』 화책의 기본적인 정보 이외에 예술적 특색, 예술적 가치 및 제작 목적 등에 대해 자신의 견해와 분석을 조합하여, 여전히 미궁에 빠져 있는 화가 손온의 정체와 화책의 창작 의도를 밝히는데 일조하고자 하였다.

이와 같이 초기의 손온 화책에 대한 연구는 대부분 화책과 화가의 가장 기본적인 정보를 탐구하고 규명하는데 초점이 맞춰져 있었다면, 이후의 연구들은 여기서 나아가 본격적으로 화책의 예술성과 문학성에 접근하기 시작하였음을 알 수 있다. 손온의 화책에 대해 비교적 다양한 연구 성과를 낸 연구자로는 갈영영(葛英穎)이 있는데, 2008년에 두 편의 학술 연구와 한 편의 학위 논문을 발표하였다. 먼저 학술 연구로는 〈孫溫繪全本《紅樓夢》與同類繪本的比較研究〉에서 손온 『홍루몽』 화책을 개기(改琦), 비단욱(費丹旭), 대돈방(戴敦邦)이 그린 『홍루몽』 회화 작품과 함께 비교 분석하여 손온 화책만의 특징과 차별성을 정리하였다. 또, 〈孫溫繪全本《紅樓夢》中人物繪畫的借鑒手法〉에서는 손온 『홍루몽』 화책 중 인물 회화에 있어서 명대(明代) 사녀화(仕女畫)의 풍격을 답습한 시녀 형상과 궁정화(宮廷畫)로부터의 영향에 대해 분석하였다. 마지막으로 그의 학위 논문인 「清代孫溫繪全本《紅樓夢》中人物服飾繪畫研究」에서는 미술학, 의상학 및 역사학 등의 시각에서 청대 손온『홍루몽』화책에 묘사된 인물 의상의 주요 특징과 풍격, 그리고 문화적 함의와 심미적 가치에 대해 폭넓은 분석을 진행하였다.

그 후 2015년, 최인원(崔人元)은 〈淸代孫溫繪《紅樓夢》的價値分析〉에서 손온『홍루몽』화책의 예술적 가치, 홍학 연구에서의 새로운 시각, 풍부한 문화적 함의 등 세 방면으로 분류하여 분석을 진행하였다. 이듬해인 2016년, 손좌만(孫左滿)은『淸代孫溫繪《紅樓夢》的面世, 硏究和複制』를 통해 손온 화책의 회화적 가치, 연구 상황, 홍학에 끼친 화책의 영향, 화책의 복제와 보호 문제 등에 대해 분석하여 정리하였다. 같은 해, 당연(唐妍)이『紅樓閨閣空間的圖像敍事——以孫溫所繪全本《紅樓夢》爲例』에서 손온의 화풍과 화책의 시공(時空) 예술, 그리고 규각 공간을 표현한 손온의 회화 예술 방식에 대해 분석하는 동시에, 화책을 통해 작품 속 여성 인물의 내면세계 및 그들의 생활 모습을 엿볼 수 있어, 독자의 기대 심리를 만족시켰다고 주장했다. 이로써 당연에 이르러 화책의 서사성을 다룬 연구가 본격적으로 시작되었다고 할 수 있겠다.

2019년에는 두 편의 석사 학위 논문이 등장하였는데, 곽원원(霍願願)의「孫溫《紅樓夢》繪本中場景的繪畫語言探析」과 장철(張哲)의「孫溫《紅樓夢》繪本中'畵中畵'硏究」이다. 곽원원은 손온 화책의 장면 묘사 유형을 분류하고, 각 장면의 회화적 예술 기법을 설명하였으며, 화책에서의 작용과 의의에 대해 분석하였다. 장철은 손온 화책에 등장하는 '그림 속의 그림'을 화조(花鳥), 산수(山水), 인물 제재로 분류하여 정리하고, 그림 속 그림의 기능에 대해 분석하였다. 다만 이 두 논문은 모두 미술학 분야의 연구이므로, 회화 예술적 측면의 분석이 중심을 이루었다.

2023년에는 장건방(張健芳)이 자신의 석사학위 논문인「〈孫溫繪全本紅樓夢〉文圖關系硏究」에서『손온회전본홍루몽(孫溫繪全本紅樓夢)』과 원작『홍루몽』을 비교 분석하였다. 즉 이미지텍스트인『孫溫繪全本紅樓夢』과 문자 텍스트인 원작『홍루몽』의 유사한 부분, 즉 원작을 충실히 재현한 부분을 분석하고, 동시에 원작과의 차이점, 즉 원작에 위배 되는 여러 가지 부분을 제시하였다. 나아가 정갑본수상(程甲本繡像)에서 묘사된 설보차 이미지와 손온이 묘사한 설보차의 이미지를 비교 분석하기도 했다.

한편, 전문적으로 손온 화책만을 분석한 연구 논문은 아니지만, 2008년 장홍성(張鴻聲)은「《紅樓夢》的連環畫作品」에서 청대 손온『홍루몽』화책의 회화 유형과 예술적 특징에 대해 서술하였으며, 손온 화책의 회화 유형을 연환화에 근접한,『홍루몽』연환화의 초기 형태로 보았다. 한편 위에서도 언급하였던 정헌(靜軒)은「萬樹桃花月滿天——當代紅樓夢繪畫研究」(2014)에서 '홍루화(紅樓畫)'를 '해파(海派) 홍루화', '북방(北方) 홍루화', "당대(當代) 홍루화" 세 가지로 분류한 뒤, 각각을 대표하는 화가와 회화 풍격, 성과 등의 방면에 대해 분석하였다. 정헌은 '북방 홍루화'를 분석하면서 손온의『홍루몽』화책을 대표 작품으로 언급하였으며, 다른 회화 작품과 비교하여 손온 화책의 독창성에 대해 탐구하며 선구적인 역할을 하였다.[2)]

이처럼 중국에서 독립적인 손온 화책에 대한 연구 성과가 눈에 띄게 많은 것은 아니나, 여러 연구자들의 관심 속에 꾸준히 주제를 넓혀가며 연구가 진행되어 왔다. 그러나 한국에서 손온의『홍루몽』화책을 주제로 한 학술 연구 성과는 턱없이 저조하며, 2014년 서성이 발표한「청대 손온(孫溫)이 그린《전본 홍루몽》화책의 서사 표현 방식」이 유일하다. 그러나 서성은 손온의 화책의 다양한 서사 표현 방식에 주목하여, 이에

2) 손온『홍루몽』화책 연구에 대한 정리는 곽원원(霍願願)의 논문을 일부 참조하였다. (霍願願,《孫溫《紅樓夢》繪本中場景的繪畫語言探析」, 山西大學 碩士學位論文, 2019, pp.1-3.)

대해 비서사적 장면의 활용, 공간과 시간의 축소, 인물의 시공 여행, 그리고 복합 시공간의 운용으로 분류하여 분석하면서, 중국에서 다소 미진하다고 할 수 있는 손온 화책의 서사적인 측면의 연구를 진행하였으므로 의미가 있다고 할 수 있다. 이 책은 해당 논문에서 선행된 서사성에 대한 분석을 바탕으로, 분석 범위를 더욱 확장하고 심화하여, 손온 화책이 가진 서사적 특징들을 상세히 밝히고자 한다.

3. 연구 방법

본격적인 분석에 앞서 2장에서는 먼저 청대『홍루몽』회화가 등장하게 된 역사적 배경을 살펴보고, 역대『홍루몽』회화의 유형과 특징에 대해 분석하고자 한다.『홍루몽』회화는 필연적으로 명청대의 소설 시장의 번성과 밀접한 연관이 있을 수밖에 없으며,『홍루몽』회화의 유형과 특징, 그리고 그 변화는 당시의 시대상과 독자층의 요구를 반영하고 있다고 할 수 있으므로, 손온『홍루몽』의 화책을 본격적으로 분석하기에 앞서 먼저 전반적인 흐름을 살펴볼 필요가 있다. 또『홍루몽』의 회화본이 크게 인물 수상(繡像) 위주의 그림과 고사 위주의 그림으로 구분되는 것에 주목하여 유형을 나누고, 그중 대표적인 작품들을 선택하여 간략한 소개를 진행하고자 한다. 나아가『홍루몽』의 회화 예술에서 빼놓을 수 없는 청대 민간 회화 예술의 성과를 소개하고, 당시 문인 회화는 물론 민간 회화, 나아가 귀족 회화와 궁중 회화에까지 영향을 미쳤던『홍루몽』의 파급력에 대해 설명하도록 한다. 이를 통해 손온의 화책이 출현하기 이전과 창작 기간 동안의『홍루몽』회화 예술의 변천과 양상을 통해 그 흐름을 파악하고, 이러한 요소들이 손온 화책의 창작에 어떤 영향을 미쳤는지 확인하고자 한다. 또한 손온의 화책이 발견되고 출판되어 뒤늦게 세상에 알려지기까지의 과정을 설명하고, 동시에 화책의 창작자인 손온과 손윤모에 대해 지금까지 알려진 바를 정리하여 설명하고자 한다. 또 손온 화책의 서지사항과 판본 형식 및 미술적 풍격과 내용적 특징에 대해 간략하게 설명하면서, 본격적인 분석을 진행하기 위한 초석으로 마련하고자 한다.

3장에서는 본격적으로 손온 화책의 이미지를 분석하기에 앞서, 메타텍스트로서 화책이 창작되는 과정, 즉 제1의 독자이자 제2의 창작자로서 손온이 원작을 수용하고 재구성하는 과정을 면밀히 분석하여, 화폭에 남아있는 흔적을 따라 원작에 대한 손온의 창작 의도와 여정을 엿보고자 한다. 먼저 전체 화폭의 서사 배분 양상을 살펴보면서 손온이 어떤 사건에 중점을 두었는지 직관적으로 파악하고, 동시에 등장인물의 출연 빈도나 화폭에서의 비중을 살펴보면서 손온이 화폭에서 어떤 인물에게 우선순위를 두었는지, 나아가 사건의 어느 순간을 포착하여 화폭에 담았는지를 통해, 사건을 바라보는 화가의 시각과 화폭을 통해 독자에게 전달하고자 했던 의미를 알아보고, 최종적으로 자신의 화책을 어떻게 구성하고 했는지 분석해본다.

이와 더불어, 이미지로 이루어진 메타텍스트인 손온의 화책이 원작의 문자 텍스트로부터 벗어나면서 발생한 여러 가지 결핍과 공백에 대해 지적하고, 한계를 고백함과 동시에 이를 극복하기 위한 비문자적 언어들의 필요성과 목표의식을 제안한다. 반대로 문자로부터 벗어남으로써 발생한 이미지 텍스트만의 장점이나 특수성을 함께 확인해 보고자하며, 더불어 문자가 부재한 이미지 텍스트가 매개체로서 독자와의 커뮤니케이션에서 맞닥뜨리는 불리함을 지적하고, 이미지 텍스트만의 소통 방식을 확립하기 위해 손온이 어떤 시도를 했는지 짚어 보도록 한다.

마지막으로 이미지 텍스트로서 자체적으로 서사성을 완성하기 위해 반드시 수반되어야 하는 화책의 미학적 가치와 예술성에 대해 살펴보고자 한다. 손온의 미술적 능력은 화책의 그림 서사의 근간이며, 화책의 문화적 영향력은 창작의 궁극적인 목표이자 가치라고 할 수 있다. 즉, 손온의 화책이 이미지 텍스트로서 정체성을 확립하는 과정에서, 화책의 예술적 성취를 밝히는 것을 그 마지막 단계로 삼고자 한다. 나아가 청대의 시대적 흐름 속에서 홍루 회화의 문화성을 확인하고, 그와 더불어 손온 화책이 당시 전파되었다면 어떤 영향력을 미쳤을지 추측해보며, 손온 화책이 현대에 끼친 문화적 의의와 역할까지 함께 살펴보고자 한다.

4장에서는 본격적인 이미지 텍스트 분석을 진행하며, 이미지 텍스트의 내용을 더욱 풍요롭게 만드는 화폭에 담긴 여러 가지 그림 기호들에 대해 주목하고자 한다. 손온 화책의 그림 기호를 분석하는 목적은, 지금까지 손온의 화책이 『홍루몽』의 메타텍스트라는 명목 하에 소설의 보조적 역할로서 정의되었고 그 범주 안에 규정되어 왔지만, 앞서 확인하였듯 문자 텍스트로부터 벗어나 이미지 텍스트로서 서사적 정체성을 수립할 수 있는 충분한 가능성을 내재하고 있으며, 특히 그를 위해서는 그림 기호가 문자 텍스트의 결핍을 대체하는 이미지로서 맡은 바 역할이 가장 중요하며 주요하다고 판단하여, 본격적으로 그 기능과 특성을 확인하기 위함이다. 이에 따라 4장에서는 이미지화(visualization)된 텍스트 안에서 손온이 배열해 놓은 기호들을 찾아내고 그 의미를 해석하며, 각 기호들의 서사적 특성과 역할을 살펴보는 것을 핵심 과제로 삼는다. 그를 위해 먼저 그림을 구성하는 기호를 크게 인물 기호, 사물 기호, 그리고 배경 기호로 분류하고, 각각의 기호화 과정과 기호의 사용 방식, 효과 등을 분석하며, 더불어 그림 서사에서 기호의 외시 의미(denotation)와 함축 의미(connotation)의 독해 방법을 제시하고자 한다.

먼저 인물 기호의 정형화 대해 분석한다. 화책에서 인물 기호의 궁극적인 목표는 성공적인 정형화라고 할 수 있으며, 성공적인 정형화가 이루어져야 손온만의 가보옥(賈寶玉)과 임대옥(林黛玉)이 탄생할 수 있으며, 독자는 시각화된 등장인물을 통해 원작을 읽을 때 상상했던 인물들의 이미지를 투영시키며 보다 완전한 그림 읽기를 실현할 수 있게 된다. 그렇다면 손온은 인물 기호의 정형화를 위해 어떤 방법을 사용하였으며, 궁극적인 목적은 무엇인지, 또 그 효과는 어떠했는지를 알아보기 위해, 먼저 인물의 외면적인 조형성을 살펴보고, 그 후 내면세계가 신체화(身體化) 되는 현상에 대해 분석해보고자 한다.

그 다음으로는 사물 기호의 서사화에 대해 분석한다. 손온의 화책이 다른 화책들과 비교했을 때 더 뛰어난 서사성을 갖는 가장 큰 이유 중 하나는 아마도 비서사적 대상을 서사화하는 상징적인 표현력 때문일 것이다. 화폭에서 사물을 기호화하는 방법은 예로부터 사용되어온 회화 기법으로, 이는 부분으로 전체를 나타내는 환유법(換喩法)의 하나이다. 이에 비서사성의 대상인 사물을 약속된 기호로서의 사물과 그림 속의 그림으로 분류하여 기호적 함의와 역할을 분석해보고자 한다.

마지막으로 배경 기호의 이미지화에 대해 분석한다. 배경은 비록 화책의 플롯에 필수적인 것은 아닐지라도 이는 그림 서사의 전반적 인상에 기여하는 기능을 한다. 손온이 화책에서 배경을 표현하는 방법을 두 가지로 분류하여 분석하고자 하며, 한 가지는 원작에서 서술된 사실적 묘사에 따라 실경(實景)을 그려 리얼리티를 강조하는 방식이고, 또 한 가지는 원작에 표현된 정(情)을 배경에 담아 의경(意境)으로서 드러내는 것이다. 이를 통해 손온 화책에서 배경 기호의 핵심적인 역할과 함의에 대해 상세히 분석하도록 한다.

5장에서는 앞서 4장에서 분석한 그림 기호들과 그를 통해 완성된 그림 서사의 풍부한 내용이 정태(靜態)로부터 동태(動態)의 성질을 갖기 위해 필요한 서사 구조를 분석하고자 한다. 즉, 화폭의 그림 서사의 동적(動的) 실현을 위해 화가가 지면 공간을 어떻게 활용하였는지 분석해본다면, 공간 예술이라 여겨지는 이미지 텍스트에서도 충분히 서사성을 발견 할 수 있게 될 것이며, 손온의 화책이 자체적으로 그림 서사를 구현할 수 있다는 주장을 증명하는 최종적인 과정이 될 것이다. 본장에서는 손온의 그림 서사의 구조를 다시 시간 구조, 공간 구조 그리고 시점 구조로 분류하여 각각의 분석을 통해 그 특징과 역할을 확인하고자 한다.

먼저 그림 서사의 시간 구조에 대해 분석한다. 손온 화책에서 그림 서사의 동태성에 대한 문제를 분석하기 위해선, 공간을 다룬 회화 예술이, 서사 텍스트가 지니는 특질인 '시간'을 어떻게 표현해 냈느냐에 대한 연구가 선행되어야 한다. 손온은 소설 『홍루몽』의 시간적 서사를 어떤 그림 언어를 사용하여 그림 공간 위에 재현하였는지가 그 핵심이라고 할 수 있으며, 그림 속 시간의 표현을 분석하기 위해 단폭에서의 표현 방식과 다폭에서의 표현 방식으로 분류하여 살펴보고자 한다.

다음으로 그림 서사의 공간 구조에 대해 분석한다. 회화 예술은 역사적으로 공간 예술의 영역으로 규정되어 왔으며, 화폭의 본질은 시간의 표현보다는 시각적인 공간 묘사에 훨씬 적합한 것이 사실이다. 때문에 그림 서사에서 공간의 표현은 시간의 표현보다 자유롭고 다채로운 양상을 보이게 된다. 손온의 화폭에서 묘사되고 있는 배경공간의 모습은 오로지 손온 개인의 상상력에 따른 시각적 재현이라고 할 수 있으며, 화책에서 화폭이 허락하는 범위 내에서 자유자재로 그림 서사의 공간 구조를 변화시키며 서사에 따른 다양한 양상을 보여주고 있는데, 이러한 공간의 이동과 전환은 그림 서사의 시각적인 동태성과 직결되므로 서사의 동적 실현에 중요한 영향을 미쳤다고 할 수 있겠다. 이에 화폭의 공간 구조 방식을 크게 공간의 축소와 공간의 확대 두 가지로 분류하여 살펴보고자 한다.

마지막으로 그림 서사의 시점 이동에 대해 분석한다. 서사 문학에서 시점이란 서술의 초점을 가리키는 의미로 사용되는데, 이와 마찬가지로 그림 서사에서도 서사 시점이 존재하며, 회화에서의 시점은 '화폭에 담을 물상을 바라보는 각도'를 말한다. 손온은 비교적 다양한 시점의 구도를 사용하여 원작의 서사를 표현하고 있으며, 이 글에서는 이를 전지적 작가 시점, 평원(平遠) 시점, 부감(俯瞰) 시점과 엿보기 시점 총 네 가지로 분류하여 분석해 보고자 한다. 먼저 손온의 화폭에서 사용된 각 시점의 기본적인 특징을 확인한 뒤, 화책 안에 다양한 시점의 화폭을 교차적으로 배치하면서 그림 서사의 동적 실현에 미친 영향에 대해 확인하도록 한다.

용어 문제에 있어 이 글에서는 몇 가지 짚고 넘어가야 할 부분이 있다. 먼저, 중국에서 보편적으로 '삽도(揷圖)'로 명칭 하는 서적 사이에 끼워 넣은 그림을, 이 글에서는 한국식 명칭인 '삽화(揷畵)'로 표현하였다. 그리고 그림으로만 묶여 출판된 단독의 그림책을 이 글에서는 '화책(畵册)'으로 명칭 하였다. 또한 삽화 및 화책 등 서적 형식의 회화 작품을 통합하여 가리키는 말로 '회화본(繪畵本)'이라는 용어를 사용하였다. 화책을 구성하는 한 장의 그림 전체를 지칭하는 용어는, 중국어로 '도상(圖像)', '회화(繪畵)', '화면(畵面)' 등 그 표현이 다양하나, 본 논문에서는 '화폭(畵幅)'이라는 용어로 서술하였다. 또 스토리를 담은 그림이라는 뜻의 중국어 용어인 '고사화(故事畵)'는 '이야기 그림'으로, 그림으로 표현된 서사라는 의미의 중국어 명칭인 '도상서사(圖像敍事)'는 '그림 서사'로 통일하여 서술하였다.

한편, 이 책의 제목에 사용된 '손온 『홍루몽』 화책'이라는 명칭에 대한 문제를 짚고 넘어가고자 한다. 현재 손온의 화책은 대부분 2004년 유광당 선생의 편집을 거쳐 출간할 때 붙인 《淸·孫溫繪全本紅樓夢》이라는 서명으로 불린다. 화책 원본에는 발견 당시 제목이 붙어 있지 않았으므로, 최초의 간행본인 이 책의 서명을 따 '全本紅樓夢'이나 '繪全本紅樓夢'

으로 칭하는 것이 통상적이다. 그러나 유심무(劉心武) 선생은 손온의 화책은 한 책(册)이 그려지지 않았으므로 미완성이며, '全本'이라고 칭하는 것은 부적합하다고 주장하였다. 그의 주장에 따라 최근에는 '孫溫繪本《石頭記》'라는 표현법을 사용해서 지칭하기도 하며, 점차 전본이라는 단어를 사용하지 않는 경향을 보이며, 연구자마다 다양한 명칭을 사용하므로 여전히 그 호칭은 통일되지 않은 상태이다. 때문에 이 글에서 역시 논란의 여지가 있는 '全本紅樓夢'이나 '繪全本紅樓夢'의 명칭을 취하지 않았으며, 여러 가지 고민 끝에 작자와 작품, 그리고 형식을 동시에 간략하고 명료하게 드러낼 수 있도록 '손온 『홍루몽』 화책'이라는 표현 방식을 사용하기로 하였다.

이 글에서 손온의 그림 분석을 위해 저본으로 삼은 손온 『홍루몽』 화책은 2017년 상해고적출판사(上海古籍出版社)에서 선장본(線裝本)의 형식으로 출판한《夢影紅樓——旅順博物館藏孫溫繪全本紅樓夢》(上·下)이며, 비록 원본의 크기에는 미치지 못하지만 비교적 큰 사이즈로 인쇄되어 보다 선명하게 그림을 감상할 수 있는 것이 특징이다.

궁극적으로 손온의 『홍루몽』 화책을 단순히 미술적 시각이 아닌 문학적 시각을 동시에 겸하여 연구하는 것이 이 글의 가장 주요한 목적으로, 단지 예술적인 아름다움으로서 이 작품을 평가하는 것은 큰 의미가 없다고 판단하였기 때문이다. 다시 말해 『홍루몽』 원작 자체가 갖고 있는 문학성이 그림으로 어떻게 표현되었는지, 화책의 그림 서사를 어떻게 읽어낼 것이며 그 의미와 효과는 무엇인지에 대해 이 책에서 상세히 논의하고자 한다. 즉, 손온의 화책이 지금까지 소설의 보조적인 도구로만 치부되었던 소설 회화가 문자에서 벗어나 자체적으로 서사성을 확립할 수 있는 가능성을 보여준 화책이라는 것을 증명하고자 하였으며, 더불어 화책의 문학적 예술적 가치를 확인하고자 하였다.

제2장
청대 『홍루몽』 회화본

손온(孫溫) 『홍루몽』 화책의 서사성을 분석하기에 앞서, 먼저 청대 『홍루몽』 회화의 출현 배경과 발전 양상을 문화사적 측면에서 간략하게 설명하고, 이것이 손온의 『홍루몽』 화책의 탄생과 특성에 어떤 영향을 미쳤는지 살펴보고자 한다. 또 손온 창작 이전의 전통 삽화본과 화책(畵冊), 궁정화(宮廷畵)와 연화(年畵), 그리고 손온 창작 이후의 홍루 회화사에 대한 전반적인 토론과 더불어 손온 『홍루몽』 화책의 발견 과정과 서지 사항, 회화적 특징, 그리고 작가에 대한 문제에 대해 설명하도록 한다. 또, 손온 『홍루몽』 화책이 홍학계에 미친 영향과 중국 대륙은 물론, 아시아를 넘어 세계로 전파되는 양상을 간단히 설명하며, 손온 화책에 대한 기본적인 소개를 진행하고자 한다.

1. 『홍루몽』 회화본의 출현과 배경

책 속에 그림이 더해지게 된 역사의 기원을 찾는다면 당대(唐代)에 인쇄된 불경(佛經)까지 거슬러 올라가게 되는데, 중국의 서적사, 인쇄사에서 새로운 발견은 늘 불교 세계에서 일어나고 있다고 할 수 있겠다. 그림이 들어간 불경에서 시작된 삽화 문화는 송(宋) 이후 원대(元代)가 되면서 증가하게 되는데, 『전상평화(全相平話)』나 『효경직해(孝經直解)』 등이 그 것이다.[1] 한편, 원말 이후 나타나는 소설 삽화는 중국 고대 문헌의 삽화 예술의 발전사에서 매우 중요한 역할을 담당하고 있으며, 소설의 성쇠와 궤적을 같이하고 있다. 원말에 이어 명대(明代)는 중국 고전 소설의 본격적인 황금기라 할 수 있는데, 이는 인쇄업의 발전과 직접적인 연관이 있다고 할 수 있다. 뿐만 아니라 도시 경제가 발달하고, 시민들의 생활수준이 향상되었으며, 정통 문인이 아니어도 문학 작품을 향유할 수 있게 되었다. 동시에 제도적으로 서적 출판에 유리한 시기였으며, 인쇄업의 발전과 도서 수요의 확대가 자연히 출판 비용을 절감시키는 등, 여러 가지 복합적인 상황이 절묘하게 맞물려 출판업의 고속 성장에 최적의 환경이 조성되었다. 이러한 환경은 소설의 창작과 유통의 동력이 되었으며, 이에 명대 후기부터 청대까지 중국 고전 소설은 역사상 전무후무한 전성기를 이룩하였다. 더불어 소설 판본은 대부분 삽화본이 크게 유행하였는데, 만력(萬曆)부터 강희(康熙)까지의 시기를 소설 삽화 발전의 번영기로 볼 수 있다. 삽화본의 발전에 대해 살펴보면, 명대에는 각 지역의 유파(流派)가 삽화의 발전을 주도한 것으로 확인된다. 명대 만력에는 강소남경(江蘇南京), 복건건양(福建建陽), 안휘흡현(安徽歙縣)의 3대 출판 지역이 형성되었고, 이와 동시에 건안(建安), 금릉(金陵), 안휘(安徽) 3대 유파가 출현하였다. 건양은 북송 시기부터 이미 출판업의 중심 지역으로, 상업적으로 수요량이 증가하면서 서방(書坊)에서는 대량 인쇄가 이루어졌으며, 이에 생산 원가를 낮출 수 있으므로 도서는 점차 대중적인 시장 양식에 가까워졌다. 명대의 수도였던 금릉은 출판업 자체가 매우 발달하

1) 오키 야스시 저, 『중국 명말의 미디어 혁명』, 고인덕 역, 연세대학교 대학출판문화원, 2013, pp.56-57.

였는데, 소설, 희곡 등의 통속 독서물이 중심이 되었다. 이 시기 금릉의 대형 서방들은 모두 대량으로 책을 출판하였는데, 그중 삽화류 서적이 포함되었음은 물론이다. 안휘는 남송시기에 판각이 성행하였는데, 그 특징은 선이 세밀하고, 정교하며, 풍격이 뛰어났다. 당시의 업계에는 정소재(鄭少齋), 완호헌(玩虎軒), 황취당(黃翠堂) 등 유명한 각방(刻坊)이 있었으며, 황씨(黃氏), 유씨(劉氏) 등 뛰어난 각공(刻工)이 있었고, 출판 범위는 전국 각지에 이르렀다. 명대 후기에 이르러 3대 유파의 각풍(刻風)이 점차 유사해지는 경향을 보이며 풍격의 차별성이 점점 희미해졌다. 그 원인으로는 각공 간의 빈번한 교류와, 경쟁으로 인한 장기적인 상호 모방을 들 수 있는데, 이에 판각의 기풍은 점차 일치되는 양상을 보였으며, 이는 청대 후기 소설 삽화의 발전에 심원한 영향을 미치게 되었다.[2)]
한편, 옹정(雍正)부터 동치(同治) 연간에 이르러 소설 삽화 예술의 발전은 침체기를 맞이하게 된다. 이 시기의 작품들은 이전의 풍격이 결여되어 삽화 속 인물의 형상은 단조로워지고 도식화되는 모습을 보였다. 자연히 상등품에 속하는 작품은 찾아보기 힘들었으며, 시장에 유통되는 것들은 질적으로 떨어지는 판본들이 대부분이었다. 건륭(乾隆) 연간의 정갑본(程甲本)『홍루몽(紅樓夢)』, 도광(道光) 연간의 개자원(芥子園) 중각본《경화연(鏡花緣)》, 가경(嘉慶) 연간의 뇌라산방본(磊砢山房本)《담사(蟫史)》 등과 같은 정품(精品)은 더욱이 손에 꼽을 정도이다.[3)] 출판되는 서적의 양은 이전과 비슷하거나 더 늘었을지언정, 삽화 등의 각종 서적의 품질과 풍격은 전반적으로 크게 하향되었으며, 이전의 것을 모방하는 수준에서 벗어나지 못했다. 이러한 도서 시장의 침체는 청대의 사회적 배경과 깊

2) 屈一冰, 「清代小說插圖藝術研究」, 河南大學 碩士學位論文, 2019, p.7.

3) 김수현, 「명청 소설의 삽도 연구」, 고려대학교 석사학위논문, 2005, pp.25-26.

은 연관이 있다. 당시 통치권을 장악한 청 왕조는 강력한 탄압 정책을 시행하였는데, 특히 문화적, 문학적인 면에서 두드러졌다. 분서(焚書), 금서(禁書), 문자옥(文字獄) 등의 무자비하고 일방적인 제도들은 출판업계는 물론 각종 문학 및 소설의 창작에 직접적인 영향을 주며, 전에 없던 암흑기를 마주하게 된다. 인재들은 창작을 멈추었으며, 도서 시장에 몰렸던 자본은 자연히 빠져나갔다. 동시에 건륭(乾隆)·가경(嘉慶) 시기부터 문학사의 주류를 차지하게 된 고증학으로 인해, 통속 소설에 대한 관심은 차갑게 식어버린 것이다. 다만 청대의 인쇄술은 지속적인 발전 궤도 선상에 있었고, 서적 판화를 대신해 궁정 판화나 연화(年畵) 등의 민간 판화의 생산이 주류를 이루게 된다. 즉, 청대의 목판 삽화는 서양의 석인 인쇄술이 유입되면서 발전이 제한되어 명대에 비해 크게 뒤떨어졌으며, 청(淸) 정부가 소설에 엄격한 제한을 두는 사이, 강희 연간부터 건륭 연간에 이르기까지 민간 목판 연화는 각지에서 크게 흥행하여 중국 고대 판화사상 눈부신 발전을 이루었다.[4] 청대의 궁정화 또한 서양의 여러 화가들이 황궁에 들어와 정식으로 직함을 얻고, 황제의 총애를 받았으며, 다양한 회화 활동을 하면서 서양의 미술 기법을 흡수하여 중국과 서양의 화법이 결합된 새로운 화풍이 탄생하는 등의 발전된 양상을 보였다.[5] 대표적인 18세기 청 왕조의 서양화가들로는 이탈리아 출신의 궁정화가 낭세녕(郎世寧, Giusep.p.e Castiglione, 1688-1766), 프랑스 화가 왕치성(王致誠, Jean Denis Attiret, 1702-1768), 보헤미아 출신의 화가 애계몽(艾啟蒙, Ignatiu Sichelbart, 1708-1780), 이탈리아 화가 사루시티(安德義, Joannes Damascenus Saslusti, ?-1781) 등이 있었다. 이들은 중국에 거주

4) 單國強 저, 『중국미술사(4): 明·淸부터 근대까지』, 유미경 역, 다른생각, 2011, p.476.
5) 위의 책, p.176.

하면서 신체화풍을 형성하여 중국화단에 적지 않은 영향을 끼쳤다.[6] 한편, 도광(道光) 연간에 이르러 판화업이 다시 흥성하기 시작하는데, 강소(江蘇)와 광주(廣州) 등 남부 지역의 상업적 번화와 문예계의 대대적인 제창이 더해져, 서적 삽화의 발전은 또 한 번의 부흥을 맞이한다. 특히 협의 및 공안 소설이 유행하게 되면서, 소설 중 협객의 의거(義擧)를 묘사하는 대량의 인물 삽화가 등장하게 된다. 광서(光緖)부터 민국(民國) 초기까지는 서방 문화의 침투로 당시의 사회 환경 역시 심각한 변화가 발생하였다. 신문과 잡지의 흥행과 인쇄 기술이 발전함에 따라, 문화 전파의 수단 역시 점점 다양해졌으며, 소설의 지위가 높아지고 독자 집단이 증가하면서 소설 삽화 작품의 품질과 수량 모두 비약적인 발전을 이루었다. 삽화의 창작과 출판 역시 전문화되기 시작하면서, 작품 창작 과정에서 숙련된 화공과 각공들이 삽화의 품질을 보증하였고, 또 일부 문인화가의 참여는 작품의 예술적 품위를 제고시켰다. 최종적으로, 인쇄 기술의 발전, 제작의 우수성, 유통의 규범화 등등의 원인이 공통적으로 작용하여, 청대의 소설 삽화 예술은 마침내 번영을 맞이하였다. 또, 이 시기의 석인 기술이 유행하며 보급되기 시작하였는데, 전통 인쇄법과 근대 인쇄법이 함께 사용되면서, 출판 인쇄업은 또 한 번의 전성기를 맞이한다.[7]

조설근(曹雪芹)의 『홍루몽』이 등장한 건륭 연간은 문학사상 소설과 삽화의 유행이 정점을 지나 차츰 쇠퇴하던 시기였다. 그러나 『홍루몽』의 등장은 침체되었던 당시 소설 시장에 활력을 다시금 불어 넣었으며, 『홍루몽』은 가경 연간 초에 성행하기 시작해 전국으로 퍼져 어느새 이 작품

---

6) 우영숙, 「청대 소주(蘇州) 민간연화(民間年畵) 연구: 건륭연간의 판화작품을 중심으로」, 명지대학교 박사학위논문, 2016, p.45.

7) 屈一冰, 앞의 논문, p.10.

을 모르는 이가 없었다. 『홍루몽』은 초기 30년 동안은 필사(筆寫)를 통해 조설근의 측근을 위주로 한정적으로 유통되었지만, 120회의 텍스트가 완성된 이후 인쇄 기술에 힘입어 본격적으로 간행되며 대중적인 전파가 시작되었다. 『홍루몽』은 첫 간행본부터 삽화본의 형식으로 출판되었는데, 이는 인쇄술의 발달로 인한 소설 삽화 간행의 선례를 따른 것이면서, 더불어 당시 글을 몰랐던 백성들이 삽화본의 주 수요층으로 자리 잡았기 때문이라고 할 수 있다. 다만 소설 회화의 역사에서 본다면 이미 사대기서(四大奇書)의 각종 삽화본이 널리 유행한 이후였으므로, 홍루몽 회화본은 그 뒤를 따르는 후발 주자라고 할 수 있겠다.[8]

2. 『홍루몽』 회화본의 유형과 특징

1) 문인 회화본

『홍루몽』의 유행과 함께 쏟아져 나온 회화본은 무수히 많지만, 현재까지 보존되어 있는 목록은 매우 제한적이다. 그 중에서도 여러 연구자들에게 반복적으로 언급되는 작품은 역사적으로 의미가 있거나, 예술성이 높은 몇 개의 작품으로 제한되는 양상을 보인다. 한편 연구자마다 『홍루몽』의 회화 작품을 분류하는 방법에는 여러 가지가 있으나, 필자는 이 글의 주요 연구 대상인 손온의 화책이 '이야기 그림'이라는 데에 집중하여, 『홍루몽』의 회화 작품을 '수상류(繡像類)'와 '고사류(故事類)'[9]로 분류

8) 최용철, 「청대 홍루몽의 판본삽화와 대중전파」, 『중국어문논총』 83집, 중국어문연구회, 2017, p.84.

9) 阿英, 「漫談紅樓夢的插圖和畫冊-紀念曹雪芹逝世二百周年」, 『文物』, 1963, p.1. 『홍루몽』의 삽화들은 대부분 '수상류'에 속하는데, 『홍루몽』 소설에서 묘사된 인물의 성

하여 분석하고자 하였다.

수상 형식의 여성 인물 삽화는 사녀도(仕女圖)의 전통과 밀접한 관계를 갖는다. 한대(漢代)부터 시작되어 수당대(隋唐代)에 크게 유행한 사녀도는 본래 궁중에서 생활하는 여성들을 주제로 그린 그림을 가리키지만, 명청대에 이르면서 상류계층의 부녀들을 그린 그림에는 모두 사녀도라는 이름이 붙었다.[10] 『홍루몽』의 삽화본은 초기 대부분 인물 수상 중심의 간략한 형식을 취하고 있는데, 이는 당시 출판 시장의 침체와 삽화에 대한 열풍이 식었던 시대적 분위기와 밀접한 관련이 있다고 할 수 있겠다.

1791년 북경(北京)의 췌문서옥(萃文書屋)에서 출판된 『홍루몽』 최초 간행본인 정위원(程偉元)의 『신전전부수상홍루몽(新鐫全部繡像紅樓夢)』은 필사의 방식에서 벗어난 첫 번째 인쇄본이라는데 큰 의미가 있다. 이 간행본은 정갑본(程甲本)이라고도 불리며, 이듬해인 1792년 봄에 재간행 된 판본을 정을본(程乙本)이라 부르는데, 통상적으로 이 둘을 함께 정각본(程刻本)이라고 칭한다. '홍루몽'이라는 명칭은 초기 필사본 중 갑술본(甲戌本)에만 언급되어 있었는데, 정위원(程偉元)의 120회 간본에서 처음으로 이를 서명으로 삼았다. 정위원은 출간 당시 권두(卷頭)에 삽화 24폭을 넣고, 서명에 정식으로 '신전전부수상홍루몽'이라고 밝히며 수상 삽화본임을 분명히 했다.

한편 '전부(全部)'라는 말을 쓴 것은 수상을 가리키는 것이 아니라 작품 내용을 완전히 하였다는 의미로 해석된다.[11] 당시 정위원은 완전한

격과 특징을 드러내는데 있어 고심을 거쳐 일정 수준에 이르러서야 비로소 그림으로 새겨 넣었다. 이후 발전한 '이야기 삽화'는 『홍루몽』의 내용을 적절히 반영할 수 있을 뿐만 아니라, 전통적 장회 소설 삽화의 풍격과 구조를 계승하였다.

10) 대구미술협회 동양화 미술용어 사전 참고.

11) 최용철, 앞의 논문, p.85.

〈程刻本 石頭〉

〈程刻本 林黛玉〉

〈程刻本 史太君〉

형태의 『홍루몽』을 간행하기 위해 산발적으로 흩어져 있던 원고를 최대한 수집하여 고악(高鶚)에게 이를 보완하도록 하였다. 이와 동시에 화원(畵員)에게 등장인물과 중심 사건을 그림으로 그려내고 판각하도록 하였는데, 정위원은 서문에서 원고의 수집과 보완 작업에 대해서만 언급 하였을 뿐, 삽화의 제작과정에 대해서는 전혀 언급하지 않아,[12] 그림 작가의 신분은 고증할 수 없다. 정각본 권두에 실린 24폭의 인물 삽화는 정면(正面)에 인물과 배경 등을 그리고 후면에 그림에 대한 찬문(贊文)을 써넣는 방식을 취했다. 삽화는 단순히 인물만 그리는 것에 그치지 않고 사건과 인물을 융합하여 소설 속 한 장면을 보여주고자 하였다. 정각본(程刻本)의 간행은 중국 전역을 『홍루몽』 열풍으로 뜨겁게 달구었으며, 『홍루몽』의 상품 가치가 입증되면서 출판업계 역시 분주히 다음 간행을 준비하였다. 『홍루몽대사전』의 기록에 의하면, 이후의 동관각간본(東觀閣刊本)(약 1795년), 포청각본(抱靑閣本)(1799년) 등 모두 정각본의 그림을 모본(母本)으로 하였다.

12) 최용철, 위의 논문, p.85.

〈藤花榭本 寶釵〉

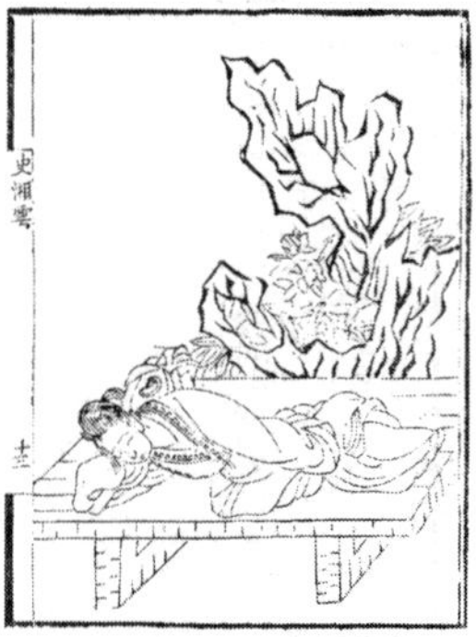
〈藤花榭本 史湘雲〉

〈藤花榭本 妙玉〉

정각본 계열의 여러 판본 중, 대표적인 작품으로는 1818년 간행된 등화사본(藤花榭本) 『수상홍루몽(綉像紅樓夢)』이 있다. 정각본의 수상 내용과 형식을 조금씩 달리한 등화사본은 홍루몽 회화사에서 주목할 만한 전환점의 의의를 갖는다. 등화사본은 총 15폭의 인물 수상을 실었으며, 이는 정각본보다 9폭 축소된 양이다. 등화사본은 정각본에 비해 화법이 다소 단순하면서도 투박하며, 대부분의 배경을 생략하고 인물을 부각시켰다. 대부분 정각본의 그림을 따랐으나, 그 중 몇 장은 전혀 새로운 구도를 취하여 나름대로의 참신함을 보여준다는 점에서 의의가 있다.

정각본의 절대적인 영향력 아래, 그에 비견할 만한 작품에는 1832년 쌍청선관(雙淸仙館)에서 간행된 왕희렴(王希廉)의 『신평수상홍루몽전전(新評綉像紅樓夢全傳)』을 들 수 있겠다. 이 평본은 청대 후기 평점본의 새로운 기풍을 연 판본으로, 『홍루몽』 삽도 중에서도 수작으로 꼽힌다. 판본에는 총 64폭의 인물 수상이 권두에 삽입되어 있으며, 한 면에는 인물을, 한 면에는 인물과 상응하는 꽃을 그려 독특한 수상 삽화 양식을 보여주고 있다. 더불어 인물을 그린 면에는 배경을 생략하고 시구(詩句)를 써넣어 인물의 특징과 꽃이 함께 짝지어진 연유에 대해 설명하고 있다.

〈王希廉評本 黛玉〉

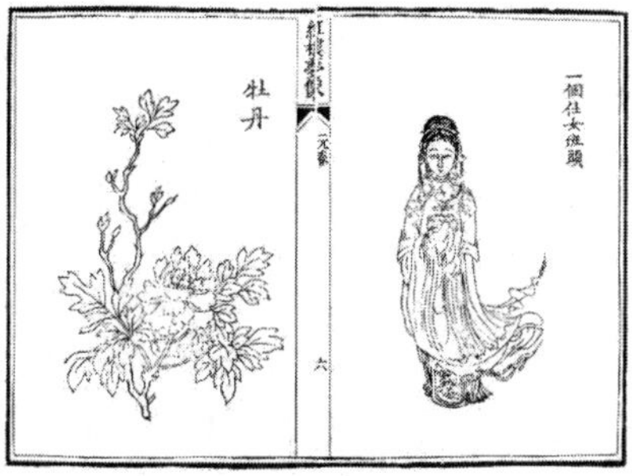

〈王希廉評本 元春〉

이는 단순한 모방 작업을 넘어서, 독자이자 제2의 창작자로서의 화가가 주도적으로 원작을 재해석한 삽화의 발전된 양식이라고 할 수 있다. 이렇듯 왕희렴 평본은 이전의 수상 삽화의 틀에서 완전히 벗어나, 새로운 방식으로『홍루몽』의 인물 수상을 창작했다는 점에서 상당한 의의를 갖는다. 이후에 간행된 취진당본(聚珍堂本)(1876년), 한원루평본(翰苑樓評本)(1877년), 보문당간본(寶文堂刊本)(1882년) 등의 판본은 모두 왕희렴 평본을 따랐으며, 정각본과 가장 차별된 화풍을 보여주는 판본 계통이라고 할 수 있다.

초기의『홍루몽』삽화본에 이어 전파 후기에는 개기(改琦), 전혜안(錢慧安), 서상문(徐湘雯) 등의 우수한 사녀도 화가가 다수 출현하였다. 또 서적 안에 부수적으로 그림을 삽입했던 삽화본의 형식에서 발전하여 독립된 화책이나 화보집이 대량으로 출판되기 시작하였다. 그 중 가장 대표적인 작품으로 평가되는 것이 바로 1879년 간행된 개기(改琦)의『홍루몽도영(紅樓夢圖詠)』이라고 할 수 있다. 개기의 작품에는 총 50폭의 인물 수상이 실려 있으며, 그 안에 총 55명의 인물이 묘사되어 있는데, 일부의 인물에 시사(詩詞)를 덧붙여 쓰기도 하였다. 이 작품은 청대 판화 창작의 정점을 상징하는 동시에, 인물의 표현이 가장 뛰어난 작품으로 손꼽

〈紅樓夢圖詠 通靈寶石 絳珠仙草〉

〈紅樓夢圖詠 王熙鳳〉

〈紅樓夢圖詠 元春〉

히며 청대 궁정화가로서 개기의 수준을 보여주고 있다.[13]

개기에 이어 1882년 상해점석재(上海點石齋)의 석인(石印) 『증각홍루몽도영(增刻紅樓夢圖詠)』 화책이 출판되었는데, 이는 『홍루몽』 회화사의 첫 번째 석인본의 등장이다. 왕지(王墀)가 그림을 그렸으며, 전반적인 구도와 인물의 묘사는 개기를 따르고 있으나 석인술의 영향으로 더 세밀하게 묘사되었다. 총 120폭의 그림으로 이루어져 있으며, 전도후찬(前圖後贊)의 형식으로, 매 폭의 그림에는 시가 덧붙여져 있는 것이 특징이다.

수상류의 삽화는 대부분 배경이 생략된 채 단독의 인물 형상을 전면에 내세우고 있거나, 인물과 배경을 한 폭에 함께 담았다 하더라도 인물의 이미지나 분위기, 또는 인물과 관련된 상징적인 사건을 단면적으로 표현할 뿐 완전한 서사를 전달하기는 어렵다. 본래 소설 삽화는 원작의 서사를 중심으로 한 고사류 삽화가 대부분이었던 점을 생각한다면, 『홍루몽』 회화에서 점차 고사류 삽화가 증가했던 것도 지극히 자연스러운

13) 靜軒, 「改琦: 來自紅樓夢時代的閣像—改琦《紅樓夢圖詠》研究」, 『紅樓夢學刊』, 2006, p.285.

현상이라고 볼 수 있다. 명대 후기에 유행했던 섬세하고 복잡했던 고사류의 삽화는 건륭 연간에 이르면서 점차 간소화되고 생략되었으며, 자연히 품이 덜 드는 인물 수상이 삽화의 주류를 차지하게 된다. 이렇게 침체된 출판 업계에 새 바람을 불러일으킨 것은 석인 인쇄술의 출현이라고 할 수 있는데, 가경 원년인 1796년, 독일의 제네펠더(Aloys Senefelder)가 발명한 석판 인쇄술은 거의 발명 직후인 도광 연간에 곧바로 중국으로 유입되었으며, 이에 중국의 전통적인 목판화는 완전히 석판화에 압도당하게 되었다.[14] 석판화의 도입으로 『홍루몽』의 판본 역시 더욱 복잡하고 세밀한 표현이 가능해져, 자연히 고사류의 삽화와 화책이 증가하게 되었다. 권두나 권말(卷末)에 연속으로 들어갔던 인물 수상 삽화와 달리, 고사류 삽화는 한 회의 시작 부분이나 끝 부분에 한 폭에서 두 폭의 그림이 들어가는 양상을 보인다. 또 고사류 삽화의 내용은 대부분 소설 원작의 회목(回目)을 따르고 있어 회목화(回目畵)라고 부르기도 했으며, 그로 인해 한 명의 인물을 집중적으로 조명한 인물 수상과는 달리 한 폭에 여러 명의 인물이 함께 등장하는 경우가 많았다. 때문에 인물 묘사가 단순해지고 크기가 축소되었으며, 인물보다는 사건의 서사를 함축하는 배경 공간을 중시하는 경향을 보였다.

『홍루몽』 회화사에서 최초로 소설 전회(全回)에 걸친 고사 삽화를 실은 것은 1884년 동문서국(同文書局)에서 출판한 것으로 알려진 『증평보상전도금옥연(增評補像全圖金玉緣)』이다. 다만 이 판본의 간행과 전파 과정은 비교적 복잡하여 여전히 명확하게 정리되지 못했다.[15] 왕희렴(王希廉),

---

14) 김수현, 앞의 논문, p.32.

15) 최용철, 앞의 논문, p.98. 一粟의 『紅樓夢書錄』에 따르면 光緖10년(1884)에 上海同文書局에서 석인본으로 나온 『增評補像全圖金玉緣』이 완비한 것으로 가장 이른 판본이다. 제명으로 본다면 앞서 나온 평점을 모아 덧보태고, 권두에 繡像(인물도)을 넣고

장신지(張新之), 요섭(姚燮)의 평이 종합되어 있어 '삼가평본(三家評本)'이라고 불리기도 하는 『금옥연』[16]은, 수상류 삽화와 고사류 삽화가 모두 실려 있는데, 인물 수상이 갖는 정교한 인물 묘사와 고사화가 서사적 기능을 동시에 보여준다고 할 수 있다. 『금옥연』에는 권두 인물 수상만 120폭에 이르며, 고사화는 한 회에 두 폭에 그림을 넣어 총 240폭에 달하는 방대한 분량으로 이루어져 있다. 『금옥연』의 인물 수상은 전도후찬의 형식으로, 판심(版心)에 화폭 속 사물이나 인물의 명칭을 써넣었다. 이와 더불어 매회 회목 앞에 각 회의 내용을 그림으로 묘사한 장면을 넣었으며, 한 쪽에 두 폭의 그림이 실려 있다. 이 작품의 출간 이후 고사류 삽화의 수량은 크게 증가하였으며, 작품 전체에 대한 독자의 이해를 돕는 기능이 강화되면서 『홍루몽』의 대중 전파에 박차를 가했다.

그 외에 대표적인 고사류 삽화로 언급되는 작품은 1884년 동문서국(同文書局)에서 인쇄된 『증평보도석두기(增評補圖石頭記)』가 있다.[17] 이 작품은 왕희렴과 요섭의 이인(二人) 평본이라 할 수 있는데, 『금옥연』과 같이 인물 수상과 고사화가 모두 실려 있다. 현재 남아있는 중화서국(中華書局) 영인본(影印本)에 따르면, 권두의 인물 수상 19폭, 그리고 회목화 240폭을 담고 있어 총 259폭에 달한다. 수상은 전도후찬의 형식을 따르고 있으며, 세밀하고 정교하게 인물을 묘사하고 있고, 찬문(贊文)은 각종

각 회별 삽화(고사도)를 모두 넣었다는 의미다. 청말에 이르기까지 光緖연간에는 유사한 판본이 부지기수로 출현하였다. 초기에는 石印本으로 많이 나왔지만 후기에는 鉛印本으로 간행되기도 하였다.

16) 편의를 위해 『증평보상전도금옥연(增評補像全圖金玉緣)』을 줄여 『금옥연(金玉緣)』이라 칭한다.

17) 이 책에 대한 간행 시기 역시 여러 가지 주장이 있으나, 이 글은 曹立波의 「《增評補圖石頭記》的傳播盛況述評」에 의거하여 杜春耕 선생의 의견에 따라 1884년 동문서국에서 최초로 출판되었다고 보았다.

〈增評補圖石頭記 寶玉〉

〈增評補圖石頭記 23回〉

〈增評補圖石頭記 27回〉

서체(書體)로 다양하게 표현되어 있다. 회목화는 한 회에 두 폭으로 구성되어 있으며, 인물과 배경이 어우러져 회목에 해당하는 사건을 세밀한 필치로 표현하고 있다.

고사화를 그린 회화본 중 독립된 화책의 형식으로 출간된 것은 왕소(王釗)의 『홍루몽사진(紅樓夢寫眞)』(약 1888년)[18]이 대표적이다. 그러나 『홍루몽사진』은 전파의 범위가 넓지 않아 이미 대부분 산실되었으며, 현재는 제1회부터 32회에 해당하는 64폭만 남아있을 뿐이다.[19] 『홍루몽사진』은 한 회에 두 폭의 그림을 그렸으며, 화폭의 한켠에는 회목을 써넣었고, 위에서 내려다보는 시각 구도를 취한 것이 특징이다. 화풍이 매우 정교하고 섬세하여 화폭 안에 많은 내용을 담고자 하였으므로, 한 화폭에 묘사된 인물의 수가 비교적 많고, 배경으로 정자나 건축물들을 매우 치밀하게 그려냈으며, 매우 복잡한 선으로 표현되어 있다. 이 작품은 당시 석인

18) 一粟, 『紅樓夢書錄』, 上海古籍出版社, 1981, p.244. 首有汪厚卿, 蔡晋伯, 劉豁公題字; 內多幅回目署俞樾題. … 第八回下題: "光緒戊子長夏吳中毅卿王釗揮汗寫", 則作於光緒十四年(1888)左右.

19) 周錫山, 『《紅樓夢》的人生智慧』, 上海錦繡文章出版社, 2013, p.237.

〈紅樓夢寫眞 賈寶玉神遊太虛境〉

〈紅樓夢寫眞 薛寶釵巧合識通靈〉

기술 도입의 산물로, 청말『홍루몽』회화본 중 최상등에 속한다고 평가받는다. 이후 1982년 산동 인민 출판사에서 재판되면서『《紅樓夢》插圖』로 서명이 변경되었다.

개기 이후 완성되었다고 할 수 있는 손온(孫溫)의『홍루몽』화책은 1867년부터 1903년까지 30여년의 장시간에 걸쳐 완성되었으므로, 이전에 간행된 수많은 수상류와 고사류 회화의 영향을 모두 받았다고 할 수 있겠다. 그러나 채색의 견본으로 제작되었으며 당시 간행된 적이 없는 유일본(唯一本)으로, 이전의 회화본들과는 완전히 차별된 작품임을 알 수 있다. 다만 2004년에 이르러서야 비로소 세상에 알려졌기 때문에 연구와 고증에 많은 제한이 따른다. 손온의 화책은 이 글의 주 연구 대상이므로 아래에 별도로 논하도록 한다.

민국(民國) 시기 이후의『홍루몽』회화본으로는, 오적생(吳迪生)(오악(吳嶽))이 1914년에서 1916년 사이에 〈홍루몽칠십이채화전(紅樓夢七十二釵畫箋)〉을 창작하였고, 오우여(吳友如)가 그린 〈홍루몽인물도(紅樓夢人物圖)〉가 1926년 〈근대명인화보(近代名人畵譜)〉에 실렸는데 총 12폭으로 구성되어 있다.

건국(建國) 이후, 1955년 아영(阿英)이 편집한『홍루몽판화집(紅樓夢版

畵集)』에는 이전의 100폭에 이르는 각종 『홍루몽』 그림이 수록 되었는데, 매우 귀중한 사료로 평가받는다. 『홍루몽』 판본 중에서 가장 먼저 간행된 것은 1957년 인민문학출판사(人民文學出版社)에서 출판한 『홍루몽』으로, 정을본(丁乙本)을 저본으로 삼았으며, 다른 7종 판본을 참고하여 교감하였고,[20] 삽화로 개기의 『홍루몽도영』 중 40폭을 선택하여 실었다. 1964년 인민문학출판사는 이 책을 재발행 하면서 개기의 그림을 삭제하고 정십발(程十發)의 채색 삽화 12폭으로 변경하였으며, 회목화는 아니지만 소설 중간 중간에 삽입하였다. 한편, 다양한 외국어 판본의 『홍루몽』 중에도 삽화본이 있는데, 그중 1978년 대돈방(戴敦邦)이 영문판 『홍루몽』에 싣기 위해 그린 삽화는 매우 현대적인 화풍을 띠고 있으며, 이후 단독 화책으로 출판되기도 하였다. 1979년 인민미술출판사(人民美術出版社)에서 간행된 유단택(劉旦宅)의 『석두기인물화(石頭記人物畵)』는 근대 『홍루몽』 회화본 중 우수 작품으로 평가되며, 화책에는 총 40폭의 채색 그림이 실려 있고, 전도후시(前圖後詩)의 형식을 취했다.[21] 1982년 출판된 인민문학판(人民文學版) 『홍루몽』은 유단택의 삽화를 차용하였다.[22] 1991년 상해인민미술출판사(上海人民美術出版社)에서는 두 권으로 구성된 『홍루몽』 회화본을 출판하였고, 1995년에는 위에서 언급한 대돈방이 그린 삽화가 단독 화책인 『홍루인물백도(紅樓人物百圖)』로 출판되었다. 2000년에 대돈방은 또 한 권의 『홍루몽』 회목화를 그렸는데, 『대돈방신회전본홍루몽(戴敦邦新繪全本紅樓夢)』의 제목으로 상해고적출판사(上海古籍出版社)에서 발행되었다.

상술하였듯, 건국 이후 그림이 삽입된 『홍루몽』 판본은 5~60년대와

---

20) 馮其庸·李希凡, 『《紅樓夢》大辭典』, 北京: 文化藝術出版社 2010, p.422.

21) 위의 책, p.541.

22) 高雁, 「《紅樓夢》圖文關系的審美嬗變」, 遼寧大學 博士學位論文, 2017, p.11.

비교해서 7~80년대에 이르러 창작 수량이 점차 증가하며 다양해졌음을 알 수 있다. 이후에도 화가들은 끊임없이 『홍루몽』을 주제로 한 회화 창작을 진행하였으며, 각기 특색을 갖추었고 현대의 새로운 해석과 회화 양식을 보여주었다.[23]

2) 민간 회화 예술

물론 소설 『홍루몽』의 영향 하에 창작된 회화 예술은 비단 삽화나, 화책 등의 서적(書籍) 형식의 작품만 존재했던 것은 아니다. 서적 형식의 회화본이 문인 등의 식자(識字) 계층을 중심으로 발전한 회화 양식이라면, 이 시기 민간 계층에는 각종 『홍루몽』 회화본의 영향을 하에 새롭고 다채로운 회화 양식들이 출현하고 있었다.

『홍루몽』의 대표적인 민간 회화 양식으로 연화를 들 수 있는데, 연화는 중국의 전통 그림 장식으로, 정월(正月)에 민가의 벽이나 문 등에 걸어두며, 복과 장수를 빌고, 번영과 풍요 등을 기리는 염원이 담겨있다. 문신화(門神畵)에서 그 기원을 찾을 수 있으며[24], 그림의 주제는 풍경이나 화조, 그리고 인물이나 고사 등을 다양하게 그렸다. 『홍루몽』 연화는 청대 중기 『홍루몽』이 유행하기 시작할 무렵에 만들어지기 시작하여 청대 후기 도시 생활의 번화한 분위기 안에서 발전하였다고 할 수 있다. 건륭 연간 『홍루몽』은 사회적으로 큰 영향력을 미칠 정도로 유행하게 되는데, 민간 미술 역시 이에 주목하였으며, 자연스럽게 『홍루몽』을 제

---

23) 高雁, 앞의 논문, p.12.

24) 우영숙, 앞의 논문, p.7. 민간연화는 원시종교와 민간신앙이 결합된 초기단계의 예술 활동으로 무술(巫術)적 성격의 문신화(門神畵)에서 출발하였다. 이후 문신화는 세화로서의 역할을 담당하며, 유·불·도 3교의 종교적 색채를 수용하여 현실적인 색채를 띠게 되고, 후대의 사람들은 이를 계승하고 반복하면서 새로운 도상을 만들어내게 되었다.

재로 한 연화가 창작되기 시작하였다. 당시 청왕조가 소설과 희곡 등에 대한 금서 명령을 여러 차례 내린데다가, 석인 기술의 유입으로 인해 목판 삽화본의 제작과 발전이 다소 제한되는 양상을 보였는데, 이러한 제한에서 비교적 자유로웠던 목판 연화는 강희에서 건륭 연간까지 전국 각지에서 크게 흥성하여 눈부신 발전을 이루었다. 이 시기 대표적인 연화의 생산지인 천진(天津)의 양류청(楊柳青), 소주(蘇州)의 도화오(桃花塢), 산동(山東)의 유현(濰縣)에서는 모두 대량의 『홍루몽』 연화 작품이 생산되었으며, 그 중 특히 광서 연간에 양류청 연화에서 창작된 『홍루몽』 연화의 수량이 눈에 띄게 많았다. 양류청 연화는 필법이 세밀하고, 인물이 수려하였으며, 색채가 선명하고, 풍부한 내용과 다양한 형식을 특징으로 하고 있다.[25] 한편 천진 양류청은 경성(京城)과 지리적으로 근접하여 여러 가지로 영향을 받았는데, 특히 연화의 회화 풍격에 있어 문인 문화의 특징을 흡수하였음을 알 수 있다. 특히 저명한 문인 화가인 전혜안(錢慧安)이나 장요림(張耀臨) 등을 초청하여 양류청에서 연화를 그리도록 하기도 하였는데, 이로써 연화의 내용과 풍격에 큰 변화를 가져다주었으며, 양류청 연화는 문인 미술과 민간 연화 예술이 결합된 또 하나의 새로운 양식을 탄생시킨 것이다.

문인 회화 작품에 비해 창작이 비교적 자유롭다고 할 수 있었던 민간 회화 예술은 다양한 회화 양식을 생산해내기에 매우 적합하였다. 연화뿐만 아니라 창화(窗畫), 자수(刺繡), 심지어 담뱃갑에 이르기까지 각종 민간 회화 양식은 꾸준히 증가하여 각지로 확대되어 퍼져나갔다. 그중 연화와 같은 관상용 회화로는 벽화, 월분패(月份牌), 서호경(西湖景), 양편(洋片) 등이 있으며, 물품 위에 그려진 그림의 경우는 병풍, 도자기, 유리

25) 蔡紅曦, 『論楊柳青《紅樓夢》年畫的藝術特徵』, 首都師範大學 碩士學位論文, 2014, p.20.

〈楊柳靑 皇恩重元妃省父母〉

〈錢慧安 瀟湘淸韻〉

창, 장식장, 금속품, 수예품, 의복 등이 있었다.

그중 유리로 된 창문 위에 그림을 그린 유리화[玻璃畵]는 청대의 베이징에서 이미 민간 공예가로부터 차의 창문의 용도로 창작되었다. 유리화는 특수한 공예 방식으로 이루어진 회화 작품이라고 할 수 있는데, 다음의 그림에서 검정색으로 보이는 부분은 본래 투명한 부분으로, 빛에 비추어 보았을 때 비로소 완전한 모습을 드러낸다. 유리화는 심미적 역할뿐 아니라 밖에서 차안이 보이지 않도록 해주는 기능을 겸해 실용적인 회화 양식이라고 할 수 있다. 유리화는 차창뿐 아니라 건축물의 문이나 창문, 가벽 등에도 사용할 수 있었다. 현전하는『홍루몽』유리화는 단 두 폭이 있는데 민간 화공에 의해 만들어졌으며, 크기가 가로 15cm, 세로 11cm에 달한다. 그림의 내용은 소설의 제 73회를 담고 있으며, 각각 '不問纍金鳳(봉황비녀를 찾지 않다)' '誤拾繡春囊(춘화낭을 잘못 줍다)'를 제목으로 하고 있다. 아마 이 두 폭의 유리화는 전체 중 남아있는 일부일 것이며, 실제로 총 160폭에서 240폭에 달할 것으로 유추할 수 있다. 유리화는 비교적 정교한 기술은 요하는 회화 예술로, 공예화 중에서도 정품(精品)에 속한다고 할 수 있다.

서호경(西湖景)은 우리말로 요지경(瑤池鏡)을 가리키는데, 확대경이 달린 작은 구멍을 통해 그 안의 여러 그림을 돌려가면서 들여다 볼 수

〈玻璃畵 不問纍金鳳〉

〈玻璃畵 誤拾繡春囊〉

있는 기구를 뜻한다. 서호의 풍경이 중국의 미경(美景)을 대표하므로 중국에서는 이 기구를 서호경이라고 칭했다. 아영의 『홍루몽판화집』에는 총 8폭의 서호경이 실려 있으며, 아영의 고증에 따르면 서호경은 청대 건륭 연간에 이미 만들어졌을 것으로 추측되며, 단지 현재 남아있는 실물은 가경, 도광 연간의 것이다.[26] 서호경의 종류는 비교적 다양한데 어떤 것은 화면을 넘길 때 노래가 나오기도 하며, 어떤 것은 그림에 대한 해설을 해주기도 한다. 청대의 서호경에 들어가는 그림은 대부분 남방의 연화 제작 중심지인 소주의 도화오에서 제작 되었다. 본래 서호경은 대부분 실제 풍경을 그린 그림이나 사진 위주로 제작되었는데, 사람들이 서호경을 통해 실제로 해당 장소를 여행하는 듯한 느낌을 주고자 했기 때문이다. 같은 맥락에서 『홍루몽』 서호경은 사람들이 작품 속 대관원에 대해 품었던 환상과 동경을 충족시키기 위해서 창작되었으며, 사람들은 서호경을 통해 작품의 스토리를 하나씩 감상할 수 있게 되었고, 실제로 대관원 안에 들어와 있는 듯한 느낌을 받을 수 있었다. 이는 서호경의 그림이 특수한 투시 원리를 사용해 렌즈와 눈동자가 상을 맺는 구도에

26) 阿英, 『阿英美術論文集』, 北京: 人民美術出版社, 1982, p.160.

〈西湖景 撕扇子作千金一笑〉

〈西湖景 玻璃世界白雪紅梅〉

부합되게 그려져, 보는 이로 하여금 입체감과 사실감을 느끼도록 하기 때문이다. 즉, 2차원의 평면 그림을 통해 3차원의 공간을 체험하도록 하는 것이다. 때문에 『홍루몽』 서호경 그림과 다른 그림들과의 가장 큰 차이점은 투시법을 매우 강조했다는 것이다. 즉, 다음의 그림과 같이 건축물을 통해 배경에 깊이를 더하였으며, 인물을 그림의 맨 앞에 배치하여 서호경을 보는 사람이 마치 실제로 그 풍경 앞에 있는 것과 같은 착각을 불러일으키도록 의도한 것이라고 할 수 있다.

『홍루몽』은 민간 예술에 심원한 영향을 미치며 다양한 형태로 재창작되고 응용되어 백성들의 일상생활 속에 산재하게 되었을 뿐만 아니라, 나아가 귀족 및 황실 내부에까지 흡수되었던 것을 발견할 수 있었다. 가장 대표적인 예로 이화원(頤和園)의 장랑(長廊) 벽화가 있는데, 총 752미터에 달하는 이화원 장랑에는 1만 4천 폭에 달하는 크고 작은 채색 그림이 그려져 있다. 그 중 약 2백 폭 가량의 인물고사 벽화는 고대 문선(文選), 민간 전설, 신화, 중국 고전 명저, 희곡 고사 등에서 기원하고 있으며, 내용이 다채롭고 풍부하여 중국의 5천 년의 역사를 관통하고 있다. 벽화의 주제가 된 고전 소설이 총 10권 있는데, 『홍루몽』을 제재로 한 그림의 수는 3번째로 많이 보인다. 그림의 수량이 가장 많은 것은 『삼국연의(三國演義)』로 60폭이며, 두 번째로 많은 것은 『서유기(西遊記)』

〈頤和園長廊壁畵 寶玉遊覽太虛幻鏡〉

〈頤和園長廊壁畵 黛玉葬花〉

로 26폭에 이르며,『홍루몽』의 그림은 총 20폭이 있다. 벽화의 특성 상 간격을 두고 배치되어 있기 때문에 그림의 순서와 배열은 무질서하게 뒤섞여 있다. 고증에 의하면 벽화의 그림은 청말의 유명 화가들의 작품을 모방한 것들이 보이며, 예를 들어 전혜안(錢慧安), 반진강(潘振鏞), 오유여(吳有如) 등 유명 화공의 작품의 흔적을 볼 수 있으나, 벽화를 그린 화공의 신분은 밝혀지지 않았다. 이화원은 엄격한 의미에서 정식 궁전이 아닌 황족의 별궁이자 정원으로서 지어졌으므로, 궁 내부의 장식들은 지나치게 황실 건축 규범에 얽매이지 않아도 되며, 때문에 민간의 역동적이고 사실적인 생활상을 보여주는 회화들이 그려질 수 있었고, 동시에 오랜 시간 황궁의 가장 깊은 곳에 거처하던 황실의 여인들에게 특히 큰 유희거리로 존재하였을 것이다.

이처럼 청대 시기『홍루몽』은 문인 화가 및 민간의 화공과 공예가들의 손을 거치며, 문인 계층이 향유하던 서적 형식의 회화본을 위시로, 민간 계층의 각종 회화 예술에 막대한 영향력을 행사하였을 뿐만 아니라, 나아가 귀족과 황실의 일상생활 속까지 침투한 것을 확인할 수 있었다.『홍루몽』의 이야기는 부단히 각종 회화 양식으로 창작되고 생산되어, 마침내 청대의 모든 계층의 사람들이『홍루몽』을 더욱 깊이 감상하고 음미할 수 있도록 하였고, 이러한 시대적 환경 속에서『홍루몽』회화 예술의 결정체라 할 수 있는 손온의 화책이 탄생한 것은 전혀 놀라울

일이 아니었다.

3. 손온 『홍루몽』 화책의 발견과 전파

손온 『홍루몽』 화책(畵冊)은 전통 화책 중 다소 특이한 창작 이력과 전파 과정을 거쳤다. 1959년 7월, 상해문물보관위원회(上海文物保管委員會)는 어떤 경로를 통해 확보하여 소장해오던 손온의 『홍루몽』 화책을 요녕여순박물관(遼寧旅順博物館)으로 보내게 된다. 다만 상세한 전달 과정은 알려지지 않았으며, 현재는 전혀 고증할 방법이 없다. 그때부터 손온의 『홍루몽』 화책은 요녕여순박물관에 비장되어 있었으며, 오랜 시간이 흐른 뒤 유광당(劉廣堂) 관장에 의해 발견되어, 정리 연구 작업이 시작되었다. 그리고 2004년 9월에 이르러 손온의 『홍루몽』 화책은 마침내 북경국가박물관(北京國家博物館)에서 공개 전시되었는데, 그와 동시에 큰 반향을 불러일으키며 홍학계와 예술계 전문가들의 광범위한 관심을 한몸에 받게 되었다. 공개 전시와 더불어 북경작가출판사(北京作家出版社)에서 유광당 관장의 편집을 거친 손온의 화책을 『청·손온회전본홍루몽(淸·孫溫繪全本紅樓夢)』의 제목으로 출판하여 본격적으로 대중들에게 널리 전파되기 시작하였다.

한편 손온의 『홍루몽』 화책은 엄격한 기준에서 미완성본이라 정의하는 것이 마땅한데, 24책 중 한 책(冊)이 백지로 남아 그려지지 않았기 때문이다. 그러므로 혹자는 유심무(劉心武)의 관점에 입각하여 손온의 화책을 '전본(全本)'이라 명명하는 것은 부적합하다는 논지를 펼치며 "손온회본 『석두기』(孫溫繪本《石頭記》)"라는 명칭으로 부르는 등,[27] 지금까지 다소 일관되지 않은 다양한 이름으로 연구자들에게 불려오고 있는

〈孫溫 紅樓夢 畵册 遼寧旅順博物館 소장본〉

실정이다.

중국 국가일급문물(國家一級文物)로 지정되어 이미 그 문화적 가치를 입증한 손온의 『홍루몽』 화책은, 견본(絹本)이 사용되었으며, 화폭의 크기는 세로 43.3cm, 가로 76.5cm에 달해 대형 화책에 속한다. 옅은 파란색의 화능(花綾) 테두리를 둘렀고, 미황색의 금박이 박힌 비단이 목판 표지를 감싸고 있다. 다소 특이한 점은 화책에 제첨(題簽)이 없고, 제발(題跋) 역시 보이지 않으며, 화폭에는 회목을 비롯한 어떤 문자적 표기도 찾아 볼 수 없다. 다만 손온 화책의 제1책 제1쪽 위에 "석두기대관원전경(石頭記大觀園全景)"이라는 서표(書標)가 붙어 있는데, 이처럼 화폭 위쪽에 해당 그림의 내용을 서술하는 붓이나 경필(硬筆)로 써진 서표가 각 화폭의 제목 역할을 하고 있다. 그러나 그중에는 잘못된 부분이 적지 않아 전문가들은 소장자가 붙여 쓴 것이라고 추측하기도 한다.[28]

27) 陳驍, 「清代《紅樓夢》的圖像世界」, 中國美術學院 博士學位論文, 2012, pp.45-46.

28) 霍頤頤, 「孫溫《紅樓夢》繪本中場景的繪畫語言探析」, 山西大學 碩士學位論文, 2019,

화책은 추봉장(推篷裝) 형식으로, 한 책에 10폭이 실려 있고, 총 24책으로 이루어져있으나, 그 중 한 책은 공백으로 남겨져 있기 때문에 그림이 그려진 화폭은 총 23책에 해당하는 230폭이라고 할 수 있다. 손온 화책의 그림과 소설 원작의 내용을 대조해 보면, 총 120회 가운데 제103회부터 제108회까지를 제외하고는 모두 반영되어 있는 것으로 보인다. 그러므로 비어있는 10폭은 이 부분에 해당하는 지면일 것이라는 추측이 가능하며, 나아가 손온은 애초에 240폭을 그리고자 기획했으리라 예상할 수 있다. 이 10폭이 백지로 남겨진 것을 두고 학계에서는 두 가지 가능성이 제기하고 있는데, 첫 번째는 화가가 어떤 이유로 끝내 해당 화폭들을 그리지 못했다는 것이고, 두 번째는 보관되어 전해지는 도중에 유실되었다는 것이다. 다만 유실되었다는 가설에는 다소 근거가 미약하다고 보는데, 이유인 즉 손온의 화책은 완성 이후 다른 사람들에게 공유되지 않은 채, 줄곧 개인이 소장하고 있었을 가능성을 매우 높기 때문이다. 그 근거로는 손온의 화책에 대한 역사적 기록이 전혀 존재하지 않는 것이 가장 큰 이유이고, 만약 금전을 위해 상업적 판매를 목적으로 그렸다면 30여년이라는 시간을 들여서 그림을 그렸을 가능성은 매우 희박하였을 것이다. 또 누군가의 부탁으로 그린 것이라 해도 그렇게 오랜 시간 공을 들여 완성했을 가능성은 지극히 낮다. 때문에 손온이 본인의 만족과 개인 소장을 위해 그렸을 가능성이 가장 높다고 보는데, 만약 완성 이후 손온이 누군가에서 이 화책을 선물했다면 당시의 관습에 따라 받은 사람의 흔적이 화책 위에 어떤 형식으로든 남아 있어야하지만, 화책에는 그런 흔적을 전혀 찾아볼 수 없다. 그러므로 가장 유력한 설은 본인이 소장하다가 집안 대대로 보관되어 세상에 전혀 공개되지 않았으며, 1959년 이전 중국

---

p.8.

의 격동의 시기에 소장자가 안전한 보관을 위해 상해문물보관 위원회에 위탁하였다는 것이다.[29] 그러나 이 역시 연구자들의 추측일 뿐 공백으로 남겨진 한 책의 사연과 행방은 여전히 미스터리로 남아있다.

화책의 작가 손온은 화공(畵工) 지방지(地方志)에 수록되어 있지 않아 구체적인 내력은 여전히 추가적인 고증이 필요한 상태이다. 다만 지금까지 연구자들에 의해 밝혀진 바로는 손온의 자는 윤재(潤齋), 호는 만양거사(漫陽居士)로, 가경 23년(1818년)에 태어났으며, 가경, 도광, 함풍, 통치, 광서 등 여러 조대를 몸소 겪었고, 사망한 시기는 미상이다. 손온의 화폭 위에 남겨진 문자로는 배경 공간을 꾸미고 있는 서예 장식 묘사를 제외하면 화폭 한켠에 찍혀있는 도장이 전부이다. 유일하게 화책 제211화의 좌측 하단에 '칠십삼노인윤재손온(七十三老人潤齋孫溫)'이라 쓰여 있고, '경양손온(涇陽孫溫)'을 음각(陰刻)으로 새긴 네모 도장이 찍혀 있어, 손온이 경양(涇陽) 사람임을 미루어 짐작할 수 있다. 경양은 하북성(河北省) 당산시(唐山市) 풍윤현(豊潤縣)의 별칭으로, 지금의 풍남구(豊南區)에 속한다. 이곳은 북경과 천진(天津)으로부터 각각 약 백 킬로미터 떨어진 곳으로, 당시 유행했던 궁정 화풍을 비교적 쉽게 접할 수 있는 환경에 놓여 있었음을 알 수 있다. 이 외에도, '손온(孫溫)', '윤재(潤齋)', '손소주(孫小洲)', '윤모(允謨)' 등 화폭 위에 찍힌 인장의 내용을 종합하여, 해당 화책은 두 명의 화가가 합작하여 완성한 것임을 짐작할 수 있으며, 손온과 손윤모 두 사람 가운데 손온이 연장자로, 삼촌과 조카 관계일 것이라고 추측되고 있다.[30] 두 사람이 각각 화책의 어디서부터 어디까지를 담당해서 그렸는

29) 劉心武, 「霜前月下誰家種——評析孫溫繪《紅樓夢》(2)」, 『紅樓望月』, 南京: 江蘇人民出版社, 2010, p.268.

30) 房學蕙, 「卷帙浩繁, 富麗精雅——旅順博物館藏《紅樓夢》圖冊探析」, 『榮寶齋』, 2007, p.7.

지에 대해서는 다소 의견이 분분하기도 하지만, 도장과 화풍에 따라 어느 정도 구분이 가능하다. 또 혹자는 두 사람이 조설근과 고악이 전 80회와 후 40회를 각각 집필한 것처럼 전 80회에 해당하는 내용을 손온이, 후 40회에 해당하는 내용을 손윤모가 그렸다고 주장하기도 한다. 그러나 필자는 화풍에 의거하여 제1화부터 155화까지, 제206화부터 212화까지를 손온이 그렸으며, 제156화부터 제205화까지, 제213화부터 제230화까지를 손윤모가 담당했을 것이라 추측하였다. 이에 따라 원작 『홍루몽』의 1회부터 81회까지, 그리고 109회부터 113회까지의 내용을 손온이, 82회부터 102회, 114회부터 120회까지의 내용을 손윤모가 그린 것으로 볼 수 있다.

지금까지의 고증에 의하면, 화책의 그림 작업은 대략 1867년에 시작되어 1903년에서야 대부분 완성되었으며, 약 36년이라는 긴 시간이 소요되었는데, 230폭의 그림 중 대부분은 1884년에서 1891년 사이에 완성된 것으로 알려졌다. 위의 『홍루몽』 회화사에서 살펴보았듯, 손온의 『홍루몽』 화책은 최초의 완전한 『홍루몽』 고사화인 『증평보상전도금옥연(增評補像全圖金玉緣)』(1884년)이 간행된 시기보다 훨씬 먼저 창작 작업에 착수하였으며, 청말 『홍루몽』 고사화의 고도의 예술 양식을 보여주는 『홍루몽사진(紅樓夢寫眞)』(1888년)보다 훨씬 후에 완성된 것을 알 수 있다. 청대의 동치, 광서 연간은 서양의 석인 기술의 도입과 함께 『홍루몽』 회화본 간행이 가장 활발히 이루어졌던 시기이므로, 손온과 손윤모 역시 이 열풍에 합류하여 본 화책을 제작하게 되었을 가능성도 배제할 수 없겠다. 그러나 화책의 제작 크기로 미루어보아 애초에 휴대와 전파에 적합하지 않으므로, 혹자는 화책의 창작 목적을 석판 인쇄를 위해 그린 저본(底本)으로 추측하기도 하는데, 북방의 풍윤현에 거주하던 손온의 화책이, 당시 석판 인쇄의 중심지였던 상해까지 유입되어 소장되고

있었다는 점에서 어느 정도 실현 가능한 가설이라 할 수 있다.[31]

그러나 손온과 손윤모 이 두 화가의 정체에 대해서는 여전히 풀지 못한 숙제들이 많으며, 여러 추측이 난무한 상태이다. 손온과 손윤모가 손(孫)씨 집안의 족보에 삼촌과 조카의 항렬로 기록되어 있는 사실은 확인되었으나, 후손의 증언에 의하면 역대로 화가로 활동했던 사람은 손윤모와 손윤모의 아들 두 사람뿐이며, 손윤모 이전에는 학식이 있던 자가 없었다는 설도 있다. 특히 손온의 화가 활동에 대한 기록은 전혀 찾아볼 수 없으며, 화책 역시 두 사람이 아닌 한 사람이 그린 것이라는 추측도 제기되고 있다. 그러나 모든 것 역시 추측일 뿐, 현재로는 확실한 증거가 없으며 고증할 사료도 미약하여 작가에 대한 문제는 여전히 미제로 남아있다.

하지만 화책의 화풍은 전후가 분명한 차이를 보이고 있다. 손온이 그렸을 것으로 추측되는 전 155화는 인물의 용모가 수려하고 선이 세밀하며 화풍이 부드럽고 아름다운데다 그림에서 녹색이 주요 기조가 되고 있다. 한편 손윤모가 작업한 것으로 추정되는 156화부터의 화풍은 인물의 비율이 비교적 커지고, 표현 기법이 상대적으로 거칠어졌으며, 전체적으로 황토색 계열의 색감으로 바뀌었다. 이런 점으로 미루어 보아 이는 같은 사람이 그리지 않은 것이 거의 확실하다고 할 수 있겠다. 때문에 유광당 선생은 이 화책을 출판할 때, 서문에 전본은 주로 손온이 구상하고 제작하였으나, 손윤모가 참여하고 완성하였다고 설명했다.[32]

손온 『홍루몽』 화책의 회화 예술은 청대 『홍루몽』 회화본의 최고 수준으로 평가받고 있다. 구도, 조형 그리고 색채의 사용에 있어서 청대의

---

31) 房學蕙, 앞의 논문, pp.14-16.

32) 劉廣堂, 「丹靑造奇境癡絶畵紅樓——孫溫繪全本《紅樓夢》的特色·繪制年代及作者略考」, 『淸孫溫全本紅樓夢』, 北京: 作家出版社, 2004.

여타 "홍루몽 회화"와는 완연히 구분되는 특징을 보인다.[33] 화책은 전반적으로 공필중채(工筆重彩) 기법을 사용하였으며, 대관원 전경을 그린 화폭을 제일 앞에 두었고, 두 번째 그림부터 마지막 그림까지 홍루몽 제1회부터 120회까지의 내용을 담고 있다. 화책에는 전통 회화에서 다루어왔던 대부분의 것을 포괄하고 있는데, 화책에 그려진 인물만 해도 총 3700여명에 달한다. 인물의 체형은 길고 가늘며, 의복은 디테일하게 묘사되었고, 얼굴의 눈썹, 눈매, 머리카락 모두 세밀하게 표현되었으며, 색채의 농도는 적절하고, 선은 섬세하며 부드럽다. 한편 건축물의 구도는 서양 미술에서 사용된 원근법의 영향을 받았으며,[34] 거기에 중국 전통 계화 기법을 융합하였다. 또 중국 전통의 청록산수(青綠山水) 화법을 차용하는 동시에, 빛과 그림자를 반영한 서양의 명암 및 투시 기법까지 사용하고 있으므로, 이는 중국 전통 회화와 서양 회화 기법을 적절하고 절묘하게 융합하였다고 평가 받는다. 손온의 화책에서 전체적으로 드러나는 청대 궁중화의 풍격은, 당시 중국 북방에 유행했던 화풍에서 기인한 것이라고 할 수 있다. 당시 서방(西方)의 선교사를 통해 유입된 서양의 회화 기법들은 청대의 궁중 미술로부터 극진한 환영을 받았으며, 낭세녕을 필두로 한 서양 화가들은 궁중에서 선교와 동시에 대량의 창작 활동을 하기도 했다. 청대 궁중의 수많은 화공들은 이러한 화법을 모사하였고, 당시 궁중에는 중국의 화풍과 서양의 회화 이론을 겸비한 새로운 회화 양식이 탄생하게 된 것이다. 이를 '선법화(線法畫)'라고 칭했는데, 일반적으로 화폭의 크기가 크고, 견본(絹本)을 사용하였으며, 화려한 풍격에 원근감을 강조하는 것이 특징이다. 이는 청대 중후기 화원(畫院)[35]

33) 霍顥顥, 앞의 논문, p.22.

34) 陳驍, 앞의 논문, pp.45-46.

35) 한림도화원(翰林圖畫院). 중국 궁정의 회화 제작 기관을 이르는 말.

에서 유행한 새로운 화풍으로, 청대 중후기에 걸쳐 약 100년의 기간 동안 북경과 그 부근의 화단(畵壇)에 일정한 영향력을 미쳤다고 전해진다.[36] 때문에 북경과 경양에서 활동하던 손온의 그림에도 자연스레 이러한 화풍이 반영되었다고 보는 것이 타당하다.

이 외에도 화책 속에는 '화중화(畵中畵)', '화중수(畵中書)' 등의 표현 기법을 찾아볼 수 있다. 손온 화책의 그림 서사 줄거리는 원작과 기본적으로 동일하지만, 화가는 화폭에서 서사 구도, 인물 동작, 배경 선택, 경물 설치 등을 재창작하는 과정에서 자신의 생활 속 경험을 녹여냈으며, 그 중 산수, 인물, 화조 등의 회화는 원대부터 청대까지 이르는 유명 화가의 작품에 의거하였다. 서법은 행서(行書), 해서(楷書) 또는 예서(隸書)를 사용하였으며, 당대부터 청대에 이르는 저명한 문인의 시(詩), 사(詞), 부(賦), 대련(對聯)을 모방하였다. 또한 화책의 내용은 원작이나 작가에 대한 고증에 중요한 자료가 되기도 하는데, 그림 속의 그림이나 그림 속의 시는 화가의 신분을 고증할 수 있는 중요 도구가 되기도 한다. 한편, 유심무는 여러 가지 자료를 통해, 손온과 조설근 집안의 밀접한 관계를 추측하기도 하였다. 이미 알려진 대로 조설근의 증조모, 즉 조인(曹寅)의 모친은 강희 황제(康熙皇帝)의 유년 시기를 함께 지낸 보모로, 어린 강희 황제에게 예절과 인간의 도리에 대해 가르쳤으며, 사람을 대하는 방법과 신뢰를 쌓는 방법 등을 교육했던, 단순한 유모를 넘어선 어머니 같은 존재였다. 이토록 깊은 관계에 있었기에, 강희 황제가 황위에 오른 뒤 보모의 집안을 특별히 대우한 것을 알 수 있다. 그녀의 남편 조새(曹璽)가 직조(織造)를 지낸 이후, 아들 조인이 그 자리를 지냈고, 그 후 조씨 가문의 후손들이 대대로 이 자리를 이어받은 것이 단적인 예라고 할 수 있다.

---

36) 房學蕙, 앞의 논문, p.8.

강희 황제에게 '일품태부인(一品太夫人)'의 칭호를 하사받을 정도로 영향력 있던 인물인 이 보모의 성이 바로 '손(孫)'씨이다. 그렇다면 손온이 이 손씨 부인의 후손일 가능성은 없는 걸까. 유심무는 손온의 화책 중에 드러난 '시계' 묘사를 통해 그 연관성을 추측하였다. 조설근은 조부 조인의 피휘(避諱)를 위해 소설에 '인(寅)' 자를 사용하지 않았는데, 비슷한 맥락으로 손온의 화책에 그려진 시계의 시간에는 '인시(寅時)'를 피하기 위해 서사와 맞지 않는 시간을 표현한 정황이 종종 보인다는 것이다. 예를 들어 늦은 오후가 배경이 되는 제73화의 그림 서사에서, 화폭 정중앙에 거대한 크기로 묘사되어 독자의 시선을 사로잡는 이 화려한 시계는 3시 정각을 가리키고 있다. 이는 해당 그림 서사와 어긋나는 시간 설정으로, 손온이 의도적으로 회화적 오류를 범했다고 본 것이다. 다시 말해, 손온은 고의적으로 화폭에 '인(寅)'시를 드러내고자 했는데, 4시는 인시정각이므로 감히 피하지 않을 수 없었으며, 3시는 인시로 진입하는 시간이므로 이로써 살짝 언급하였다고 보았다.[37] 만약 손온이 이 손씨 집안의 후손이라면, 조설근과 조인의 관계는 필히 인지하고 있었을 것으로, 조설근이 쓴 『홍루몽』에 대해 특별한 감정을 갖고 있었을 것은 당연한 일이며, 이러한 가정은 충분히 설득력을 얻게 될 것이다.

분명한 것은 손온은 원작에 대한 이해가 매우 깊었으며, 30여년의 세월을 이 화책을 그리는 데 쏟아 부었다는 것은 이 작품에 남다른 애착을 갖고 있기 때문일 것이다. 손온은 약 50세부터 85세까지 이 화책에만 몰두하여 그림을 그렸는데, 세심하고 정밀하게 그림 작업을 진행해 나갔던 것으로 보인다. 화폭 속에는 산수, 인물, 화조, 계화 등의 화료(畵料)를 사용하고 있는데, 거의 모든 사물을 망라하고 있다고 할 수 있어 '홍

37) 劉心武, 앞의 논문, p.270.

루진보(紅樓珍寶)'로 평가받으며, 그 정교함과 세밀함에 있어 『홍루몽』 회화사에서 극히 보기 드문 작품으로 꼽힌다.[38] 이는 마치 '백과전서(百科全書)'라고 불리는 조설근의 『홍루몽』과 명성을 비견할 만한 부분이라고 할 수 있겠다.

예술성뿐만 아니라, 손온 『홍루몽』 화책은 동류의 『홍루몽』 화책보다 소설의 서사성을 더욱 완벽하게 재현하고자 하였다. 화책의 그림 서사는 기본적으로 원작 소설의 장회의 순서대로 배치하였으나, 원작의 회목(回目)에 일일이 대응하지 않고 있다. 이는 회목에 맞춰 그림을 그릴 경우, 그림 간의 연속성과 상관성이 떨어지기 때문이다. 즉, 손온의 그림 서사는 원작의 주요 줄거리를 중심으로 비교적 완전하게 내용을 구성하는데 중점을 둔 것이다. 또, 당시 고사화가 대부분 한회에 한 폭 또는 두 폭으로 수량을 고정하여 그렸던 것과는 달리, 손온의 화책에서는 각 회(回)에 해당하는 화폭 수가 각기 다른 양상을 보인다. 어떤 회는 한 폭을 사용하기도 하고, 어떤 회에서는 대량의 화폭을 사용하여 표현하기도 하였다. 이는 핵심적인 사건에 지면을 과감하게 사용하여 해당 서사의 중요성을 강조하고 감상자에게 깊은 인상을 남겨주기 위한 전략으로 보인다. 손온의 화책은 원작의 스토리를 표현하는데 있어 오로지 시각 이미지만을 사용하였으며, 전통적으로 고사화에 사용되었던 제구(題句) 등을 과감히 삭제하고, 완전히 문자에서 벗어나 독립적인 그림 서사를 진행하였다. 물론 손온 화책의 특성상 한 폭에 여러 장면이 조합되어 있기 때문에 한 두 문장으로 이를 표현하기 어려운 이유도 있겠지만, 아마 가장 큰 이유는 제구 등의 문자 텍스트가 오히려 독자의 감상을 간섭하거나 방해하여, 화책의 독립적인 그림 서사가 정체성을 잃을까

---

38) 霍顾顾, 앞의 논문, p.8.

우려하였던 것으로 보인다.

손온의 『홍루몽』 화책은 청말 민초 시기에 제작된 『홍루몽』 화책 중 유일한 대형의 채색 화책본으로 알려져 있다. 여순박물관의 유광당(劉廣堂) 관장에 의해 발견되어 2004년 공개 전시와 함께 작가출판사(作家出版社)를 통해 『청·손온회전본홍루몽』이라는 이름으로 출판되면서 홍학가들과 대중들에게 대대적으로 알려졌다. 이때, 유광당 관장은 손온의 그림과 더불어 홍학 전문가들이 작성한 십만여 자(字)에 달하는 줄거리 요약을 각 장의 그림 아래에 함께 제공하여, 대중들이 그림을 좀 더 쉽게 이해할 수 있도록 도왔다. 2004년 작가출판사에서 초판을 발행한 이후, 원작의 크기로 인쇄하는데 따른 막대한 비용과 열람 및 휴대의 문제로 크기가 대폭 축소되어 2007년 재발행되었고, 이후 작가출판사의 초판본을 바탕으로 손온의 화책은 여러 출판사를 통해 재편집되어 다양한 형태로 출간되었다. 비교적 대표성을 갖는 간행본으로는 2010년 현대출판사(現代出版社)에서 출판한 『손온회전본홍루몽(孫溫繪全本紅樓夢)』 상·중·하가 있으며, 2017년 상해고적출판사(上海古籍出版社)에서 출판한 『夢影紅樓——旅順博物館藏孫溫繪全本紅樓夢』은 선장본(線裝本) 형태로 출간되어 예스러운 느낌을 더하기도 하였다.

이처럼 손온의 화책은 중국 국내에서 비교적 활발하게 새로운 편집을 거친 판본들이 발행되었으며, 판본마다 각기 다른 특성을 갖고 있어 독자들에게 폭넓은 선택권을 제공하도록 하였다. 특히 그림의 크기와 종이의 재질, 그리고 각 그림에 해당하는 줄거리 설명에 있어서 판본마다 차이를 보이고 있으며, 현재까지도 부단히 새로운 판본이 등장하고 있는 추세이다.

물론, 손온 『홍루몽』 화책의 발견과 공개는 중국 국내뿐 아니라 각국 홍학계에도 큰 반향을 불러일으켰다. 먼저 미국의 'Prunus Press USA'

〈淸 · 孫溫繪全本紅樓夢〉

〈夢影紅樓: 旅順博物館藏孫溫繪全本紅樓夢〉

출판사에서 2010년 손온 화책의 영문 번역본인 〈The Dream Of The Red Chamber〉를 출판하였는데, 독자의 이해를 위해 줄거리를 비교적 상세히 싣고 있는 것이 특징이라고 할 수 있겠다. 이후, 2019년 중국청년출판사(中國青年出版社)에서 장경선(張慶善)과 곽광(郭光)이 주 편집을 맡아, 중국어, 영어, 불어, 이태리어 번역본을 동시에 출간하였는데, 같은 해 10월 독일에서 열린 프랑크푸르트 도서전에서는 세 개의 번역본이 중국어 본과 함께 전시되어 해외 각국의 『홍루몽』 연구자들과 독자들에게 소개되며, 손온 『홍루몽』 화책의 세계 전파에 초석을 마련하였다. 한편, 한국에서도 마찬가지로 2019년에 진한엠앤비 출판사에서 강병국이 번역을 맡아 『그림과 함께 읽는 홍루몽』이라는 제목으로 국내에서 손온 화책이 최초 출판되며 국내 연구자들에게 소개되었다. 이 책에는 좌측의 페이지에 그림을 싣고, 우측에는 그림에 해당하는 줄거리를 간단하게 풀어 써 독자들의 이해를 도왔다. 특히 중국 국내의 판본과 해외 각국의 판본들을 살펴보면 각각 표지에 실은 그림이 서로 다른 것이 또 하나의 볼거리라고 할 수 있다. 이 또한 출판사와 편집자의 특성이나 의도가 반영되어 있는 것이라고 할 수 있어, 이에 대해 분석해보는 것

〈그림과 함께 읽는 홍루몽〉

〈The Dream Of The Red Chamber〉

또한 매우 흥미로운 작업이 될 것으로 보인다.

이렇게 전 세계적으로 번역되어 출판된 손온의 화책은『홍루몽』회화 연구의 저변을 부단히 넓혀가며, 그 예술적 문화적 성취를 인정받아 각국의 연구자 및 독자들의 흥미와 관심을 끌기에 충분하였으며, 나아가『홍루몽』회화본 가운데 상당히 상징성을 지닌 작품임을 증명했다고 할 수 있겠다.

제3장

메타텍스트로서의 손온『홍루몽』화책*

서사적 소통 공간에서 소설의 화책이 지닌 독특한 위치, 즉 소설 텍스트에 대한 최초의 독해이자, 동시에 원 텍스트를 재해석한 새로운 텍스트라는 이중적 역할을 염두에 둔다면, 소설 서사의 메타텍스트로서 화책을 읽을 수 있는 가능성이 열린다.[1] 메타텍스트(metatext)라는 용어의 사용은 다소 광범위하나, 기본적으로 텍스트와 텍스트 사이의 새로운 관계에서 창출되는 제3의 텍스트를 의미한다.[2] 즉, 다른 텍스트에 근거하고 있는 텍스트, 또는 텍스트의 주석이 그 텍스트에 대해 갖는 관계를 지칭한다. 이러한 정의에 따르면 문학 비평가들이 생산한 비평서들은 모두 메타텍스트가 된다. 특히 초기의『홍루몽』삽화가 소설 텍스트에 대한 보조적인 수단으로 창작되었던 것에 미루어 보면, 그 발전 과정에서 출현한 화책이 소설에 대한 메타텍스트로서의 성격을 부여받는 것은 어쩌면 당연한 일이라고 할 수 있겠다. 가깝게는『홍루몽』의 평점본, 삽화, 화책부터, 멀게는 원 텍스트를 각색한 속서(續書), 그리고『홍루몽』을

---

* 본 장은 고명주,「紅樓夢 플롯의 선택적 재현과 시각화 - 孫溫 紅樓夢 畵册을 중심으로」,『중국학논총』74집, 중국학연구소, 2021의 일부를 보완 확대하였음을 밝힌다.

1) 공성수,『소설과 삽화의 예술사: 한국 근대소설의 형성과 소설 삽화』, 소명출판, 2020, p.14.

2) 고창수,「메타텍스트의 이야기 구조」,『한성어문학』24집, 한성어문학회, 2005, p.45.

다룬 수많은 연구서, 나아가 각종 민간 회화 예술 모두 메타텍스트의 성질을 지니고 있다. 그러므로 우리는 손온의 화책 역시 원작 『홍루몽』에 대한 메타텍스트로서 생산되었다고 분류할 수 있겠다.

그러나 소설의 화책은 다른 메타텍스트들과는 다소 차별되는 창작 과정과 정체성을 지니고 있다. 먼저 화책이나 삽화 등 소설의 회화본은 창작자와 독자만이 존재하는 전통적인 단순한 소통 과정을 뛰어넘는 새로운 커뮤니케이션 관계를 창출한다. 화책을 만드는 작업이란, 단순히 소설을 무조건적으로 모방하는 것이 아니라, 원 텍스트를 적극적으로 읽고 해석하며 재창작하는 역동적인 과정임을 의미하기 때문이다. 화책은 독자의 입장에서 원작을 읽고, 서사적 추론을 통해 이야기를 재구성한 결과물이다. 화가는 능동적인 자기선택을 통해 소설 속의 피사체를 포착하고, 그림의 언어를 빌려 그것을 구체적인 이미지로 형상화한다. 이렇게 소설 화책이 서사적 커뮤니케이션의 중심에서 원작과 끊임없이 상호 텍스트적으로 소통한다는 바로 그 사실로부터, 소설 회화 연구의 새로운 실마리를 발견할 수 있다.[3]

한편, 원 텍스트와 메타텍스트 간에는 필연적으로 간극이 존재한다. 물론 기본적으로 소설 회화 속에 재현된 이미지는 소설 담화의 내재적 구성 원리가 반영되며, 화책이 대상을 포착하고 연출하는 방식은 원작 소설의 방식과 닮아있다. 이는 화가가 소설을 읽은 뒤 그것을 재현하는 과정에서 자연히 소설 서사가 보이는 특징들을 그림 속으로 옮기게 되기 때문이다.[4] 그러나 소설과 회화본의 관계란, 글에서 그림으로 향하는 일방적인 방향성을 띠고 있을 수밖에 없으며, 원문은 변하지 않지만,

3) 공성수, 앞의 책, p.13.

4) 공성수, 위의 책, p.14.

그림은 계속해서 변화한다. 즉, 그림은 소설 원문에 대한 화가의 이해와 해석, 그리고 이해한 것을 표현하는 방식에 따라 바뀌게 된다는 의미이다.[5] 때문에 삽화나 화책 등의 메타텍스트는 단순히 소설을 재현하는 데에서 멈추지 않고, 오히려 소설과 공존함으로써 보다 풍요로운 서사적 커뮤니케이션을 형성하고 있는 것이다.[6] 나아가 보다 완전한 서사성을 가진 화책은 메타텍스트라는 종속 관계에서 벗어나 독립된 텍스트로 자립할 가능성을 부여받게 된다.

본장에서는 본격적으로 손온 화책의 이미지를 분석하기에 앞서, 메타텍스트로서 화책이 창작되는 과정, 즉 손온이 원작을 수용하고 재구성하는 과정을 면밀히 분석하여, 화폭에 남아있는 흔적을 따라 원작에 대한 손온의 창작 의도와 여정을 엿보고자 한다. 이와 더불어, 이미지로 이루어진 메타텍스트인 손온의 화책이 원작의 문자 텍스트로부터 벗어나면서 발생한 여러 가지 결핍과 공백에 대해 지적하고, 한계를 고백함과 동시에 이를 극복하기 위한 비문자적 언어들의 필요성과 목표의식을 제안한다. 마지막으로 이미지 텍스트로서 자체적인 서사를 완성하기 위해 반드시 수반되어야 하는 화책의 미학적 가치와 예술성에 대해 살펴보고자 한다. 청대의 시대적 흐름 속에서 홍루 회화의 문화성을 확인하고, 그와 더불어 손온 화책이 당시 전파되었다면 어떤 영향력을 미쳤을지 추측해보며, 손온 화책이 현대에 끼친 문화적 의의와 역할까지 함께 살펴보고자 한다.

---

5) 高雁, 「《紅樓夢》圖文關系的審美嬗變」, 遼寧大學 博士學位論文, 2017, p.35.

6) 공성수, 「근대 소설 형성기 번안소설 삽화의 구성 원리 연구 – 『매일신보』에 연재된 조일재의 번안소설 삽화를 중심으로」, 『한국문학이론과 비평』 17(2), 한국문학이론과 비평학회, 2013, p.142.

1. 원작의 수용과 재구성

순수하게 손온이 화책을 작업한 기간만 두고 미루어본다면, 원작을 그림으로 옮기는 과정에서 그의 고심은 매우 깊었던 것을 알 수 있다. 물리적 제한으로 인해 원작의 모든 내용을 화폭에 담아낼 수 없었던 손온은, 화책의 회화 작업을 시작하기에 앞서 가장 먼저 원작의 어떤 장면을 화책에 수용할 것인지를 결정해야했을 것이다. 특히, 손온 화책의 서사 구성은 『홍루몽』의 전통 고사화(故事畵)와는 달리 원작의 회목에 따르지 않았으므로, 원작에 대한 취사선택은 그에게 가장 큰 고민거리로 작용했을 가능성이 높다. 이 글에서는 일차적으로 전체 화폭의 서사 배분 양상을 살펴보면서 손온이 어떤 사건에 중점을 두었는지 직관적으로 파악해보고자 하며, 동시에 등장인물의 출연 빈도나 화폭에서의 비중을 살펴보면서 손온이 화폭에서 어떤 인물에게 우선순위를 두었는지 함께 분석해보고자 한다. 다음으로 손온이 화책에 그릴 사건을 선택한 뒤, 해당 사건의 어느 순간을 포착하여 화폭에 담았는지를 통해, 사건을 바라보는 화가의 시각, 그리고 화폭을 통해 독자에게 전달하고자 했던 의도가 무엇인지 알아보고, 최종적으로 자신의 화책을 어떻게 구성하고 했는지 분석해본다.

1) 스토리의 재구성

『홍루몽』은 수십 개의 사건이 얽히고설킨 하나의 커다란 스토리[7]이다. 크고 작은 사건들이 연속적으로, 또는 동시에 발생하고 있으며, 소

---

7) 김광요, 『드라마사전』, 문예림, 2010. '스토리'는 삽화적이다. 갖가지 사건들이 하나하나 독립해 있어서, '왜냐하면'보다도 '그리고'로 이어진다. … 다시 삽화를 덧붙이는 것도 빼는 것도, 극중의 삽화를 자유롭게 이동시키는 것까지도 가능하다.

설 전체의 내러티브에 미치는 영향력도 각각 다르다. 때문에 소설을 화책으로 옮길 때, 스토리의 재구성은 필수적으로 거쳐야하는 과정일 수밖에 없다. 특히 손온의 화책은 문자적인 설명 없이 그림으로만 이루어져 있을 뿐만 아니라, 화폭이라는 물리적인 공간 제한으로 일차원적인 서사 진행만이 가능하기 때문에, 각 화폭은 사건의 대표성과 상징성을 갖추고 있어야할 뿐만 아니라, 화폭 간의 서사 연결이 최대한 자연스럽게 이루어지도록 구성되어야 한다. 다시 말해, 손온 화책의 230폭의 화폭들은, 각각 독립된 사건을 서술하는 동시에 화폭 간의 유기성을 확보하기에 가장 유리한 장면들로 이루어진 결과물이라는 것이다. 그렇다면 손온 화책의 서사적 구성을 살펴보기 위해, 먼저 기존의 전통 이야기 그림들이『홍루몽』의 회목에 따라 화폭의 내용을 그렸던 것과 비교하여 차이점을 살펴보고, 이차적으로 원작의 사건들을 기준으로 손온이 어떤 사건을 취사하였는지 분류하여 분석하고자 한다.

(1) 장회(章回)와의 비교

조설근의『홍루몽』은 구조적으로 120회에 걸쳐 수많은 에피소드를 연속적으로 서술하는 중국 고전 장회 소설의 형식을 띠고 있다. 각 회의 맨 앞에는 해당 내용을 요약하는 두 문장으로 이루어진 회목(回目)[8]이

---

8) 최용철,「《홍루몽》 서사구조의 예술기법 연구(1)」,『중국학논총』 27집, 중국학연구소, 2010, p.284.『홍루몽』은 소설 창작의 우여곡절의 과정을 거쳐 제목을 붙이고, 목록을 만들고 장회를 나누었다고 전해진다. 일단은 원고를 완성한 이후에 적당한 길이로 회를 나누고 회목을 붙였다는 의미다. 이러한 회별(回別) 분리는 소설책의 장정을 편리하게 하기 위한 구분이기도 하지만 사건의 유기적인 전환을 위해 적절하게 활용하는 장치이기도 하다. 작자는 전통적인 방법에 의해 연구(聯句)로 된 회목(回目)을 붙였고 일률적으로 여덟 자 회목으로 통일하였다. 다만 각 회의 길이는 완전히 동일하게 나눌 수 없어서 긴 곳은 9천여 자(字)(제74회), 짧은 곳은 3천여 자(제12회)로 차이가 난다.

붙어 있는데, 이는 장편 소설의 방대한 내용을 핵심적으로 간략하게 보여주는 역할을 한다. 때문에 전통적으로 『홍루몽』의 고사화는 원작의 회목을 그대로 따르는 경우가 많으며, 특히 총 240폭으로 구성된 화책이라고 했을 때, 이는 120회의 꼭 두 배가 되는 숫자이므로, 한 회에 두 폭씩, 회목에 맞춰 그렸을 것이라고 판단하는 것이 일반적이다. 게다가 얼핏 이 방식은 매우 합리적이고 모범적인 구성처럼 보일 수 있지만, 실제로는 여전히 원작의 틀에서 벗어나지 못한 그림 서사의 고루한 형태라고 할 수 있다. 이런 틀을 깨기 위해, 손온은 원작의 회목에 얽매이지 않고 자신의 기준에 따라 원작의 내용을 재구성하고자 시도하였는데, 다만 원작의 내러티브에서 지나치게 벗어나거나 모순되지 않아야 했음은 물론이다.

손온의 스토리 재구성 방식과 전통 이야기 그림의 스토리 구성 방식을 비교하기 위해선 일정한 기준이 필요하므로, 전통 이야기 그림에 따른 장회(章回) 기준의 분리 방식을 차용하여 손온의 화책과 대조를 시도하였다. 이에 따라 손온의 화책을 분석한 결과, 먼저 소설 한 회 당 평균적으로 두 폭의 지면을 할애하고 있는 것을 알 수 있었다. 다만 한 폭을 분할하여 여러 장면을 묘사하기도 하는 손온 화책의 구조적인 특성상, 종종 한 폭에 두 회의 내용이 함께 담기기도 하였으므로, 회당 화폭 수를 딱 떨어지게 계산하기는 어려움이 있었다. 그럼에도 불구하고 대부분의 장회와 화폭이 이처럼 균등하게 배분되는 양상을 보였으나, 세 가지 예외적인 경우가 있었다.

첫째는 손온 화책 제1화에 대관원(大觀園) 전경(全景)을 그린 화폭을 배치한 것이다. 이 화폭은 소설의 서사 전개 순서와도 맞지 않거니와, 더욱이 『홍루몽』 제1회를 대표하는 이미지라고 할 수도 없다. 아마도 이 화폭은 손온의 화책 전체를 대표하는 하나의 상징적인 이미지로서,

〈孫溫 제1화〉

화가의 선택에 의해 의도적으로 화책 맨 첫 장에 배치된 것이라고 추측할 수 있겠다. 이런 의미에서 이 화폭은 전체 화책에서 매우 특별한 화폭이라고 할 수 있다. 제목도 제발(題跋)도 없는 손온의 화책에서, 화가가 첫 번째 화폭에 부여하는 의미는 남다를 수밖에 없을 것이다. 독자들은 책을 펼침과 동시에 가장 먼저 이 화폭을 마주하게 되며, 따라서 이 화폭은 화책 전체의 첫인상을 결정짓는 결정적인 역할을 한다고 할 수 있기 때문이다. 웅장하면서도 세심한 필치로 묘사되어 한 폭의 입체적인 지도를 연상시키는 이 대관원도는, 감상자의 시선을 흡입하여 그림 곳곳을 상세히 관찰하도록 유도하고 있으며, 화책의 그림 서사를 본격적으로 시작하기에 앞서 주요 배경 공간의 전체적인 이미지를 독자들에게 각인시키고자 한 작가의 의도를 보여주고 있다.

원작의 탄생 이후 화가들에 의해 가장 많이 그려진 『홍루몽』의 그림은 단연 대관원도라고 할 수 있다. 대관원은 『홍루몽』을 대표하는 상징적 공간이자, 독자에게도 화가에게도 가장 큰 관심의 대상이기 때문이다. 손온이 대관원도를 화책의 가장 앞에 배치한 이유도 어쩌면 이런 것들을 염두에 둔 것일 가능성이 높다. 손온의 대관원도를 감상하고 있자면 한눈에 대관원을 조망할 수 있으므로, 소설 속 대관원에 대한 각종 묘사들로 인해 머릿속에 부표하던 대관원 이미지의 조각들을 모아, 하나의 완전한 공간을 떠올리는데 큰 도움을 준다. 다만 동시에 원작에서 대관원 낙성(洛城) 직후, 대관원에 들어서서 처음 그 모습을 언급한 가정(賈政)의 대사를 떠올리지 않을 수 없다.

> 문이 열리자 푸른 산 모습이 눈앞을 가렸다. … "이 산이 아니었다면 이곳에 들어오자마자 정원의 모든 경치들이 한꺼번에 다 들어오게 될 테니 그럼 무슨 재미가 있겠소이까?" (『홍루몽』 제17-18회)

원작에서 반복적으로 언급된 대관원의 구조적인 특징 중 하나는 대관원 입구에서 안이 보이지 않도록 설계한 것인데, 이는 대관원의 은일(隱逸)하며 폐쇄적인 성질을 강조하기 위한 수단 중 하나라고 할 수 있다. 그러나 손온은 그림 서사를 시작함과 동시에 대관원 공간을 전면적으로 공개하여 독자들이 좀 더 쉽게 대관원 안으로 발을 디딜 수 있도록 인도하고자 하였다. 즉, 손온의 화책 첫 번째 장에 배치된 이 대관원도는 일시적으로 대관원의 은폐성을 지우고, 뒤로 이어지는 229장의 그림 서사로부터 분리되어, 230장의 화폭 중 유일하게 온전한 독립성을 지닌 한 장의 화폭이라고 할 수 있겠다.

한편, 이 대관원도에는 손온의 회화 기법이 종합적으로 반영되어 있는데, 다만 인물과 동물을 그리지 않았으며, 자연과 건축 묘사를 집중적으로 보여주고 있다. 전체적으로 보았을 때, 산과 나무, 그리고 물길과 건축물들이 서로 잘 어우러져 매우 균형적으로 화폭을 채우고 있으며, 청록(青綠)색을 기반으로 곳곳에 적(赤)색을 배치하여 그림에 생기를 불어넣었다. 대관원 전체를 둘러 흐르는 물길은 그림에 청량함과 잔잔한 움직임을 더하였으며, 화폭의 맨 앞과 맨 뒤에는 대관원을 두르고 있는 높은 담장을 대칭되게 묘사하여 공간의 독립성을 유지하고자 하였다. 대관원의 아름다운 전경은 원작의 다양한 묘사들을 통해 충분히 상상이 가능하며, 아름다운 피사체를 그림으로 남기고 싶어 하는 것은 인간의 본능적인 욕구라고 할 수 있다. 한편, 소설 속에서도 대관원의 아름다운 풍경을 그냥 두기 아쉬운 마음에 그림으로 남기고자 하였던 에피소드가 등장한다. 이 사건에서는 『홍루몽』 중 대관원과 관련된 유일한 회화적 언급을 엿볼 수 있으며, 이후 손온을 비롯한 여러 화가들이 대관원을 그려내는데 있어 상당한 영향력을 미쳤음에는 의심의 여지가 없다. 해당 대사를 보면 아래와 같다.

> 이 정원은 원래 한 폭의 그림과 같아서 산과 바위, 나무와 건물이 멀고 가깝게, 혹은 성글고 조밀하게 배치되어 있는데 많지도 않고 적지도 않게 안성맞춤으로 지금의 모습을 띠고 있어요. … 이런 것은 반드시 화폭 안에서 원근을 따지고 주객을 분명히 나눠야 하는 것입니다. 또 보탤 곳은 보태고 줄일 곳은 줄이며 숨길 것과 드러낼 것을 구분해야 해요. 그렇게 기초가 완성되면 다시 꼼꼼하게 가늠해야 마침내 한 폭의 그림이 완성되는 것입니다. 둘째, 정원의 누각이나 건물은 반드시 정교하게 치수를 재두어야 합니다. 조금만 신경을 덜 쓰게 되면 난간이 기울어지고 기둥이 쏠리고 창문이 거꾸로 매달리게 되고 계단에 틈새가 벌어집니다. 심지어는 탁자가 벽 속으로 들어가고 화분이 창문의 발 위에 매달릴 것입니다. … 셋째, 인물을 그려 넣으려면 역시 성글고 조밀함의 구분과 높고 낮음의 위치가 분명해야 합니다. 저고리 주름과 치마끈, 손가락과 걸음걸이까지도 정말 중요하지요. 조금이라도 세밀하지 못하면 손등이 붓고 절름발이 다리가 됩니다. (『홍루몽』 제42회)

이 대사는 대관원도의 회화 작업을 맡게 된 석춘(惜春)이 그림을 그리기 전, 설보차(薛寶釵)가 대관원을 그릴 때 필히 지켜야하는 세 가지 주의 사항에 대해 상세히 설명하는 내용이다. 이는 원작가 조설근이 설보차의 입을 빌려 자신의 생각을 전달한 것이라고 볼 수 있는데, 먼저 원근(遠近)의 중요성을 강조하고, 생략과 추가를 적절히 운용하여야 하며, 건축물의 치수와 비율을 섬세하게 지켜야만 어그러지지 않고 균형 잡힌 그림을 완성할 수 있다고 강조하고 있다. 마지막으로 언급한 인물을 그릴 때의 주의 사항은 손온의 대관원도에는 해당되지 않으나, 화책의 두 번째 화폭부터 마지막까지 등장하는 수많은 인물들을 묘사하는데 큰 영향을 미쳤다고 할 수 있겠다. 즉, 위의 대사로 미루어 보았을 때, 손온의 화책은 원작에서 조설근이 제시한 여러 가지 주의 사항을 훌륭하게 완수하고 있다고 평가할 수 있으며, 손온은 원근법과 계화법(界畫法)을 사용하여 화폭의 균형적인 부분에 특히 신경을 쓴 것을 알 수 있다.

앞서 언급했듯, 손온의 대관원도에는 인물이 전혀 등장하지 않는데, 화책 230폭의 그림 중 유일하게 인물을 그리지 않은 화폭이라고 할 수 있다. 나머지 229폭에는 모두 인물이 등장하므로, 그림 서사의 필수 요소인 인물이 빠진 이 대관원도는 그림 서사의 일부 보다는 화책의 표지로서의 성향이 더욱 강하다고도 볼 수 있으며, 상징적인 역할을 한다고 할 수 있다. 나아가 이 화폭에는 인물뿐 아니라 동물 등 어떤 생명체도 그리지 않았으므로, 전체 서사에서 대관원에 아무도 살지 않는 시점, 즉 대관원 완공 직후이거나, 소설 후반부에 모두가 떠난 뒤의 모습 중 하나라고 생각할 수 있다. 그러나 화폭의 색채가 선명하며 생기가 넘치는 분위기로 묘사된 점, 그리고 화책의 맨 앞에 배치한 점 등을 미루어 보아, 여기서는 이제 막 완성되어 강한 생명력을 내뿜는 대관원의 모습이라고 해석하는 것이 더 적합할 것이다. 손온의 화책은 이 화폭을 시작으로 그림 서사의 서막을 열며, 감상자의 기대감과 집중도를 높여 화책에 대한 몰입을 독려하였다. 이로써 손온의 첫 번째 화폭의 특수한 역할과 다른 화폭과의 차별성을 가늠할 수 있었으며, 손온의 화책에서 가장 비서사적인 화폭이자 가장 상징적인 화폭으로서 독립성을 지녔다고 할 수 있겠다.

소설의 장회에 따라 화책을 비교하였을 때, 두 번째 예외적인 현상은 한 회에 네 폭 이상의 지면을 사용한 경우이다. 예외의 기준을 네 폭으로 잡은 이유는, 손온의 화책에서 한 회에 평균적으로 두 폭의 지면이 배분되고 있으나, 한 폭 위에 두 회의 내용을 그린 경우가 많고, 한 회의 내용이 앞뒤 화폭의 일부에 걸쳐져 있는 경우도 있으므로, 완전한 세 폭은 아니지만 그래도 세 폭에 걸쳐 묘사되었다고 볼 수 있는 경우가 종종 있어, 지면의 배분 비율을 정수로 측정하기는 어려웠기 때문이다. 전체적인 비율로 보았을 때, 한 회에 완전한 세 폭을 사용한 경우도 비교적 많은 지면을 사용했다고 볼 수 있으나, 아무래도 다른 회와 수량상의 차별성을 언급하기 위해서는 네 폭으로 기준을 삼는 것이 마땅하다고 보았다. 한편, 한 회에 네 폭 이상의 지면을 사용한 것은 화책의 회별 분배의 불균형을 초래한 직접적인 요인으로 작용하였는데, 이처럼 손온은 자신이 중요하다고 생각한 장회에는 지면을 아끼지 않는 대담함을 보이기도 하였다. 아래는 한 회에 네 폭 이상의 화폭을 사용한 경우를 표로 정리한 것이다.

손온 화책	『홍루몽』	화폭 수	내용
제2-7화	제1회	6폭	석두 이야기 / 가우촌 이야기
제11-14화	제3회	4폭	가부로 간 임대옥
제21-24화	제7회	4폭	주서댁과 가부의 아가씨들 / 진가경과 진종
제25-28화	제8회	4폭	보차의 금쇄와 대옥의 질투 / 진종과 가모
제44-58화	제17회	15폭	가정과 가보옥의 대관원 편액 짓기

손온 화책	『홍루몽』	화폭 수	내용
제60-64화	제18회	5폭	원춘의 성친
제81-84화	제29회	4폭	청허관에 간 가모와 자매들
제95-98화	제40회	4폭	대관원에 초대받은 유노파

한 회에 4폭 이상 사용한 경우는 총 여덟 회로, 제1회, 제17회, 제18회에 각각 6폭, 15폭, 5폭을 사용하여 그중에서도 가장 많은 화폭이 배분된 것을 알 수 있다. 특히, 소설의 제17회는 손온 화책의 제44화부터 58화까지 총 15폭에 걸쳐 묘사되고 있는데, 이는 손온의 화책에서 가장 높은 회당 배분 비율임은 물론, 그 다음으로 많은 화폭인 6폭보다도 두 배 이상 차이가 나는 파격적인 케이스라고 할 수 있다. 소설 제17회는 가정과 가보옥(賈寶玉)이 대관원 낙성 이후 대관원을 둘러보며 각 장소에 어울리는 편액을 짓는 과정을 보여주는 회로, 손온의 화책에서도 원작의 상세하고 생생한 묘사에 따라 대관원 공간을 시각화하여 독자들에게 전달하는 중요한 부분이라고 할 수 있겠다. 그럼에도 불구하고, 무려 15폭의 지면을 사용한 것은 그 의미가 남다를 수밖에 없으며, 소설 전체를 화책으로 그리면서 손온이 가장 심혈을 기울여 그린 장회라고 보아도 무방할 것이다. 그 다음으로 많은 화폭을 들인 것은 제1회에 해당하는 스토리이다. 제1회의 내용은 손온 화책의 제2화부터 제7화에 걸쳐 묘사되고 있는데, 총 6폭을 할애하였다. 1회에서는 소설 초반 천계의 석두가 승려의 손에 의해 인간 세상으로 내려오는 과정과, 임대옥(林黛玉)을 금릉(金陵)의 가부로 데려가는 중요한 역할을 맡은 인물인 가우촌(賈雨村)의 이야기를 다루고 있는데, 아직 본격적인 가부 이야기가 시작되진 않았으나, 그 초석을 다지기 위해 여러 가지 설정을 설명하는 부분으로, 원작과 마찬가지로 손온 역시 이 부분에 비교적 공을 들였다고 할 수

있겠다. 다음으로 많은 화폭을 사용한 장회는, 원작의 제18회에 해당하는 원춘(元春)의 성친(省親) 이야기로, 손온 화책의 제60화부터 64화까지 총 5폭에 걸쳐 진행된다. 귀비가 된 원춘이 친정 나들이를 하는 내용을 그리고 있으며, 손온은 특히 화책에서 궁으로부터의 호화로운 행렬을 부각시켰으며, 대관원 입성과 성대한 연회 모습 등을 묘사하였다. 또, 제18회는 앞서 가장 많은 화폭을 할애한 제17회와 연결되는데, 즉 이 연속된 두 회에 해당하는 서사에 손온은 무려 총 20폭의 화폭을 사용했다는 것을 알 수 있다. 대관원의 낙성 역시 오로지 원춘을 맞이하기 위한 공간을 짓는 내용으로, 원춘의 성친 이야기와 밀접한 연관이 있으며, 이 두 회를 묘사한 화폭들은 손온의 화책 중 가장 화려한 장면들로 이루어졌다고 해도 과언이 아닐 정도로 하나같이 가부의 권세와 부귀가 정점에 이르렀음을 시사하는 동시에, 화책 전체에서 가부의 이미지를 결정짓는 주요한 화폭들이라고 할 수 있겠다.

그러나 소설의 장회를 기준으로 화책의 화폭을 분류한다는 것은 여러 가지 문제점을 안고 있다. 예를 들어, 위의 표에서도 알 수 있듯, 제1회, 제7회, 제8회에서는 각각 두 개의 에피소드가 서로 다른 서사 주체를 중심으로 진행되기 때문에, 한 회에 하나의 사건을 다루고 있다고 보기는 어려우므로, 다른 장회들과 비교하였을 때 지면 분배의 기준을 판단하는 데 혼란을 야기한다. 또 원작에서 역시 적지 않은 경우에 한 회의 이야기가 그 회에서 마무리되지 않고 다음 회의 앞부분까지 이어지는 상황이 발생하기도 하므로, 장회를 기준으로 손온 화책의 그림 서사를 분류하는 것은 다소 적합하지 않다는 것을 다시 한 번 확인 할 수 있었다.

원작의 장회와 화책의 비교에서 발견된 세 번째 특수한 사항은, 손온 화책에서 생략된 원전의 내용이다. 손온 화책의 화폭을 일일이 원작의 각 회와 비교해보았을 때, 손온은 최소 한 회에 한 폭 또는 최소 반폭을 사용하여 모든 회를 누락하지 않고 화책에 반영하기 위해 노력한 것을 알 수 있다. 그러나 손온 화책에는 원작의 제103회에서 108회까지에 해당하는 내용이 통째로 누락되어 있다. 이유인 즉 손온 화책은 발견 당시 전체 24책(冊) 중 한 책이 공백으로 남겨져 있었는데, 그 공백에 해당하는 내용이 바로 103회에서 108회에 해당하는 부분일 것이라는 추측이다. 총 6회의 내용이 이 공백의 10폭 안에 들어간다면 손온의 화책 분배의 평균 수치에도 부합하므로 꽤 타당성이 있는 가설이다. 다만 공백으로 남겨진 이유에 대해서는 의견이 분분한 상태이다. 혹자는 어떤 이유로 인해 화가가 그림을 완성하지 못했거나, 또는 완성 이후 전해지는 과정에서 유실되었을 가능성이 높을 것으로 추측하고 있을 뿐이다. 화가가 고의로 그리지 않았건 도중 유실되었건, 지금 우리는 해당 부분의 화폭을 볼 수 없으며, 전체 그림 서사에서 큰 서사 공백이 발생하였다는 것만은 확실한 사실이다. 또한 손온 화책의 제목에 '전본(全本)'이라는 명칭을 사용하기 어려운 이유 역시 이 때문이며, 회화적으로도 서사적으로도 높은 수준을 지닌 손온 화책의 유일한 결점이라고 볼 수도 있다. 아래의 표는 화책에 공백으로 남겨진 부분에 해당하는 원작의 내용을 정리한 것이다.

『홍루몽』	내용
제103-108회	제 함정에 빠진 하금계 / 옛정을 못 잊는 가보옥 / 가산을 몰수당한 녕국부 / 기도하는 가모 / 세습관직 회복한 가정 / 사무치게 그리운 임대옥

표에는 각 회에 해당하는 대표적인 사건을 간단하게 나열하였으나, 자잘한 사건들을 포함하면 이보다 더 많은 내용이 생략된 것으로 보인다. 총 6회에 해당하는 서사를 10장의 화폭에 담고자 하였으니, 화책의 평균

적인 회당 지면 할당 비율과도 일치한다. 다만 이 중 어떤 한 회에 해당하는 내용이 네 폭 이상의 높은 비율을 차지했을 가능성도 완전히 배제할 수는 없으므로, 그림 서사를 보다 완전하게 분석하는데 있어 공백으로 남은 이 열 장의 화폭에 대해 아쉬움이 남는 것은 사실이다. 비록 소설 120회 중 약 후반 40회에 해당하는 내용을 손윤모가 주로 담당하여 그리긴 했으나, 102회의 내용을 그린 제205화까지 손윤모가 그리고, 109회에 해당하는 내용인 제206화부터 이후 7폭을 다시 손온이 그렸으므로, 이 공백의 10장이 유실되었다는 가정 하에 그 화폭들을 누가 담당하여 그렸을 지는 여전히 미제로 남겨져 있다. 어찌됐든 전체 120회 중 여섯 회에 해당하는 내용의 화폭이 없는 것은 변하지 않는 사실이므로, 손온 화책의 화폭 분배에서 예외적인 경우에 해당한다고 할 수 있겠다.

위와 같이 총 세 가지 특수한 상황을 제외하면, 손온의 화폭은 소설의 장회를 기준으로 화가는 매우 균등하고 적절하게 지면을 분배하여 화책을 구성한 것으로 보인다. 그러나 손온은 애초에 소설의 회목에 맞춰 화책을 그린 것이 아니므로, 장회와 화폭의 불일치는 자연스러운 현상이며 당연한 결과이다. 다만 손온의 화책이 본래 240폭으로 구성되었으며, 이는 원작 120회의 두 배수인 점 등을 미루어보아, 소설의 장회가 손온 화책에 전혀 영향을 주지 않았다고 볼 순 없지만, 손온 화책의 그림 서사를 구성하는 데 주축이 되는 것은 120개의 장회가 아닌 소설 전체를 꿰어나가는 각각의 크고 작은 사건들이라고 보는 것이 좀 더 타당하다고 할 수 있다.

(2) 사건과의 비교

위에서 분석한 것처럼 손온의 화책과 소설의 장회를 비교해보았을 때, 103회에서 108회의 내용을 제외하면, 각 회에 해당하는 내용을 빠짐

없이 화책에 담아냈다고 할 수 있을 것이다. 다만 원작에 따르면, 반드시 한 회에 한 개의 사건이 매칭 되는 것은 아니다. 때로는 한 사건이 두 회에 걸쳐 전개되기도 하며, 때로는 한 회에 여러 가지 사건이 동시에 발생하기 때문이다. 이것은 『홍루몽』의 장회 체제가 갖고 있는 형식적인 한계에서 비롯된다고 할 수 있다. 애초에 『홍루몽』은 전체의 내용이 창작된 후에 대략적인 줄거리에 맞춰 120회로 자르고, 회목은 각 장회의 사건을 파악하기 쉽도록 독자에게 요약하여 보여주기 위한 보조적인 수단으로 만들어진 것이기 때문이다. 그러므로 화책과 장회의 표면적인 비교로는 그림과 서사의 정확한 대조를 기대하기 어려울 수밖에 없다. 그러므로 이 글에서는 손온 화책의 원작 스토리에 대한 재구성을 살펴보기 위해, 원작의 사건들을 기준 단위로 삼아 비교를 진행해보았다. 다만 앞서 분석했던 제1화 대관원도의 독립적인 성질, 그리고 103회부터 108회까지가 공백으로 남겨진 판본 상의 문제는, 사건을 기준으로 화책의 구성을 분석했을 때도 동일하게 드러나는 현상이므로 중복된 설명은 생략하도록 한다.

손온의 화책에는 한 폭에 여러 가지 사건이 담겨 있기도 하고, 한 사건을 여러 폭에 걸쳐 그리기도 하는데, 이는 원작의 스토리 구성 방식과 매우 닮아있다. 그렇다면 손온의 화책에서 사건을 기준으로 지면을 가장 많이 할애한 사건과, 반대로 화책에서 다루지 않은 원작의 사건은 무엇이 있는지 분석해보도록 하겠다.

손온 화책	화폭 수	내용
제11화-14화	4폭	가부로 간 임대옥
제34화-41화	8폭	진가경의 죽음과 장례
제44화-58화	15폭	가정과 가보옥의 대관원 편액 짓기

손온 화책	화폭 수	내용
제60화–64화	5폭	원춘의 성친
제81화–84화	4폭	청허관에 간 가모와 자매들
제94화–제100화	7폭	대관원에 초대받은 유노파
제129화–제134화	6폭	우이저와 우삼저 이야기
제194화–199화	6폭	가보옥의 혼례와 임대옥의 죽음

위의 표는 앞의 표와 마찬가지로 한 사건에 네 폭 이상의 화폭을 분배한 케이스를 정리한 것이다. 그러나 앞서 분석했던 장회를 기준으로 한 화책의 분배 양상을 정리한 표와 상당히 다른 결과를 보여주고 있다. 이미 언급했던 대로 원작에서는 한 회에 두 개 이상의 사건을 다루거나, 한 사건이 여러 회에 걸쳐 서술되는 경우가 비일비재한데, 그로 인해 장회에 따라 화폭을 나누었을 때보다, 사건을 기준으로 화폭을 나눴을 때 한 사건에 더 많은 화폭이 할당되는 양상을 보였다. 가장 많은 화폭을 차지한 사건은 역시 대관원 편액 짓기 사건으로 15폭 그대로였으며, 그 다음은 진가경(秦可卿)의 죽음과 장례 사건으로 제34화에서 제41화에 걸쳐 총 8폭이 할애되었는데, 이 사건은 장회를 기준으로 분류하였을 때는 표에 포함되지 않았다는 것이 특기할 만하다. 다음으로는 대관원에 초대된 유노파[劉姥姥] 사건으로 제94화에서 제100화까지 총 7폭에 걸쳐 사건이 묘사되었는데, 이는 장회를 기준으로 비교했을 때 총 4폭으로 집계된 것보다 세 폭이 늘어난 숫자이다. 그 외에도 우이저(尤二姐)와 우삼저(尤三姐) 사건이 제129화에서 134화까지, 가보옥의 혼례와 임대옥의 죽음을 다룬 사건이 제194화부터 199화까지 각각 6폭씩을 그림 서사에 할당하였으며, 두 사건 모두 회목을 기준으로 비교하였을 때는 표에 집계되지 않았던 바 있다. '가부로 간 임대옥' 사건과 '원춘의 성친', 그리고

'청허관(淸虛觀)에 간 가모(賈母)와 자매들' 사건은 모두 장회를 기준으로 비교했던 표에서도 나타났던 사건들로 화폭 수 역시 일치하므로 더 이상 언급하지 않겠다.

이처럼 사건을 기준으로 화책의 분배 양상을 분석한 결과, 사건에 따라 지면의 쏠림 현상이 더욱 두드러지는 것을 발견할 수 있었다. 총 다섯 개의 사건에 각각 여섯 폭 이상의 화폭이 사용되었으며, 다섯 개의 사건을 묘사한 화폭을 합치면 총 42폭에 이른다. 이는 장회를 기준으로 살펴보았을 때는 드러나지 않았던, 손온의 화폭 분배의 극심한 불균형을 보여주고 있다고 할 수 있다. 그러나 사건을 기준으로 화폭의 분배 양상을 살폈을 때, 비로소 손온이 자신의 화책에서 가장 비중을 둔 사건이 무엇인지 명확하게 직관적으로 파악할 수 있는 지표가 완성된 것이다.

그렇다면 손온의 화책에서 아예 언급조차 되지 않은 원작의 사건은 어떤 것이 있을까. 사실 사건을 분류하는 기준은 절대적이지 않다. 작은 사건들이 모여 하나의 사건을 이루기도 하며, 큰 사건들이 모여 더 큰 사건을 형성하기도 하는 등 사건의 경계는 분류자의 시각에 따라 유동적으로 변할 수 있기 때문이다. 다만 이 글에서는 하나의 사건을 구분하기 위해, 원인과 결과가 서로 밀접하게 연결된 하나의 '플롯'의 단위를 기준으로 삼고자 하였다. 완전한 플롯을 갖춘 하나의 이야기를 하나의 사건으로 정의하였을 때, 『홍루몽』에는 여전히 수많은 사건들이 존재하는데, 아래의 표는 손온이 자신의 화책에서 전혀 묘사하지 않은 채 생략한 사건과 그 사건이 속한 장회를 표로 정리한 것이다.

장회	내용
제19회	화습인의 충고
제28회	설보차의 사향 염주

장회	내용
제30회	보차가 부채를 빌려 두 사람을 조롱하다
제32회	우물에 뛰어든 금천아
제36회	잠꼬대 들은 보차
제38회	국화시에 장원으로 뽑힌 임대옥
제43회	희봉의 생일잔치
제56회	모두를 이롭게 한 보차
제63회	초상난 녕국부에 장례를 치르는 우씨
제72회	끝내 병난 왕희봉
제77회	방관의 출가
제79회	손소조에게 시집간 영춘
제85회	죄 짓고 유배 가는 설반

위의 표에서는 편의상 전체 서사에 영향을 미치지 않는 아주 작은 단위의 사건은 생략하였으며, 회목에 언급된 대표적인 사건들 중 화책에 실리지 않은 사건을 나열한 것이다. 대략적으로 총 13개의 사건이 손온의 화책에 전혀 묘사되지 않았으며, 이는 앞서 장회를 기준으로 보았을 때 103회에서 108회를 제외하고 모든 장회의 내용이 화책에 실린 것으로 분석된 결과와는 사뭇 다른 양상을 보이고 있다. 이렇게 많은 사건들이 화책의 그림 서사에서 제외된 가장 큰 이유는 아무래도 화책의 지면상의 제한 때문이라 할 수 있다. 그러므로 손온의 기준에서 상대적으로 중요하지 않다고 판단되는 사건들, 즉 소설 전체의 줄거리에 미치는 영향력이 크지 않은 사건들은 화폭에서 배제될 수밖에 없었던 것이다. 두 번째 이유는 가보옥이 서사 주체가 아닌 사건들이라는 점이다. 손온 화책의 절대적 서사 주체는 가보옥이다. 화책에서 거의 모든 화폭에 가보옥이 출현하며, 이는 화폭 간에 발생하는 공백을 최소화하여 화책 전체

의 연속성을 높이기 위한 손온의 서사 전략 중 하나로, 그림 서사를 끌고 갈 고정된 인물이 반드시 필요했을 것이다. 화책 초반에는 가보옥의 전신인 돌멩이와, 돌멩이를 들고 인간 세계로 내려오는 승려가 가보옥을 대신하는 서사 주체가 되어 이야기를 시작하게 된다. 임대옥이 가부에 입성하고 가보옥과 처음 만나는 장면부터(〈孫溫 제14화〉), 가보옥이 출가하는 순간까지(〈孫溫 제228화〉), 가보옥이 등장하지 않는 화폭은 총 70폭뿐이다. 다시 말해 화책 전체의 약 3분의 2의 비율로 가보옥이 등장한다는 것이다. 또한, 가보옥이 등장하지 않는 화폭들을 살펴보면 대부분 사건의 중심이 되는 다른 서사 주체가 등장하거나, 비교적 강력한 스토리텔링을 가진 사건을 묘사하고 있다. 예를 들어 원춘의 성친 장면이나, 유노파의 대관원 유람, 우이저와 우삼저의 이야기 등이 그런 경우이다. 그 외의 모든 화폭에서는 가보옥을 중심으로 스토리가 연결되며 전개되는 양상을 보인다.

다시 말해, 손온이 자신의 화책을 구성할 원작의 사건들을 선택하는데 있어, 가보옥의 등장 여부, 독립적인 스토리텔링의 가능 여부, 또 전체 화책에 미치는 영향력이 얼마나 큰지가 가장 주요하게 작용한 것을 알 수 있다. 이렇듯 화가의 독창적인 스토리 재구성은 화책이 일방적인 모방이나 모사의 수준을 뛰어넘는, 독립적인 미적 체계로 존재하도록 하며, 결과적으로 소설과 화책이 함께 만드는 다채로운 앙상블 속에서 독자들이 이전 보다 훨씬 더 풍요로운 독서를 경험할 수 있게 하였다.[9] 또한 손온이 이 화책을 창작하면서 가장 중점을 둔 사건들은 무엇인지 알 수 있었으며, 손온 화책만의 개성을 구축하기 위한 기초가 되었다고 할 수 있다.

---

9) 공성수, 앞의 책, p.17.

2) 장면의 선택과 재현

소설의 회화화 과정 속에는 소설 서사의 핵심을 취하고 빈틈을 채우는 특별한 선택과 추론의 과정이 수반된다. 화가가 문자 텍스트로부터 피사체를 포착하고 시각 이미지로 전환하는 과정에 있어서 이는 필연적이다. 실제로 원작에서 서술된 하나의 사건을 완전하게 그림으로 표현하기 위해선 꽤 많은 장면 묘사가 필요하다. 당연히 장면이 많을수록 그림 서사의 전달력은 높아질 수밖에 없다. 그러나 회화본의 특성상 지면의 제한으로 인해, 사건의 모든 순간을 화책에 실을 수는 없다. 화가는 일차적으로 원작의 전체 텍스트에서 그림 서사에 넣을 사건을 선택한 뒤, 다시 사건의 어느 지점을 시각적 재현의 대상으로 포착할지를 결정해야만 한다. 동시에 어느 인물에 포커스를 맞출 것인지, 장면의 구성은 어떻게 짤 것인지 등 모든 것은 화가의 고민과 선택을 거치게 된다. 동시에 회화 형식으로 표현하기 적합하게 변형되며, 이를 위해 줄거리의 삭제, 개조, 보충의 과정을 거친다. 이로써 화폭은 소설 내용을 그대로 재현하는 것이 아니라, 원작에 대한 이해와 화가 자신의 관점, 그리고 창작의 의도를 포함하게 된다. 다시 말해 손온은 『홍루몽』 소설 텍스트의 수용자로서, 자신만의 재해석을 통해 제2의 창작물을 탄생시키는 것이다. 메타텍스트로서의 손온 화책을 화가의 선택과 재해석이라는 관점에 입각하여 바라본다면, 우리는 화가의 서사적 의도를 더욱 명확히 파악할 수 있으리라 생각한다.

(1) 분위기의 조성

조형 예술에서 재현의 대상으로 선택되는 지점에 대해 전형적인 중국 고대 화론의 기준을 따르자면, 활을 당겼지만 아직 쏘지 않았거나 막 쏘려는 순간을 회화로 표현되기 가장 좋은 타이밍으로 본다.[10] 이는 활

〈孫溫 제12화〉

〈孫溫 제14화〉

을 당기기 직전의 순간이 보는 이로 하여금 가장 긴장감을 유발하기 때문이다. 이처럼 회화의 순간을 선택하는데 분위기는 매우 결정적인 요소이다. 다시 말해, 화가가 화폭을 통해 어떤 분위기를 연출할 것인지에 따라 화폭이 담게 되는 서사의 찰나가 바뀌게 된다는 것이다.

위의 〈孫溫 제12화〉와 〈孫溫 제14화〉는 임대옥이 가부에 입성한 직후의 사건을 묘사한 화폭이다. 원작에서는 대옥과 가모가 처음 만나는 순간 그야말로 눈물바다를 이룬다. 가모는 대옥의 손을 붙잡고 눈물을 흘리며, 자신의 딸을 떠올리면서 동시에 손녀의 처지를 안타까워한다. 대옥 역시 외할머니를 통해 돌아가신 엄마를 떠올리며 슬픔을 주체하지 못해 한바탕 눈물을 흘린다. 주변의 인물들과 더불어 독자들은 두 사람의 감동적인 재회를 지켜보며 함께 눈물짓게 되며, 이는 조설근이 소설에서 의도적으로 연출한 분위기라고 할 수 있다. 그러나 손온의 화책에서 이 장면은 감동적인 분위기가 완전히 배제되어 있다. 오히려 가모와 대옥은 물론, 주위의 인물들은 모두 온화한 미소마저 짓고 있다. 아마도 손온은 이 사건에서 왕희봉(王熙鳳)이 방으로 들어오면서 분위기가 완전히 전환되는 그 순간을 선택하여 화폭에 담았기 때문일 것이다. 즉, 손온

10) 陳驍, 「清代《紅樓夢》的圖像世界」, 中國美術學院 博士學位論文, 2012, p.116.

은 임대옥이 가부로 들어와 집안의 사람들을 만나는 과정에서 감동적인 분위기에 포커스를 맞출 필요가 없다고 판단한 것이다. 오히려 밝은 분위기를 드러냄으로써 가모와 왕부인, 왕희봉 등의 가부 내부 인물들이 임대옥을 열렬히 환영하는 태도를 부각시키고자 한 것으로 보인다. 동시에 이 화폭은 전체 화책에서 가부를 묘사하는 첫 번째 화폭이라는 중요한 의미를 갖는다. 즉 이 화폭은 감상자로 하여금 가부의 첫 이미지를 결정짓도록 하는 셈인데, 이에 화가는 화폭에 화기애애하고 역동적인 분위기를 조성하고자 한 것이다. 또 해당 화폭의 장면 선택은 바로 다음에 이어지는 화폭과의 관계까지 고려한 것으로, 〈孫溫 제13화〉의 공허하고 쓸쓸한 배경과 대조되는 분위기를 형성하기 위한 화책 전체의 구성과도 연관이 있다. 〈孫溫 제13화〉는 임대옥이 가진과 가정에게 인사를 올리기 위해 녕국부와 영국부를 배회하는 장면을 묘사하고 있는데, 시끌벅적하고 정신없는 분위기를 표현한 앞의 화폭과 선명한 시각적 대비를 이룬다. 손온은 이러한 대비를 통해, 가모와 자매들의 환대가 신기루처럼 순식간에 사라지고, 대옥이 거대한 저택에 낯선 이방인으로서 느끼는 고독한 감정을 극대화하고자 하였으므로, 화폭의 장면 선택은 언제나 앞뒤의 서사적 연결까지 고려하고 있음을 알 수 있다.

한편, 〈孫溫 제14화〉에서는 가보옥과 임대옥이 처음 만나는 순간을 묘사한 것인데, 원작에서는 두 사람이 서로를 알아보며 감정을 교류하는 순간을 통해 애정 서사의 서막을 알리고, 두 사람의 운명적 만남을 독자에게 인지시키기 위해 보다 섬세하고 감성적인 언어로 서술되어 있다. 그러나 손온은 화책에 해당 장면을 선택하지 않고, 보옥이 통령보옥(通靈寶玉)을 바닥에 내동댕이치자 주위 사람들은 어쩔 줄 몰라 하는 순간을 포착하여 화폭 위에 그렸다. 이는 화가가 이 사건에서 보옥과 대옥의 운명적 서사와 교감을 강조하기 보다는, 통령보옥에 대한 가보옥의 부정적인 태

〈孫溫 제151화〉

〈孫溫 제197화〉

도를 부각시키는데 더욱 중점을 두었기 때문이다. 화폭에서 보옥을 제외한 모든 사람들은 바닥에 떨어진 통령보옥에 시선이 고정되어 있으며, 손을 뻗거나 놀라는 제스처를 하고 있는 반면, 보옥만은 다른 쪽으로 고개를 돌린 채 이를 외면하고 있는 모습이다. 통령보옥에 대한 보옥의 부정적 태도는 이후 전개를 위한 필수적인 설정으로, 전체 서사의 주제 의식에도 깊게 영향을 미치며, 이후에도 보옥의 이러한 태도는 반복적으로 시각화되어 그림 서사의 인과 관계에 타당성을 부여하게 된다. 한편 보옥과 대옥의 첫 만남이라는 핵심 서사에 있어서 역시, 대옥은 보옥의 이러한 태도를 지켜보며 그가 범상치 않은 괴짜의 기질을 가진 인물임을 인지하게 되고, 동시에 가보옥의 첫 등장을 묘사하는 장면이라는 의미에서 이 화폭은 가부에서 보옥의 존재감과 영향력을 여실히 보여주고 있다.

한편, 화폭에 선택된 장면을 살펴보다 보면, 작가는 평균적으로 부정적인 분위기의 장면 보다는 긍정적인 분위기의 장면을 중심으로 화폭을 구성하고자 한 것을 알 수 있다. 예를 들어 위의 〈孫溫 제151화〉에서도 마찬가지로 손온은 화폭 위에 가보옥의 슬픈 감정을 드러내기 보다는, 청문(晴雯)의 영혼을 기리기 위해 제사를 올리는 보옥의 행위와 이를 엿보고 있는 대옥의 시선을 부각시킬 수 있는 순간을 선택했다. 원작에서 묘사된 해당 사건에서 보옥은 긴 제문을 지으며 거의 통곡하다시피 눈물을 흘리며 슬퍼하는데 반해, 손온의 화폭에서는 인물의 이런 극적인 감정은 전혀 드러나지 않고 있으며, 다만 배경의 연못과 구름의 묘사를 통해 몽환적이고 아련한 분위기를 간접적으로 표현하였을 뿐이다. 즉, 손온이 이 장면을 통해 강조하고자 한 것은 청문에 대한 보옥의 슬픔과 우울한 감정이 아닌, 대옥과 보옥의 애정 서사라고 할 수 있는 것이다.

다음의 〈孫溫 제197화〉는 보옥과 보차가 혼례를 올리는 사건을 묘사하는 화폭이다. 손온은 이 사건에서 보차가 얼굴을 가리고 있는 순간을 취해 묘사했으며, 보옥은 여전히 자신의 결혼상대가 대옥이라고 믿고 있는 상황인 것을 알 수 있다. 손온이 이 장면을 선택한 목적은 보차가 얼굴을 공개하기 직전이라는 가장 긴장되는 순간을 통해 그림 서사의 분위기 한껏 고조시키고, 독자의 몰입도를 최대치로 끌어올리기 위함이라고 할 수 있다. 동시에 이 순간은 가부에서 제일 중요한 인물이라고 할 수 있는 가보옥이 혼례를 올리는 순간으로, 집안의 모든 사람들이 이를 축하하기 위해 모여 있으며, 표면적으로는 흥이 아직 깨지지 않은 상태이기 때문에 화폭에는 성대한 결혼식의 분위기를 강조할 수 있었다. 그러나 이런 화려하고 흥성한 분위기의 화폭 이면에는 반쯤 정신이 나가있는 가보옥과, 보옥이 충격에 빠질까 쉬쉬하며 결혼 상대를 속이는 가모를 비롯한 사람들, 그리고 끝내 거짓의 존재로 여인으로서의 자존심을 버린 채 보옥의 부인이 되는 길을 선택한 설보차의 비극적인 운명을 담고 있다.

(2) 인물의 선택

손온 화책의 그림 서사에서 절대적인 서사 주체는 가보옥임을 앞서 언급한 바 있다. 『홍루몽』은 서사적 특성상 한 사건에 여러 인물이 동시에 관여되는 경우가 많은데, 손온은 그중 자신의 의도에 따라 인물을 선택하여 화폭에 배치 할 수 있었다. 화폭에서 인물의 선택은 서사 주체

〈孫溫 제39화〉

〈孫溫 제90화〉

를 정하는 것과 직결되는 문제인데, 무엇보다 선택과 집중이 중요한 그림 서사에서 서사 주체는 장면의 서사를 이끌어 나가는 핵심적인 역할을 하게 되고, 동시에 독자에게 강렬한 인상을 남기게 된다.

위의 〈孫溫 제39화〉는 진가경의 장례 행렬 도중 농가에 머물게 된 희봉과 보옥의 이야기를 담고 있는 화폭이다. 이 장면은 사건 전체에 크게 영향력을 미치는 부분이라고 할 수는 없으나, 성대한 장례 행렬의 긴 여정을 한층 더 부각시키면서, 동시에 시골의 농가를 자유자재로 사용할 수 있는 막강한 가부의 권세를 보여주는 장면이라고 할 수 있다. 원작에서 이 사건은 희봉과 보옥, 진종(秦鐘)을 중심으로 내용이 전개되는데, 특히 희봉은 보옥이 쉴 수 있도록 행렬을 빠져나와 민가로 이끄는 인솔자로 등장하며, 살뜰히 보옥을 챙기는 보호자로서의 면모를 보여주고 있다. 하지만 손온의 해당 화폭에서 정작 희봉의 모습은 어디에도 보이지 않으며, 손온은 오직 보옥과 진종, 그리고 농가에서 만난 여자아이를 서사 주체로 삼아, 철저히 보옥의 시점을 중심으로 그림 서사를 전개하고 있음을 알 수 있다. 본래 가보옥은 지체 높은 귀족 집 자제로, 농가에 사는 사람들과는 신분상의 큰 격차가 존재한다. 그러나 가보옥은 이런 세속적인 편견에 구속되지 않고 자신이 원하는 대로 행동하는 인물이며, 손온은 이런 가보옥의 성격과 인물들의 수평적인 관계를, 한 공간 안에 함께 뒤섞여 있는 이미지를 통해 시각적으로 반영해내고자 하였다. 다시 말해, 이 화폭은 농가의 평화로운 분위기를 중심으로, 신분에 얽매이지 않고 자유롭게 교감하는 아이들의 순수한 세계를 보여주고자 한 화가의 의도가 반영되어 있으며, 그로인해 화폭의 그림 서사에 등장하는 인물을 구성 할 때, 대관원 밖 현실 세계의 표상이라고 할 수 있는 왕희봉은 자연스럽게 이 화폭에서 제외된 것이다. 화폭에는 이 세 사람 말고도 어린 아이를 안은 아낙네와, 싸리문 밖의 개와 닭이 묘사되어 평온한 정취를 자아내고 있으며, 가산과 담장으로 겹겹이 공간의 경계를 쌓아 장면의 서사 주체인 보옥과 아이들이 머물기에 더없이 안정된 공간을 구축하고 있다.

소설의 문자 텍스트는 시시각각 자유롭게 서사 시각을 변경할 수 있는 반면, 그림 텍스트에서 시각을 전환하기 위해선 또 하나의 화폭을 사용해야만 한다. 그러나 대부분의 짧은 사건을 묘사할 때는 사건 당 반폭에서 한 폭의 지면이 할당되기 때문에, 한 사건을 여러 가지 시각으로 묘사하기에는 한계가 있기에, 손온은 더욱 고심하여 사건과 장면의 서사 주체를 결정하게 된다. 예를 들어 〈孫溫 제90화〉의 좌측 장면에는 밖에서 보옥의 방 안을 들여다보는 대옥의 모습을 묘사하고 있는데, 원작에서는 대옥이 등장하기에 앞서, 보차가 보옥의 방에 들어와 잠들어 있는 보옥 옆에서 습인 대신 수를 놓고 있는 모습이 상세히 서술된다. 이때, 보차가 보옥의 잠꼬대를 듣고 대옥을 향한 보옥의 마음을 알게 되는 것이 이 대목의 핵심이라고 할 수 있는데, 손온은 이 사건에서 보차의 시각이 아닌, 대옥의 시각을 취해 화폭의 구도를 설정하였다. 이는 단순히 한 사건의 서사 주체와 시점을 결정하는 의미에서 나아가, 손온이 가보옥의 애정 서사에서 설보차와의 관계보다 임대옥과의 관계에 더욱 치중하고 있음을 알 수 있는 단편적인 예라고 할 수 있겠다. 또한 임대옥의 심리 변화는 가보옥과의 애정 서사에 매우 결정적으로 작용하므로, 화폭에 그릴 단 한명의 인물만을 선택해야 할 때, 손온은 임대옥을 우선순위에 둘 수밖에 없었던 것이다. 동시에 화폭에서 엿보기 구도 활용을 즐겨 사용했던 손온의 다채로운 시점 구도가 반영된 결과라고 할 수 있으며, 특히 보옥을 향한 대옥의 반복적인 엿보기 행위는 두 사람의 관계를 입체적으로 형성하는 장치로서 작용하기도 하였다. 본래 누군가를 좋아하게 되면 늘 시선이 그 사람에게로 향하게 되는데, 때로는 멀리서 그 사람을 지켜보기도 하고 숨어서 훔쳐보기도 한다. 더불어 대옥은 천성이 몸이 허약하고 걱정이 많아 마음과 몸에 병이 끊이지 않는데, 그렇기 때문에 엿보기 행위는 보옥에게 정을 품고 있는 대옥의 욕망과, 의심이 많고 예민한 대옥의 성격을 드러내기 더욱 적합하다고 할 수 있다. 때문에 손온이 화폭에 창밖에서 안을 엿보는 대옥의 모습만을 선택하여 직접적으로 드러낸 것은, 독자에게는 방 안에서 벌어지는 일을 숨기며 대옥이 훔쳐보고 있는 대상에 대한 궁금증을 증폭시키는 작용을 함과 동시에, 보옥에 대한 불안과 의심이 대옥의 일방적인 것임을 의미하고 있기도 하다.

(3) 생략된 장면

화책의 그림 서사를 위해 원작을 재구성하는 과정에서, 수용과 선택이 있다면 반드시 생략과 포기가 따르기 마련이다. 회화 예술의 필연적인 지면 제한으로 인해, 화책이라는 결과물에는 원작으로부터 수용된 장면에 비해 생략된 장년이 더 많을 수밖에 없다. 그러나 여기서 중요한 점은 여러 가지 장면 중 가장 적합한 한 순간을 선택하는 것과, 어떤 장면을 의도적으로 배제하는 것은 전혀 다른 문제라는 것이다. 즉 생략된 것과 포기된 것은 작가의 강력한 의도가 반영되었느냐 아니냐로 나눌 수 있다. 이 글에서는 전자에 해당하는 의도적으로 생략된 장면에 대해 살펴보고자 하며, 화책을 구성할 때 장면을 배제하는데 있어서 화가에게도 어떤 기준이 있었을 것이라고 보았으며, 그 기준과 원인에 대해 살펴보고자 하였다.

손온에게 장면의 생략 기준은 첫 번째로 인간의 육체적인 욕망, 즉 성(性)에 관련된 경우이다. 『홍루몽』은 여러 가지 방면에서 『금병매(金瓶梅)』의 영향을 받은 것은 사실이지만, 인물 간의 애정을 표현하는 방법에 있어서는 완전히 다른 방향을 추구하였으며, 결코 외설스럽거나 음란하지 않았다. 『홍루몽』에서 가보옥의 정(情)은 '의음(意淫)'[11]의 형태로 묘사될 뿐, 직접적인 육욕(肉慾)의 표현은 오직 대관원 밖에서 대관원 밖의 인물들에 의해 이루어졌다. 즉, 조설근은 가보옥을 통해 육체적인 애정이 아닌 정신적인 애정이란 무엇인지 보여주고자 했었음을 알 수 있다. 보옥의 의음은 자매들과 시녀들에 대한 친밀함, 사심 없고 이타적인 이해와 배려, 순진함, 자발적인 행동 등으로 나타나는데, 보옥이 소녀들에 대해 깊은 애착을 보인다는 것은 그의 여러 가지 면을 통해 드러난다.[12] 보옥이 태허환경(太虛幻境)에서 경환선자(警幻仙子)에게 운우지정의 방법을 배워 꿈속에서 가경과 운우지정을 나누고, 꿈에서 깨어난 뒤 습인과 현실 세계에서도 운우지정을 나누었다는 것은 원작 소설에서 분명하게 언급된다. 그러나 이후 보옥의 육체적인 관계에 대한 내용은

---

11) "그런데 너는 지금 천성적으로 깊은 사랑에 빠진 자로 우리는 이를 '의음'이라고 한단다. 뜻이 넘친다는 이 '의음'이란 두 글자는 입으로는 전할 수 없고 오직 마음으로만 느낄 수 있을 뿐이며, 말로는 밝힐 수 없고 정신으로만 통할 수 있을 뿐이다. 지금 이 두 글자를 얻었다 함은 규중에서 진실로 좋은 벗이 된다는 것을 의미하지만 세상의 길과는 어긋나고 엇갈리어 백방으로 비난받고 수없는 눈총을 받게 될 것이다."(『홍루몽』 제5회)

12) 조미원, 「《紅樓夢》에 나타난 情의 敍事化 樣相 硏究」, 연세대학교 박사학위논문, 2004, p.130.

일체 언급되지 않으며, 다만 보옥의 의음이 다양한 방식으로 드러날 뿐이다. 화책에서 역시 보옥이 꿈과 현실에서 운우지정을 경험한 장면을 직접적으로 묘사하지 않았다. 다만 손온은 꿈속에서 운우지정을 나눈 이후의 다정해진 보옥과 가경의 모습을 그리거나, 보옥에게 갈아입을 옷을 가져다주는 습인의 모습을 묘사함으로써, 이미 일어난 사건과 앞으로 일어날 사건을 상징적으로 보여주는 수법을 취하였다. 이는 조설근이 소설에서 가보옥이라는 인물을 통해 정신적인 형태의 애정을 추구했던 것과 비슷한 맥락으로, 손온 역시 화책에서 노골적이고 음란한 묘사는 일체 지양하였던 것을 보여주고 있다.

두 번째는 손온이 원하는 가보옥의 이미지 형성에 위배되는 경우이다. 원작 소설에서 가보옥의 성격은 굉장히 입체적으로 묘사된다. 때로는 사랑스럽지만, 때로는 소심하고 겁이 많으며, 또 이타적이기도 하면서, 동시에 철없는 어린아이 같기도 하다. 그러나 시시각각 변하는 세밀한 감정의 묘사를 표현하기에 한계가 있는 화책 속 가보옥은, 원작에 비해 다소 단조롭게 조형될 수밖에 없다. 화책 중 백 여 폭의 화폭에서 서사 주체로 등장하는 가보옥은, 매 장면을 통해 묘사되는 여러 가지 형상이 반복적으로 누적되어 마침내 손온 화책만의 가보옥 이미지를 형성하게 된다. 다시 말해, 손온은 원작에서 묘사되는 수많은 가보옥의 모습 중 자신이 원하는 가보옥의 이미지와 부합하는 장면을 선택적으로 취해 화폭에 담을 수 있었던 것이다. 예를 들어, 다음의 〈孫溫 제85화〉의 좌측의 장면은 왕부인의 처소로 간 가보옥이, 잠들어 있는 왕부인 옆에서 금천(金釧)과 장난을 치는 모습을 그리고 있다. 그러나 직후 이 모습을 본 왕부인이 깨어나 금천이 보옥을 유혹한다고 생각하여 그녀의 뺨을 때리며 대노하고, 보옥은 쏜살같이 도망가 버리는데, 손온의 화책에서는 이 부분은 생략되어 묘사되고 있다. 아마도 화가는 이 장면이

〈孫溫 제85화〉

〈孫溫 제103화〉

보옥의 이미지에 부정적인 영향을 미칠 것이라고 판단하여 의도적으로 생략한 것이라고 볼 수 있다. 원작에서는 해당 사건으로 인해 억울함을 느낀 금천이 우물에 뛰어들어 자살하는 것으로 묘사되지만, 그에 해당하는 장면 역시 손온의 화책에는 생략되었다. 반면에, 손온은 화책에는 금천에게 내심 미안한 마음을 품고 있던 가보옥이 금천을 대신해 그녀의 동생인 옥천(玉釧)에게 다정하게 대하는 모습을 선택하여 묘사한 것을 미루어 보아, 이러한 추측은 더욱 신빙성을 갖게 된다.

세 번째는 대관원 밖의 현실 세계에서의 폭력적이고 비도덕적인 행위와 관련된 경우이다. 『홍루몽』에는 대관원 안의 평온하고 풍요로운 생활과 대관원 밖의 냉혹하고 부패로 가득한 사회를 동시에 묘사하며 이상과 현실의 선명한 대비를 보여주고 있다. 특히 왕희봉과 가련(賈璉)은 현실 세계의 탐욕과 타락의 비추는 대표적인 인물로, 가련이 바람을 피우는 장면은 소설 속에서 여러 차례 묘사되기도 한다. 그중 한 예인 〈孫溫 제103화〉는 왕희봉이 자신의 생일잔치 도중 처소로 돌아가는 모습을 그리고 있으며, 가련이 바람을 피우는 장면을 희봉이 직접 목격하기 직전의 순간을 담고 있다. 손온은 해당 화폭에서 폭풍전야의 순간을 통해 화폭의 긴장감을 극대화 시키고자 한 것이기도 하지만, 한편으로는 원작에서 비교적 상세하게 서술하고 있는, 분노를 느낀 희봉이 가련은 물론 평아(平兒)와 포이댁(鮑二家)을 마구 때리며 욕하는 장면을 의도적으로 화폭에서 배제한 것이기도 하다. 즉, 손온은 최대한 현실 사회의 불결하고 어두운 면을 화폭에 담지 않으려 했던 것을 알 수 있으며, 자신의 화책을 통해 『홍루몽』의 긍정적이고 아름다운 면만을 보여주고 싶었던 손온의 창작 의도가 반영된 결과라고 볼 수 있겠다.

종합적으로, 위의 세 가지 기준은 모두 손온이 추구하는 화책의 이미지 형성에 위반되는 경우에 속한다고 할 수 있다. 이와 같은 맥락으로, 우이저가 자살하는 장면이나, 임대옥이 죽기 직전 원작에서 피를 토하고 보옥을 원망하며 울부짖는, 또는 시체처럼 누워있는 등의 극대화된 비극적 형상은 모두 생략하여 선택하지 않은 것을 알 수 있다. 또 원춘의 장례 장면, 보옥이 통령보옥을 잃어버린 후 현상금을 내걸고 수소문 했다가 가짜 옥을 들고 제보했던 일 등 부정적 서사는 장면의 선택에서 모두 우선적으로 제외된 것이다.

그 외에도 전체 서사에서 내용적으로 비교적 중요도가 높지 않은 장면들은 당연히 우선적으로 생략되었다. 예를 들어, 원작에선 사건과 사건 사이에 보옥과 대옥이 말싸움이나 감정싸움을 하는 장면이 매우 자주, 반복적으로 묘사되는데, 화폭에서는 굳이 일일이 묘사하지 않았다. 또 조연급 등장인물 간에 발생한 보충적 사건[13]은 생략하는 경향을 보였

13) H. 포터 애벗 저, 『서사학 강의』, 우찬제 역, 문학과 지성사, 2010, p.57. 구성적 사건은 스토리 차원에서 필수적인 사건이다. 그것은 스토리를 앞으로 진행시킨다. 반면 보충적 사건은 스토리를 앞으로 진행시키지는 않으며, 그것이 없다고 해도 스토리는 여전히 그대로 남을 것이다. 당연히, 보다 많은 에너지와 도덕적 상징 그리고 계시적인 스토리의 힘은 구성적인 사건을 통해 이야기된다. … 그러나 보충적 사건은 그 나름대로의 효과를 지니고 있으며 서사가 짧어질 수 있는 정도의 의미 또한 전달할 수 있다. 뿐만 아니라 보충적 사건은 구성적 사건이라면 할 수 없는 흥미로운 질문을 던지기도 한다.

는데, 예를 들어 청허관에 간 가모와 자매들 사건을 묘사할 때, 청허관에서 발생한 가진(賈珍)과 가용(賈蓉)의 일화는 화책에 일체 묘사되지 않은 것 등이 그런 경우이다. 이처럼 손온이 화책을 창작하기 위해 장면을 구성할 때, 원작의 서사 중 우선적으로 제외할 장면을 선택하는 과정 역시 매우 중요하게 작용하였음을 알 수 있다.

(4) 더해진 장면

그림은 때때로 소설의 언어가 직접 보여주지 못하는 부분들마저 독자의 눈앞에 그려내기도 한다.[14] 손온의 화책에서도 마찬가지로, 화폭에는 간혹 원작에서 언급되지 않은 내용을 담고 있는 경우도 있다. 이는 글 텍스트가 그림 텍스트로 전환되는 과정에서 그림 텍스트에 더욱 적합한 표현 방식을 갖추기 위한 시도에서 비롯된 것이다. 즉, 손온이 화책 전체를 체계적으로 구성하기 위해 반드시 필요하다고 생각하는 장면을 창작하여 화폭에 추가하는 것이다.

화책에서 손온에 의해 추가적으로 더해진 장면은 크게 두 가지로 분류할 수 있다. 첫 번째는 원작의 묘사를 손온이 임의로 변경하는 경우이다. 예를 들어, 〈孫溫 제11화〉는 임대옥이 가부로 들어가기 위해 고향의 아버지와 작별하는 장면이다. 이 장면은 본래 원작에서 대옥이 몇몇 시녀들과 함께 뱃길에 오른다고 묘사되어 있다. 반면에 손온의 화폭에서는 하인들의 숫자가 크게 늘어나 대규모의 인원으로 구성된 것을 볼 수 있다. 아마도 손온은 당시 가부처럼 명망 높은 귀족 집안의 손녀인 임대옥의 행차 규모를 합당하게 묘사하기 위해 원작의 묘사에 수정을 가한 것으로 보인다.[15] 임대옥의 주위로 가득한 시녀와 하인들의 모습은 그녀의

---

14) 공성수, 앞의 책, p.10.

〈孫溫 제11화〉

〈孫溫 제6화〉

고귀한 신분을 유추할 수 있도록 해주며, 특히 아버지 임여해는 관복을 입은 모습으로 그려져 직접적으로 신분을 드러내고 있다. 뿐만 아니라 손온은 화폭의 배경에도 자신만의 해석을 통해 여러 가지 추가적인 설정을 더하였는데, 화폭 절반에 해당되는 공간에 물길을 그려 아득하고 먼 느낌의 배경을 표현하며, 어린 임대옥이 처음으로 가족의 품을 떠나게 되면서, 낯선 땅으로의 새로운 출발에 대한 두려움과 외로움이 담긴 심리적인 거리를 이중으로 표현하며, 안타까운 이별의 분위기를 드러내기도 하였다.

더해진 장면의 두 번째 유형은 원작에서 간략하게 언급된 내용을 취해 화폭 위에 상세한 묘사를 더한 경우이다. 예를 들어 〈孫溫 제6화〉는 원작에서 매우 짧은 문장으로 서술된 장면을 취해 묘사한 것인데, 진사은(甄士隱)의 하인이 진사은의 딸 영련(英蓮)을 데리고 등불놀이를 나갔다가 잃어버리는 대목이다.[16] 소설에서 몇 줄 안 되는 문장으로 서술된 이 사건은, 손온의 화폭에 한 폭 전체를 통해 묘사되었으며, 이는 매우 이례적인

15) 高雁, 『《紅樓夢》圖文關系的審美嬗變』, 遼寧大學, 2017, pp.35-45.

16) 진사은은 하인인 곽계에게 영련을 안고 나가 보름날의 등불놀이 구경을 시켜주라고 했다. 한밤에 곽계는 영련을 어느 집 대문의 문지방 앞에 앉혀 놓고 잠시 소변을 보러 갔다 돌아와 보니 아이가 감쪽같이 사라지고 없었다. 관계는 감히 주인집에 돌아가 고할 수가 없어서 그대로 다른 고장으로 도망치고 말았다. (『홍루몽』 제1회)

경우라고 할 수 있다. 일반적으로 화책의 장면을 구성할 때, 화가는 원작의 핵심적인 사건만을 골라 묘사하기에도 지면이 부족하기 마련인데, 손온은 굳이 원작의 작가조차 크게 비중을 두지 않은 보충적 사건에 공을 들여 한 화폭을 할애한 것이다. 반대로 말하자면, 손온은 그만큼 이 장면에 중요한 의미를 두고 해석했다는 것을 알 수 있다. 등불과 등불을 구경하는 인파로 가득한 거리를 중심으로, 화폭의 좌측 끝에는 뒤돌아 볼일을 보고 있는 하인과 그 뒤로 영련으로 추측되는 어린 아이를 안은 남성이 도망가는 듯한 모습이 묘사되고 있다. 이는 원작에서 직접적으로 언급되지 않은 내용에 대해 손온이 자체적으로 새로운 해석을 추가한 것이며, 동시에 각종 명절이나 연회의 장면을 전체 화폭을 통해 묘사하기를 즐겼던 손온이, 귀족집이 아닌 일반 백성들이 명절을 지내는 풍경을 담아낼 수 있는 기회로서 특별히 화폭을 할애한 것으로 볼 수도 있겠다.

이처럼 이야기 그림은 선행하는 원전을 통해 내러티브를 확인할 수 있지만, 그것이 그 그림의 모든 것은 아니다. 이야기 그림에는 그것과는 별도로 그림 그 자체가 지니는 내러티브 구조가 있으며, 이 양자는 독특한 상호작용 관계에 있다고 할 수 있다. 그리고 문자와 그림 양쪽의 내러티브 또한 기본적으로 화가 자신을 포함한 수용자가 각각 콘텍스트 내부에서 자아내는 것임을 잊지 않도록 해야 한다.[17] 즉, 손온은 자신의 『홍루몽』 화책을 구성하기 위해, 소설 『홍루몽』의 내러티브를 자신만의 기준으로 재해석하여 새로운 그림 서사를 완성하였다고 할 수 있겠다. 이로써 조설근의 『홍루몽』은 손온을 통해 또 하나의 『홍루몽』으로 재탄생하였으며, 손온의 화책은 다시 독자로 하여금 원작과 화책, 모두의 의미

17) 가토 테추히로 저, 「이미지와 텍스트: 이야기 회화와 해석의 문제」, 『미술사논단』 10, 이원혜 역, 한국미술연구소, 2000, p.352.

를 재해석하도록 하였다. 한편 손온은 이러한 수용과 창작 과정 안에서, 더 이상 소설의 모방자가 아닌 화책의 창작자로 거듭나게 된 것이다.

2. 문자 텍스트로부터의 탈피

소설 서사가 갖고 있는 자체의 역동성은 이야기 그림이 충분한 내러티브를 지닐 수 있게 해주면서, 그림 한 폭 한 폭이 모두 서사학적 분석의 대상이 될 수 있도록 한다.[18] 그러나 한편으로는, 소설의 문자적 내러티브가 풍부하고 다채로울수록, 그것을 온전히 담아낼 수 없는 이미지 텍스트의 상대적 한계를 더욱 부각시킨다는 뜻이기도 하다. 기본적으로 소설의 문자 텍스트가 회화로 생산되는 과정은 화가의 능동적인 선택과 배제를 거치게 된다. 위에서 서술한 스토리의 재구성과 서사 장면의 선택과 추론 등이 화가의 선택권에 의해 수행된 것이라고 할 수 있다. 반면, 화가의 의지와는 상관없이 이미지 텍스트로서 필연적으로 포기되는 특정한 문자 텍스트들은 때로는 이미지만으로 그 빈자리를 대체하기 버거울 때가 있다. 특히 소설에서 서사적으로 중요한 역할을 하는 핵심적인 대사나 시사(詩詞), 나아가 촘촘하게 짜인 플롯들은 문자로 표현되었을 때 비로소 그 진가를 발휘하기에 더욱 그렇다. 또 원작에서 작가가 독자에게 전달하고자 하는 인물의 이미지, 세세한 에피소드의 전개 과정, 그리고 주제 의식 등은 작품과 독자, 또는 작가와 독자의 원활한 소통을 위해 명료하고 적확한 언어에 의존하고 있다. 그러나 이미지 텍스트로서, 특히 형식적으로 이러한 문자 텍스트들의 간섭에서 완전히

18) 공성수, 앞의 책, p.10.

벗어난 손온 화책의 그림 서사가 그에 기인한 공백과 결핍을 보여주고 있음은 당연한 사실이다.

본 절에서는 손온 화책이 소설로부터 화책으로 변모하는 과정에 있어, 특히 자의적으로 문자의 완전한 배제를 선택한 손온이, 원작의 문자 텍스트로부터 탈피하면서 겪는 여러 가지 문제와 한계를 확인한다. 그러나 그것에 그치지 않고, 소설의 메타텍스트의 자격으로 존재했던 손온의 화책이, 하나의 자체적인 서사가 가능한 텍스트로 발전하기 위해 문자의 결핍으로 발생했던 한계를 어떻게 극복해야 했는지 살펴보고, 반대로 문자로부터 벗어남으로써 발생한 이미지 텍스트만의 장점이나 특수성을 함께 확인해 보고자 한다. 더불어 문자가 부재한 이미지 텍스트가 매개체로서 독자와의 커뮤니케이션에서 맞닥뜨리는 불리함을 지적하고, 이미지 텍스트만의 소통 방식을 확립하기 위해 손온이 어떤 시도를 했는지 짚어 보도록 한다.

1) 서사의 공백

그림 서사는 때때로 소설 텍스트가 표현하지 못하는 부분을 보여주기도 하지만, 더 많은 경우에 소설 텍스트의 서사 방식을 재현하는데 역부족이다. 손온의 화책이 자체적으로 작품성을 확립할 수 있는가는, 내러티브의 완성도와 직결되는 문제라고 할 수 있는데, 손온의 화책을 감상해본 사람이라면 누구나 느낄 수 있듯이, 원작 소설에 대한 이해 없이 화책 단독으로는 그림 서사의 내용을 완벽히 이해하기 어렵다는 것이다. 심지어 원작의 내용에 대해 아주 상세히 숙지하고 있어야만, 큰 무리 없이 그림을 읽어나갈 수 있으며, 나아가 깊이 있는 음미를 위해서는 더욱 광범위한 이해가 필요하다. 필자는 이러한 현상의 원인에 대해, 그림 텍스트에서 자연스럽게 탈락된 원작의 문자 텍스트, 그 중 소설의 내러티브에 특히 큰 영향을 미쳤던 세 종류의 문자 텍스트의 역할과 그 부재 때문이라고 보았다. 세 종류의 문자 텍스트란, 즉 대사, 시사, 그리고 치밀한 플롯을 말하는데, 이 글에서는 이 문자 텍스트들 본연의 서사적 기능을 살펴보면서 그들의 빈자리가 이미지 텍스트에 미친 영향을 살펴보고자 한다.

(1) 대사의 부재

대사는 문학 작품의 등장인물들 사이에서 의사소통을 위해 이루어지는 인물들의 발언이다. 특히 희곡(戱曲)의 영향을 받은 소설 문학에서 인물간의 대화는 매우 중요한 기능을 한다. 문학에서 대사는 기본적으로 사건 전개의 기능과, 인물의 관계, 그리고 인물의 성격과 행동양식을 독자에게 전달하는 정보 제공의 기능을 가지고 있다.[19] 특히 조설근의 『홍루몽』에서는 작가의 핍진하고 감각적인 화법으로, 등장인물 간의 대화나 독백을 통해 미묘하고 복잡한 인물의 심리와 변화를 절묘하게 드러내고, 크고 작은 사건들을 자연스럽게 연결하여 전개를 주도한다. 그러나 문자가 완전히 배제된 손온의 화책에서, 그림만으로는 인물 간의 대사를 표현할 수 없을뿐더러, 대사가 갖는 서사적 기능 대부분을 상실하였다고 볼 수 있겠다.

원작에서 특히 인물간의 대사가 중요하게 작용한 사건의 경우, 화폭으로 전환되었을 때 이러한 현상이 더욱 부각될 수 있는데, 『홍루몽』에 대사가 없는 사건은 존재하지 않으므로 사실 모든 화폭과 장면이 이러한 여지를 갖는다고 말할 수 있겠다. 비록 회화적인 방식으로 대사의 일부 기능을 대체할 수도 있으나, 다음의 몇 폭의 그림과 함께 해당 장면에서

---

19) 한국문학평론가협회, 『문학비평용어사전』, 국학자료원, 2006.

〈孫溫 제71화〉

대사의 유무를 비교해본다면, 우리는 원작에서 대사가 주도했던 서사적 역할과 그 빈자리를 이미지만으로 채우기란 쉽지 않은 일임을 확연하게 느낄 수 있다.

먼저 위의 화폭은 〈孫溫 제71화〉의 우측에 배치된 장면으로, 보옥과 대옥의 모습을 묘사하고 있다. 가보옥은 바위 위에 앉아 책을 읽고 있으며, 보옥의 등 뒤로는 대옥이 빗자루를 들고 걸어가는 모습이다. 화폭에서는 두 사람이 서로 마주치기 전의 순간을 포착하여 묘사하였지만, 원작 『홍루몽』에서 이 대목은 매우 상징성을 갖는 중요한 장면으로 평가받는다. 특히 해당 사건은 임대옥의 이미지로 자주 차용되는 모습으로, 바닥에 수북이 떨어진 꽃잎을 모아 꽃무덤을 만들어 주는 그녀의 감성적이고 섬세한 심성을 잘 묘사하고 있다. 또 원작에서 서술된 두 사람의 대화는 두 사람의 관계와 서로를 대하는 태도, 그리고 각 인물의 성격을 생생하게 표현하고 있다.

> 대옥: "지금 뭐라고 하시는 거죠. 정말 못 말리겠네. 멀쩡한 사람이 그런 음탕하고 야한 곡사를 가져다 사람을 희롱하고, 더욱이 말도 안

되는 엉터리 말을 배워서 나를 업신여기며 모욕하다니 내가 가만둘 줄 아세요? 외숙부, 외숙모한테 그대로 일러바치고 말 거야!"

보옥: "정말 왜 그래? 대옥아, 제발 이번 한 번만 용서해 줘. 정말 잘못했어. 일부러 너를 모욕하려고 했다면 내일 당장이라도 저 연못에 풍덩 빠져 머리통에 울퉁불퉁 부스럼 난 왕거북이한테 잡아먹혀 종당에는 나도 커다란 거북이가 될 거야. 대옥이가 먼 훗날 정일품 정경부인이 되어 한평생 잘 살다가 승천하게 되면 내 그때 너의 무덤 앞에 선 비석을 한평생 등에 지고 있겠어." (『홍루몽』 제23회)

특히 보옥의 대사는 그의 엉뚱하고 재치 있는 발상과 화법을 그대로 보여주고 있어, 독자가 보옥에 대한 이미지를 형성하는데 큰 영향을 미친다. 또 서로를 향한 장난스럽고 짓궂은 대사들은 보옥과 대옥의 허물없이 친밀한 관계를 보여주며, 보옥이 평소 대옥을 대하는 태도를 반영하고 있다. 그러나 손온의 화책에서 이 장면은 매우 정적으로 묘사되었으며, 사건의 시점 역시 두 사람이 아직 서로 발견하지 못한 순간을 선택하였다. 손온이 화책에 굳이 해당 순간을 포착하여 담은 이유가 있을 것인데, 아마 손온은 두 사람의 교류보다는 보옥과 대옥의 이미지를 독립적으로 표현하며 각자의 서사를 상징적으로 전달하고자 의도한 것으로 보인다. 이 화폭에서 보옥의 이미지로는 〈서상기〉 독서 삼매경에 빠진 모습을, 대옥의 이미지로는 주머니를 메고 빗자루를 든 모습을 묘사하여, 두 인물의 전통 이미지와의 강력한 상호 텍스트성을 보여주고 있기 때문이다. 비록 대사의 부재는 그가 갖고 있는 본연의 생동감과 현장감을 크게 결여시키고 있지만, 손온은 두 사람의 이미지를 통해 감상자로 하여금 해당 사건의 전개를 상상케 하고, 정적인 이미지를 통해 두 사람에게 충분히 몰입하여 공감할 수 있는 여지를 제공하고 있다.

한편 조설근은 소설에서 대사를 통해 인물을 풍자하거나 희화적 분위

〈孫溫 제97화〉

기를 만들어내는 데에 매우 뛰어났는데, 화폭에서는 이러한 대사가 갖는 특유의 묘미를 전달할 수 없어 큰 아쉬움을 남기기도 한다. 대사의 이러한 기능이 특히 두드러진 장면 중 하나라고 할 수 있는, 위의 〈孫溫 제97화〉는 유노파가 가모의 초대로 대관원에 들어와 연회를 즐기는 에피소드를 묘사하고 있다. 유노파는 시골에서 올라온 할머니로, 왕희봉의 아주 먼 친척이 되는 인물인데, 시골에서 농사를 짓고 가난한 형편으로 인해 가부에 돈을 빌리러 온 것이었다. 하지만 가모는 유노파의 풍부한 경험에서 우러나오는 흥미로운 이야기들을 듣고 매우 만족하여 유노파를 가부에 며칠 더 머물도록 청한다. 가부의 가족들은 물론, 가부에서 일하는 시녀들과 하인들보다도 더 미천한 신분의 인물인 유노파는, 전혀 새로운 시선으로 가부의 사치스럽고 호화로운 삶을 극단적으로 비춰내는 핵심 인물로 평가되어 왔다. 뿐만 아니라 화가는 가부의 자매들과 묘옥에게 은연중 희롱당하고 무시당하면서도 오히려 자청하여 웃음거리가 되려는 유노파의 모습을 통해, 자신들도 모르는 사이 계급 우월주의에 빠진 어린 여인들의 민낯을 보여주며, 동시에 이를 웃음으로 승화시키고 있다. 손온의 화책에서도 유노파의 대관원 유람기를 상당히 비중

〈孫溫 제145화〉

있게 다루고 있는데, 위는 추상재에서 다 같이 식사를 하는 장면을 그린 화폭으로, 원작에서 유노파의 대사와 함께 살펴보기로 하겠다.

> "이 댁의 쇠스랑은 우리집 쇠삽보다도 훨씬 무겁네요. 어디 이겨낼 수가 있어야지요."
> "유씨네 노파, 유씨네 노파, 황소만큼 많이도 먹는 대식가라네! 늙은 암돼지 한 마리라도 고개 한 번 안 쳐들고 먹어 치운다네!"

> "이 댁에서는 닭이란 놈까지도 잘나고 멋져서 그놈이 낳은 달걀도 요렇게 깜찍하고 기막히게 이쁜 모양이네요. 그 중 한 놈을 슬쩍하여 쑤셔 넣어 가고 싶구먼요." (『홍루몽』 제40회)

이 장변은 사매들이 유노파를 골탕 먹이기 위해 기존의 젓가락을 무거운 쇠 젓가락으로 바꿔치기 하고, 몰래 거짓으로 유노파에게 밥 먹기 전 외쳐야 할 엉터리 구호를 일러주며 벌어지는 해프닝을 보여주고 있다. 독자는 유노파가 자매들의 장난을 알고도 속아주는 것인지, 아니면 난생 처음 보는 광경들에 사로잡혀 판단력이 흐려져 자매들의 말을 곧이

곧대로 믿은 것인지 알 수 없지만, 아마 유노파는 자신의 말을 듣고 매번 자지러지게 웃는 가모와 자매들의 모습을 보고 분명 어느 정도 상황을 눈치 챘을 것이다. 그러나 눈치 빠른 유노파는 자신이 이곳에서 그들을 위해 할 수 있는 일이 오직 말과 행동으로써 집안사람들을 웃게 해주는 것 뿐 임을 알고 있었기에, 스스로 광대가 되기를 자처했을 가능성이 높다. 이렇듯 유노파의 우스꽝스러운 대사들은 소설 안에서 여러 가지 서사적 기능을 발휘하였지만, 화책에서는 유노파의 익살스러움도, 자매들의 짓궂은 말투도 느낄 수 없으며, 독자는 오직 상상의 힘에 기대어 그들의 대화를 떠올릴 수밖에 없게 되는 것이다. 다만 손온은 본래 개개인의 인물 형상보다는 전체적인 분위기의 표현과 전달을 중시했으므로, 유노파 역시 그녀의 개성을 부각시키기 보다는, 그녀를 초대하며 벌이는 각종 연회와 대관원의 풍경 묘사에 더욱 치중하고 있는 것을 알 수 있다. 다만 손온은 화폭에 유노파를 묘사 할 때, 가모나 자매들 틈에서 홀로 고개를 갸우뚱하고 있거나, 홀로 바닥에 넘어져 있거나 하는 등의 행동 묘사를 통해 대관원 안에서 그녀의 이질적 존재를 시각적으로 부각시키고 있으며, 대사가 부재하더라도 감상자가 직관적으로 그녀를 이방인으로 인식할 수 있도록 표현한 것을 알 수 있다.

소설에서는 간혹 한 사건 속에서 상반된 분위기가 연속적으로 연출되기도 하는데, 이때 자연스러운 분위기의 전환을 위해 등장인물의 대사를 빌리기도 한다. 예를 들어 앞의 〈孫溫 제145화〉에서 달구경을 위해 대관원의 철벽당 위에서 병풍을 치고 상을 차려놓고 가모와 가족들이 모여 앉아 있는 장면을 통해 해당 사건을 살펴보도록 하자. 원작에서 이 장면은 시작과 동시에 가모의 대사로 처량하고 쓸쓸한 분위기를 자아내고 있는 것을 볼 수 있다.

가모: "평소에는 사람이 적다고 느끼지 못했는데 오늘 보니까 아무래도 우리 식구가 많이 줄어든 것 같구나. 예전에는 오늘 같은 명절날 밤이면 남녀 모두 서른이나 마흔 명은 족히 되었지. 얼마나 흥청대고 떠들썩했는지 모른단다. 그런데 오늘 이렇게 다들 모였는데도 너무 적구나. 몇 사람을 더 불러오고 싶어도 각자 부모가 있고 자기 집에서 달맞이를 할테니 오라고하기도 어렵겠고. 지금 자매들이나 불러다 그 자리에 앉히도록 하여라." (『홍루몽』 제75회)

작가는 가모의 대사를 통해 소설 중후반에 이르러 조금씩 사람들이 떠나가며 썰렁해진 가부의 분위기를 나타내고 있으며, 집안의 가장 어른인 가모의 쓸쓸하고 적적한 감정을 고스란히 표현하고 있다. 그러나 잠시 후 가모의 대사가 이어지며 분위기가 급변하는데, 바로 가족들이 돌아가며 재밌는 이야기를 해서 재미가 없을 경우 벌주를 마셔야하는 놀이를 즐기는 모습을 통해 장면의 분위기는 순식간에 전환된다. 아래는 가정과 가모의 대화의 일부이다.

가모: "만일 재미가 없으면 또 벌칙을 내릴 거네."
가정: "겨우 얘기 한 가지밖에 모르는데 그게 재미없으면 벌칙을 받을 수밖에 없겠지요. 에, 어떤 사람이 마누라를 아주 무서워했답니다."
가모: "그건 틀림없이 재미있는 얘기 같은데."
가정: "만일 재미있으시면 어머님이 한 잔을 더 드셔야 합니다."
가모: "그럼 물론이지." (『홍루몽』 제75회)

가정의 캐릭터는 평소 진지하고 과묵하며, 항상 보옥에게 엄격하며 질책하는 모습이 강조되어 묘사되어 왔는데, 이 장면에서는 노모를 즐겁게 해드리기 위해 우스운 이야기를 지어내는, 영락없는 친근한 아들의 모습을 보여주고 있다. 즉, 가정의 대사를 통해, 단조롭던 그의 인물형상에 입체감이 더해지게 되는 것이다. 이처럼 인물의 대사는 해당 인물이 단편적인 캐릭터에서 벗어날 수 있도록 허상에 리얼리티를 주입하는 역할을 한다. 그러나 손온의 화책에서 가정의 이미지는 여전히 일관적이며 단편적인 형상으로 묘사되고 있는데, 이는 원작에서 가정의 캐릭터를 다채롭게 만드는 대사 텍스트가 화폭에는 결여된 것이 큰 원인으로 작용한다고 볼 수 있겠다.

그러나 이 화폭에서 무엇보다 감상자의 눈을 사로잡는 시각 이미지를 발견할 수 있는데, 바로 식탁에 둘러앉은 사람들 뒤로 펼쳐진 거대한 병풍이다. 이 병풍에는 중국 고대의 회화 소재로 흔하게 사용되었던 어부도가 그려져 있다. 비록 병풍의 배치는 원작의 배경 묘사에 따른 것이지만, 병풍에 나타난 그림의 풍격과 색채, 철벽당과의 조화 등의 구성은 모두 손온에 의해 완성된 것이라고 할 수 있다. 주령(酒令) 놀이를 하거나 시를 짓는 등장인물들 뒤에 산수화를 배경으로 둔 것은, 주로 산수에 정을 기탁하는 문인의 넓은 마음을 부각시키기 위해서인데,[20] 이 거대한 병풍에 그려진 그림은 절벽 위에 지어진 철벽당의 지리적 특성과 아주 절묘하게 조화를 이루고 있기도 하다. 뿐만 아니라 병풍의 그림은 전통 산수화에 주로 수묵화나 녹색이 사용되는 것과 달리, 흔하지 않게 푸른 청색을 사용하여 산을 칠했는데, 해당 장면의 어두운 밤이라는 시간적 요소, 예전과 달리 모일 수 있는 사람의 수가 줄어든 것에 대한 가모의 쓸쓸하고 고독한 심리적 요소, 거기에 실제 배경에 그려진 청색의 나무들과 호응하는 미술적 요소까지 모두 고려하여 반영된 것이라고 할 수 있다. 즉, 손온은 원작의 대사의 부재로부터 발생할 수 있는 서사적 결핍을, 시각 이미지로 대체하고자 시도하였으며, 문자 텍스트로부터 분리

---

20) 張哲, 「孫溫《紅樓夢》繪本中"畫中畫"研究」, 山西大學 碩士學位論文, 2019, pp.27-29.

된 이미지 텍스트가 자체적으로 그림 서사를 구축하는 모습을 보여주고 있다.

(2) 시사(詩詞)의 생략

손온의 그림 서사에서 생략된 두 번째 중요한 문자 텍스트는 바로 원작의 각종 시사(詩詞)이다. 소설 『홍루몽』에는 이전의 어떤 중국 고전 소설에서보다도 양적으로 많고 질적으로 우수한 시사들이 삽입되어 시사 고유의 미와 더불어 작품상에서 인물의 형상화, 줄거리의 발전 등에 독특한 구실을 하고 있다. 『홍루몽』에서 사용된 시사의 수를 통계 내보면, 워낙 이본(異本)이 많고 또 연구자에 따라 분류 기준이 다르므로 숫자상 변동이 있는 것은 어쩔 수 없으나, 대략적으로 100여 수에 이르는 것으로 보인다.[21] 『홍루몽』에서 노래하고 있는 시사는 그 수량이 방대한 만큼, 때와 장소에 따라 다양한 기능을 하고 있는데, 먼저 서사의 복선이 되는 경우가 있으며, 두 번째로는 서사 발전을 직접 묘사하거나 정서를 고조시키고 서사 발전의 내면적 계기가 되는 등장인물의 심리 개성 등을 부각시키기도 한다. 또 서사가 진행되는 무대 또는 배경의 경물을 노래하여 시적 분위기를 자아내고 높이는 기능을 하기도 하고, 다음으로는 작품 전체를 관통하는 주제 사상, 『홍루몽』의 사상세계, 나아가 작가의 사상성을 상징적으로 보여주기도 한다.[22] 그러나 원작에서 발현된 이처럼 다양한 시사의 기능들이 손온의 그림 서사에는 통째로 생략되어 있으므로, 그만큼 서사적 결핍이 발생할 수밖에 없다. 예를 들어 다음의 〈孫溫 제17화〉는 『홍루몽』의 제5회 꿈속에서 태허환경으로 간 가보옥의 이

21) 이계주, 『홍루몽 시사 간론』, 도서출판 다운샘, 2005, pp.94-96.

22) 이계주, 위의 책, pp.101-121.

〈孫溫 제17화〉

야기를 그리고 있다. 손온의 화책에서는 태허환경에서 벌어지는 일들을 화폭을 분할하여 발생의 순서에 따라 나열하였다. 그러나 원작의 장회에는 소설의 주요 등장인물들의 미래를 암시하는 시사로 가득 채워져 있는 것을 볼 수 있다. 작가는 태허환경에 비장된『금릉십이차정책(金陵十二釵正册)』,『금릉십이차부책(金陵十二釵副册)』,『금릉십이차우부책(金陵十二釵又副册)』 등을 통해『홍루몽』속 여인들의 운명을 상징적으로 예언하고 있으며, 또 경환선녀의 명령으로 선녀들이 부르는『금릉몽곡(金陵夢曲)』에는 금릉십이차의 운명을 노래하기도 하였다. 특히 그 내용이『홍루몽』의 비극적 결말을 관통하므로『홍루몽』의 요약이라는 평가를 받을 정도이니, 해당 시사는 매우 핵심적인 역할을 하고 있다고 할 수 있다.

금옥의 인연이라 다들 말해도,
목석의 옛 맹세 잊지 못하네.
헛된 만남이런가,
산속의 높은 선비 차가운 눈 속에 있고,
끝내 잊지 못하네,

저 세상 고운 선녀 외로운 숲 속에 있네.
슬프다 인간세상,
옥에도 티가 있는 것을.
정성 다해 밥상 받쳐 모신대도,
돌아서는 그 마음 돌이킬 순 없었네. (『홍루몽』 제5회)

독자는 한 수의 시를 읽는 것만으로도 직관적으로 소설의 비극적 결말을 예견하게 된다. 그러나 화책의 그림 서사에는 이렇듯 강력한 복선인 시사가 생략되어 있으므로, 독자는 단지 이 화폭을 보는 것만으로는 원작에서처럼 인물의 미래를 예측하기는 어려우며, 시사를 통해 진하게 풍기는 비극적 결말의 향기는, 화폭 위에서는 더 이상 느낄 수 없게 되는 것이다. 다만 손온은 화폭에서 책 기호를 반복적으로 사용하여 독자들로 하여금 금릉십이차의 비극적 운명을 읊은 시를 상기하도록 시각적 작용을 꾀하기도 하였다. 또 시사에 언급되는 일부의 내용이 화폭에 이미지로 표현되는 경우도 있다. 예를 들어 위의 시에서 '산속의 높은 선비 차가운 눈 속에 있고'의 구절은, 화책의 제228화에 보옥이 가정에게 마지막으로 절을 올리는 모습을 그린 화폭의 이미지와 상통한다. 다만 이것이 작가가 직접 시사를 이미지화 한 것인지는 알기 어려우나, 이 역시 이미지 텍스트만이 갖는 강력한 시각적 효과라고 할 수 있다. 또한 원작에서의 불행한 결말을 부단히 예견하는 시들이 생략됨으로써, 화책의 그림 서사는 한층 더 긍정적이고 밝은 이미지를 취할 수 있게 되므로, 이 또한 손온의 창작 의도에 부합된다고 할 수 있겠다.

『홍루몽』에서 그토록 많은 시사가 자연스럽게 원문에 녹아들 수 있었던 이유 중 하나는, 바로 보옥과 자매들이 결성한 시사모임을 통한 등장인물들의 끊임없는 창작 행위 덕분이라고 할 수 있다. 자매들과 보옥은 매번 모임에서 주제에 따라 각각 시를 지어 발표하는데, 자체적으로 그중

〈孫溫 제137화〉

가장 훌륭한 작품을 가려 선정하기도 한다. 이토록 자발적이고 열정적인 시사 창작은 그녀들의 충만한 문인 기질을 보여주면서, 다양한 서사 효과까지 발휘하는 것이다. 특히 정경(情景) 묘사에 탁월한 기능을 하여 대관원의 아름다운 경물과 운치를 노래하기에 더없이 적합하다고 할 수 있다.

임강선
백옥당 앞에서 너울너울 춤을 추니,
봄바람에 휘감겨 골고루 퍼지누나.
벌과 나비처럼 어지러워라.
물 따라 흐르기도 하지만,
먼지처럼 가라앉지도 않네.
천 갈래 만 갈래 한결같아서,
뭉쳐지고 흩어지고 멋대로라네.
뿌리 없다고 비웃지 마라,
산들바람에 힘을 얻어서,
청운의 높은 하늘로 날아오르리! (『홍루몽』 제70회)

앞의 〈孫溫 제137화〉에서는 봄에 열린 시사모임에서 버들개지를 주제로 사를 짓는 자매들의 모습을 그리고 있다. 원작에 묘사된 설보차가 지은 『임강선(臨江仙)』은 물론 임대옥의 『당다령(唐多令)』 등 모두 뛰어난 필치를 자랑하며, 사를 읽으면서 눈앞에 버들개지가 흩날리는 듯 하고 그 안에 가득한 정취를 느낄 수 있으며, 동시에 사 속에서 각 인물의 심리와 성격을 유추할 수 있기도 하다. 다만 손온의 화책에서 독자는 오로지 시각적으로 시사 모임의 현황을 인지할 수 있을 뿐, 원작에서 사를 통해 전달되었던 정경(情景) 묘사와 인물 각각의 개성을 그대로 드러냈던 사의(詞意)를 느끼긴 어렵다. 다만 손온의 화책을 잘 살펴보면 수많은 배경들이 시사에서 읊은 자연 경관들을 재현하고 있는 경우를 볼 수 있는데, 예를 들어 사의 마지막 문장인 '산들바람에 힘을 얻어서, 청운의 높은 하늘로 날아오르리'라는 내용은, 화폭의 좌측 장면에서 버들개지를 대신해 하늘을 날고 있는 연의 모습으로 사의 분위기와 정취를 대신하고 있는 것이다.

한편 원작의 수많은 시사는 등장인물의 다양한 심리를 상징적이고 감성적으로 전달하고 있다. 대사가 직접적으로 인물의 심리를 드러내고 있다면, 시사는 전통적으로 함축적이고 은유적인 표현의 방식으로서 선호되어 왔으므로, 『홍루몽』에서도 간접적으로 인물의 심리를 전달하고자 할 때 효과적으로 사용되었다. 그러나 손온의 화책에서 역시 인물의 심리를 표현하기 위해 여러 가지 그림 기호를 사용하였으며, 때때로 시사만큼 혹은 시사를 능가하는 감동과 진한 여운을 남겨주었으므로, 이는 뒤에서 상세히 분석하도록 한다.

『홍루몽』에서 시사의 또 하나의 중요한 역할은, 작품의 주제 사상을 명료하고 강렬하게 표현할 수 있다는 것이다. 나아가 작품의 사상 세계와 작가의 사상성까지도 함축적으로 표현이 가능하다. 그 중 한 예로

〈孫溫 제7화〉

위의 〈孫溫 제7화〉에는 딸을 잃고, 집도 불에 타면서 모든 것을 잃게 된 진사은이 어느 날 우연히 집 앞을 지나가던 절름발이 도사의 『호료가(好了歌)』를 듣게 되는 장면을 묘사하고 있다. 아래는 『호료가』의 일부를 발췌한 것이다.

> 세상 사람 모두 신선 좋은 줄은 알면서도,
> 오로지 부귀공명을 잊지 못한다네!
> 고금의 장수 재상 지금은 어디에 있나?
> 황량한 무덤 위엔 들풀만 덮여 있다네. (『홍루몽』 제1회)

모든 것은 좋고자 한다면 반드시 끝난다는 의미를 담은 『호료가』는 소설 『홍루몽』을 관통하는 '인생무상(人生無常)'의 주제를 반복해서 노래하고 있다. 원작에서 진사은은 도사의 『호료가』를 듣고는 문득 깨달음을 얻어, 그 자리에서 주해(注解)를 붙여 『호료가주(好了歌注)』를 짓고, 그 길로 도사를 따라 홀연히 사라져 행방불명된다. 다만 손온의 화책에서는 진사은과 절름발이 도사가 마주보고 대화하는 장면이 화폭 위에서 아주 작게 분할된 장면으로 묘사되고 있을 뿐, 원작에서 도사의 노랫말을 통해 독자에게 전달한 『홍루몽』의 명확한 주제 의식은 어디에서도 느낄 수 없다. 그러나 앞서 여러 차례 언급했듯이 화책은 한정적인 지면으로 인해 문자 텍스트처럼 원할 때마다, 원하는 방식으로 같은 말을 반복하기 어렵다. 때문에 그림 서사는 사건의 전개를 명확하게 전달하는 데 중점을 두고 있으며, 주제 의식과 같은 문제는 이미지 텍스트만의 시각적 방식을 차용하고 있다. 그러므로 우리는 시사의 부재를 아쉬워하기 보다는, 화책에서는 어떤 방식으로 이것들이 대체되고 새롭게 묘사되었는지 찾는 데 집중한다면 더욱 효과적인 그림 읽기를 진행할 수 있을 것이다.

그림은 언제나 감상자의 상상력에 따라 무궁무진한 해석의 가능성을 가진 매체이다. 원작 『홍루몽』에 등장하는 몇몇 수의 뛰어난 시사는 소설을 읽은 독자들에게 깊이 각인되고 회자되어, 『홍루몽』 텍스트 안에서 대표성과 상징성을 확보하기도 하였는데, 원작에 매우 정통한 일부 독자들은 화책의 단편적인 그림만 보고도 그에 대응하는 시사를 바로 떠올릴 수 있을 것이다. 때문에 그림 읽기를 좌우하는 가장 중요한 전제는 원 텍스트에 대해 얼마나 많은 것을 숙지하고 있느냐로 귀결된다. 즉, 삽화를 포함한 모든 회화 예술은 감상자의 시각과 역량에 따라 해석이 달라지는 상호 작용 매체의 성격을 갖는다고 할 수 있는 것이다.

(3) 미완성된 플롯

플롯[23]이란 단순히 시간 순서에 따라 사건을 배열한 것이 아니라, 특정

23) 김천혜, 『소설 구조의 이론』, 문학과 지성사, 1991, p.173. 플롯이 아주 오래된 개념이면서도 실제로 플롯이 무엇이냐는 문제에 직면하면 그 대답이 각양각색임을 실감하게 된다. 오랫동안 쓰여 왔으면서도 그 개념이 상당히 모호한 것이 플롯의 개념이라 하겠다.

사건의 원인과 결과를 극적으로 서술한 것이다.[24] 특히 긴밀한 인과관계에 바탕을 둔 통일의 법칙이 있으며, 사건의 서열을 바꿀 수 없다.[25] 이는 플롯의 개념을 처음 언급한 아리스토텔레스가 "행동의 부분들은, 만약 단 한 부분이라도 위치를 바꾸거나 제거되면 전체의 질서와 통일성이 없어질 정도로, 긴밀하게 결합되어야만 한다."[26]고 플롯의 중요성을 강조한 것과 일맥상통하다. 다시 말해, 소설에서 하나의 플롯은 생략이나 변동이 불가능한 강력한 인과관계로 이루어진 이야기 단위인 것이다. 반면, 화책 역시 여러 작은 사건들이 유기적으로 연결되어 하나의 큰 이야기를 전달하고 있으며, 선택적으로 사건의 일부를 생략하거나 추가할 수 있다. 때문에 소설을 화책으로 옮길 때, 원작의 플롯에는 불가피한 공백이 발생하게 되거나 구조적인 변동이 발생한다. 이로 인해 장면과 장면 사이에 일부 서사가 증발되어 그림 간의 결속이 느슨해지고, 이는 직접적으로 독자의 이해도와 집중도가 떨어지게 만드는 요인으로 작용하는 것이다.

어쩌면 소설에서 가장 강력한 영향력을 행사하는 문자 텍스트는 바로 플롯을 구성하는 촘촘한 문장들 그 자체라고 할 수 있다. 즉 문자 텍스트로부터 벗어난 화책의 그림 서사에서 대부분의 플롯은 필연적으로 미완성된 상태로 재현될 수밖에 없으며, 원작에서 서술된 모든 사건의 플롯을 화폭 위에 빠짐없이 구현하기란 실질적으로 불가능하기 때문이다. 한 예로 아래의 화폭을 통해 살펴보도록 하겠다. 이 화폭은 〈孫溫 제94화〉에서 유노파가 두 번째로 가부에 찾아온 에피소드를 두 장면으로 나누어 묘사하고 있다.

---

24) 김일태, 『만화애니메이션사전』, 한국만화영상진흥원, 2008.

25) 김광요, 『드라마사전』, 문예림, 2010.

26) 아리스토텔레스 저, 『아리스토텔레스의 시학』, 최상규 역, 仁義, 1989, p.18.

〈孫溫 제94화〉

플롯의 요약: 일전에 희봉의 도움을 받았던 유노파가 직접 농사를 지어 수확한 야채들을 답례로 가져왔다. 평아와 이야기를 나누다가 마침 가모가 초청하여 가모의 방으로 인사를 간다. 저녁 식사를 마친 후, 유노파를 목욕시키고 옷을 갈아입힌다. 가모의 방에서 유노파는 옛날이야기를 들려주며 가모와 자매들을 즐겁게 해준다. 그러던 도중, 유노파가 땔나무를 훔치는 이야기를 하다가, 실제로 가부에 마구간에 불이 나게 된다. 가모는 땔나무 얘기를 하는 바람에 불이 났다고 생각하며 다른 이야기를 하도록 한다. 그러나 보옥만은 땔나무를 훔치던 여자아이가 누군지에 신경이 쏠려, 결국 유노파에게 따로 그 여자아이가 누군지 물어본다. 당황한 유노파가 거짓으로 그 여자아이가 어느 작은 사당에 모시던 처녀상의 혼이라고 지어내자, 보옥은 철썩 같이 믿고 하인에게 그 처녀상을 찾도록 하지만 결국 찾지 못하고 만다. (『홍루몽』 제39회)

이 플롯은 유노파의 두 번째 대관원 방문 이야기의 일부이다. 전체 방문기의 내용이 워낙 길고 방대하기 때문에 이는 그 중 한 에피소드를 보여주는 비교적 작은 단위의 플롯이라고 할 수 있지만, 하나의 사건 단위로 독립될 만한 서사적 요소를 충분히 갖추고 있다. 그러나 손온의 화책에서는 〈孫溫 제94화〉 한 폭의 두 장면으로 플롯을 대폭 요약하여 묘사하고 있다. 화폭의 우측 장면은 유노파가 평아와 다른 어멈들과 함께 있는 모습이고, 화폭의 좌측은 가모와 자매들, 그리고 보옥과 함께 있는 장면이다. 손온은 원작의 비교적 복잡한 내용에서 오직 장소와 인물의 변화를 통해 서사의 전개를 표현하였을 뿐, 상세한 플롯은 모두 생략한 것이다. 이처럼 화책과 원작의 내용을 대조해보면, 원작의 사건을 구성하는 플롯의 세부적인 내용들이 대부분 생략되어, 서사적으로 매우 불완전한 형태를 띠고 있는 것을 알 수 있다. 해당 사건에서 유노파가 가모에게 이야기를 하는 도중 집안에 불이 난 내용이나, 가모가 이를 불길하게 여겨 유노파에게 다른 이야기를 하라고 한다거나, 보옥이 이 이야기에 집착하여 유노파에게 끝내 그 이야기의 결말을 물은 뒤 사당을 찾아가 제를 올린다거나 하는 내용은 모두 생략되어 있는 것이다. 그러므로 원작의 촘촘한 플롯은 화책의 그림 서사에서 매우 헐거운 구조로 재현되며, 이는 원작의 여러 가지 내용들을 전달할 수 없게 된다.

그러나 때때로 손온이 특별히 중요하게 생각하는 플롯의 경우, 이를 비교적 상세하게 그림으로 묘사하고 있기도 하다. 예를 들어 다음의 화폭은 〈孫溫 제73화〉, 〈孫溫 제74화〉로, 『홍루몽』 25회의 마도파(馬道婆)의 저주를 받은 왕희봉과 가보옥의 이야기를 묘사하고 있는데, 그림 서사를 통해 하나의 플롯을 비교적 완전하게 표현해낸 케이스라고 할 수 있다. 이 이야기의 경우 플롯을 간략하게 요약하면 아래와 같다.

> 플롯의 요약: 가정의 서자인 가환은 평소 시기 질투하던 가보옥이 눈앞에서 왕부인의 사랑을 독차지하고 자신이 좋아하는 시녀 채환에게까지 치근덕거리자, 질투에 눈이 멀어 펄펄 끓는 촛농을 보옥의 얼굴 쪽으로 밀어버렸다. 가보옥은 얼굴에 화상을 입었고, 왕부인과 왕희봉이 가환에게 욕을 퍼붓고, 그의 엄마인 조이랑을 욕했다. 이틀 뒤, 보옥의 수양어미로 되어 있는 마도

〈孫溫 第73화〉

〈孫溫 第74화〉

> 파가 영국부로 찾아와 문안인사를 올리며 보옥의 얼굴에 주문을 외우며 상처가 좋아질 것이라고 말했다. 그렇게 마도파는 가모에게 공양을 받아갔다. 마도파는 조이랑에게도 찾아 갔는데, 평소 가보옥과 왕희봉에게 원한을 품은 조이랑을 꾀어내 공양을 약속받고 두 사람에게 저주를 내려주기로 한다. 그러던 어느 날 가보옥은 소리를 지르며 펄쩍펄쩍 뛰었고, 왕희봉은 손에 칼을 들고 휘두르며 달려왔다. 두 사람의 증세가 더욱 위중해져 혼수상태로 침상에 누워 있기에 이르렀으나 그 어떤 치료도 소용이 없어 마침내 수의와 관까지 준비하는 지경에 이르렀다. 그러던 어느 날 목탁소리와 함께 염불을 외며 절름발이 도사가 나타나, 통령보옥을 손에 올리고 게송을 읊어 저주를 풀어 33일이 지난 뒤 건강을 되찾았다. (『홍루몽』 제25회)

서사성을 중시한 손온의 화책은, 위와 같은 중요 사건을 묘사할 때 플롯을 구성하는 대표적인 사건들을 대부분 화폭 위에 그려 넣은 것을 확인할 수 있다. 특히 화폭에는 마도파와 조이랑이 은밀한 거래를 하는 장면이 누락된 것처럼 보이기 쉬운데, 〈孫溫 第74화〉의 중앙 부분의 가산 틈으로 두 여인의 모습이 반쯤 가려져 아주 작게 그려져 있는 것을 발견할 수 있으며, 이는 해당 장면의 서사가 비밀스럽게 벌어지는 일이라는 것을 시각적으로 절묘하게 표현한 손온의 화법을 보여준다. 감상자는 화폭 위의 장면들만으로도 해당 사건의 전말을 상세히 인지할 수 있게 되며, 촘촘하게 묘사된 그림 서사는 화책 전체의 유기성을 한층 강화시켜 주는 역할을 하고 있다.

이처럼 손온 화책에서 생략된 원작의 대사, 시사 및 플롯 구조는, 원작에서 핵심적인 역할을 맡고 있는 만큼 결여되었을 때의 빈자리가 더욱 크게 느껴질 수밖에 없다. 물론 회화 예술에서도 전통 삽화처럼 문자 텍스트를 보조적으로 삽입하여 어느 정도 도움을 받을 수 있으나, 손온은 문자의 간섭에서 완전히 벗어나 오직 시각적인 표현 방식을 고집하였으므로, 위와 같은 한계는 필연적일 수밖에 없다고 보여 진다. 그러나 손온은 그를 대신할 여러 가지 시각적 효과를 꾀하여 화폭을 채워 나갔으며, 또 문자 텍스트는 가질 수 없는 이미지 텍스트만의 장점과 특성을 이용하여 원작과는 차별된 자신만의 그림 서사를 구축해 나가고자 하였다.

2) 비문자적 커뮤니케이션

문학은 발신자인 작가와 수신자인 독자 사이의 커뮤니케이션이다. 문학 작품에 있어서의 독자의 역할을 강조하는 수용 미학의 입장에서 이 커뮤니케이션을 고찰하면, 문학은 발신자가 보내는 내용을 수신자가 단순히 수동적으로 받아들이는 커뮤니케이션이 아니다. 발신자가 보낸 내용을 수신자가 능동적으로 보완하고 해석하는 특수한 커뮤니케이션이다.[27] 소설 작품과 이를 수용하여 그림으로 재현한 손온, 손온의 화책과 이를 수용하여 해석하는 감상자의 관계 모두 수용 미학의 관점에서 해석될 수 있다. 이 특수한 문학적 커뮤니케이션에는 몇 가지 특징이 있는데 그중 하나는 일방통행적 이라는 사실이다.[28] 다만, 이 글에서는 화책이 갖는 본질적인 커뮤니케이션의 일방성을 논하는 것이 아닌, 문자로부터

---

27) 김천혜, 앞의 책, p.190.

28) 김천혜, 위의 책, p.193.

벗어난 이미지텍스트가, 원작에서의 문자적 커뮤니케이션이 아닌 비문자적 커뮤니케이션을 수립하기 위해, 독자가 그림을 해석하는데 있어 마땅히 제공되어야 할 커뮤니케이션의 기본적인 정보의 결핍에 대한 문제를 논한다. 즉, 비문자적 커뮤니케이션이 독자의 서사 수용에 가장 크게 영향을 미친 부분을 인물, 사건, 주제의식 세 가지로 분류하여 분석해 보고자 한다.

(1) 인물의 모호성

손온의 화책에서 감상자는 소수의 특정 인물을 제외한 나머지 등장인물을 식별하는데 적지 않은 어려움이 따른다. 손온은 화책에서 한 화폭에 기본적으로 열 명 이상, 많게는 백여 명의 인물이 등장시키기도 할 만큼 대량의 인물 묘사를 즐겼는데, 가보옥과 가모, 가정 등을 제외하면, 서사의 도움 없이, 때로는 서사가 명확함에도 불구하고 등장인물을 알아보는 것이 불가능하기도 하다.

감상자가 처음 화폭을 마주했을 때, 대부분의 경우에 감상자는 가장 먼저 화폭 안에서 그림 서사를 주도하는 중심인물을 찾게 된다. 주요 인물들의 신분과 행위를 확인하고 난 뒤, 다음은 배경이 되는 공간을 인식하게 되며, 그 후에 사물이나 자연물 등의 정보를 수용한다. 이렇게 그림 서사에 대한 정보가 누적되면서 비로소 한 폭의 그림을 비교적 완전하게 해독할 수 있게 되며, 이러한 인지 과정은 빠른 속도로 이루어진다. 그만큼 이야기 그림에서 인물의 정보는 핵심적인 역할을 한다. 물론 배경이나 사물 기호를 통해 에피소드를 유추할 수 있는 경우도 있지만, 인물 정보가 누락되거나 지나치게 빈약한 경우 독자들이 화폭을 해독하는 시간이 길어지며 나아가 혼란에 빠지기 쉽다.

위에서 언급했듯, 손온의 화책에는 기본적으로 한 폭에 열 명 이상의

〈孫溫 제115화〉

〈孫溫 제12화〉

인물을 그리고 있는 경우가 많은데, 이는 『홍루몽』 원작의 설정을 따랐을 가능성이 높다고 할 수도 있지만, 손온 화풍의 특징 중 하나로 보여지기도 한다. 이렇게 인물이 단체로 등장하는 화폭의 경우 인물 식별의 난이도가 가장 높다고 보는데, 독자는 물론 화가 스스로가 과연 인물을 구분하여 그린 것인지 판단하기 어려울 정도이다. 예를 들어, 위의 〈孫溫 제115화〉처럼 손온의 화책에는 가부의 인물들이 한 자리에 모여 있는 연회 장면을 묘사하는 화폭이 매우 많은데, 이런 화폭에서 감상자는 일차적으로 가모의 형상을 찾아낼 수 있을 뿐, 나머지 주요 인물을 찾는 것은 더 이상 어려울 것이다. 아마도 이러한 경우에, 화가는 독자가 등장인물을 찾아내는 것 보다는, 장면의 분위기나, 전체적인 풍경과 상황에 주목하길 원했으며, 인물 묘사는 단지 사건의 규모를 표현하기 위한 일종의 수단으로 사용되었을 가능성이 높다. 다시 말해, 손온은 오히려 독자가 인물을 찾아내는 데 애쓰길 원하지 않았을 수 있다는 것이다. 예를 들어 위의 〈孫溫 제115화〉에는 가부의 정월 대보름의 잔치를 묘사하면서 그 성대함과 화려함을 강조하기 위해 대량의 인물을 배치한 것이 특징이며, 이 화폭에서 어떤 인물이 연회에 참석했는지는 전혀 중요하지 않다는 것이다.

다음 화폭인 〈孫溫 제12화〉는 대옥이 가부에 처음 입성하여 가모를 만나는 모습을 묘사한 장면으로, 화폭에는 수많은 여인들이 공간을 빼곡히 채우고 있지만, 여기서도 마찬가지로 감상자는 가모와 임대옥을 겨우 알아볼 수 있을 뿐, 이외에 누가 왕희봉이고 누가 왕부인인지 확신하기는 쉽지 않다. 물론 이 화폭은 가모와 임대옥의 재회보다는 화책에 첫 등장하는 가부의 분위기를 연출하기 위해, 여러 사람들을 한데 모이도록 배치하여 화기애애하고 북적북적한 집안의 분위기를 강조하고자 했던 의도가 더 컸을 것이다. 다시 말해, 손온의 화책에서 단체 인물을 묘사하는 경우, 화가는 의도적으로 인물의 신원을 불명확하게 설정하여 배경의 일부로서의 기능을 강조했다고 볼 수 있겠다.

손온이 단체 인물을 묘사함에 있어 오히려 고의적으로 독자의 혼동을 유도하였다는 추측에 대한 확신은 다음의 〈孫溫 제70화〉를 보면 더욱 강해진다. 연속된 두 장면이 한 화폭에서 연속적으로 한 사건을 묘사하고 있을 때, 두 장면의 서사는 시공간적으로 밀접하게 연결되어 있다고 볼 수 있다. 때문에 우측 장면의 인물들이 대부분 좌측 장면에도 중복되어 있을 것이 분명하나, 두 장면을 직접 비교해 보았을 때, 확실히 식별할 수 있는 가보옥과 가모, 그리고 가정을 제외하고는 등장인물의 의복과 머리모양이 두 장면에서 완전히 다르게 묘사되고 있는 것을 확인할 수 있다. 이러한 현상들은, 손온이 애초에 중심인물 이외의 인물들에 대해 스스로도 명확하게 구분 짓지 않고 있다는 것을 반증하고 있다. 조금 더 극단적으로 이야기하자면, 손온의 화책에서 동일 계급의 인물들끼리는 외형만 놓고 비교해 보면 거의 똑같은 수준이라고 할 수 있다. 손온은 그림 서사에서 인물의 신분을 구별하기 위해 의복과 머리 모양, 장식 등을 달리하였지만, 시녀들끼리, 혹은 같은 항렬의 자매들끼리, 나아가 비슷한 나이대의 부인들끼리는 얼굴이나 머리모양이 완전히 일치하여 외모적으로 일말의 개성을 강조하지 않았다는 것이다.

〈孫溫 제70화〉

그렇다면 한 화폭 위에 묘사된 인물의 수가 적은 경우에는 인물의 식별이 가능한지에 대한 의문에 들 수밖에 없다. 명확한 서사가 전제된 경우, 독자는 서사 주체를 미리 인지할 수 있기 때문에 인물이 적을수록 식별의 정확도는 자연히 높아질 수밖에 없다. 그러나 여전히 인물의 개성적인 묘사가 불충분한 경우가 많은데, 먼저 소수의 인물 묘사에서 주요 인물을 식별할 수 없는 경우도 적지 않게 보인다. 예를 들어 다음의 〈孫溫 제146화〉는 임대옥과 사상운이 요정관(凹晶館)에서 서로 외로운 처지를 공감하며 연속으로 시를 짓는 놀이를 하고 있는 장면이다. 이 장면에서 해당 서사에 등장하는 인물은 임대옥과 사상운 그리고 시를 모두 읊은 뒤 등장하는 묘옥 뿐이며, 화폭에도 세 인물만을 묘사하고 있기 때문에 감상자는 비교적 쉽게 등장인물을 특정할 수 있다. 그 중 묘옥은 산 뒤에 숨어있는 모습으로 행동 묘사가 추가되어 비교적 식별하기 쉬우나, 전경(前景)에 묘사된 두 인물 중에 누가 임대옥이고 누가 사상운인지는 구분하기가 쉽지 않은데, 물론 그것이 해당 그림 서사에 큰 영향을 미치는 것은 아니지만, 오직 두 명의 인물이 등장하는 화폭에서도 감상자가 정확히 인물을 구분할 수 없다는 것은 손온이 인물의 개성

〈孫溫 제146화〉

〈孫溫 제105화〉

묘사에 큰 공을 들이지 않았다는 뜻이며, 오히려 손온은 의도적으로 인물 간의 외모에 구분을 두지 않았을 가능성도 높다고 할 수 있다.

주연급 인물들에 대한 묘사가 이 정도라면, 조연급 인물 묘사의 상황은 어떠할 지 자연히 예상이 가능해질 것이다. 예를 들어 위의 〈孫溫 제105화〉와 같은 경우, 가사(賈赦)는 가모가 아끼는 시녀 원앙(鴛鴦)을 첩으로 맞고자 하다가, 오히려 가모에게 크게 혼나는 사건을 담고 있다. 이 화폭에서도 마찬가지로 독자는 원앙은 물론, 습인이나 평아, 형부인 등을 구별해 내기 쉽지 않은데, 때문에 그림 서사 자체를 유추하는 데마저 어려움이 따르게 된다. 또, 이 사건은 원작의 전체 서사에 미치는 영향이 미미하므로, 독자의 인상 속에 남아있을 확률이 지극히 낮기 때문에, 아마 독자는 이 화폭에 큰 주의를 기울이지 않은 채 다음 화폭으로 넘어갈 가능성이 높다.

간혹 손온의 화책에는 인물이 지나치게 작게 묘사되어 감상자를 곤란에 빠뜨리는 경우도 있다. 예를 들어 다음의 〈孫溫 제10화〉는 소설 초반 가우촌이 냉자흥(冷子興)을 만나 가부에 대한 이야기를 듣게 되는 사건을 묘사하고 있는데, 전체 화폭에서 인물이 차지하는 비중이 다른 화폭에 비해서도 확연히 작기 때문에 독자는 일차적으로 서사 주체를 파악하는 데 조차 애를 먹게 된다. 마치 한 폭의 산수화를 연상케 하는 이 화폭에

〈孫溫 제10화〉

〈孫溫 제142화〉

어떤 서사가 존재하는지 의문을 품게 될 수 있는데, 감상자는 화폭 좌측에 걸려있는 '지통사(智通寺)'라는 편액을 통해 사건의 장소를 겨우 유추할 수 있게 되므로, 화폭 우측의 인물들이 누구인지 미루어 예상할 수 있게 된다. 이처럼 인물의 식별에 특히 모호함을 보였던 손온의 화법(畫法)은 독자들이 화책을 독해하는데 여러 가지 난관으로 작용하여 아쉬움을 남기기도 하였다. 다만 손온이 애초에 화폭의 창작 목적을 오로지 독자의 서사적 이해에 두지 않았다면, 인물의 모호성은 크게 문제가 되지는 않으므로, 이는 화책의 창작 문제와 직결되기 때문에 현재로서 속시원히 해결하긴 어려운 부분이라고 할 수 있겠다.

손온 화책에서 인물 묘사를 통한 커뮤니케이션에 있어 한 가지 더 아쉬운 부분은, 표정을 드러내지 않은 얼굴이다. 다시 말해 손온의 화책에서 인물들은 대부분 얼굴에 감정을 드러내지 않고 있으며, 슬픔이나 분노, 또는 기쁨이나 즐거움 등 가장 기본적인 표현마저 자제되어 있다. 간혹 가모가 얼굴에 웃음을 짓고 있는 것을 볼 수 있기도 하지만, 이는 매우 드문 경우이며, 특히 손온과 손윤모 중 손온이 담당하여 그린 화폭에서 이러한 경향이 뚜렷하게 나타난다. 위의 〈孫溫 제142화〉는 대관원에서 수춘낭(繡春囊)이 발견되어 왕부인을 비롯한 집안의 여자 어른들이 다급히 논의를 벌이는 장면으로, 매우 심각하고 엄중한 분위기가 조성되는 사건이다. 특히 왕부인은 대노하여 희봉을 다그치고, 청문을 불러 괜히 트집을 잡아 꾸짖는 등 보옥의 시녀들을 의심하기 시작하여 대관원이 본격적으로 해체되는 시발점이 된다. 그러나 이 화폭에 묘사된 인물들의 얼굴만 보아서는 극단적인 어떤 감정을 전혀 읽어낼 수 없다. 물론 손온은 인물의 표정보다는 신체 기호나 배경 기호 등을 통해 인물의 감정을 표현하는 방법을 선호했지만, 독자들의 입장에서는 가장 직관적으로 수용할 수 있는 기호가 생략되어 있는 셈이다. 그러므로 인물의 모호함은 나아가 감상자의 그림 읽기에 큰 영향을 미치게 되며, 이는 작품과 독자 간의 비문자적 커뮤니케이션이 유발하는 문제 중 하나라고 볼 수 있는 것이다.

(2) 사건의 퍼즐 맞추기

손온의 화책에서 인물을 식별하는 것이 마치 숨은 그림 찾기와 같다면, 한 폭에 분할되어 묘사된 여러 장면의 내용을 유추하는 것은 일종의 퍼즐 맞추기라고 할 수 있겠다. 소설 작품은 하나의 커다란 플롯으로 이루어져 있지만, 『홍루몽』과 같은 장편 소설은 하나의 플롯으로 보았을 때 매우 헐거운 구조를 갖고 있다고 볼 수 있다. 오히려 『홍루몽』을 이루고 있는 각각의 작은 에피소드들의 경우, 매우 촘촘하게 인과관계가 연결되어 있는 것을 알 수 있다. 그러나 소설의 문자 텍스트가 이미지 텍스트의 그림 서사로 전환될 때, 플롯을 구성하는 여러 가지 내용들이 누락될 수밖에 없는데, 그로인해 장면과 장면 사이에 서사의 공백이 발생하게 된다. 때문에 오직 화가의 선택에 따라 임의로 배치되는 그림 서사에서, 독자는 화폭을 통해 얻을 수 있는 정보가 지나치게 부족할 경우 이를 파악하고 해독하는데 애를 먹게 되는 것이다. 이는 일반 언어에 문법이 존재하듯, 그림에도 그림 언어의 문법이 존재하며, 그림 언어

〈孫溫 제65화〉

의 문법은 독자에게 그림의 전체적인 구조를 파악하고, 그 의미를 읽을 수 있도록 해주기 때문이다.[29] 그림 언어의 기능 중 하나인 텍스트로서의 기능은, 그림 작가가 한 장면을 구성할 때 그림의 요소들이 서로 연결되도록 배치하고 구성하여 전체의 응집력을 살리는 것으로,[30] 장면 간의 연결성이 현저히 떨어지는 경우나 한 장면에 제공되는 정보가 극히 적은 경우, 그림의 응집력은 떨어지고 그림은 텍스트로서의 기능을 상실하게 되는 것이다.

그 예로, 장면에 마땅히 제공되어야 할 정보가 지나치게 생략된 경우를 위의 〈孫溫 제65화〉를 통해 살펴보도록 하겠다. 이 화폭은 총 세 개의 장면으로 구성되어 있는데, 가장 우측의 장면은 비교적 그 내용을 파악하기 쉽다. 가보옥이 등장하고 남녀의 하녀가 한명씩 무릎을 꿇고 있는 모습으로 미루어 보아, 가보옥의 남자 하인인 명연이 시녀 하나와 정을 나누다가 보옥에게 들켜 용서를 빌고 있는 것을 유추할 수 있다. 다만 두 번째 장면에서는 보옥과 명연의 뒷모습만 담장 뒤로 작게 보일 뿐인데,

29) 현은자, 『그림책의 그림읽기』, 마루벌, 2004, p.145.

30) 데이비드 루이스 저, 『현대 그림책 읽기』, 이혜란 역, 작은씨앗, 2008, p.319.

〈孫溫 제76화〉

그 외에 아무런 정보가 제공되지 않아 독자로 하여금 더 이상 해독이 불가하게 만든다. 이러한 경우 차선책으로 앞뒤로 이어진 장면을 통해 해당 서사를 유추하는 방법이 있는데, 바로 다음 장면을 보면 소상관에서 임대옥과 가보옥이 나란히 앉아 있는 모습을 묘사하고 있을 뿐, 이 장면 역시 에피소드를 유추하기에는 정보가 충분하지 않다고 볼 수 있다. 다시 말해, 이 세 장면의 그림 서사는 한 폭으로서의 응집력이 매우 낮다고 볼 수 있으며, 그러므로 독자는 화폭이 전달하는 의미를 제대로 파악하기가 어렵고, 이에 독해의 유기성이 떨어지게 되는 것이다.

다음은 장면 간의 서사적 연결이 전혀 이루어지지 않는 경우로, 위의 〈孫溫 제76화〉를 예로 들 수 있겠다. 이 화폭에는 총 세 개의 장면이 묘사되어 있는데, 우측 상방의 장면은 가보옥이 조카 가란(賈蘭)이 활을 들고 사슴을 쫓는 모습을 보고서 사슴을 괴롭히지 말라며 꾸짖고 있는 장면이다. 다음으로 우측 하방의 장면은 보옥이 대옥을 보기 위해 소상관을 방문하는 장면이며, 마지막으로 좌측의 장면은 보옥이 설반 등 여러 사람들과 함께 술판을 벌이는 모습을 묘사하고 있다. 이 세 장면은 시간적으로는 연결되어 있을지 모르나 서사적으로 전혀 상호 영향을 미치지 않는 독립적인 세 개의 에피소드를 담고 있다. 각각의 장면이 헐겁게 분산된 이 화폭에서, 독자는 단순한 사건의 나열 그 이상의 의미를 찾기 어려울 뿐만 아니라, 이 화폭이 전체 그림 서사에서 꼭 필요한가에 대한 의문마저 들 수 있다.

언어 문법에서 쉼표와 마침표를 제대로 찍는 것은 가장 기본적이면서도 가장 중요한 문제이다. 한편, 그림 언어에서도 마찬가지로 한 화폭 안에서 장면 간의 경계를 명확히 구분해주지 않으면, 그림을 읽는 독자로 하여금 오역과 혼란을 유발하게 된다. 손온의 화책은 장면 분할이 많은 만큼, 한 화폭 안에서 장면 간의 경계에 매우 세심하게 신경을 쓰고 있다. 때문에 대부분의 화폭에는 자연스럽고 명확한 공간의 분할이 이루어져 있어, 일반적으로 독자가 그림을 끊어 읽는데 큰 문제가 없다. 다만 아주 드물게 장면의 경계가 모호하여 전체 화폭의 의미가 제대로 해석되지 않는 경우도 있다. 다음의 〈孫溫 제140화〉는 손온의 화책에서 몇 안 되는 애매한 경계를 가진 화폭이라고 할 수 있다. 이 화폭의 가장 우측의 방 공간과, 가장 좌측의 방 공간은 손온의 본래 화법에 따라 비교적 명확한 공간 경계를 취하고 있다. 문제가 되는 부분은 바로 중앙의 '길'공간이다. 길 위에는 하녀 여럿과 자매들이 보이는데, 감상자는 즉각적으로 하나의 특정 서사를 떠올리기가 쉽지 않다. 또한 우측의 방 공간을 두르고 있는 담장이 뻗어져 길 공간과 이어지는 입구와 연결되고 있으나, 입구에 서있는 시녀들이 우측 장면에 속하는지, 아니면 제2의 서사로서 분리되어 있는 것인지 파악하기 어렵다. 또 가모가 방 안의 의자에 앉아 있는 가장 좌측의 장면과, 해당 방 앞에 자매들과 시녀가 서 있는 것 역시 한 장면에 속하는 것인지, 각기 다른 장면에 중복되는 인물인 것인지 혼란을 유발한다. 특히 장면 간에 연결성이 떨어지고 스토리텔링이 미약해 독자가 이 화폭을 보고 바로 특정한 에피소드를 연상해내기 쉽지 않다는 것이 이 화폭의 가장 큰 문제라고 할 수 있겠다. 더군다나 장면

〈孫溫 제140화〉

〈孫溫 제229화〉

간의 경계마저 명확하지 않으므로 해당 화폭은 감상자에게는 매우 불친절한 그림 언어를 갖고 있다고 할 수 있다.

한편, 어떤 경우에는 반대로 한 화폭에 지나치게 많은 이야기가 담겨 있어 독자들에게 혼란을 가중시키기도 한다. 한 화폭이 두 세 개의 장면으로 구성되어 있는 경우, 독자는 대략적으로 그 서사 순서를 가늠할 수 있다. 그러나 네 개 또는 다섯 장면으로 분할이 증가하게 되면 그림 서사의 발생순서는 직관성이 떨어지게 되며, 감상자는 내용과 순서를 동시에 추측해내야 하는 상황에 놓이게 된다. 예를 들어 위의 〈孫溫 제229화〉에는 손온의 화책에서 분할된 장면 수가 가장 많은 화폭이다. 화폭에서 분할되는 장면의 수가 많을수록 자연히 화폭이 담고 있는 서사는 복잡해지고 공간은 더욱 혼재된다. 심지어 이 화폭에서 다섯 장면의 배경 공간은 각각 모두 다르다. 왼쪽 아래부터 시작하여 시계방향으로 습인의 방, 습인의 꿈속, 가련(賈璉)의 처소, 설반(薛蟠)의 집, 그리고 영국부이다. 이 다섯 개의 장면은 각 서사의 결말을 정리하는 내용으로, 습인의 꿈에 나타난 보옥의 모습을 통해 보옥과 정서적으로 깊은 교감을 나눈 습인과의 애정 서사를 정리하고 있으며, 가부와 가장 긴밀하게 연관된 외부 인물인 유노파를 통해 무사히 집으로 돌아온 교저(巧姐)의 결말을 보여주고 있다. 또 소설 초반부터 끝까지 문제를 일으키던 설반이 결국 어머니인 설씨 부인이 손을 쓴 덕에 사면을 받아 풀려나며 향릉(香菱)을 정실로 맞아들이며 사건이 일단락되고, 삼년상을 마친 가정이 돌아오며 관직에 복귀하고 황제의 은혜로 집안의 재산이 회복되며, 손자 가란이 과거에 합격하여 벼슬길에 나아가는 등 가보옥이 부재한 채 가부의 이야기가 종결된다. 이처럼 화책의 마지막 장 직전에 이르러, 손온은 미처 그려내지 못한 자잘한 서사들의 마무리를 위해 이들을 다소 무리하게 한 폭에 집어넣을 수밖에 없었는데, 장면들은 각각 서사 주체가 다르고 서사적 연결성이 떨어지는 분할 화면으로, 독해의 난이도가 매우 높을 수밖에 없다. 결론적으로 이 화폭은 지나치게 많은 정보를 한꺼번에 담아내어 독자에게 독해의 부담감을 안겼으므로, 손온의 화책에서 가독성이 가장 떨어지는 화폭 중 하나라고 할 수 있겠다. 다만 지면의 한계가 뚜렷한 화책에서 주인공의 서사에 최대한 많은 화폭을 할애하고, 중요도가 낮은 인물들을 한데 모아 지면을 아끼는 것은 어쩔 수 없는 선택이었을 것이다. 동시에 이러한 서사 구조는 이미지 텍스트이기 때문에 가능한 것이며, 반대로 생각하면 한 폭의 그림을 통해 여러 가지 서사의 결말을 동시에 파악할 수 있다는 것이 이미지 텍스트의 장점 중 하나라고 볼 수도 있는 것이다.

(3) 시각화된 주제 의식

마지막으로 다룰 비문자적 커뮤니케이션의 특징 중 하나는 주제 의식의 시각화 방식이다. 문학은 대체로 암시적 의미를 중요시한다. 그러므로 작품의 암시적 의미야말로, 문학의 본질이라 해도 지나친 말은 아닐 것이다. 문학은 암시적 의미가 있음으로 해서 서사가 풍성해지고 전개에 흥미를 유발하게 되는데, 이 암시적 의미를 다른 말로 표현하면 '주제'이다. 또 암시적 의미는 문학 작품의 바깥에서 일어나는, 작가와 독자 사이의 커뮤니케이션 중 하나라고 할 수 있겠다.[31] 소설 『홍루몽』의 주제 의식에 대한 논의는 초기 대표 학자들의 각종 주장에 따라 유파를 형성하여, 지금까지 이어져오고 있다. 중국의 저명한 문학가이자 사상가인 루쉰(魯迅)은 『홍루몽』에 대해 "경학가(經學家)들은 주역(周易)의 원리를 보고, 도학가(道學家)들은 음란함을 보며, 재자(才子)들은 애정의 얽힘을 보고, 혁명가들은 만주족(滿洲族) 왕조에 대한 배척을 보며, 이야기를 만들어내기 좋아하는 사람들은 궁중비사(宮中秘事)를 본다"[32]고 하였다. 이는 『홍루몽』이 다루고 있는 주제가 광범위하고 한 가지의 시선으로 작품을 파악하기 어렵다는 것을 반증하는 문장이다.[33] 주제를 향한 홍학계 연구자들의 치열한 토론은 이제 어느 정도 열기가 식어, 현재는 몇 가지 대표적인 주제 의식이 큰 이견 없이 정착되어, 『홍루몽』이 단일 주제가 아닌 여러 가지 주제 의식을 함께 내포하고 있다는 것은 주지하는 바이다. 한편, 원작 작가 조설근은 여러 가지 방법을 통해 『홍루몽』의 다양한 주제 의식을 전달하고자 하였는데, 특히 시나 사, 또는 속담이나 사자성어의 형태를 빌리기도 하였으며, 인물의 대사를 통해 직접적으로 드러내기도 하고, 어떤 사건의 과정이나 결과를 통해 간접적으로 보여주기도 했다. 이렇게 반복적으로 드러나는 작가의 의식과 사상은 독서 행위를 통해 독자에게 전달되어, 독자는 최종적으로 자신의 뇌리에 가장 강하게 남아있는 메시지를 이 책의 주제 의식으로 정의하게 된다. 그것이 사람마다 『홍루몽』을 통해 느끼는 메시지가 모두 같을 수 없는 이유이다.

그러나 그림만으로 이루어진 화책을 통해 원작의 심오한 주제 의식을

---

31) 김천혜, 앞의 책, p.206.

32) 魯迅, 『魯迅全集』 第八卷·集外集拾遺補編, 〈絳洞花主〉 小引, 北京: 人民文學, 1991. 經學家看見《易》, 道學家看見淫, 才子看見纏綿, 革命家看見排滿, 流言家看見宮闈秘事.

33) 최용철 외, 『붉은 누각의 꿈: 〈홍루몽〉 바로보기』, 나남, 2009, p.180.

표현하기에는 근본적으로 여러 가지 난관이 존재한다. 먼저 앞에서 분석한 바 있듯 대사나 시사 등 문자 텍스트가 부재하다는 것이 첫 번째 이유이며, 비록 사건의 대략적인 과정을 요약하여 이미지화할 수는 있지만, 사건의 면밀한 전모나 함의까지 표현하기에는 한계가 있다는 것이 두 번째 이유이다. 엄밀히 말해 그림이란 어떤 순간적인 현상이나 감각적인 분위기를 묘사하는데 유리할 뿐, 그에 따른 사건의 굴곡과 인물의 섬세한 심리 변화까지 전달하기에는 역부족이기 때문이다.

이와 같은 이유로, 손온의 화책에 담긴 230장의 그림을 한 폭씩 따로 두고 보았을 때, 기본적으로 각 화폭의 분위기와 맥락을 읽어낼 수 있긴 하지만, 즉시 어떤 명확한 주제 의식을 전달받기는 어려운 것이 사실이다. 그러나 자세히 살펴보면 손온의 화책에서는 한 폭의 그림이 아닌 전체 그림 서사를 통해 앞뒤로 배치된 화폭들을 서로 호응시켜 주제의식을 드러내고 있는 것을 알 수 있다. 즉, 짧은 한 문장만으로도 주제의식이 표현 가능한 소설 텍스트와는 달리, 이미지 텍스트인 화책에서는 화책 전체를 모두 감상한 뒤에야 독자는 비로소 작품을 관통하는 주제 의식을 깨달을 수 있게 되는 것이다.

『홍루몽』의 여러 가지 주제 의식 중 가장 대표적인 주제 중 하나는 '흥망성쇠(興亡盛衰)'와 '인생무상(人生無常)'으로, 원작에서 속담이나 성어의 형식을 빌려 반복적으로 표현된 것이 특징이다. 예를 들어 원작에서 언급되는 '악극비생(樂極悲生: 즐거움이 극에 달하면 슬픔이 생기는 법)', '월만즉휴, 수만즉일(月滿則虧, 水滿則溢: 달도 차면 기울고 물도 차면 넘친다)', '성연필산(盛筵必散: 성대한 잔칫상도 끝날 날이 있다)' 등의 문장은 모두 인생의 허망함을 강조하는 의미를 갖고 있다. 한편, 손온의 화책에서는 여러 가지 대비되는 화폭들을 통해 해당 주제 의식을 시각화하여 묘사하고자 했음을 알 수 있다.

〈孫溫 제62화〉

〈孫溫 제192화〉

위의 〈孫溫 제62화〉와 〈孫溫 제192화〉는 가원춘을 서사 주체로 하여 두 화폭의 대비를 통해 흥망성쇠의 주제 의식을 전달하고 있다. 가정의 딸인 원춘이 황궁으로 시집을 가게 되면서 가부는 황제와 친인척을 맺게 되고, 귀족 가문으로서 오를 수 있는 가장 높은 입지에 이르렀다고 할 수 있다. 그렇게 가부의 극적인 흥성을 이끈 핵심 인물인 원춘이 작품 후반부에 이르러 병으로 사망하게 되고, 이와 동시에 가부 역시 몰락의 길을 걷게 된다. 즉, 위의 두 화폭은 화려한 배경 속에서 각각 원춘의 결혼 생활의 시작과 끝을 직접적으로 보여주는 화폭이라고 할 수 있으며, 동시에 그 이면에는 가부의 흥성과 몰락을 암시하는 역할을 하고 있는 것이다. 즉, 가원춘은 소설에서 여러 사건들에 직접적으로 연루되는 인물은 아니나, 서사의 시작과 마지막을 열고 닫는, 즉 가부의 운명을 간접적으로 결정짓고 있는 매우 핵심적이고 상징성이 강한 인물이라고 할 수 있겠다. 때문에 손온 역시 가원춘이 등장하는 화폭은 대부분 전체 화폭을 사용하고 있는 것을 알 수 있으며, 여타 장면과는 다르게 황실의 분위기가 물씬 풍기는 색채를 사용하였으며, 사물 묘사와 인물 묘사에 있어 더욱 정교하고 세심한 필치를 보여주기도 하였다.

한편, 다음의 〈孫溫 제118화〉와 〈孫溫 제148화〉에서는 가보옥의 어린 시녀들을 서사 주체로 삼고 있는데, 두 장의 화폭은 각각 유독 시녀들

〈孫溫 제118화〉

〈孫溫 제148화〉

을 벗처럼 아끼고 다정하게 대했던 가보옥의 모습과, 이를 비웃기라도 하듯 왕부인의 지시 하에 추풍낙엽처럼 가부에서 쫓겨나게 되는 시녀들의 모습을 묘사하여 서로 강렬한 대비를 이루면서 '모든 만남에는 반드시 헤어짐이 있다'는 주제 의식을 상기시켜 주고 있다. 화책 초반에서 중반까지 대관원 공간의 낙성과 동시에 그 안에서 강한 유대감과 공동체 의식을 형성했던 가보옥과 자매들, 시녀들의 모습은, 화책의 중후반 이후에 이르러 대관원의 인물들이 뿔뿔이 흩어지게 되면서, 마침내 공간의 해체에 이르게 되는 장면들과 선명하게 대비되며 원작의 주제 의식을 적나라하게 보여주고 있는 것이다. 가부의 자매들만큼이나 아름답고 고운 외모로 묘사되며 보옥의 애정을 듬뿍 받았던 대관원의 시녀들은, 〈孫溫 제148화〉에서 보이는 것처럼 머리를 풀어헤친 채 제대로 걷지도 못하는 등 비참한 모습으로 보옥의 힘이 미칠 수 없는 현실의 실질적 권력 앞에 무릎 꿇게 되고 만다. 또한 화폭에서 보옥은 왕부인에게 혼나고 있는 자신의 시녀들의 모습을 한발 뒤에서 바라보는 모습으로 묘사되고 있는데, 자신의 시녀들에게 그토록 다정했던 보옥이지만, 자신의 어머니 앞에서는 그저 순종적인 어린 아들에 불과함을 보여주고 있다. 다시 말해, 사기(司棋)와 청문이 억울하게 쫓겨나고, 사아(四兒), 방관(芳官) 등이 모두 대관원을 떠나게 되는 과정에서, 자신의 시녀들이 이토록 속수

〈孫溫 제98화〉

〈孫溫 제204화〉

무책으로 추방을 당하는 동안 보옥은 그저 뒤에서 무력하게 이를 지켜볼 수밖에 없었던 것이다. 때문에 이 장면은 냉혹한 대관원 밖의 세계를 보여주는 동시에, 보옥의 유약하고 수동적인 내면세계를 간접적으로 드러내고 있다.

손온의 화책에는 대관원에서 열리는 성대하고 호화로운 잔치들이 반복해서 묘사되는 것이 특징인데, 연회와 잔치를 묘사한 수많은 화폭들이 있지만 이들은 결국 후반부에 등장하는 폐허된 대관원의 스산한 모습으로 귀결되고 만다. 예를 들어 화책 중반에 대관원에서 벌이는 연회 장면 중 하나인 〈孫溫 제98화〉와, 화책 후반부에 이르러 폐허처럼 변한 귀신 나오는 대관원을 묘사한 〈孫溫 제204화〉는 서로 극명하게 상반된 분위기를 보여주며, 작품의 주제 의식과 직결되는 '성연필산(盛筵必散: 성대한 잔칫상도 끝날 날이 있다)', '악극비생(樂極悲生: 즐거움이 극에 달하면 슬픔이 생기는 법)이라는 말을 시각화하여 독자에게 전달하고 있는 것이다. 이러한 주제들은 손온의 화책을 연속적으로 읽는 과정에선 쉽게 알아차릴 수 없으나, 해당 화폭을 따로 발췌하여 나란히 두고 비교해 보면 화폭 간에 선명한 대비를 이루므로 매우 명확하게 주제의식을 전달하고 있는 것을 알 수 있었다.

소설 『홍루몽』을 읽은 대부분의 독자들에게 가장 강력한 인상을 남긴

〈孫溫 제27화〉

〈孫溫 제59화〉

주제는 단연 가보옥과 임대옥의 비극적 사랑이라고 할 수 있을 것이다. 『홍루몽』에서 다루었던 수많은 '정(情)' 중, 임대옥과 가보옥의 애정 서사는 기존의 재자가인 소설과는 전혀 다른, 섬세하고 복잡하며 미묘하고 진솔한 인간의 감정을 생생하게 묘사하며 독자의 심금을 울리고 공감을 이끌어내는데 성공하였다. 다만 손온의 화책에서는 원작에서 표현된 절절한 사랑의 언어를 시각적으로 표현하기란 쉽지 않았으므로, 두 사람이 함께 등장하는 화폭에 원작에서의 감수성이 상당 결여되어 있는 것은 매우 아쉬운 부분이라고 할 수 있다. 예를 들어 위의 〈孫溫 제27화〉나 〈孫溫 제59화〉 모두 화폭을 통해 임대옥과 가보옥의 다정한 분위기를 시각적으로 보여주면서 두 사람과 관련된 에피소드를 표현할 수는 있으나, 두 사람의 세세한 감정의 변화와 섬세한 교감을 일일이 전달하기는 어렵다고 할 수 있다.

한편, 화책의 후반부에는 비극적인 분위기가 완연한 화폭들이 연속적으로 등장하는 것을 볼 수 있는데, 가보옥과 임대옥의 애정 서사 역시 다음에 보이는 〈孫溫 제196화〉나 〈孫溫 제199화〉처럼 비극적인 이미지가 주를 이루게 되며, 앞의 화폭들과 극명한 대비되면서 목석의 인연은

〈孫溫 제196화〉

〈孫溫 제199화〉

안타깝게 막을 내린다. 다만 화책에서 가보옥은 임대옥 외에도 여러 인물들과 정을 나누는 모습이 묘사되고 있으므로, 소설 원작에서 매우 노골적으로 묘사되었던 두 사람의 애정도는 이미지 텍스트로 옮겨지면서 다소 희석되는 경향을 보이고 있다고 할 수 있다.

이처럼 감상자는 손온의 화책에서 화폭 간의 대비를 통해 『홍루몽』의 주제 사상을 발견할 수 있으며, 비록 이것이 문자 텍스트가 갖는 전달력에 크게 미치지는 못하지만, 이미지 텍스트가 주는 시각적 효과 또한 독자에게 깊은 인상을 남기므로, 때로는 여러 마디의 말보다 한 두 장의 화폭이 갖는 호소력이 더욱 강할 수 있다. 물론 손온이 과연 이런 효과를 의도하여 화폭을 창작한 것인지는 장담할 수 없으나, 그림을 해독하는 것은 그림과 독자의 대화이며, 화가는 더 이상 독자가 그림을 읽는 데 직접적인 영향을 미치지 못하므로, 주제 의식을 읽어 내는 일 역시 화가가 남긴 그림을 대하는 수용자의 시각과 선택에 따른다고 할 수 있겠다.

위에서 분석하였듯, 손온의 화폭에서 드러나는 모호한 인물 묘사와 애매한 그림 서사, 그리고 시각화된 주제 의식 등의 문제는 화책과 독자와의 비문자적 커뮤니케이션에 있어 여러 가지 문제점이 존재함을 시사하고 있다. 이것이 화책을 감상하기 전에 원작의 독해가 선행되어야 하는 가장 큰 이유라고 할 수 있으나, 화책은 이미지 텍스트로서 독자와의 새로운 커뮤니케이션 관계를 구축하면서, 문자 텍스트로부터 벗어나면서 발생하는 여러 가지 한계를 극복하고자 시도하였으며, 나름대로 자체적인 서사 예술을 구축하기 위한 해결방법을 찾아내기도 했음을 알 수 있었다.

야우스(Hans Robert Jauß)가 독자의 역할을 강조하며 수용 미학이라는 이론을 내세우면서, 문학 작품의 역사적 생명은 수용자, 즉 독자의 참여 없이는 있을 수 없다고 말했으며,[34] 이저(Wolfgang Iser)는 작품에는 빈곳이 있고, 빈곳은 독자에 의하여 계속 채워진다고 주장하였듯, 문학 작품이 확정성을 많이 잃으면 잃을수록 작품 의도를 공동으로 구현하는 데 독자의 역할은 강화된다.[35] 이처럼 수용 미학에서 중요하게 평가되는 독자의 역할은, 이미지 텍스트에도 동일하게 적용되며, 즉, 소설 문학에 비해 필연적으로 빈곳이 많을 수밖에 없는 화책의 그림 서사는, 수용자인 독자의 역할이 더욱더 중요해지며 독자에게 무한한 해석의 가능성을 열어주었고, 문자 텍스트의 부재는 오히려 이미지 텍스트의 특징과 장점을 부각시켜주는 기회를 제공하였으며, 화책은 어느덧 원작의 그늘에서 벗어나 자체적인 서사 텍스트로서의 자격을 충분히 갖추게 되었다.

3. 이미지 텍스트로서의 예술성과 문화성

『홍루몽』의 메타텍스트에는 조설근의 『홍루몽』을 중심으로 하나의 공동체를 형성할 수 있는 모든 글 텍스트와 그림 텍스트를 포괄하게 된

34) H. R. 야우스 저, 『도전으로서의 문학사』, 장영태 역, 문학과 지성사, 1983, p.177.
35) 볼프강 이저 저, 『독서행위』, 이유선 역, 신원문화사, 1993, pp.272-273.

다. 청대(清代)부터 현재까지 창작되어온 수많은 삽화와 화책 등의 회화 예술은 홍루 문화의 값진 유산이라고 할 수 있으며, 홍학 연구에서도 중요한 위치를 차지하고 있음은 물론이다. 때문에 현존하는 다양한『홍루몽』의 회화 작품들에 대해, 그 예술성과 문화성을 확인하고 증명하는 것은 일종의 연구 자료로서 화책의 가치를 평가하는 중요한 근거가 되기도 한다.

소설은 서술화하는 회화이고, 그림은 해석을 요하는 알레고리이다. 동시적 형상으로 현존하는 회화, 조각, 건축은 공간 예술이고, 문학, 음악, 무용은 시간 예술에 속한다고 분류되어 왔다. 이와 같이, 문학과 미술은 외형상의 현상 형식은 다를지라도, 심미적 목표와 사회에 대한 영향 및 기능은 본질적으로 크게 다르지 않다.[36] 그러나 소설을 비롯한 모든 문학 작품이 내용과 형식에서 모두 뛰어나야만 그 가치를 인정받을 수 있듯, 삽화나 화책 등의 모든 회화 예술 역시 내용과 형식 중 어느 하나라도 부족하다면 수작(秀作)으로 평가받을 수 없다. 손온의 화책은 메타텍스트로서 원작의 문자 텍스트의 영향을 받아 재창작 되었으며, 문자 텍스트로부터 탈피하면서 원작으로부터 한걸음 더 멀어지긴 하였으나, 최종적으로 이미지 텍스트로서 자체적인 서사성을 평가받을 수 있었던 것은 기본적으로 그 미학적 가치와 문화적 가치를 인정받았기 때문이라고 할 수 있다. 즉, 손온의 미술적 능력은 화책의 그림 서사의 근간이며, 화책의 문화적 영향력은 창작의 궁극적인 목표이자 가치라고 할 수 있는 것이다. 그러므로 이 글의 목적이 물론 손온 화책의 서사성을 밝히는 것이지만, 그에 앞서 본장에서는 손온의 화책이 이미지 텍스트로서 정체성을 확립하는 과정을 단계적으로 보여주고자 하였으므로, 화책의 예술적 성취와

36) 고위공,『문학과 미술의 만남』, 미술문화, 2004, pp.286-287.

문화적 가치를 밝히는 것을 그 마지막 단계로 삼고자 한다.

1) 미학적 평가

스테위그(Stewig)는 그림의 기본 요소들을 그림 작가들이 선택하는 그림의 어휘라고 하며, 글 작가들이 사용하는 개별 단어에 비유하였다.[37] 그림의 기본 요소 중 그림의 미적 수준을 결정하는 것은 선, 색, 형태, 재질, 공간 등이 있는데, 이 요소들을 조합하는 화가의 능력이 곧 결과물의 수준을 좌우하게 된다.

다만 손온 화책의 회화 예술을 평가하는 데 있어 걸림돌로 작용하는 부분은, 한 화책이 두 개의 화풍을 갖고 있다는 점이다. 이 문제는 손온과 손윤모 두 사람이 함께 작업을 진행한데서 비롯된 것인데, 엄밀히 말하자면 두 사람의 화풍은 전혀 다른 특색을 갖고 있기 때문에 더욱 문제가 된다. 화책 전체에서 손온이 그린 화폭의 비율이 훨씬 높기 때문에 공식적으로 화책의 주 화가는 손온으로 알려져 있으나, 손윤모가 그린 부분의 화폭은 육안으로 확연히 구분이 가능하며, 예술적인 면에서도 상당한 차이를 보인다. 화책 전체 230폭 중 손온이 그린 화폭은 총 162폭이며, 손윤모가 그린 화폭은 총 68폭이다. 화책의 순서에 따라 설명하자면, 제1화부터 제155화까지를 손온이, 제156화부터 제205화까지 손윤모가 그렸으며, 다시 제206화부터 제212화까지를 손온이 그리고, 제213화부터 마지막 제230화까지 손윤모가 그렸다. 화책의 서사성을 논하기 위해서는 반드시 손윤모가 그린 부분까지 함께 언급해야 하나, 화책의 예술성을 다루는 것은 그와 다른 문제라고 할 수 있다. 때문에 본 절에서는 미학적 평가에 대해 손온과 다른 풍격을 띠는 손윤모의 화폭은 제외하고,

---

37) Stewig. J.W., *Looking at Picture Books*, Highsmith Press, 1995, p.59.

손온이 그린 화폭을 중심으로 분석 범위를 제한하고자 한다.

먼저 손온 화폭의 형식적인 특징부터 살펴보도록 하겠다. 손온의 화책은 지면에 오직 그림 언어만을 사용하였으며, 문자로부터 완전히 벗어난 독립된 그림 서사를 창작하고자 하였다. 때문에 화폭 위에는 직접 찍은 도장과, 배경 묘사에 사용한 자잘한 서예 장식을 제외한 문자는 일절 사용하지 않았으며, 화책에는 제첨과 발문조차 달지 않았다. 이로써 손온 화책의 형식은 지극히 간결하고 깔끔하며, 그림 서사로서의 독립성이 강한 것이 큰 특징이라고 할 수 있다. 그러므로 독자는 온전히 그림에 집중할 수 있으며, 독자의 해석은 그림을 이루는 선과 색 등의 시각적 요소에 더욱 의존할 수밖에 없게 된다.

손온의 『홍루몽』 화책에 대한 미학적 평가에 대해, 여순박물관 원장 유광당(劉廣堂)은 "다양한 인물, 웅장한 장면, 정교한 필법, 이 모든 것이 『홍루몽』을 주제로 한 회화사에 전무한 작품이다"[38]라고 말하였으며, 장홍생(張鴻生)은 "매우 높은 예술적 가치를 지니고 있으며, 『홍루몽』 화책의 최고봉이다"[39]라고 표현하기도 했다. 학계에선 손온 화책의 회화 기법에 대해 여러 가지 연구된 바 있는데, 예를 들어 방학혜(房學惠)는 손온의 화책에 대해 "회화 기법에 있어 전통적인 중국의 청산녹수(青山綠樹)와 계화(界畫)[40] 기법을 사용하였으며, 또 서양에서 유입된 초점 투시법

---

38) 旅順博物館, 『夢影紅樓: 旅順博物館藏孫溫繪全本紅樓夢』, 上海古籍出版社, 2017, p.2. 人物之眾多, 場面之宏偉, 筆法之精細, 都是《紅樓夢》題材繪畫史上所沒有的.

39) 張鴻生, 『《紅樓夢》的連環圖畫作品』, 紅樓夢學刊, 2008, p.274. 其繪畫的篇幅, 工細程度和藝術價值來說, 可算作《紅樓夢》畫册之冠.

40) LUO JING, 「송대 계화와 기법 연구」, 고려대학교 석사학위논문, 2016, pp.10-11. 계화는 직선과 원호를 사용하여 건축, 마차, 선박을 그리는 화법이다. 계화는 일종의 전문적인 화과로서 건축물, 마차, 선박을 소재로 삼고 그려야 하니 비례가 정확하고 필법이 균일하며, 투시 원리도 있어야 한다. 하지만 일반 건축 설계도면과 달리 실용성보다 예술성이 더 강하고 감상 목적으로 그린다.

(焦點透視法)을 참조하여 사용하였다. 청대 궁정 신체화(新體畫)의 풍격적 특징을 갖고 있으며, … 화책은 구도적인 면에서 심원(深遠)과 평원(平遠)을 겸한 표현 기법을 주로 사용하였다."[41]고 언급하였다. 한편, 최인원(崔人元)은 "중국의 우수한 회화 기법 위에 서양의 화법을 흡수하여, 궁정 풍격과 화려한 귀족적인 분위기, 그리고 문인화의 함축적 분위기와 민간 회화의 선명하고 생동적인 색채를 동시에 지니고 있다. 우아하면서도 속된 것을 배제하지 않았으며, 아(雅)와 속(俗)을 모두 아우르고 있다고 할 수 있다."고 평가했다.[42]

그렇다면 손온 화책의 어떤 점이 회화 예술에서 이토록 높은 평가를 이끌어낸 것인지 밝히기 위해, 이 글에서는 그림 요소 중 색채, 선, 공간으로 분류하여 미술적 분석을 시도해 보고자 한다.

(1) 색채: 동양과 서양의 만남

색은 그림의 가장 기본적인 특성 중 하나로, 그림의 분위기를 만들어 준다. 통상적으로 밝고 따뜻한 색은 따뜻한 느낌, 애정, 혹은 열정을 전해 주는 반면, 차가운 색은 평온한 느낌을, 아주 어두운 색이나 담갈색은 슬픔과 상실감을 전해 준다고 알려져 있다.[43] 색의 분위기는 크게 명도(明度)와 채도(彩度)에 따라 다르게 묘사될 수 있는데, 먼저 명도란 색이 밝거나 어두운 정도를 말한다. 미술 작품에서는 대개 우울한 소재에 낮은 명도의 색을, 행복한 소재에는 높은 명도의 색을 사용하는 경향이 있다.[44]

---

41) 房學蕙, 「卷帙浩繁, 富麗精雅——旅順博物館藏《紅樓夢》圖册探析」, 『榮寶齋』, 2007, p.8. 在繪畫技法上, 采用中國傳統的青山綠水和界面技法, 又參用西方傳入的焦點透視法, 具有淸代宮廷新體畫的風格特征 … 圖册在構圖上主要采用深遠兼平遠的表現技法.

42) 崔人元, 「淸代孫溫繪《紅樓夢》的價值分析」, 『中國書畫』, 2015, pp.120-122.

43) 현은자, 앞의 책, p.100.

44) 현은자, 위의 책, p.102.

명도는 그림에서 대비와 균형을 가져올 뿐만 아니라 그림의 특정 부분을 더욱 강조하여 보여주며 평면에 삼차원 형태를 만들어 주기도 한다.[45] 한편 채도는 색의 맑은 정도, 즉 얼마나 맑고 투명한지를 가리키는 강도(強度)와 순도(純度)를 말하는데, 채도가 높은 그림은 더 활달해 보이고, 채도가 낮은 그림은 더 부드러워 보이는 특징을 갖는다.[46] 한편, 어떤 색은 독자에게 특정한 감정이나 분위기를 자아내게 하기도 한다. 예를 들어 파란색은 슬프거나 괴기스러운 분위기를 표현하는 데 사용되기도 하고, 파란 하늘과 바다와 같이 이국적인 정취를 표현하는 데도 쓰인다. 빨간색은 열정과 활력을 표현하는 데 사용되거나, 위험스러운 상황을 표현하는 데 이용되는 것을 알 수 있다.[47] 이처럼 그림에서 색의 사용은 매우 중요하며, 전체 이미지에 결정적인 작용을 한다.

아마 손온의 화책에 가장 많이 사용된 색이 녹색이라는 것에는 누구도 이견이 없을 것이다. 주 공간을 정원을 배경으로 한 소설답게, 손온의 화책 곳곳에는 청록색의 푸른 산과 나무, 풀과 바위가 반복적으로 등장한다. 통상 녹색은 자연의 색을 상징하며, 차분하고 평온한 느낌을 준다. 또 녹색은 생명의 색이며, 동시에 낙원의 색이기도 하다. 다시 말해, 손온은 자신의 화책 전체를 관통하는 이미지를 수립함에 있어, 녹색의 이미지를 빌려 생명력이 넘치며 평화로운 『홍루몽』 세계를 구현하고자 했을 가능성이 높다.

한편, 손온은 간혹 녹색과 가장 대비 되는 색인 홍색을 사용하기도 했다. 특히 행사나 연회, 행렬 등의 에피소드나, 황궁 등의 장소를 묘사할 때 붉은 색을 많이 사용한 것으로 보인다. 일반적으로 홍색은 시각을

45) 현은자, 앞의 책, p.105.
46) 현은자, 위의 책, p.106.
47) 현은자, 위의 책, p.111.

자극하는 색으로 알려져 있으며, 태양, 불, 피 등을 상징하기도 한다. 중국인들은 특히 예로부터 붉은색을 길한 색으로 여겨 부귀와 행운을 가져온다고 믿었으며, 그로 인해 혼례를 올릴 때나 새해를 맞이할 때, 축원의 뜻으로 애용되었다. 손온의 화책에서도 마찬가지로 화폭 위에 칠해진 붉은색은 강렬하게 독자의 시선을 사로잡기도 하는데, 연회나 잔치 등의 사건 묘사에서 배경 위에 전체적으로 사용되는 경우도 있지만, 때때로 청색 위주의 화폭에서 국소적으로 인물의 의상이나 사물 등에 붉은 색으로 포인트를 주며 그림에 생기를 불어 넣기도 하였다.

회화 기법에 있어 손온의 화책과 중국 전통 회화본과의 가장 큰 차이점은 바로 전통 선묘(線描) 화법에서 벗어났다는 것이다. 선묘는 오직 선으로만 형태를 만들어내는 회화 기법으로, 흑백의 대조가 두드러지며, 가늘고 선명한 선을 사용하는 것이 특징이다. 선묘 기법에서 선은 인물의 외형적 특징을 구현하는 동시에, 선 자체의 예술적 변화를 통해 물체의 형태와 강도를 표현하며, 다양한 선을 이용해 사물의 질감, 인물의 기개나 표정 등을 구현하고, 회화 대상에 대한 화가의 감정을 그림 속에 유기적으로 융합시킨다.[48] 한편, 손온은 오랜 기간 동안 이어져오던 『홍루몽』 회화의 선묘 화법에서 탈피하여, 일종의 산수, 인물, 화조, 계화 등을 종합한 '공필중채(工筆重彩)'의 화책을 탄생시켰다. 공필중채란 색채와 선의 아름다움을 추구하는 구도 미학의 결정체로, 섬세하고 치밀한 표현법은 중국 궁정 원화(院畵)[49]의 미학 기준을 따르고 있다. 공필중채화는 보통 선으로 형체의 윤곽을 그리고 그 뒤에 안에 색을 덧칠

48) 노인정, 「중국 연환화(連環畵)의 예술형식에 관한 연구: 중국학파 애니메이션과의 미학적 연관을 중심으로」, 한서대학교 박사학위논문, 2018, pp.48-49.

49) 일반적으로 중국 봉건시대 궁정 서화가의 작품을 의미한다. 孫怡姝, 「清代的宮廷藝術——院畵」, 『滿族研究』, 1994, p.87.

〈孫溫 제57화〉

〈孫溫 제76화〉

〈孫溫 제4화〉

하는 방식으로 진행되기 때문에, 필선과 필법을 매우 중시하며, 부단히 화가의 감정과 내면세계를 반영하기 위해 애쓴다. 또한 공필중채의 화법은 리얼리티를 추구하며, 이 역시 중국 궁정 회화의 주요 심미 가치로부터 직접 영향을 받은 것이다.[50]

위의 세 화폭을 보면 모두 공필중채의 기법이 사용된 것을 확인 할 수 있다. 건물이나 자연물, 인물 등은 모두 섬세한 선으로 형체를 갖춘 뒤, 선을 따라 다채로운 색상으로 정갈하게 도색되었다. 손온의 화풍은 세밀한 선을 기반으로 매우 사실적으로 인물과 사물을 묘사한 것이 특징인데, 촘촘한 지붕의 기왓장, 인물 의복의 주름, 바위의 굴곡 등의 아주 미세한 부분까지 놓치지 않고 정밀하게 묘사하고 있다. 조밀한 선과 깔끔하게 마감된 채색을 통해, 감상자는 손온의 꼼꼼하고 차분한 완벽주의적 성향과 고도의 회화 수준을 발견할 수 있게 된다.

손온은 전통적인 공필중채의 기법과 더불어 서양화의 채색 기법을 함께 사용하였는데, 바로 이점이 손온 화책의 미감을 풍부하게 해주고 예술적 가치를 높여 주었다. 청대에는 서양의 문학와 미술 기법이 유입되면서

50) 노인정, 앞의 논문, pp.60-61.

〈孫溫 제13화〉

〈孫溫 제7화〉

〈孫溫 제57화〉

전통적 틀에 안주하던 중국의 예술적 성향에 큰 변화를 가져다주었는데, 손온의 화책 역시 곳곳에서 서양 회화의 영향이 미쳤음을 확인할 수 있는 작품 중 하나라고 할 수 있다. 색채 표현에 있어서, 고전적인 중국화는 색채 사용의 소박함과 우아함을 추구하였으며, 서양화는 화려하고 선명한 색채를 중시하며 여러 겹으로 풍부한 색감을 만들어내곤 한다. 위에서 설명한대로 전통적인 공필화는 모두 선으로 윤곽을 그린 뒤 색을 채워 넣는 방식을 사용했다면, 서양의 수채화는 직접 색으로 화면을 그려내는 특징을 보인다.[51] 손온은 기본적으로 동양의 전통적 회화 방식 아래 서양화의 화법을 응용하였는데, 위의 세 개의 화폭은 손온의 화책에서 서양의 수채화 기법을 사용한 부분을 예로 들은 것이다. 손온은 특히 멀리 보이는 산이나, 꽃과 나뭇잎, 불이나 물 등 자연물을 묘사할 때, 주로 선 없이 수채화 기법을 사용하는 경향을 보였다. 손온은 수채화를 통해 색채의 조화를 돋보이게 하였으며, 화폭에 자연스럽고 은은한 분위기를 자아내고자 하였다.

손온은 색채를 사용함에 있어 특히 자유자재로 명암을 표현할 만큼

51) 노인정, 앞의 논문, 2018, p.66.

〈孫溫 제9화〉

〈孫溫 제17화〉

〈孫溫 제101화〉

능숙한 면모를 보여주고 있는데, 이 역시 서양의 화법으로부터 영향을 받은 것이다. 손온의 화폭에서 산이나 바위, 기둥, 나무줄기 등의 채색 묘사를 살펴보면 하나하나 명암을 표현하여 사물의 부피감과 입체감을 살려 매우 핍진하고 세련되게 묘사해낸 것을 알 수 있다. 예를 들어 연꽃잎을 묘사 할 때 중앙은 진하게 바깥쪽은 연하게 칠하는 선염법(渲染法)[52]을 사용하였으며(〈孫溫 제9화〉), 인물의 의복에서도 주름진 부분은 어둡고 굴곡의 바깥부분은 밝게 칠하는 등 그림자를 통해 입체감을 표현하였고(〈孫溫 제101화〉), 아주 사소한 대상 하나하나까지 명암을 주며 리얼리티를 극대화하고자 하였다.

한편, 손온은 색을 선택함에 있어 다양한 채도의 색을 사용하였지만, 녹색과 홍색을 제외하면 평균적으로 낮은 채도의 색을 선호한 것을 확인할 수 있었다. 일반적으로 선명하고 짙게 보이면 채도가 높다고 하고, 색이 흐리게 보이면 채도가 낮다고 한다. 즉 흰색, 검정색, 회색 등 무채색에 가까울수록 낮은 채도 값을 갖는 것이다. 위에서 이미 언급한 바

52) 색칠을 할 때, 한쪽은 진하게 칠하고 다른 쪽으로 갈수록 점점 엷고 흐리게 칠하여 농담(濃淡)의 변화가 보이도록 칠하는 기법.

있듯 채도가 높은 그림은 더 활달하고 강렬해 보이며, 채도가 낮은 것은 더 온화하고 부드러워 보이는 경향을 갖는데, 위의 세 폭의 그림을 살펴보면, 손온은 주로 원색에 물의 비율을 높여 흐릿하게 만들어 사용했던 것을 알 수 있다. 낮은 채도의 색은 주로 위의 〈孫溫 제9화〉처럼 평화롭고 온화한 분위기를 표현하거나, 〈孫溫 제17화〉처럼 몽환적이고 포근한 이미지를 구현하고자 할 때, 또 〈孫溫 제101화〉에서 자매들이 입는 비단옷의 광택과 부드러운 질감을 나타내기에 적합하였다. 손온은 이처럼 낮은 채도의 색을 반복적으로 사용함으로써 화책 전체의 부드럽고 편안한 이미지를 형성하였으며, 독자의 시각적 자극을 최소화하여 230폭에 달하는 대량의 그림을 감상하는데 있어 눈의 부담을 덜어주는 효과까지 얻을 수 있었다.

(2) 선: 직선과 곡선의 조화

선 역시 회화의 가장 기본적인 요소로, 그림 전체의 분위기를 결정하는데 색채만큼 중요한 역할을 한다. 또, 선은 때때로 이야기의 분위기를 창조하기도 하는데, 오직 선으로만 이미지를 창작하던 전통 선묘 회화에서 이러한 특징이 더욱 두드러졌다고 할 수 있으며, 일반적으로 직선은 좀 더 분명하고 딱딱한 느낌을, 곡선은 좀 더 자유롭고 개방적이며 흐르는 듯한 느낌을 표현할 때 사용된다.[53]

앞에서 이미 언급한대로 손온은 대부분의 경우 먼저 선으로 형체를 그린 뒤 안에 색을 채우는 회화 기법을 사용하였다. 또한 선을 사용함에 있어 화폭에 직선과 곡선을 매우 적절하게 혼합하여 사용하였는데, 특히 직선의 사용은 건물이나 배경에 주로 사용되었으므로, 이는 중국의 전통

---

53) 현은자, 앞의 책, p.87.

〈孫溫 제94화〉

〈孫溫 제100화〉

〈孫溫 제150화〉

계화(界畵)의 영향을 받은 것이라고 할 수 있다. 계화란 동양화에서 건물이나 배 등 건조물을 그린 회화로, 특히 자(尺)와 같은 도구를 사용하여 그린 그림을 말한다. 계화는 본래 실용의 목적에서 기원하였으며, 직인적(職人的)인 기교가 요구되는 고난이도의 그림으로 알려져 있다.[54] 예를 들어 위의 〈孫溫 제94화〉처럼 정교하고 촘촘한 문살을 묘사한다거나, 〈孫溫 제100화〉에서처럼 지붕의 기왓장이나 난간을 가지런하게 수평을 맞춰 그리는 것, 〈孫溫 제150화〉에서 빼곡히 쌓인 책이나 균일하게 나뉜 벽면을 그리는 것 등 모두 계화로부터 영향을 받았다고 할 수 있다. 다시 말해, 손온은 배경이 되는 건축물이나 기물을 그릴 때, 자로 대고 그린 듯 흐트러짐 없는 선과, 정확한 간격으로 묘사하는 것을 매우 중요하게 생각한 것으로 보이며, 이 점은 손온 화책의 완성도를 높이는 데 작지 않은 기여를 하였다. 동시에 감상자로 하여금 화가의 섬세함과 끈기에 감탄을 자아내도록 하였음은 물론이다.

시각적으로 수평선은 우리의 시선이 조금 더 천천히 움직이도록 이끄

54) 한국사전연구사 편집부, 『미술사전: 용어편』, 한국사전연구사, 1998.

〈孫溫 第52화〉

〈孫溫 第64화〉

는 특징을 지니기 때문에 편안함, 균형, 고요함 등을 느끼게 해주며, 반면 수직선은 우리의 시선을 위로 향하게 하거나 아래로 내려오도록 하기 때문에 성장, 엄격함, 안정감, 감금 또는 강함을 느끼게 한다고 알려져 있다.[55] 손온의 화폭을 살펴보면 수평선과 수직선을 적재적소에 활용하여 풍부한 시각적 효과를 창출하였는데, 위의 화폭들을 예로 간략하게 살펴보도록 하겠다. 먼저 〈孫溫 第52화〉는 길게 뻗은 담장을 통해 수평선을 강조한 그림이라고 할 수 있다. 그로 인해 이 화폭은 편안하고 광활하며 정적인 느낌을 주는데, 다만 입구 부분에 수직선으로 그린 네 개의 기둥은 견고하게 닫힌 공간의 이미지를 강조하도록 사용되어 화폭 내에서 수평적 구조인 담장과 대비를 이루게 된다. 다음으로 〈孫溫 第64화〉는 반대로 수직선으로 이루어진 여러 개의 기둥을 화면 가득 배치하였으므로, 수직선이 강조된 화폭이라고 할 수 있다. 이 화폭은 원춘의 성친연회 장면을 묘사한 것으로, 수직선의 엄격함과 감금, 안정감 등의 성격이 그대로 드러난다고 할 수 있다. 특히 원작에서 해당 연회장에는 가보옥을 제외한 남성 인물은 입장할 수 없도록 통제된 공간으로 묘사되고 있으므로, 원작에서 구축한 공간성과도 그 의미가 상통한다. 손온은 특

55) 현은자, 앞의 책, p.87.

〈孫溫 제135화〉

〈孫溫 제3화〉

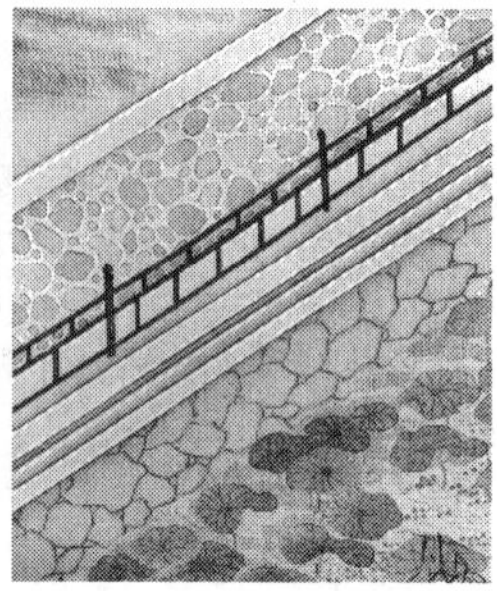
〈孫溫 제32화〉

히 자리배치에 있어서 원작을 충실히 따르고 있는 것을 볼 수 있는데, 가부의 모든 행사에서 늘 상석에 앉는 가모이지만, 귀비의 성친 연회에서만은 가장 상석에 원춘이, 그 옆에 가모와 왕부인이 순서대로 앉았으며, 보옥과 자매들은 그보다 낮고 먼 곳에 앉도록 배치하였다. 즉, 이 화폭에서 손온은 수직선을 이용한 시각적 효과와 더불어 자리와 공간의 배치를 통해 귀비의 지위와 존엄성을 한층 더 강조하고 있는 것이다.

한편, 손온의 화책에서 곡선은 직선과 더불어 다양한 형태와 미감을 구현하고 있다. 곡선은 직선에 비해 자유롭고, 부드러우며, 흐르는 듯한 느낌을 표현하기에 적합한데, 직선이 건축물처럼 딱딱하고 균형 잡힌 사물을 묘사하는데 유리하다면, 곡선은 식물이나 구름, 물 등의 자연물처럼 고정된 형태가 없거나, 규칙에 구애받지 않는 대상을 그릴 때 주로 사용된다. 예를 들어 위의 〈孫溫 제135화〉에서 물길이나 물거품을 그릴 때, 또는 〈孫溫 제3화〉에서 구름을 묘사할 때 모두 곡선을 사용해 자유롭게 흘러가는 느낌을 표현하고 있다. 건축물 중에서도 일부 곡선을 사용하여 그리는 경우가 있는데, 특히 〈孫溫 제135화〉와 〈孫溫 제3화〉에서 보이는 것처럼 다리나 지붕 등의 건축물은 전통적으로 아치형과 곡선의 형태로 만들어졌기 때문에, 손온의 화폭에서도 사실적 모사를 위해 곡선을 사용하였다. 다리나 지붕에 사용된 곡선은 건축물에 매끄럽고 우아한 느낌을 더해주었으며, 화가는 곡선과 낮은 채도의 색채를 함께 사용하여 시각적 시너지를 높여 화책의 미감을 배가시키고자 하였다. 또 〈孫溫 제32화〉에서 보이는 것처럼, 바닥의 돌길이나 담벼락의 무늬들을 그릴 때 곡선을 사용해 불규칙적으로 배열하여 자연스럽고 개성적인 느낌을 창출하기도 하는 등, 곡선과 직선의 적절한 조화는 화폭의 이미지를 결정짓는데 중요한 작용을 하였다.

손온의 화폭에서 부드러운 곡선의 이미지를 가장 잘 반영하고 있는 것은 인물 묘사라고 할 수 있다. 손온의 화폭에는 산수와 인물, 화훼와 나무, 누대와 정각, 새와 짐승, 배와 수레, 신선과 귀신 및 고기물(古器物)과 잡다한 것 등 거의 모든 것이 화폭 속에 포함되어 있다. 동시에 이들 대부분 전경(全景)식 화법을 써서 배경으로 묘사되었지만, 그중 인물 형상만이 화폭의 전경(前景)에 놓여 있다고 할 수 있겠다. 때문에 화책에서 인물 묘사는 매우 중요하게 평가되며, 감상자의 높은 심미적 기준을 충족시켜야 하고, 나아가 화책의 예술적 가치를 좌우한다고 해도 과언이 아니다. 한편, 청대에는 심미적으로 '음유섬약(陰柔纖弱)'한 것이 사녀도 형상과 창작의 기준이 되었으며, 『홍루몽』의 인물들은 사녀도의 제재로 유행하며 중국 미술사에 심원한 영향력을 미치기도 하였다. 손온 화책 속의 여인들의 형상 역시 매우 가냘프고 부드럽게 묘사된 것이 특징인데, 곡선의 아름다움을 강조한 청대 사녀도로부터 직접적인 영향을 받았다고 할 수 있다. 다만 다음의 〈孫溫 제91화〉와 〈孫溫 제155화〉 등에서 보이는 것처럼, 손온 화책의 인물 형상은 두상(頭相)이 유난히 작고 몸통의 가냘픔이 극대화된 얇고 길쭉한 체형으로, 다소 비현실적으로 보이는 것이 사실이다. 게다가 이러한 비율의 체형은 당시의 미적 기준에서 상당히 벗어나 있으며, 오히려 현대에서 추구하는 여성의 미적 기

〈孫溫 제91화〉

〈孫溫 제155화〉

준에 훨씬 근접한 것으로, 시대를 앞서간 손온의 개성적인 인물 묘사를 보여준다고 할 수 있겠다.

(3) 공간: 통일와 균형의 추구

손온 화폭의 그림 요소 중 미학적으로 높은 평가를 받는 부분은 여러 가지가 있지만, 공간의 통일감과 균형미를 빼놓을 수 없다. 미술 작품이란 그림 요소들의 조합으로, 그 요소들이 제대로 조직화되었을 때에는 각 부분의 합보다 더 큰 조화로움을 갖게 된다. 통상적으로 통일감에서 중요한 것은 전체가 부분보다 두드러져 보여야 하는 것이라고 말하는데, 즉, 각각의 요소를 분리시켜 보기 전에 전체적인 것이 먼저 눈에 들어와야 한다는 것이다.[56] 한편, 그림의 공간적 통일감은 한 장의 화폭 안에서 표현되기도 하고, 전체 화책 안에서 일관성 있게 드러나기도 한다.[57] 손온의 화책은 특히 가로 76센티 세로 43센티에 달하는 대형 화폭을 사용하고 있어, 화폭이 클수록 균형을 맞춰 조화롭게 그려내기는 더 어려우므로, 이는 손온의 우수한 회화적 성과라고 볼 수 있다.

56) 현은자, 앞의 책, p.120.

57) 현은자, 위의 책, p.122.

〈孫溫 제45화〉

〈孫溫 제135화〉

손온 회화의 공간적 통일감은 일차적으로 화책 전체를 통해 확인할 수 있는데, 예를 들어 유사한 색채 묘사를 통해 화책 전체의 공간적 통일감을 형성하는 경우이다. 앞서 말했듯 손온의 화책에서 가장 많이 사용된 색은 녹색이라고 할 수 있으며, 위의 〈孫溫 제45화〉와 〈孫溫 제135화〉에서 볼 수 있듯, 손온은 화폭에 반복적으로 다량의 녹색을 사용하면서, 싱그러운 이미지의 정원 공간을 묘사하였으며, 이로 인해 손온 화책 전체로부터의 공간적 통일감이 형성된다고 할 수 있으며, 그림 서사의 유기성을 높여주고 있음은 물론이다.

한편, 손온의 화책은 산이나 식물을 통한 색채적인 통일감 외에도, 건축적인 형상에서도 비교적 일관된 양식을 보여주며 화책 전체의 공간적 통일감을 조성하고 있다. 예를 들어 다음의 〈孫溫 제67화〉와 〈孫溫 제112화〉에서 배경 공간으로 사용된 집과 방의 건축 양식은 외형적으로 비교적 유사한 구조를 갖추고 있는데, 먼저 지붕의 모양과 기와의 배열, 그리고 문과 창문 등의 생김새, 그리고 건축물에 사용된 색채 등이 거의 흡사하며, 이는 손온 화책의 모든 화폭에서 거의 유사한 양상을 보인다. 그러므로 손온 화책 전체에 걸쳐 건축 양식이 통일되어 있다고 보아도 무방하며, 이는 자연스럽게 손온 화책의 공간적 통일감으로 이어지게 되는 것이다. 이처럼 색채나 건물 양식에서 비롯된 공간적인 통일감은

〈孫溫 제67화〉

〈孫溫 제112화〉

직접적으로 그리 서사의 전개에 영향을 미치는 요소는 아니지만, 감상자가 화책의 그림 서사를 읽어 나가는 과정에서 무의식중에 시각적 유기성을 한층 더 견고히 하는 중요한 요소 중 하나라고 할 수 있겠다.

한 화폭을 기준으로, 그림의 요소들이 잘 배열되고 그 결과 예술작품 자체가 안정감 있게 보일 때 균형감이 나타난다고 할 수 있다. 한편, 그림에 사용된 모든 그림의 요소나 대상은 중량감을 갖는데, 스테워그는 이를 '시각적 무게'라고 설명하였다. 사람에게는 보이지 않는 '느낌의 축'이 있기 때문에, 시각적으로 이 축에 일치하는지에 따라 균형을 측정하게 된다는 것이다. 그러므로 그림이 균형을 갖기 위해서 그림 작가는 한 요소나 대상이 얼마나 무거워 보이는지, 그리고 중앙으로부터 얼마나 가까이 있는지 등을 고려할 필요가 있게 된다. 다시 말해, 하나의 그림이 균형감 있게 보이기 위해서는 모든 시각적 요소들을 신중하게 배열하여야 한다는 것이다.[58] 손온의 화폭을 자세히 살펴보면 화가가 매우 고심하여 시각적 요소들을 배치한 것을 느낄 수 있다. 결과적으로 손온의 모든 화폭은 뛰어난 균형감각을 보여주고 있는데, 감상자의 보이지 않는 축에 비추어 보았을 때, 화폭 중 불균형적이거나 기괴한 느낌은 찾아볼

58) 현은자, 앞의 책, p.125.

〈孫溫 제35화〉

〈孫溫 제37화〉

수 없다. 이는 모든 화폭이 사실적이고 자연스러움을 추구하고 있기 때문이며, 동시에 화가가 이를 구현할 수 있는 회화적 능력을 갖췄기에 가능한 일이다.

그렇다면 보이지 않는 느낌의 축에 일치하는 균형 잡힌 시각적 무게란 어떤 방식으로 화폭 위에 드러나는 지 살펴보도록 하겠다. 그림의 균형은 일반적으로 대칭, 비대칭, 방사상(放射狀)으로 분류할 수 있는데,[59] 손온의 화폭은 대부분 이 세 가지 균형에 맞게 배치되어 있는 것을 확인할 수 있다. 예를 들어 위의 〈孫溫 제35화〉는 대칭적으로 균형을 이루고 있는 대표적인 화폭으로, 화폭 가운데에 놓인 담벼락을 중심으로 좌측과 우측이 마치 서로 거울에 비추듯 배치되어 감상자로 하여금 안정적인 균형미를 느낄 수 있도록 한다. 다음으로 〈孫溫 제37화〉 역시 일종의 대칭된 공간이라고 볼 수 있는데, 물론 좌우의 대칭으로 볼 수도 있으나, 이 화폭에서는 상하의 대칭으로 분류하는 것이 더 합당해 보인다. 이유인 즉, 화폭은 가운데 큰 길을 대칭축으로 하여 상방과 하방의 공간이 대칭으로 배치되어 감상자로 하여금 웅장하고 안정적인 느낌을 주고 있기 때문이다.

59) 현은자, 위의 책, p.125.

〈孫溫 제30화〉

〈孫溫 제76화〉

위의 〈孫溫 제30화〉는 비대칭 균형에 속하는 경우라고 할 수 있는데, 화폭의 양쪽 장면의 시각적 무게는 확연히 차이가 나지만, 전체적으로 균형감을 느끼게 해주기 때문이다. 이 화폭에서는 인물묘사로 인해 시각적 무게가 좌측으로 크게 쏠려 있으며, 화폭에서 차지하는 공간도 훨씬 넓다. 반면 우측 공간은 좁고 인물은 적어 시각적 무게가 가볍게 묘사되어, 결과적으로 양쪽 공간이 비대칭적 균형을 형성하게 된다. 때문에 손온 화책의 화폭들은 이처럼 비대칭 균형에 속하는 경우가 가장 많다고 볼 수 있다.

마지막으로, 방사상 균형이란 중심에 있는 한 대상의 주변을 에워싸고 있는 모양의 디자인, 형태나 선이 중심점으로부터 퍼져 나가도록 되어 있는 모양을 가리킨다.[60] 손온의 화책에서 완벽한 방사상 균형을 갖춘 화폭을 찾기는 어렵지만, 화폭을 분할하여 서사를 묘사하는 경우에, 장면이 세 개 이상일 때 지면의 공간이 중앙을 기준으로 비교적 균등하게 배분되어 있는 것을 발견 할 수 있다. 위의 〈孫溫 제76화〉가 그러한 예인데, 화폭의 정 중앙에서부터 담장이 세 방향으로 뻗어 나가 전체 공간을 삼등분하여, 화폭의 중앙을 중심으로 세 개의 작은 공간이 균형

60) 현은자, 앞의 책, p.126.

적으로 분산되어 있음을 확인할 수 있다. 때문에 이렇게 분할된 화폭의 경우 방사상 균형에 속한다고 볼 수 있겠다.

이처럼 손온의 화책은 동서양을 넘나드는 색채의 사용, 직선과 곡선의 세밀하고 조화로운 표현, 그리고 통일감과 균형미를 강조한 공간 감각까지, 화폭을 구성하는 기본적인 회화 요소에서 비롯된 고도의 예술 수준을 갖추고 있다고 할 수 있다. 이로써 손온의 화책은 감상자에게 그림을 읽어가는 문학적 즐거움을 제공하는 동시에, 회화 작품에 대한 본질적인 심미적 요구를 충족시켜 주며, 이미지 텍스트로서 탄탄한 기반을 마련하였다.

2) 문화적 역할

손온의『홍루몽』화책의 연구자라면 누구나 부딪히게 되는 난관이 있는데, 화책이 지나치게 오랜 기간 세상에 공개되지 않아 창작자를 고증할 자료가 턱없이 부족하다는 것이 첫 번째이고, 다른 삽화본이나 화책이 그 역할과 가치를 역사적으로 인정받고 평가받아온 것과 달리 손온의 화책이 창작 당시 해당 사회에 어떤 영향을 미쳤는지, 독자들의 반응은 어떠하였는지 전혀 알 수 없다는 것이 두 번째이다. 실제로 이 화책이 상업적으로 출판되었거나 당시 사람들의 손을 통해 은밀하게 전파되었을 가능성은 매우 희박하므로, 손온 화책의 문화적 역할은 창작 당시의 시대적 분위기를 통해 미루어 가정 할 수밖에 없는 것이 사실이다. 극단적으로 말하자면, 이 화책은 창작 시기가 청대일 뿐, 21세기에 비로소 공개되어 사람들에게 알려지게 되었으므로, 현대에 창작된『홍루몽』화책과 동일한 독자들에게 그 문화적 가치를 평가 받을 수밖에 없다는 것이다.

하지만 이 글에서는 손온『홍루몽』화책의 창작 당시의 사회적, 시대적 분위기를 고려하여, 화가의 창작 의도와 당시 독자들의 가상의 수용

태도를 추측해보고자 한다. 더불어 당시 이미 다양한 형태로 유행하며 민간과 궁중에까지 깊은 영향을 미친 『홍루몽』의 여러 회화 형태의 메타텍스트들을 살펴보고, 이를 통해 『홍루몽』과 그의 이미지 텍스트의 상호 관계와 문화적 의미를 조명해보고자 한다.

『홍루몽』이 세상에 나오고 그 파급력은 심히 대단했으며, 『홍루몽』의 독자층은 초기의 문인들의 수용에 이어, 상류 독자층과 중하층 문인, 그리고 규방여성과 민간계층의 대중적 수용까지 광범위하게 확대되었다. 원작의 계층을 가리지 않는 폭넓은 수용은 다양한 메타텍스트를 재생산하는 원동력이 되었는데, 『홍루몽』의 대표적인 메타텍스트 양식은 삽화본, 화책, 평점본, 속서, 공연 양식, 그리고 연화 등으로 분류할 수 있다. 『홍루몽』의 유행은 비단 작품의 우수성만으로 이루어낸 것은 아니며, 명말(明末)에 이르러 사대기서(四大奇書)를 포함한 대작 백화소설들이 산더미처럼 나오게 되었던 것과 맥락을 함께하며, 작품의 유행의 가장 큰 이유는 수요의 폭발적 확대 때문이라고 할 수 있다. 아래의 문장은 당시 소설의 유행과 영향력을 직접적으로 언급하고 있는 문장이다.

> 옛날에는 유(儒), 석(釋), 도(道) 삼교(三敎)가 있었는데, 명 이래 또 하나가 늘었다. 즉, 소설이다. 소설책은 아직까지 한 번도 자신을 가르침이라고 말한 적은 없다. 그러나 사농공상 모두가 이것에 익숙하지 않은 사람이 없고, 글자를 모르는 아동과 부녀에 이르기까지 모두 귀로 들어서 마치 읽은 것과 같다. 이 가르침은 유, 석, 도보다 더욱 널리 퍼져있다.[61]

청대 전대흔(錢大昕)의 문장에서도 미루어볼 수 있듯, 명말 이후 소설의 독자층은 빠른 속도로 확산되었으며 그 영향력은 매우 심원하였다.

61) 錢大昕, 『潛研堂文集』 卷17·〈正俗〉, 台北: 商務印書館, 1981, p.161.

또한 소설의 독자층에는 비록 글을 모르지만 이야기를 귀로 들어 내용을 아는 사람들까지도 포함되었다. 때문에 글을 모르는 사람들에게 이야기꾼들의 공연이나 그림책은 소설의 유행에 합류할 수 있는 중요한 수단이 되었음은 물론이다.

회화의 영역은 전적으로 순수 예술이라는 미적 코드를 지니고 있지만, 그만큼 각 나라와 사회 집단, 그리고 나아가 문화 전반을 아우르는 코드들을 집약적으로 표현하고 있는 것 또한 사실이다. 따라서 그림을 이해하고 감상한다는 것은 그 자체로 많은 의미를 내포하고 있다.[62] 우리는 불경 삽화에서 문학 삽화로 건너가는 중간 단계에 지식 혹은 정보 전달의 매체로서의 실용 서적 삽화가 존재했음을 놓쳐서는 안 된다. 소설 회화는 이와 같은 전달 매체로서의 기능과, 그 자체로서의 예술적 완결성 사이에서 나름의 줄타기를 한다. 결국 삽화나 화책 등의 소설 회화는 한마디로 '텍스트를 비추는 다양한 프리즘'[63]이었던 것이다. 삽화는 청대에 거의 모든 소설 텍스트에서 보편적으로 나타날 만큼 크게 유행하였는데, 이는 본래 출판업자들의 상업적인 이익을 도모하기 위해 마련된 것이다. 그러나 한편으로는 작품에 대한 독자들의 이해를 도우며, 소설 텍스트 전파에도 효과적이라는 측면에서 유용한 수용 양식으로 작용하였다.[64]

명청대 이후 비교적 많은 사람들이 식자적(識字的) 능력을 갖추게 되었지만, 문자 해독의 어려움으로 인해 여전히 많은 문맹들이 존재했다. 이에 따라『홍루몽』의 삽화와 화책은 가장 먼저 글을 알지 못하는 사람들

---

62) 김세리,『시각과 이미지』이담Books, 2013, p.80.

63) 김수현,「명청 소설의 삽도 연구」, 고려대학교 석사학위논문, 2005, p.69.

64) 노선아,「청대《紅樓夢》의 전파와 수용양상 연구」, 고려대학교 석사학위논문, 2009, p.70.

에게 내용을 이해하도록 보충 설명 해준다는 일차적인 기능을 하였다. 책의 언어가 의미를 유출시키는 과정은 글자를 읽어야 할 긴 시간을 필요로 하지만, 그림 한 폭의 시각적 공간은 즉각적으로 의미를 전달하기 때문이다.[65] 다시 말해, 대중에게 있어 문자는 권위적이고 추상적이지만 그림은 쉽고 구체적이다. 해독이 되지 않는 그림조차도 선과 색채가 어우러진 형상은 그 자체로 미감과 메시지를 전달할 뿐만 아니라 강력한 현실성을 제공하기 때문이다.[66] 노신 역시 『조화석습(朝花夕拾)』의 「이십사효도(二十四孝圖)」에서 다음과 같이 말했다. "그 안의 이야기는 누구든 다 알고 있는 듯하다. 글자를 모르는 아장(阿長)같은 사람도, 그림을 보기만 하면 그와 관련된 이야기를 청산유수로 쏟아낼 수 있다."[67] 이는 그림의 강력한 전파 기능을 설명하고 있다.

예로부터 삽화와 화책은 문자로는 불가능한, 전혀 다른 종류의 극적 환상을 창출함으로써 독자의 몰입을 보다 용이하게 만들었다.[68] 다만 소설 삽화와 화책의 종류에도 여러 가지가 있는데, 등장인물을 중심으로 그린 인물 삽화가 있고, 회목의 앞뒤로 회목의 내용에 맞게 그려진 회목 삽화가 있으며, 배경과 내용을 강조한 글 없이 그림만으로 이루어진 연환화나 화책이 있다. 손온의 것은 그 중 그림만으로 이루어진 장편의 화책에 속하는데, 화책은 감상물이면서 동시에 당시의 시대상을 반영한

65) 엄정희, 『그림, 소설, 상호텍스트성의 미학적 효과 – 김영하의 『나는 나를 파괴할권리가 있다』와 『빛의 제국』을 중심으로』, 단국대학교 한국문화기술연구소, 2007, pp.51-52.

66) 강현실·서성, 「명청 서사 삽화의 역사적 전개와 공간의 확장」, 『중국문화연구』 28권, 중국문화연구학회, 2015, p.49.

67) "那裏面的故事, 似乎是誰都知道的. 便是不識字的人, 例如阿長, 也只要一看圖畫便能夠滔滔地降講出這一段的事跡." 魯迅, 「朝花夕拾」, 『魯迅全集』 第二卷·人文文學出版社, 1973, pp.363-364.

68) 공성수, 앞의 책, p.29.

사료의 역할을 하기도 한다. 그도 그럴 것이, 소설로부터 파생된 여러 가지 이미지 텍스트 중, 화책이 담고 있는 그림의 수량이 가장 많으므로, 이는 훌륭한 시각적 자료가 될 수 있다. 『홍루몽』이 중국 전역으로 간행되어 유행하던 청대 중엽부터는, 명대에 번성했던 소설 삽화의 열풍이 점차 식어가던 시기와 맞물린다. 이는 『홍루몽』의 초기 삽화본이 인물 위주의 비교적 간단한 형식을 취하고 있는 것과 맥락을 함께한다고 할 수 있다. 그러나 원작 『홍루몽』에 대한 독자들의 이해도가 점차 깊어지면서, 삽화와 화책의 수준과 요구 역시 높아지게 되는데, 인물 중심의 간략한 삽화에서 점차 이야기 그림으로 확대되는 경향을 뚜렷하게 보이고 있다. 또한 인쇄술의 발전에 힘입어 목판본의 기술적 한계를 타파하고, 석인본으로 도약하게 되면서 삽화 역시 섬세한 묘사와 채색이 가능하게 되었으며, 회화 기술의 발전은 자연히 화책의 분량을 늘려주고 그림의 질을 높여주었으며, 이로써 회화본은 원작의 보조적인 설명서라는 오명을 벗고자, 더욱 풍부한 서사성을 확보하여 자체적인 문학성의 획득에 도전하게 된다.

독자의 입장에서도 그림의 양이 많을수록 원작을 이해하는데 유리할 수밖에 없는 것이 사실이다. 루쉰이 서적 삽화의 본래 의도에 대해 책을 장식하여 독자의 흥미를 끄는 데 있으며, 동시에 문자로 다할 수 없는 것을 보충해 주기 때문이라고 했듯,[69] 그림의 시각적 언어는 독자에게 글보다 빠르고 선명하게 침투한다. 그러나 글을 모르는 독자들에게, 고작 몇십 장의 인물 삽화가 『홍루몽』이라는 대작을 대신할 수 있을 리 만무하다. 그들에게 인물 위주의 삽화나, 몇 장 안 되는 이야기 그림은 그저 식자 계층을 위한 유희거리로 여겨질 뿐, 『홍루몽』의 세계를 공유

69) 魯迅, 「"連環圖畵"辯護」, 『魯迅全集』 第四卷, 北京: 人民文學, 1991, p.446.

하기에는 역부족이었다. 그런 의미에서 손온의 화책처럼 원작의 120회의 내용 대부분을 그림으로 그려낸 화책의 등장은, 이미지 텍스트가 원작의 문자 텍스트의 기능을 어느 정도 대체할 수 있게 되었음을 상징한다. 손온의 화책은 오직 그림 서사를 통해 원작의 내용을 비교적 유기적으로 완전하게 전달할 수 있는 얼마 안 되는 화책 중 하나라고 볼 수 있겠다. 다시 말해 도영 및 화책의 등장은 이미지 텍스트가 원작 텍스트를 벗어나 독립적인 텍스트로 존재하기 시작하였음을 의미한다. 도영과 화책에서 문자 텍스트는 대부분 흔적을 감췄으며, 일부 화폭에 문자가 남아있다 하더라도 그것은 순수하게 해당 화폭을 위해서 존재하는 문자였다. 사람들은 자연스레 문자 텍스트보다는 그림 텍스트를 선호하게 되었으며, 이는 그림 감상이 문자 독해에 비해 훨씬 수월하고, 많은 글자를 알지 않아도 된다는 심리적 안정감에 기인하였다. 감상자는 시각을 통해 직접적인 즐거움을 느낄 수 있었으며, 때문에 그림 읽기는 당시 더욱 많은 사람들의 수요를 불러일으켰고, 그에 따라 생산과 공급이 이루어졌다. 서민 계층이나 글을 모르는 독자들이 손온 화책과 같이 풍부한 내용을 담은 그림책을 통해 얻는 것은 소설의 줄거리나 인물의 이미지만이 아니었다. 본래 원작 『홍루몽』에서는 사치와 취향에 관한 지식을 상품의 카탈로그처럼 나열하고 기록하는 백과사전식 기물 서술 방식을 통해 청대 기적(旗籍) 상층 인물들의 가정생활을 더욱 핍진하게 재현하는 동시에, 기물을 즉각적으로 향유하는 감각을 느낄 수 있도록 하는 '심미적 독서'로 독자들을 이끌었다.[70] 소설 속에 구체적으로 열거되는 황실 기물은 청나라 황실과 긴밀한 관계에 있었던 조설근 집안의 실제

70) 김수현, 「청대 器物 문화와 일상의 심미화－《紅樓夢》 텍스트와 삽화 속의 기물 재현을 중심으로」, 『중국소설논총』 64집, 한국중국소설학회, 2021, p.29.

경험을 반영하는 것으로 알려져 있다. 손온은 원작의 이러한 묘사를 자신의 화책에 상당 부분 핍진하게 재현하였는데, 독자들은 손온의 화책을 통해 당시 귀족 가문의 생활을 시각적으로 생생하게 확인하며 나아가 가상적 체험을 할 수 있게 된다. 즉, 정진탁(鄭振鐸)이 "삽화가 우리에게 필요한 이유는 신뢰할 만한 출처에서 가져온 삽화를 통해 뜻밖에도 각 시대의 사실적인 사회생활의 면모를 발견할 수 있기 때문이다"[71]라고 언급한 삽화의 진정성과 상통한다.

『홍루몽』의 이미지 텍스트가 점차 원작의 문자 텍스트로부터 벗어나는 경향을 보이는 것은 보다 풍부하고 완전하게 원작의 내용을 재현하려는 의도로부터 출발하여, 이러한 현상은 마침내 일반 백성들의 일상생활 속에 『홍루몽』을 제재로 한 물품들이 등장하면서 정점에 이르게 된다. 특히 청대 광서 연간 이후에는 석인 인쇄술에 의해 인쇄비용이 크게 낮아지고, 접근이 쉬워져 민간에는 더욱 다양한 『홍루몽』 회화 예술이 창작되기 시작하였다. 민간의 화가와 공예가들은 일반 백성들의 수요를 만족시키기 위한 회화 예술품을 생산해 냈고, 사람들은 일상생활 속에서 『홍루몽』 회화를 감상하고 소비할 수 있는 문화수준을 가지게 되었으며, 나아가 공간을 아름답게 꾸미는 장식품으로 사용하기도 하였다. 이에 『홍루몽』 회화는 전에 없던 전성기를 맞이하여, 끊임없이 회화 예술품이 등장하였다. 대표적인 예로 연화, 월분패(月份牌), 서호경(西湖景) 등이 있으며, 나아가 병풍, 도자기, 자수품 및 각종 물품에서도 『홍루몽』의 그림을 찾아볼 수 있게 된 것이다. 그 중 『홍루몽』이 당시 민간 문화에 침투하게 된 가장 큰 동기로는 마땅히 연화의 유행과 발전을 들 수 있을 것이다. 당시 이미 중국 전역에 광범위하게 유행하며 애호되어 온 『홍루몽』은

---

71) 鄭振鐸, 『揷圖本中國文學史』, 北京: 人民文學出版社, 1982, pp.2-3.

여러 민간 화공들이 연화의 창작 제재로 삼기에 충분했으며, 그로 인해 『홍루몽』 원작에서 독립된 새로운 이미지 텍스트들이 폭발적으로 탄생하게 되었다. 특히 민간 회화 예술의 대표 양식이라고 할 수 있는 연화는 사람들의 일상생활과도 밀접한 관계가 있었다. 당시 연화의 내용은 도덕적 교육과 감화를 목적으로 한 것이 많았으며, 공적(功績)과 덕행(德行)의 찬미를 담기도 하였고, 때로는 오락성을 강조하기도 하였으며, 민간의 세속 생활을 두루 반영하고 있었다. 특히 『홍루몽』을 제재로 한 연화 중에는, 축수(祝壽), 연회(宴會), 송별(送別), 유람(遊覽) 등의 민속적인 생활상을 보여주는 작품들이 많았는데, 당시 화공들은 그림의 소재를 취하는데 있어 민간 생활로부터 점차 귀족 가정으로 시선을 돌리기 시작하였다. 이로써 연화는 각종 절기의 행사와 귀족 가정의 향락과 유희를 담아내면서, 수요 대상 역시 귀족 계층으로 범위를 확장하는 양상을 보였다. 특히 청대에는 생일을 축하하는 풍습이 크게 유행하였는데, 귀족 가정에서는 생일을 맞이하여 성대하게 연회를 베풀고, 화공을 불러 생일을 맞이한 사람을 위해 그림을 그리도록 하여 선물하기도 했는데, 이때 『홍루몽』을 그림의 소재로 사용하기도 하였다.[72] 다음의 두 폭의 연화는 청대에 『홍루몽』 연화를 가장 많이 생산했던 지역인 양류청(楊柳靑)의 목판 연화이며, 〈우향사흘방해(藕香榭吃螃蟹)〉는 우향사에서 가모와 자매들이 방게를 먹으며 연회를 벌이는 모습을, 〈경수진녕부배가연(慶壽辰寧府排家宴)〉에는 가경의 생일을 맞이하여 녕국부에서 큰 잔치를 벌이는 모습을 각각 그리고 있다. 연화에서 표현된 『홍루몽』은 문인 회화 작품과는 또 다른 심미적 풍격을 지녔으며, 민간에서 문인 문화를 수용하고 표현했던

---

72) 苑軍, 苑博雄, 「淸代《紅樓夢》題材年畫的藝術特色探論」, 『紅樓夢學刊』, 2019, pp.148-154.

〈藕香榭吃螃蟹〉

〈慶壽辰寧府排家宴〉

방식을 반영하고 있다고 할 수 있다. 또 한 가지 연화가 문인 문화와 차별되는 요소는, 연화에는 원작의 비극적인 내용을 완전히 배제하였다는 것이다. 연화에는 『홍루몽』 속의 연회나 잔치, 행렬 등 긍정적이고 활기찬 분위기의 장면만을 취하여, 연화의 본래 창작 목적에 부합하도록 하였다. 손온의 『홍루몽』 화책에는 특히 연회나 잔치의 장면을 집중적으로 묘사한 화폭들이 많은데, 해당 화폭들은 연화의 이러한 특성에 매우 근접해 있음을 발견할 수 있으며, 각각의 화폭은 당장이라도 화책으로부터 분리하여 단독의 연화로 사용할 수 있을 정도의 완성도를 지녔다. 이는 손온의 화책 역시 당시에 민간 회화와 문인 회화가 상호 긴밀한 관계를 형성하였던 것에서 크게 벗어나지 않았으리라는 것을 의미하며, 그러므로 손온의 화책에 민간 회화 예술의 흔적이 곳곳에 남아 있는 것은 매우 자연스러운 현상이라고 볼 수 있는 것이다.

한편, 당시 사회에선 보편적으로 경서(經書)나 시문(詩文)은 지식인들이 읽는 것이며, 백화 소설은 서민들의 읽을거리라고 여겨져 왔으나, 지식인들은 겉으로는 소설을 서민 문화라고 경멸하면서도, 뒤로는 누구보다 확고한 소설의 독자층이었음을 알 수 있다. 특히 시대가 더욱 뒤로 갈수록 상층 문인 가정에서도 소설을 흔히 찾아 볼 수 있었으며, 집안의 어린 아이가 그것을 읽어도 크게 나무라지 않게 되었다.[73] 즉, 백화 소설은 더 이상 서민들만의 오락거리가 아닌, 문인들의 일탈이자 은밀한 관심의 대상이 되었고, 나아가 참여자로 역할하기까지 한 것이다. 명대 중후기 이후에 강소(江蘇), 절강(浙江) 지역은 문인의 기호에 따른 사치품의 생산과 소비의 중심지였는데, 도찬(圖贊) 형식의 결합식(結合式) 삽화 역시 이러한 상품 문화 소비의 추세에 따라 출현한 것이었다. 주목할 만한 것은, 문인 작가가 단독으로 창작한 명말 청초의 백화 단편 소설 중 특히 이런 결합식 삽화의 운용이 두드러졌다는 것이다. 그중 박고기물도안(博古器物圖案)의 대량 운용은 당시 유행하던 문인의 취향을 반영하는 흥미로운 현상이며, 소설 삽화의 문인화에 대한 중요한 지표라고 할 수 있다.[74] 박고기물도안은 이미 스토리 재현이라는 기존의 삽화의 성격에서 벗어나 있었으며, 단순히 장식으로서의 그림이 아닌, 고아한 문인의 취향과 감상 수준을 보여주는 문화적 상징이라고 할 수 있다. 그림의 주제는 소설의 내용이 아닌, 이야기에 등장하는 일부 지적(知的) 요소가 풍부하거나 문인의 취향에 부합하는 기물이나 장면으로 이루어진다.[75] 다시 말해, 이는 명대부터 이어져오던 삽화의 형태 중 하나로, 기물이나 화조(花鳥), 산수(山水) 그림은 통속적인 소설 문학에 문인의 취향을 가미한 것이라고 할 수 있는 것이다. 그런 의미에서 손온의 화책은 문인들의 취향과 수요를 충족시키기에도 매우 적합하다고 할 수 있었다. 손온 이전의 삽화나 화책은 지면상의 제한으로 한 화폭에 하나의 사물이나 인물을 독립적으로 그리거나, 배경 공간을 강조하여 이야기를 드러내거나 둘 중 하나를 선택

---

73) 오키 야스시 저, 『중국 명말의 미디어 혁명』, 고인덕 역, 연세대학교 대학출판문화원, 2013, pp.99-100.

74) 金秀玹, 『明淸小說插圖硏究: 敍事的視覺再現及文人化商品化』, 北京大學 博士學位論文, 2013, p.77.

75) 金秀玹, 위의 논문, p.84.

해야 했다. 그러나 손온의 화책은 한 화폭에 배경 공간을 통한 이야기 묘사는 물론, 수십 명의 인물, 각종 기물, 다양한 화조와 산수, 심지어는 각종 그림 장식까지 거의 모든 것을 한 번에 담아내는 것이 가능했다. 또한 인물 형상과 배경의 세심하고 정교한 표현은 당시의 시대상을 핍진하게 형상화하는 동시에, 소설 원작의 시공을 초월하는 미학 의경을 만들어냈다. 다시 말해, 손온의 화책은 서민 계층을 위해 그림 서사와 다양한 흥밋거리를 제공할 뿐만 아니라, 문인들의 시각으로 보아도 한 폭의 그림에 읽을거리가 가득하였으므로, 신분과 계층을 가리지 않고 독자층을 형성할 수 있었을 것에는 의심의 여지가 없다.

한편, 청대에는 문인 화가의 직업화(職業化) 현상과 직업 화가의 문인화(文人化) 현상이 가속화 되었다.[76] 문인 화가들은 점점 세속적인 것을 그리고자 했으며, 민간 화가들은 문인의 고아함을 쫓고자 하면서 두 집단의 그림의 경계는 점차 희미해지는 경향을 보였다. 이로써 『홍루몽』 등의 백화 소설을 소재로 한 회화 작품은 이내 모든 계층과 집단에 스며들어 영향을 미쳤다. 대표적인 예로 광서 연간(1886)에 재건된 이화원(頤和園)의 장랑(長廊)과 고궁(故宮) 장춘궁(長春宮)에는 각각 20폭과 18폭의 『홍루몽』 이야기가 채색 벽화로 그려져 있다는 것이다. 즉, 청대 후기에는 평민부터 귀족, 심지어 황실에 이르기까지 누구나 『홍루몽』 회화 감상을 즐겼으며, 홍루 회화는 원작 텍스트의 영향에서 벗어나 이미 독립된 회화 예술 세계를 구축하고 있었음을 여실히 보여주고 있는 현상이라고 할 수 있다.

이처럼 손온의 『홍루몽』 화책은 전통 삽화와 화책으로부터 이어져온

76) 우영숙, 「청대 소주(蘇州) 민간연화(民間年畵) 연구: 건륭연간의 판화작품을 중심으로」, 명지대학교 박사학위논문, 2016, p.35.

중국 소설 회화본의 명맥을 이어나가는 동시에, 당시 민간에 유행하던 민간 회화의 여러 가지 특징을 흡수하고, 석인 인쇄술과 서양의 화풍의 유입으로 말미암아 세련되고 정교한 회화 풍격을 갖추게 되었다. 즉, 청대 후기의 여러 가지 시대적 요소와 문화적 요소가 종합적으로 영향을 끼쳐 손온의 화책에 발현되어 있다고 할 수 있으며, 이로써 손온의 화책에는 보다 풍요로운 함의가 내재될 수 있었고, 그림 한 폭 한 폭이 독립적이고 개성적인 특징을 지니는 동시에, 230장의 화폭들은 유기적으로 연결되어 마침내 하나의 작품으로서 자체적인 서사성을 획득할 수 있게 된 것이다.

위에서도 언급하였듯 손온 화책의 그림체로 미루어 보아, 당시 유행했던 궁정 신체화 화풍의 영향을 받았다는 것은 확실하다. 때문에 손온 화책이 당시 세상에 공개되지 않고 누군가의 손을 거친 흔적조차 없었던 것은, 애초에 궁중에 제공할 화책으로 제작되었기 때문이라는 가능성도 완전히 배제할 수 없다. 다만 손온이 궁중의 화공(畵工)이었다면 이에 대한 사료가 남아있었을 것이고, 그림 위에도 일정한 서명이 남아있었어야 한다.[77] 혹여 손온이 외부의 화공으로서 화책을 그렸고, 완성 이후 궁중에 이 화책을 제공하였을 수도 있으나, 궁중에 보관되어 왔다면 진작 박물관에 소장되어 그 가치를 인정받아 사람들에게 공개되었을 것이다. 또 화책 위에 어떤 흔적도 남아있지 않다는 점에서, 이 화책은 현대에 이르기까지 오랜 시간동안 공개된 적이 없었을 가능성이 여전히 가장 유력하다고 할 수 있겠다. 다만 이 모든 것은 지금까지의 연구 자료와

77) 單國強 저, 『중국미술사(4): 明·淸부터 근대까지』, 유미경 역, 다른생각, 2011, p.172. 궁정화(宮廷畵)는 화원 화가들이 궁정에서 그린 그림으로, 대부분 '신(臣)' 자를 서명하였다. 민간화는 몇몇 민간의 직업화가들이 총애를 얻기 위해 그림을 진상하면서 종종 맨 앞에 '신'자를 덧붙였다.

필자의 추측에 의거할 따름이므로 더 이상 언급하지 않겠다.

이와 같은 청대의 시대적, 문화적 현상을 바탕으로 종합적으로 미루어보아, 만약 당시 손온의 화책이 출간되어 전국 각지로 유통되었더라면, 현대와 비슷한, 아니 더욱 큰 반향을 불러일으켰으리라는 것에는 의심의 여지가 없다. 정밀하게 구성된 채색의 대형 화책은 당시 이미 회화 예술에 대한 안목이 높아진 독자들을 만족시킬 만한 수준의 감상품일 것이며, 수려하고 생동하는 각종 그림 묘사는 남녀노소 모두 앞 다투어 화책 앞으로 모여들게 했을 것이다. 또한 손온 화책의 여러 화폭은 연화 및 각종 회화 예술로 재생산되어 민간과 궁정으로 확산되어 향유되었을 것이다. 이에 손온의 화책은 『홍루몽』 회화사에 획을 긋는 명작으로 평가받으며, 손온의 그림에 대한 다양한 해석과 그를 모방한 여러 속작(續作)들이 다수 등장하였을 것 역시 자명한 일이다.

현재 손온의 화책이 세상에 공개된 지 약 십여 년의 시간이 흘렀으며, 그동안 홍학계의 연구자들은 이 새로운 연구 대상의 출현에 환호하며 적극적인 호기심을 드러냈다. 손온 『홍루몽』 화책은 원작을 시각적으로 다채롭게 연출해내는데 성공했을 뿐 아니라, 그림 서사로 구현할 수 있는 최대한의 문학적 의미를 창출해 내면서 홍학계의 학술과 연구에 막대한 영향을 주었다. 다시 말해, 새로운 자료와 새로운 시각, 새로운 연구 방법의 출현은 홍학 연구를 대대적으로 추진시키는 원동력이 되었으며, 홍루 문화의 새로운 일원으로서의 맡은 바 역할을 충실히 수행하고 있음을 보여주고 있다. 오늘날 손온 『홍루몽』 화책의 문화적 가치를 가장 직접적으로 보여주고 있는 것은, 해외의 여러 『홍루몽』 관련 저서에서 손온 화책의 그림을 표지나 삽화로 차용하고 있다는 점이다. 예를 들어 한국 나남 출판사에서 2009년 완역하여 출판한 최용철, 고민희의 『홍루몽』 번역본에는 총 6권의 목차 앞에 손온 화책의 일부 그림이 장회와

나남 출판사 『홍루몽』

Approaches to teaching The story of the stone

내용 설명이 덧붙여 실려 있다. 손온의 화책이 공개된 지 몇 년 지나지 않아 해외의 번역본에 삽입되어 출판되었다는 것은 이 그림의 가치를 충분히 증명하고 있다고 할 수 있다.

또, 미국에서 2012년에 출판된 *Approaches to teaching The story of the stone*은 표지로 손온 제196화를 선택하여 실었는데, 대부분의 저서에서 선택하지 않는 비극적인 장면을 취한 것은 다소 의외라고 할 수 있으나, 그만큼 손온 화책의 각 화폭이 이미지 텍스트로서 독립성과 예술성을 충분히 겸비하고 있음을 설명한다.

이처럼 손온의 화책은 『홍루몽』의 메타텍스트로서 원작의 내용과 구조로부터 불가분의 관계를 맺은 채 창작되었지만, 되려 화책의 각 화폭은 원작으로부터 또 화책으로부터 분리되어 차용될 만한 충분한 가치와 가능성을 지닌 것을 확인할 수 있었다.

본 장에서는 손온의 『홍루몽』 화책이 메타텍스트의 자격으로 창작되어, 원작의 문자 텍스트의 긴밀한 영향 하에 전체 서사의 골간을 세우고, 화가 손온의 선택과 포기를 거쳐 하나의 새로운 『홍루몽』 텍스트를 이루는 과정을 살펴보았다. 또한 손온은 이미지 텍스트로서 문자 텍스트로부터의 벗어나 화폭에 도장 이외의 문자 텍스트는 일절 배제하였는데, 특히 원작의 내러티브에 심원한 영향을 미친 대사, 시사 등의 문자 텍스트가 모두 생략되면서 손온의 화책에 미친 영향을 확인하였으며, 이미지 텍스트만의 독자적인 그림 서사가 그것을 대체하고, 나아가 그 이상의 효과를 창출하기도 하였음을 확인하였다. 또한 이미지 텍스트로서 자체적인 작품성을 갖추기 위해 손온의 화책의 근간이 되는 예술적 문화적 성취를 분석하면서 본장을 마무리하였다. 즉, 본 장은 『홍루몽』의 메타텍스트 중 하나인 손온의 화책이 원작의 문자 텍스트로부터 탈피하여 이미지 텍스트로서 자체적인 서사성을 획득할 수 있었던 과정과 원인을 규명하고자 하였으며, 궁극적으로는 다음 4장과 5장에서 본격적으로 손온 화책의 그림 서사를 분석하기 위해 화책의 정체성을 확립하는 초석으로 삼고자 하였다.

제4장

손온 그림 서사의 기호와 의미

그림과 그림 읽기는 창작과 동시에 발생되는 필연적인 불가분의 관계이며, 삽화나 화책이라는 장르의 그림은 일반적인 그림 작품과는 다른 성질을 갖는다. 서사적 연구 대상으로서 소설의 화책은 소설 서사로부터 발생하는 다양한 효과들을 시각적으로 재현한 서사로 간주할 수 있다. 화책은 소설 텍스트의 다양한 서사적 국면을 재현하며, 그것을 회화의 언어를 통해 전달하는 온전한 서사체이다. 화책은 소설 속의 담화를 그림을 통해 형상화하고, 사건이나 행위가 발생하고 있는 시공간을 시각적으로 구체화하며, 또 때로는 소설의 언어가 미처 드러내지 못한 부분들마저 감상자에게 보여주기도 한다.[1] 한편, 손온의 화책은 여러 가지 소설의 회화본 양식 중에서도 그림으로만 이루어진 독립된 그림책의 형식을 취하고 있다. 또 손온의 화책은 인물화도 아니며 산수화도 아니다. 그 정체성을 규정해야 한다면 그것은 '이야기 그림'에 가깝다. 이야기 그림에는 응당 서사가 있으므로, 글에서 문자의 배열과 행간의 의미를 읽듯, 이야기 그림에선 풍경을 읽고 인물을 읽으며 형상화된 작가의 생각과 의미를 읽어야만 완전한 그림 읽기가 이루어질 수 있다. 여기서

1) 공성수, 『소설과 삽화의 예술사: 한국 근대소설의 형성과 소설 삽화』, 소명출판, 2020, p.10.

형상화된 표현은 기표(記標)에 대응하고 그 안에 담긴 내용은 기의(記意)에 대응한다.[2]

즉, 그림에 대한 기호학[3]적 분석은, 그림을 평면 위에서 지각될 수 있는 여러 가지 기호로 구성된 하나의 텍스트라고 보는데서 시작되며,[4] 기호가 갖는 담화적 능력과 소통의 능력을 해석하는 데까지 이르게 된다.[5] 한편, 롤랑 바르트(Roland Barthes)는 '회화는 언어체인가?'라는 질문을 던지며 회화를 당연히 기호학적으로 분석할 수 있다고 주장했다. 언어 외에도 영화, 회화, 조각, 연극 등의 예술 장르 역시 생산자가 수용자에게 어떤 의미를 전달하려는 의도를 담고 있다는 점에서 당연히 기호로 인식해야 한다고 말했으며, 미술과 문학 작품을 생각을 표현하는 도구, 즉 의사소통을 위해 무엇인가를 표현하는 수단이라고 한다면, 당연

---

2) 기표(記標)와 기의(記意)는 스위스의 언어학자 소쉬르(Saussure)가 정의한 기호의 근본을 이루는 두 성분이다. 기표는 기호의 지각 가능하고 전달 가능한 물질적 부분이다. 그것은 소리일 수도 있고, 표기일 수도 있고, 한 단어를 이루는 표기의 집합일 수도 있다. 기의는 이와 대조적으로 독자나 청자의 내부에서 형성되는 기호의 개념적 부분이다.

3) 이혜선, 「오윤 삽화의 기호학적 연구」, 중앙대학교 석사학위논문, 2008, p.1. 기호학(semiotics)은 언어·약호(code) 등 인간이 만들어 낸 사회적 현상들과 그 형식들이 인간의 의사소통에 필요한 전언들(messages)을 구성하는 기호들의 결합체라고 보는 학문이다. 기호학에서는 기호체계의 연구와 그 기호들이 산출하는 의미작용, 의미소통을 다룬다.

4) 김경용, 『기호학의 즐거움』, 민음사, 2001, p.118.

5) 움베르토 에코 저, 『기호학 이론』, 서우석 역, 문학과 지성사, 1991, pp.11-12. 에코는 기호학의 두 가지 이론을 제안한다. 하나는 '약호의 이론'인데 이것은 담화적 언어능력, 텍스트의 구성, 문맥적이고 환경적(상황적) 중의성 해소의 규칙까지도 다루는 것이다. 다른 하나는 기호 생산 이론인데 언어의 통상적 사용, 약호의 진화, 미적 소통, 상호 소통적 행위의 여러 유형들, 사물이나 세계의 상태를 언급하기 위한 기호의 사용 등 폭넓은 현상들을 연구한다. 이 논의로써 그는 '의미 작용(significant)'과 '의미 소통(communication)' 사이를 구별 짓는다. 원칙에 있어서, 의미 작용의 기호학은 약호 이론을 수반하고 의미 소통의 기호학은 기호 생산의 이론을 수반한다고 하였다.

히 기호일 수밖에 없다고 설명했다.[6]

이야기 그림에 원전 텍스트가 존재한다는 것은 마치 그림 읽기에 해답지가 있는 것과 비슷하다. 원전의 도움을 받아 그림 속에 숨겨진 상징과 함축을 완벽에 가깝게 읽어내는 것이 가능하지만, 반대로 화가의 창작력과 독자의 상상력을 제한하기도 한다. 그러나 그림의 표현과 문자의 표현은 완전히 같을 수 없다. 다시 말해 그림 안에는 시각화된 이미지만이 존재할 뿐, 그것을 어떻게 읽어낼 지는 오로지 감상자의 몫이다. 즉, 그림 읽기는 그림 텍스트와 독자와의 문제라는 것이다. 다만 화가는 그림을 그릴 때 미래의 독자와 소통하기 위해 암묵적으로 독자가 해석 가능할 만한 기호들을 남겨둘 뿐이다.

종합적으로 기호란 '소통을 돕기 위해 사용하는 일종의 표식들'정도로 정의할 수 있는데,[7] 즉 문자 텍스트를 이미지화하는 과정에서 화가가 자신과 독자의 편의를 위해 만들어낸 도식화된 규칙을 의미한다. 기호학에 의한 예술 작품의 이해와 해석은 의미를 생성하고 전달하는 기호학적 과정과 기호 체계의 기능 이해, 사회와 문화, 인간 경험에 대한 폭넓은 이해와 지식을 필요로 하는 것은 물론이다.[8]

본장에서 손온 화책의 그림 기호를 분석하는 목적은, 지금까지 손온의 화책이 『홍루몽』의 메타텍스트라는 명목 하에 소설의 보조적 역할로서 정의되었고 그 범주 안에 규정되어 왔지만, 앞서 확인하였듯 문자 텍스트로부터 벗어나 이미지 텍스트로서 자체적인 정체성을 수립할 수 있는 충분한 가능성을 내재하고 있으며, 특히 그를 위해서는 그림 기호가 문자 텍스트의 결핍을 대체하는 이미지로서 맡은 바 역할이 가장 중

---

6) 조용훈, 『문학과 그림』, 효형, 2004, pp.199-200.

7) 김세리, 『시각과 이미지』, 이담Books, 2013, p.42.

8) 이혜선, 앞의 논문, p.1.

요하며 주요하다고 판단하여, 본격적으로 그 기능과 특성을 확인하기 위함이다.

이에 따라 본장에서는 이미지화(visualization)된 텍스트 안에서 손온이 배열해 놓은 기호들을 찾아내고 그 의미를 해석하며, 각 기호들의 서사적 특성과 역할을 살펴보는 것을 핵심 과제로 삼는다. 그를 위해 먼저 그림을 구성하는 기호를 크게 인물 기호, 사물 기호, 그리고 배경 기호로 분류하고, 각각의 기호화 과정과 기호의 사용 방식, 효과 등을 분석하며, 더불어 그림 서사에서 기호의 외시 의미(denotation)와 함축 의미(connotation)[9]의 독해 방법을 제시하고자 한다.

1. 인물 기호의 정형화

인물 분석은 소설 비평에서 매우 핵심적이고 기본적인 부분이며, 동시에 소설 연구의 시작이라고 할 수 있다. 소설 회화에서도 이러한 관점은 크게 다르지 않으며, 전통 삽화에서 역시 원작의 등장인물을 회화 대상으로 삼는 것이 가장 일반적이었다. 그러나 초기의 『홍루몽』 삽화에서 보이는 인물 묘사는 다소 단조롭고 단편적인 경향을 보이는데, 120

---

9) 김세리, 앞의 책, pp.74-75. 외시의미란 기호와 대상체 사이에 있는 단순하고 분명하며 직설적인 관계를 말한다. 외시의미는 객관적이고도 구체적이어서 모호하지 않다. 언어적 차원에서 볼 때 이것은 사전적 의미이다. 함축의미란 해석자가 하나의 기호에 임의로 부과하는 주관적인 가치를 뜻한다. 이 함축의미는 어쩔 수 없이 기호가 표상하고 있는 대상체와 연관된 여러 경험들로부터 형성된다. 이 두 의미가 결합되어 우리의 소통을 가능하게 하는 것이다. 어느 때이고 기호 속에는 이 두 의미가 동시에 들어있지만 때와 장소에 따라, 곧 커뮤니케이션의 유형에 따라 외시의미와 함축의미의 비중은 다르다고 할 수 있다.

회에 달하는 방대한 이야기, 그리고 다채로운 심리 묘사와 입체적인 인물 창작으로 극찬 받는 『홍루몽』의 등장인물을 재현하기엔 매우 편협한 해석이라고 할 수 있다. 한편, 230장에 달하는 손온의 화책을 읽으면서 비교적 이야기에 몰입하기 쉬운 이유는, 인물들의 특징을 기호화하여 독자들에게 전달하고, 독해의 흐름에 방해가 되지 않도록 자연스럽게 인물의 감정을 이미지에 녹여냈기 때문이라고 할 수 있다. 즉, 화책에서 인물 기호의 궁극적인 목표는 성공적인 캐릭터화(characterization), 즉 정형화라고 할 수 있으며, 성공적인 정형화가 이루어져야 손온만의 가보옥(賈寶玉)과 임대옥(林黛玉)이 탄생할 수 있으며, 독자는 시각화된 등장인물을 통해 원작을 읽을 때 상상했던 인물들의 이미지를 투영시키며 보다 완전한 그림 읽기를 실현할 수 있게 된다. 그렇다면 손온은 인물 기호의 정형화를 위해 어떤 방법을 사용하였으며, 그 궁극적인 목적은 무엇인지, 또 어떤 효과를 획득하였는지 알아보기 위해, 본 절의 내용을 크게 캐릭터의 조형 과정, 그리고 내면세계의 신체화(身體化)로 분류하여 분석해보고자 한다.

1) 인물의 조형성

인물 기호의 정형화를 위한 손온의 구체적인 노력은 먼저 인물의 외적인 조형성을 통해 엿볼 수 있다. 캐릭터의 외적 조형이란 일정한 외형이나 표식을 통해 시각적으로 고정된 인물 형상을 말하는데, 인물 형상을 그림 안의 기호라고 보았을 때, 이는 외시의미를 강조한 기호라고 할 수 있겠다. 즉 화가는 약속된 시각 이미지를 통해 독자가 직관적으로 대상의 일차원적인 의미를 해석할 수 있도록 설정한 것이다. 이 글에서는 손온의 인물 형상의 조형성 대해 집중적으로 살펴보고자 하며, 그 특징을 크게 전통 이미지와의 상호 텍스트성과 의복과 장식의 묘사로 세분화하여 분석하고자 한다.

(1) 전통 이미지와의 상호텍스트성

조설근의 『홍루몽』은 세상에 전해진 이후부터 중국 고전 소설 문학의 정수(精髓)로서 동서고금을 막론하고 지대한 영향을 미쳐왔다. 그만큼 원작의 영향을 받아 수많은 메타텍스트들이 탄생하였는데, 회화본 역시 그중 하나라고 할 수 있다. 예로부터 시각적 아름다움에 대한 추구는 인간의 본능이었으며, 아름다움을 기록하는 습성은 자연스러운 현상이었다. 『홍루몽』을 읽은 많은 문인 및 민간 화가들은 앞 다투어 그것을 이미지화하고자 했으며, 대부분의 작가는 등장인물의 시각화에 주안점을 두었다. 그렇게 여러 작가의 손을 거치며 소설 속 등장인물들의 몇몇 이미지는 점차 고정적으로 차용되기 시작하였다. 전통적으로 소설의 인물 삽화에서 인물들의 얼굴과 표정은 대부분 유사하게 묘사되는 특징을 보이며, 인물의 성별과 계급의 구분은 인물의 의상이나 배경에 의존하였다. 또한 화폭 안에 인물의 이름이나 관련 글귀가 적혀 있었으므로 독자는 문자 텍스트에 의존하여 인물을 식별할 수 있었다. 문제는 이런 문자 텍스트가 전혀 적혀있지 않을 때 발생하는데, 주요 인물만 수십 명에 달하는 『홍루몽』에서 모든 인물을 이미지만으로 구분하기란 쉽지 않았다. 그러므로 화가들은 해당 인물과 관련된 주요한 사건을 함께 묘사하기 위해 배경이나 기물을 이용해서 인물의 주변에 함께 그려 넣기 시작하였다. 이렇듯 긴 시간에 걸쳐 정형화된 인물들의 이미지는 원작의 서사와 맞물려 강력한 상징성을 갖게 되었으며, 손온의 화책에서 역시 기존의 정형화된 인물들의 이미지를 사용한 흔적을 발견할 수 있었다. 이것을 그림 텍스트 간에 존재하는 상호텍스트성이라고 하는데[10], 손온은 화가이기 이전에 다른 회화본의 감상자이기도 하므로, 자신의 작화에 있어 무의식적으로 지금껏 보아온 그림들의 영향을 받는 것은 당연한 일 이었다. 또한 이 같은 상호텍스트성은 손온의 그림을 감상하는 독자들에게도 동일하게 작용하는데, 독자들 역시 손온의 화책을 읽을 때, 다른 그림 텍스트들에 대한 기억이 무의식적으로 동원되었을 것이다.[11] 다시 말해, 전통 이미지의 응용은 상호텍스트성이 발휘된 인물 기호의 정형화의 일환이라고 할 수 있다. 다만 손온은 전통 이미지를 수용하면서, 동시에 자신의 의도에 따라 해당 이미지의 배치에 차별을 두어 자신만의 인물 형상을 새롭게 구축하고자 하였다.

우선 가보옥의 이미지를 살펴보도록 하겠다. 가보옥은 비록 『홍루몽』의 핵심 인물이긴 하나, 전통 삽화에서 그의 형상들을 살펴보면 의외의 밋밋함에 다소 실망감을 느낄 수 있다. 그도 그럴 것이 보옥은 소설의 유일한 남자 주인공으로, 화가는 굳이 심혈을 기울여 특징을 살릴 필요가 없었다. 독자는 삽화에 등장하는 젊고 수려한 형상의 남자가 바로 가보옥인 것을 쉽게 인지할 수 있기 때문이다. 같은 이유로, 많은 전통 삽화에서 가보옥의 모습은 별다른 배경이나 기물의 도움 없이 단독의 인물 묘사로만 그려진 경우가 많았다. 다만 고사화의 경우 대부분 어떤

10) 김정희, 『스토리텔링이란 무엇인가』, 커뮤니케이션북스, 2014, p.22. 우리가 어떠한 참신하고 개성적인 이야기를 창조해 내더라도 이전에 존재한 무수한 스토리들과 무관하다고 잘라 말할 수는 없다. 모든 텍스트는 다른 텍스트의 수용이면서 또 한편 다른 텍스트에 대한 응수(réplique)다. 이를 가리켜 상호텍스트성(intertextuality)이라고 한다.

11) 김욱동, 『대화적 상상력: 바흐친의 문학 이론』, 문학과 지성사, 1988, p.139. 김욱동은 상호텍스트성은 텍스트 상호 간의 유기적 관련성을 가리키는 용어로, 모든 작가는 텍스트를 창작하는 사람이 되기에 앞서 먼저 다른 작가들의 작품을 읽는 독자가 되지 않을 수 없기 때문에 어느 한 텍스트는 그동안 저자가 읽어온 여러 텍스트들의 영향을 받지 않을 수 없으며, 독자도 어느 한 텍스트를 읽을 때 여태까지 읽은 모든 텍스트들에 대한 기억을 총동원한다는 두 가지 전제 조건에 이론적 근거를 두고 있다고 말한다.

〈增評補圖石頭記 寶玉〉

〈孫溫 제151화〉

사건을 배경으로 취해서 그리는데, 위는 『증평보도석두기(增評補圖石頭記)』에 그려진 가보옥의 모습이다. 이는 전통적인 가보옥의 인물 삽화 중 가장 자주 배경으로 차용된 사건 중 하나라고 할 수 있는데, 가보옥이 죽은 청문(晴雯)을 위해 제사를 지내며 손수 써내려간 긴 제문(祭文)을 읽는 모습을 담고 있다. 이 사건은 어린 여인들을 향한 보옥의 정성스런 마음과 그의 여린 심성을 잘 드러내며, 동시에 청문의 비극적인 운명을 보여주므로 전체 서사에 있어 상징적인 의미가 크기 때문에 자주 화가들에 의해 차용 되었다. 가부의 집안 어른들 그 누구도 청문의 죽음을 신경 쓰지 않았지만, 보옥에게는 수년간 함께 지내며 정을 나눈 인물이기에, 그녀의 죽음이 사무치게 슬프지만 차마 다른 사람들에게는 그 감정을 드러낼 수 없어, 아무도 없는 밤에 부용꽃이 핀 연못 앞에서 조촐히 그녀가 좋아하던 물건들을 차려놓고 영혼을 위로하는 의식을 치른 것이다. 이 장면은 고금의 삽화가들뿐만 아니라 원작의 인물 연구에서 인물 형상을 분석하는 예로 부단히 차용되어 왔다. 특히 해당 장면은 세속의 예법에 얽매이지 않고 나름대로의 멋과 낭만을 추구하며 살아가는 풍류의 경지와 세속의 통속적인 가치관을 지양하여 불속적(不俗的)이고 독창적으로 살아가는 가보옥의 모습을 통해 이상적인 삶의 형태를 제시하고 있다고 평가받기도 한다.[12] 손온은 〈孫溫 제151화〉에 이 장면을 그렸는데, 제문과 부용꽃, 그리고 제사를 차린 상까지 매우 디테일하게 장면을 묘사한 것을 알 수 있다. 한편, 손온이 그린 이 화폭과 전통 삽화의 가장 큰 차이점은, 바위 뒤에서 보옥을 엿보고 있는 대옥의 모습까지 함께 그려 넣은 것이다. 이는 보옥의 정형화된 인물 형상에 대옥과의 관계까지 덧붙여 서사성을 강화한 것이라고 할 수 있다. 바위 뒤에 숨어있는 대옥의 모습은 그녀의 내면세계를 반영하고 있는데, 대옥의 입장에서 보옥은 비단 자신뿐만 아니라 모든 여인들을 마음깊이 아끼며 다정하게 대하니, 이 때문에 보옥이 아무리 대옥을 향한 진심을 표현해도 대옥은 이를 곧이곧대로 믿지 않으며, 또 실제로 이런 모습을 늘 목격하게 되므로, 늘 보옥의 마음을 의심하고 스스로를 괴롭히게 된다.

손온은 이러한 보옥과 대옥의 내면세계를 동시에 독자에게 보여주면서, 이후 벌어질 장면까지 예상할 수 있도록 서사 효과를 의도했다고 볼 수 있다. 또한 화폭에는 섬세한 배경 묘사를 더해 고요하고 적막한 분위기를 한층 강조하므로써, 손온은 전통 삽화의 이미지를 차용하는 동시에, 자신만의 회화적 특색을 더하여 화책의 성격에 부합하는 장면을 연출 한 것이다.

다음은 설보차(薛寶釵)의 전통 삽화에서의 이미지 운용을 살펴보도록 하겠다. 『홍루몽』의 여성 인물들은 그 숫자가 매우 많고, 모두 아름답고 수려한 외모와 풍류를 지니고 있으므로 단지 인물의 외모만으로 그들을

---

12) 최병규, 「《홍루몽》 인물의 이해」, 『인문과학연구』 3권, 안동대학교 인문과학연구소, 2000, p.391.

분간하기란 불가능하다. 때문에 삽화에서는 전통적으로 기물(器物)을 이용한 구분이 선행되었는데, 즉 소설 속에서 해당 인물을 상징할만한 물건을 함께 그려 넣는 방법이었다. 설보차의 경우 거의 모든 삽화에서 부채를 들고 나비를 쫓는 모습, 즉 '寶釵撲蝶'(보차박접)의 형상이 대표적으로 사용되어 왔다. 사실 이 장면은 소설에서 서사적으로 중요한 사건을 묘사하는 장면이라고는 할 수 없으나, 설보차의 활발하고 어린아이 같은 순수한 내면세계를 잘 표현한 장면으로 꼽혀오며, 예로부터 현재까지 설보차의 대표적인 인물 이미지로 사용되었다. 때문에 『홍루몽』의 회화본에서 손에 부채를 들고 나비를 쫓는 여인을 보면 누구든 그것이 설보차임을 알아차릴 수 있으며, 해당 서사를 연상해낼 수 있다. 이것이 바로 전통 이미지와의 상호텍스트성으로부터 발휘되는 강력한 정형성이라고 할 수 있겠다. 다음의 첫 번째 두 번째 그림은 전통 삽화에서의 설보차 이미지이며, 〈孫溫 제77화〉는 화폭의 일부로서 손온이 차용한 보차박접 이미지 부분을 확대한 것이다. 손온이 그린 화폭에서는 이 장면이 지면 대비 아주 작게 묘사되어 있어, 자세히 보지 않으면 찾아내기 힘들 정도인 것이 특징이라고 할 수 있다. 즉 손온은 이 화폭에서 대관원의 전체적인 풍경을 더욱 강조하고 있으며, 서사의 중점이 되는 적취정에서 은밀한 대화를 나누고 있는 두 시녀와 나비를 쫓는 보차의 모습은 거의 보이지 않을 정도로 작게 그려 넣은 것이다. 다시 말해, 손온은 전통 인물 삽화에서부터 이어져온 보차의 상징적인 모습이라고 할 수 있는 이 형상을 자신의 화책에 차용하며 인물 기호에 정형성을 더하긴 하였지만, 단지 그림 서사의 일부로 구성하였을 뿐, 서사 전개에 그다지 영향을 미치지 않는 장면이라고 판단하였으므로 화폭에서 부각시키지 않은 것이다. 그러나 아주 작게 묘사된 이 장면에서도 감상자가 충분히 보차의 역동적이고 발랄한 성격을 엿볼 수 있도록 섬세하게 표현되어 있다. 이렇게 생동적이고 디테

〈藤花榭本 寶釵〉

〈增評補圖石頭記 27回〉

〈孫溫 제77화〉

일한 인물 묘사는 그림 서사를 구성하는 일부로서, 그림의 크기에 상관없이 이야기 전체에 생명력을 불어넣어주는 매우 중요한 역할을 하고 있다고 할 수 있다. 또한 독자에게 화폭 안에서 기억 속 익숙한 보차의 모습을 찾아내는 재미마저 선사해주고 있는 것이다.

한편, 여러 전통 회화에서 가장 다양한 이미지로 묘사되어 온 인물은 다름 아닌 임대옥이다. 이는 『홍루몽』의 회화사에서 소설의 가장 입체적인 인물이자 핵심적인 인물이 임대옥이라는 반증이다. 임대옥의 성격이나 형상을 대표할 수 있는 사건과 장면은 여러 가지가 있는데, 비교적 상징성을 갖는 전통 이미지들을 예로 들어 손온의 이미지와 비교해보도록 하겠다. 다음의 첫 번째 그림은 임대옥의 이미지로 매우 유명한 꽃잎을 모아 꽃무덤을 만들기 위해 어깨에 비단 주머니가 달린 괭이를 메고 한 손에는 빗자루를 들고 있는 모습이다. 이 형상은 고금을 막론하고 수많은 삽화에 응용되어 왔으며, 대옥의 풍부한 감수성과 소녀 같은 성격을 잘 보여주는 장면으로 손꼽혀왔다. 삽화뿐 아니라 수많은 연구서에서 대옥의 성격을 분석하기 위해 빠짐없이 이 장면을 언급하고 있다. 이 장면을 통해 대옥이 꽃에 대해 특별한 감정을 지니고 있으며, 꽃이

〈王希廉評本 黛玉〉

〈孫溫 제71화〉

〈增評補圖石頭記〉

〈孫溫 제78화〉

시든 뒤에 땅에 묻는 것을 가장 깨끗한 것이라고 생각하는 독특한 사고도 함께 엿볼 수 있다. 동시에 자신을 꽃에 비유하여 자신의 처지에 대해 늘 애처로운 마음을 갖고 있는 그녀의 내면세계를 드러내기도 하므로 그 상징성이 심오하다. 세 번째 그림은 대옥이 꽃무덤 앞에서 노래 가사를 읊으며 눈물을 흘리고 있고, 바위 뒤에서 보옥이 이를 지켜보며 슬퍼하는 장면으로, 눈물이 많고 쉽게 애수에 잠기는 대옥의 내면세계를 보여주는 장면으로 손꼽힌다. 한편, 손온은 자신의 화책에 이 이미지들을 차용하면서, 설보차의 경우와 마찬가지로 분할된 장면 중 하나로 배치하여 그림 서사의 일부로 귀속시켰다. 심지어는 화폭의 중앙이나 앞쪽에 배치한 경우도 거의 없었으며, 대부분 매우 작은 비중으로 화폭 안에 구성하는 양상을 보였다. 이는 손온의 화책이 서사와 전체적인 구성을 중시했던 것에서 비롯된 것이기도 하지만, 동시에 해당 이미지 본연의 강력한 정형성이 화폭 어디에 어떤 크기로 놓여 있어도 독자에게 즉각적으로 인지되는 힘을 가졌으므로 딱히 시각적으로 강조할 필요가 없기 때문이기도 하다. 또한 서사적인 각도에서 보았을 때 대옥의 이런 장면들은 많은 경우에 가보옥과 연관되어 있는데, 손온은 이런 전개적인 부분을 보완하여 가보옥의 형상을 함께 그려 넣기도 하며 서사성을 한층

〈增評補圖石頭記〉

〈孫溫 제89화〉

〈增評補圖石頭記〉

〈孫溫 제173화〉

강조한 것을 알 수 있다. 문자 텍스트에서 임대옥의 이미지는 단 한 장면으로도 충분히 그녀의 인물 형상의 특징을 강렬하게 부각시킬 수 있으나, 이미지 텍스트인 화책에서는 단 한 장면이 아닌 여러 장면을 연속적으로 이어나갔을 때 비로소 그녀의 복잡 미묘한 형상을 구축해낼 수 있으므로, 인물의 정형화는 전통 이미지와의 상호 텍스트성과 화책 자체의 이미지들의 연속성이 결합하여 이루어낸 결과라고 할 수 있다.

이외에도 임대옥을 대표하는 전통적 이미지로는, 위의 그림 중 첫 번째 그림에서의 앵무새를 키우는 모습, 세 번째 그림에서의 죽음이 임박했을 당시 거문고를 타는 모습 등이 있으며, 특히 그녀가 거주하는 소상관의 상징인 대나무를 함께 그려 넣는 경우가 많았다. 즉 여인과 앵무새, 거문고, 대나무 등의 동물이나 사물이 함께 그려졌을 때, 감상자들은 이 여인이 바로 임대옥이란 것을 쉽게 알 수 있었으며, 이는 이러한 사물 기호들이 임대옥 고유의 인물 기호로 자리 잡았음을 보여준다. 다시 말해, 문자 텍스트에서 '대옥'이라는 문자로 인물을 지칭하였다면, 이미지 텍스트에서 이 문자를 대체하기 위한 기호들이 등장하게 된 것은 지극히 자연스러운 일이라고 할 수 있는 것이다. 손온의 화책에서는 특히 임대옥이 등장하는 빈도가 높은 것을 알 수 있는데, 손온은 그녀의 특징이 담긴 전통

〈藤花榭本 史湘雲〉

〈孫溫 제25화〉

〈紅樓夢圖詠 晴雯〉

〈孫溫 제112화〉

이미지들을 적극적으로 활용하여 자신의 화책 안에 그려 넣어, 독자들이 무의식적으로 확립해온 그녀의 이미지를 상기시키는 데 일조하며 자신의 화책 안에서 인물 기호의 정형화를 도모하였다. 이렇게 오래도록 대중들에게 각인되어 왔던 임대옥의 형상은, 손온의 장편 그림 서사에서 연속으로 등장하며, 독자들이 길고 복잡한 화폭의 그림 서사를 한층 더 쉽게 읽어낼 수 있도록 돕는데 큰 역할을 하였음은 물론이다.

이외에도 『홍루몽』의 전통 회화에서부터 그 이미지가 이미 정형화된 등장인물들이 많이 있는데, 예를 들어 위의 첫 번째 그림은 사상운(史湘雲)이 술에 취해 작약(芍藥) 꽃잎이 가득 떨어진 평상에 누워 잠든 모습을 묘사하고 있는 그림이다. 이 장면은 표면적으로는 사상운과 작약 꽃잎이 한데 뒤섞여 주위에는 벌과 나비가 날아드는 모습을 묘사하여, 마치 그림에서 달콤한 향기가 나는 듯한 시각적 효과를 불러일으키는 동시에 여유로운 한때를 상징적으로 묘사한 것처럼 보이나, 사실 사상운의 비극적인 미래를 암시하고 있는 것으로 알려져 있다.[13] 때문에 이 장면은 지금까지 사상운을 묘사하는 가장 결정적인 장면으로 사용되어 왔으며,

13) 사상운은 결혼 후 불행한 결말을 맞게 되는 인물이다. 작약 꽃잎에 묻혀 잠든 사상운의 모습은, 마치 향기로운 꽃에 벌과 나비가 모여들 듯 상운이 남자로 인해 여러 우여곡절을 겪게 됨을 암시하고 있다.

손온 역시 〈孫溫 제125화〉를 통해 해당 이미지를 차용하면서 화폭의 우측에는 사상운이 취하게 된 사건의 전말을 설명하기 위한 연회 장면을 함께 상세히 그려 넣어 서사의 연결을 강조하였다. 또한 손온은 전통 이미지와 달리 평상에 잠든 사상운의 주위를 둘러싼 보옥과 자매들의 장난스런 모습을 더하여 그림에 약동감을 주었고, 붉은 색으로 칠해진 작약꽃은 주위와 대비를 이루어 더욱 선명하고 화려한 시각적 자극을 주며 사상운의 아름다움을 한층 더 부각시켰다. 이러한 전통 이미지들의 가장 큰 장점은 바로 해당 인물과 사건을 함축하는 힘이라고 할 수 있겠다. 원작에서 사상운이 등장하는 장면은 수도 없이 많지만, 망설임 없이 그녀를 이미지화할 수 있는 장면은 이 사건이 유일무이하다고 할 수 있다. 손온 화책에서 역시 사상운은 여러차례에 걸쳐 등장하지만, 감상자가 수많은 인물 가운데 자신 있게 사상운이라 확신할 수 있는 인물 형상은 이 장면뿐이라고 해도 과언이 아니기 때문이다.

다음은 청문의 인물 기호를 살펴보도록 하겠다. 청문은 보옥의 상급 시녀로 금릉십이차우부책(金陵十二釵又副册)에 속하며, 등장 빈도가 매우 높으며 수려한 외모를 지니고 있고, 보옥과 깊은 정을 쌓는 인물 중 하나이다. 다만 수많은 여성 인물이 등장하는 『홍루몽』에서 특히 시녀의 신분에 속하는 인물들은 더더욱 외모적인 특징이 없어 식별이 어려운 경우가 많다. 다만 청문의 이 형상은 전통 회화에서부터 자주 차용되어 정형화되었으므로 단조로운 인물 기호에 캐릭터성을 부여하기에 충분하였다. 이 장면은 청문이 아픈 몸으로 보옥의 갖옷을 기워주며 곤란한 상황에 처한 보옥을 기꺼이 도와주는 모습으로, 그녀의 야무진 성격과 섬세한 손재주를 잘 묘사하여, 전통적으로 청문의 인물 형상을 대표하는 이미지로 채택되어 왔다. 청문에 대한 평가는 시대적으로 차이가 있으나,[14] 『홍루몽』의 여러 삽화에서는 대부분 이 장면을 채택하여 보옥의 시녀로서 청문의 책임감 있고 헌신적인 형상을 강조하였다. 손온 화책에서도 마찬가지로 〈孫溫 제112화〉 화폭의 좌측에 해당 장면을 그려 넣어 청문의 전통적 이미지를 활용하여 그림 서사의 서사성과 인물 형상의 정형성을 강화하고자 하였다. 또한 『홍루몽도영』과 비교했을 때, 손온은 청문 옆에 가보옥의 형상을 명확하게 그려 넣어, 가보옥과 청문의 관계를 부각시키고자 하였음을 알 수 있으며, 이는 이후의 그림 서사와 강한 상호 작용을 하며 인물 간의 서사를 발전시키기 위한 중요한 역할을 하였다.

마지막으로 『홍루몽』에서 가장 반시대적인 인물 중 하나인 우삼저(尤三姐)의 형상에 대해 살펴보도록 하겠다. 우삼저의 음란성(淫亂性)에 대해서는 판본에 따라 그 설정이 상이하나,[15] 이 글에서는 해당 면모를 제외하고 논하도록 하겠다. 우삼저는 비록 신분은 미천하나 절세미녀에 기개가 넘쳤으며, 결코 호락호락하게 자신을 남자에게 허락하지 않았다. 또한 결혼 대상은 자신이 선택해야 한다는 신념을 갖고 있는 자유연애주의자였다. 원작에서 우삼저와 관련된 일화가 전개되면서, 우리는 조설근이 얼마나 다채로운 여인들의 형상과 삶, 그리고 운명을 그려내고자 했는지 새삼 가늠할 수 있게 된다. 다만 전통 삽화에서는 우삼저의 반사회적 성향을 삽화에 직접 드러내기엔 무리가 있었으므로, 대신 그녀의 곧은 절개를 상징하는 원앙검(鴛鴦劍)이 항상 함께 등장하였다. 우삼저는 그토록 바래왔던 유상련(柳湘蓮)과의 정혼이 파기되자 수치심과 비탄에 빠져, 유상련의 눈앞에서 그가 혼인의 약조로 준 원앙검으로 자결하며 자신의 정조를 증명하고자 하였다. 이처럼 그녀는 자신의 삶에 매

14) 이진삼, 「《紅樓夢》의 人物 晴雯 硏究」, 제주대학교 석사학위논문, 2015, p.2.

15) 채우석, 「《紅樓夢》의 우삼저 形象 硏究」, 『중국학논총』 9집, 한국중국문화학회, 2000, p.226.

〈程刻本 尤三姐〉

〈孫溫 제131화〉

우 진취적이며 주도적인 신여성의 면모를 뚜렷하게 보여주고 있는 캐릭터이다. 하지만 대부분의 전통 삽화에서 우삼저는 위의 좌측 그림과 마찬가지로 한손에 검을 들고 있는 단편적인 형상으로 묘사되어 상징성은 강하나, 서사성이 결여되어 있다. 그러나 손온은 해당 사건의 전개 과정을 화폭에 연속으로 담아내며, 우삼저가 원앙검으로 자결하여 바닥에 쓰러진 장면을 적나라하게 묘사했을 뿐만 아니라, 이어 유상련의 꿈속에 검을 들고 나타나는 모습을 그리며 유상련과 우삼저의 이야기를 비교적 상세히 다루었다. 특히 전통 삽화에서 우삼저나 또는 다른 인물들의 죽음을 직접적으로 묘사하는 경우가 없는데, 손온의 화폭에는 우삼저가 목에 칼을 대고 쓰러져 있는 모습을 있는 그대로 표현하여 상황의 극적인 분위기를 그대로 전달하였다.

이는 전통 회화와는 차별된, 리얼리티를 추구하였던 손온의 화법과 창작 의도를 보여준다고 할 수 있겠다. 화폭에는 이후에도 우삼저가 손에 칼을 든 채로 여러 번 다시 등장하는데, 이처럼 손온은 우삼저의 상징적이며 역동적인 인물 형상을 구축하는데 보다 적극적인 태도를 취한 것을 알 수 있다.

(2) 의복과 장식 묘사

전통 삽화와의 상호 텍스트성을 활용하는 것 이외에도, 손온은 인물 기호의 조형성을 위해 자신의 작품 내로부터 몇 가지 약속된 그림 기호를 만들기도 하였다. 소설 작품과 같은 문자 텍스트에서는 아무리 많은 인물이 한꺼번에 등장하더라도 그들의 호칭을 통해 명료한 인물 지칭과 서술이 가능하지만, 『홍루몽』처럼 수 백 명의 인물이 등장하는 소설을 그림으로 옮겼을 때, 복잡한 인물 식별 문제를 어떻게 풀어나가느냐는 화가에게 큰 숙제 중 하나로 남게 된다. 한편, 연속된 화폭에서 서사의 연결성은 감상자의 그림 속 인물에 대한 식별 여부에 달려있기도 하다. 소설의 주요 인물을 그림에서 쉽게 구별할 수 있다면, 당연히 그림 서사의 전개에도 아주 유리할 것이다.[16] 때문에 회화 예술에서, 특히 삽화나 화책에서 화가는 종종 감상자의 편의를 위해 인물을 식별할 수 있는 몇 가지 암묵적인 약속을 만들기도 한다. 가장 쉽고 자연스러운 방법 중 하나가 바로 인물마다 특징적인 의복이나 도구를 사용하는 것이지만, 『홍루몽』에는 등장인물이 너무 많기 때문에, 일일이 인물과 대응하여 외형 묘사를 진행하는 것은 거의 불가능하다고 할 수 있다. 그러므로 손온의 화책은 인물 하나하나의 식별에 몰두하기 보다는, 인물의 행위, 또는 특정한 기물이나 배경을 통해 화폭을 구성하여, 감상자에게 전체적인 이미지를 통해 사건을 연상시키고 그에 따라 인물을 식별할 수 있도록 유도하는 방식을 사용하였다. 다만 손온은 가장 기본이 되는 의복 묘사에 있어서도 나름 공을 들여 묘사한 것을 알 수 있는데, 먼저 신분에 따른 복식의 기준과 규율을

16) 陳驍, 「淸代《紅樓夢》的圖像世界」, 中國美術學院 博士學位論文, 2012, p.139.

〈孫溫 제23화〉

〈孫溫 제86화〉

〈孫溫 제147화〉

만들어 따랐으며, 또한 옷의 색감은 적절하고 다채로우며, 무늬를 나타내는 선은 빈틈없고 유려하여, 독자들에게 또 하나의 음미할만한 요소를 제공하기도 하였다. 이런 점들을 토대로 손온이 창조한 자신만의 인물기호와 정형화에 미치는 영향을 알아보도록 하겠다.

먼저 손온의 화책에서 어느 장면에서나 가장 손쉽게 구별이 가능한 인물인 가보옥이 대표적인 예라고 할 수 있겠다. 가보옥의 형상은 소설원작에서의 묘사를 거의 그대로 형상화했다고 할 수 있는데, 위의 〈孫溫 제23화〉에서 보이듯 머리를 묶고 자금관(紫金冠)을 썼으며, 자금관 위에는 커다란 붉은 장식이 달려 있다. 또 목에는 항상 금으로 만든 목걸이에 통령보옥을 매달아 걸치고 있다. 옷은 대부분 붉은색 두루마기와 소매가 없고 긴 털이 달린 청색의 가죽 마고자를 덧입으며, 〈孫溫 제86화〉처럼 연한 푸른빛의 두루마기만 입는 경우도 있고, 〈孫溫 제147화〉에서처럼 이 위에 청색 가죽 마고자를 덧입는 모습도 종종 보인다. 가보옥의 의복은 시종일관 이 두세 가지 형태를 벗어나지 않으며, 손온의 그림 전체에서 가장 눈에 띄고 특징적이며 일관적인 외형을 갖춤으로써, 손온만의 가보옥 형상을 만들어내는데 성공하였다. 동시에 통령보옥을 목에 걸고 있는 가보옥은 독자의 그림 분석에 큰 도움을 주기도 한다. 자매들과 같이 있는 경우 남성 인물이 보옥 혼자이기 때문에 굳이 통령보옥이 없더라도 보옥을 찾아내는 것은 어렵지 않다. 그러나 아주 간혹 가부의 또래의 남자들과 같이 있을 때, 의복이나 관(冠)장식 등이 유사하므로 만약 보옥의 목에 통령보옥이 없다면 누가 누군지 변별하기란 불가능하다. 그러나 작가는 독자가 언제 어디서든 가보옥을 한눈에 알아볼 수 있도록, 통령보옥을 보옥을 상징하는 기호로서 십분 활용한 것이다.

보옥을 제외하고 유일하게 한명 더 통령보옥과 같은 상징적 기호를 갖고 있는데, 바로 설보차이다. 〈孫溫 제21화〉에서 보이는 것처럼 설보차의 목에는, 통령보옥과 매우 유사한 금으로 된 목걸이가 걸려 있다. 사실 손온의 화책에서 자매들이나 시녀들이 동시에 여러 명이 등장할 때, 누가 누군지 구분하는 것은 현실적으로 불가능하다. 옷이나 머리장식만으로는 절대적으로 구분이 불가능하며, 얼굴로는 더더욱 차이를 찾을 수 없다. 그만큼 손온은 여성인물들에게 외모적인 개성을 부여하지 않았다는 것을 뜻한다. 그러나 손온은 오직 설보차에게만 목에 금쇄(金鎖)를 걸어주어, 유일하게 시각적으로 분별이 가능하도록 설정 하였다. 이 금쇄는 소설 원작에서 설보차가 갖고 있는 상징적 기물이며, 보옥의 통령보옥과 짝을 이루어 금옥의 인연을 암시하는 결정적 역할을 한다. 다만 전통 회화에서 보차를 묘사할 때는 늘 나비나 부채를 강조할 뿐, 직접적으로 금쇄를 시각화하는 경우는 매우 드물었다. 그러나 손온은 화책 전체에서 일관적으로 보차의 목에 금쇄를 묘사하여 그녀를 특정하며 정형화 하였으며, 이는 매우 의미 있는 현상이라 할 수 있다. 화가가 보옥과 같은 모양의 목걸이를 보차에게 걸어준 것은, 아무리 대옥과 보옥이 서로를 흠모하여 서로를 짝으로 간절히 원한다 하더라도, 결국 보옥은 보차와 맺어지는 결말을 암시하고 있기도 하다. 또 여러 자매들이 함께 있을 때 독자가 직관적으로 대옥을 찾을 수 있는 방법은 없지만

〈孫溫 제21화〉

〈孫溫 제68화〉

설보차는 가능해지므로(〈孫溫 제68화〉), 이는 작가가 표면적으로 설보차에게 가보옥에 버금가는 정형성을 부여했다는 것을 의미한다. 그렇다면 손온이 보차에게 이렇듯 시각적인 금쇄를 채운 함축적 이유는 무엇일까. 사실 보옥에게 이 통령보옥 목걸이는 일종의 족쇄의 의미이다. 특별한 출생으로 인해 온 집안 어른들의 기대를 담고 있으며, 자신의 진정한 애정 대신 금옥의 인연을 강제 당하는 원인이 된다. 때문에 보옥은 시도 때도 없이 이 목걸이를 집어 던지며 불합리한 운명에 저항하는 모습을 보여주며 자신의 운명을 스스로 개척하고자 하는 의지를 보여준다. 그러나 설보차가 이 금쇄를 대하는 태도는 가보옥과 정반대라고 할 수 있다. 그녀는 금쇄를 굳이 사람들에게 드러내진 않지만 보옥에서 슬며시 보여주기도 하고, 그 운명을 딱히 거부하지도 않는다. 즉, 작가는 보차의 금쇄를 통해 가보옥의 태도와 선명한 대비를 이루도록 하여, 같은 운명을 대하는 두 가지 상반되는 인물 형상을 구축하고자 했던 것이다. 손온 역시 이러한 의미에서 두 사람에게 같은 모양의 목걸이를 걸어주며, 표면적으로는 금옥의 인연을 상징하면서, 그 이면에는 어린 소년 소녀가 짊어지기엔 가혹했던 봉건적 굴레를 시각화한 것이라고 할 수 있겠다.

손온의 화책에서 가보옥이나 설보차만큼 명확한 정체성을 갖춘 인물은 몇 명 없는데, 가모(賈母)와 가정(賈政), 유노파[劉姥姥], 그리고 도사와 승려 정도를 예로 들 수 있다. 가부의 가장 어른인 가모는 위의 〈孫溫 제68화〉에서처럼 머리에 두건을 쓰고, 금색이나 황토색 비단에 황금실로 무늬가 수놓아진 화려한 두루마기를 입었으며, 목에 염주를 걸치거나 손에 지팡이를 들고 있고, 늘 상석에 앉아 있으므로 감상자에게는 비교적 식별이 쉬운 인물이라고 할 수 있다. 또한 항상 자매들과 보옥, 또는 하녀들에게 둘러싸여 있으므로 화폭에서 유일한 여성 노인은 가모일 확률이 매우 높다. 한편, 승려와 도사는 소설의 시작과 끝을 열고 맺으며, 선계와 현실계의 연결자로서 소설 전체를 아우르는 인물들로, 대부분 두 사람이 함께 등장하며, 승려와 도사라는 신분 역시 『홍루몽』의 주요 인물들 중에는 유일하기 때문에 독자가 화폭에서 두 사람을 인식하는 것은 어렵지 않다. 승려는 머리를 밀고, 황토색의 승복(僧服)을 입었으며, 도사는 절름발이라는 신체적 특징이 있고, 그 다리 아래로 나뭇가지를 받쳐 다리 역할을 하도록 하였다. 또 푸른색 도복(道服)을 입고 있으며, 두 사람 모두 맨발을 하고 있는 것이 특징이라고 할 수 있다(〈孫溫 제3화〉). 다음의 첫 번째 그림을 보면, 이 두 인물은 전통 삽화에서도 비슷하게 묘사되어 온 것을 알 수 있는데, 손온의 화책은 채색을 사용하여 좀 더 선명하고 생동감 있게 두 사람의 형상이 대비되도록 묘사한 것이 특징이다.

앞서 언급했듯 『홍루몽』에는 노인이 거의 등장하지 않는데, 손온의 화책에서 역시 중복으로 등장하는 여성 노인으로는 가모를 제외하면 유노파가 거의 유일하다. 유노파는 가모와 비슷한 연령대의 노인이지만 의복 묘사를 통해 직관적으로 가모와 신분상의 극명한 대비를 이루는데, 풍채 좋은 가모와 달리 유노파는 매우 마르고 왜소하며, 거칠고 남루한 황토색 저고리와 면치마를 입은 시골의 가난한 할머니의 형상을 하고

〈程刻本 僧道〉

〈孫溫 제3화〉

〈孫溫 제19화〉

있다. 그 외에 유노파와 다른 여성 노인들을 구별할 수 있는 방법이 하나 더 있는데, 바로 한손에 손자인 판아(板兒)를 데리고 다닌다는 것이다. 즉, 〈孫溫 제19화〉에서 보이는 것처럼 '한 손에 어린 손자를 데리고 다니는 할머니'는 유노파라는 공식이 성립되며, 이는 독자들에게 암묵적인 약속된 기호로 작용하며 유노파의 인물 기호에 정형성을 부여한다.

그러나 『홍루몽』에 등장하는 나머지 인물들에겐 이렇다 할 단독적인 특색을 찾아보기 힘들다. 그나마 인물들의 신분에 따른 의복의 구별은 비교적 명확하게 이루어져 있으므로, 일차적인 분류가 가능하다고 할 수 있다. 손온의 화책에서 등장인물의 의복과 머리 스타일은 주로 『홍루몽』 원작에서 묘사하고 있는 명대(明代)의 한족(漢族) 여성 복식 양식인 '희장(戲裝)'을 따랐다. 희장의 특징은 신분 간의 의복이 선명하고 쉽게 구분된다는 점으로, 손온은 원작에 충실하면서도 감상자에게 최소한의 식별성을 제공할 것을 고려한 것이다. 그렇다면 인물의 의복 묘사와 관련하여 가부의 부인들과 아가씨들, 그리고 어린 시녀와 나이든 시녀들로 분류하여 살펴보도록 하겠다. 우선 가부의 여성 계급 중 가모 다음의 지위에 있는 왕부인이나 형부인 등의 노부인들은, 머리에 검정색 두건을

〈孫溫 제23화〉

〈孫溫 제78화〉

〈孫溫 제84화〉

쓴 모양이 삼각형의 머리 장식처럼 보이는 특징이 있으며, 머리 뒤쪽으로는 흑색이나 청색의 손수건을 늘어뜨렸다(〈孫溫 제23화〉 우측). 그 다음으로 젊은 부인인 진가경이나 왕희봉(王熙鳳), 우씨(尤氏) 등은 머리에 겨울에 이마가 따뜻하도록 쓰던 덮개가 없는 모자를 씌우거나, 쪽진 머리의 위쪽으로 황금색 새 모양의 장식을 꽂는 등의 화려한 머리 장식을 즐겨 사용하였다(〈孫溫 제23화〉 좌측). 또한 결혼을 하지 않은 아가씨들은 높게 쪽을 졌으며, 비녀를 꽂거나 머리장식을 했지만, 젊은 부인들만큼 화려하진 않았다(〈孫溫 제78화〉). 다만 젊은 부인들과 아가씨들은 의상이 상당히 유사했는데, 어깨 덮개를 하고, 치마의 허리 부분을 끈으로 묶었다. 한편 어린 시녀들의 경우 낮고 둥글게 머리를 묶었으며, 귀에 꽃을 꽂았고, 나이 든 시녀는 머리에 푸른색 머릿수건을 둘렀으며, 대부분 청색의 옷차림을 하고 있다(〈孫溫 제84화〉).[17] 이것이 가장 기본적인 가부 여인들의 의복과 머리장식 설정이라고 할 수 있으며, 인물 구분이 어려운 손온의 화책에서 인물 기호에 일정한 정형성을 부여하는 데 큰 기여를 했다. 다만 한 화폭에 동시에 같은 신분의 아가씨들이나 어린 시녀들

17) 陳驍, 앞의 논문, p.140.

〈孫溫 제55화〉

〈孫溫 제56화〉

〈孫溫 제74화〉

이 여러 명 등장할 경우에는 의복이나 머리장식으로 더 이상 인물을 구분하는 것이 불가능하며, 독자는 나아가 인물의 동작이나 배경, 그리고 전후로 주어진 그림의 전개에 따라 인물의 신원을 미루어 짐작할 수밖에 없다.

손온은 전체 서사에서 절대다수를 차지하는 여성 등장인물뿐만 아니라, 비중이 낮은 남성 등장인물들의 의복 묘사에도 차이를 두어 직관적으로 구분이 가능하도록 하였다. 비록 남성 인물은 여성 인물에 비해 등장하는 수가 현저히 낮지만, 가부와 가부 밖의 공간을 묘사할 때 대부분 남성 인물이 주를 이루기 때문에 그들에게도 정형성을 부여할 필요가 있었다. 예를 들어 관리들의 관모는 오사모(烏紗帽)를 사용하였고, 관복은 긴 두루마기를 입고 있고, 어르신과 대감들은 평소에는 사방 평정건(四方平頂巾)이나, 망건(網巾)을 머리에 두르거나 사모(紗帽) 또는 두건을 쓰고 있는 것을 알 수 있다(〈孫溫 제55화〉).

한편 젊은 공자(公子)들은 관을 쓰거나 굽은 날개 모양의 상투를 썼으며(〈孫溫 제56화〉), 밝은 색의 비단 두루마기를 걸쳤고, 남자 하인들은 과피모(瓜皮帽)를 쓰거나 두건을 뾰족하게 묶었으며, 주로 진한 갈색의 두루마기를 입었다(〈孫溫 제74화〉).[18] 이는 비록 『홍루몽』 원작에서나 그림에서나 남성 인물들의 비중은 그다지 크지 않지만, 손온은 독자가 그림을 읽는데 방해되지 않도록 최소한의 정보를 제공하고자 했다는 것을 보여준다고 할 수 있다.

2) 내면세계의 신체화

지금까지 손온의 화책에서 인물 기호의 정형화를 위한 등장인물의 조형성과 인물 기호의 외적인 의미를 중심으로 약속된 규칙들에 대해 살펴보았다면, 아래에는 인물 기호의 정형화를 위해 성격적 특성을 부여하는 내면세계의 신체화에 대해 분석하도록 한다. 즉, 인물 기호의 행위와 그 함축적 의미에 집중하여 작가가 독자에게 전달하고자 했던 인물의 내면세계를 해석해보고자 한다. 손온 화풍의 특성상 화폭에서 인물이 차지하고 있는 지면 비율이 높지 않은 것은 그다지 이상할 것이 없으나, 화가는 인물의 의복이나 동작은 비교적 특징적이고 정교하게 표현한데 비해, 인물의 얼굴 묘사에 있어서는 감정이나 개성을 거의 드러내지 않은 점은 특기할 만하다. 그렇다고 손온이 서사 문학에 있어 가장 중요한 인물의 내면 묘사를 게을리 했다는 것은 아니다. 다만 손온은 단순히 인물의 표정을 통해 직접적으로 감정을 드러내기 보다는, 행위나 자태 등의 신체 기호를 통한 상징적이며 함축적인 전달을 선호한 것으로 보인다. 특히 전통 이미지와의 상호텍스트성에 기인한 이미지들이 감상자로 하여금 한눈에 사건의 내용과 인물을 분별해낼 수 있게 하는 강한 상징성을 지녔다면, 인물의 내면세계를 신체화한 화책의 이미지들은 각각이 손온만의 인물 형상을 구축하는데 결정적인 작용을 하고 있다고 할 수 있겠다. 이 글에서는 인물의 내면세계가 신체화 된 양상을 각각 인물의

---

18) 陳驍, 앞의 논문, p.141.

드러난 심리와 인물의 절제된 심리, 그리고 인물 간의 수직 관계의 신체화와 수평 관계의 신체화로 분류하여 살펴보고자 한다.

(1) 인물의 드러난 심리

원작 『홍루몽』을 읽다보면 인물의 심리나 사상을 대표하는 대사를 어렵지 않게 발견할 수 있다. 그만큼 문자 텍스트는 복잡하고 미묘한 인물의 심리를 섬세하게 표현해내기에 적합하다. 예를 들어 가보옥의 여성관은 "여자는 물로 만든 골육이고 남자는 진흙으로 만든 골육이라, 여자 아이를 보면 기분이 상쾌해지지만 남자를 보면 더러운 냄새가 진동한다."(『홍루몽』 제2회)[19]고 언급되며 명확하게 독자에게 전달되고 있다. 때문에 이러한 대사를 사용할 수 없는 이미지 텍스트에서 인물의 심리를 담아내기 위해선 보다 상징적이고 적극적인 그림 언어가 필요한 것이다.

한편, 화폭에 시각화된 인물 형상은, 해당 인물의 어떤 행위 과정 중 화가가 의도적으로 한 순간을 포착하여 묘사한 것이다. 때문에 화가에게 선택된 그 찰나는 화가가 전달하고자 하는 바를 가장 잘 나타낼 수 있는 장면일 것이다. 간혹 인물 묘사에 있어 그림이 글보다 더 표현하기 쉬운 부분도 있는데, 그림은 시각을 통해 독자에게 인지되며, 직관적인 추측이 가능한 특성을 갖고 있기 때문이다. 다시 말해, 화폭 위에서 인물의 행위는 신체 기호로서 작용한다고 할 수 있겠다.[20] 이로써 감상자는 화폭에 포착된 인물의 단편적인 행위를 통해, 그 안에 함축된 해당 인물의 성격이나 기질을 유추할 수도 있는데, 화가는 궁극적으로 이런 행위 묘

---

19) 曹雪芹·高鶚 著, 『홍루몽』 제1권, 최용철·고민희 역, 나남, 2009, p.60.

20) 김세리, 앞의 책, p.43. 우리의 몸은 아주 훌륭한 기호의 덩어리이다. 원시인들도 문자를 사용하기 이전에는 몸동작으로 자신들의 생각을 표현했다. 때로 이 몸짓 언어는 말을 보충해주며, 경우에 따라서는 말을 대신할 정도로 효율적일 때가 있다.

〈孫溫 제68화〉

〈孫溫 제66화〉

〈孫溫 제30화〉

사들을 축적하여 인물의 입체적인 캐릭터를 구축해 나갔다.

『홍루몽』의 등장인물은 총 수백 명에 이르며, 손온은 화책 속 230폭에 걸쳐 수천 명에 달하는 인물을 그려냈다. 방대한 양의 등장인물은 그림 작가에게 섬세함을 요하는 인물 묘사에 대한 부담을 가중시키기도 하지만, 때로는 인물군(人物群)을 이용한 대비를 통해 인물의 성격이나 특징을 부각시킬 수 있는 수단을 제공하기도 했다. 예를 들어 위의 〈孫溫 제68화〉에는, 설보차의 생일을 맞아 악극단(樂劇團)의 공연을 보면서 앉아있는 많은 사람들 중에, 오직 가보옥만이 홀로 일어서서 손짓을 해가며 떠들고 있는 행동 묘사를 취하고 있다. 때문에 해당 화폭에서 단연 보옥의 형상은 다른 인물들과 대비되어 감상자의 눈을 사로잡는다. 예의를 지키며 자리에 앉아 악극단의 공연에 집중하는 다른 사람들과는 달리, 보옥은 이를 개의치 않고 자유롭게 돌아다니고 있다. 때문에 이 장면은 보옥의 자유분방하고 거리낌 없는 성격을 신체화 하여 드러내고 있다고 할 수 있다. 다음으로 〈孫溫 제66화〉를 보면 사람들이 모두 소란을 일으킨 유모 쪽을 향해 서있는데, 오직 보옥만이 병상에 누워있는 습인(襲人)을 향해 서있다. 이 장면은 보옥의 유모인 이씨 어멈이 병에 걸려 누워있는 습인이 자신에게 인사를 하지 않자 트집을 잡고, 또 습인의 편을 드는 보옥의 태도에 시샘하여 더욱 날뛰며 난동을 부리는 장면이다. 이때 희봉, 보차, 대옥 등 다른 사람들은 모두 유모를 어르고 달래기 위해 애쓰고 있지만, 보옥은 오로지 자신의 시녀인 습인의 기분과 안위만을 걱정하고 있는 모습이다. 손온은 이 장면을 통해 자신의 시녀에게 특별히 친절하고 정성을 다하는 보옥의 성격을 다른 사람들과의 대비되는 행동 묘사를 통해 극명하게 묘사한 것이다. 〈孫溫 제30화〉 역시 보옥의 이런 남다른 성격을 보여주는 장면이다. 서당에서 하인과 학생들이 뒤엉켜 한바탕 싸움이 벌어지는 와중에, 보옥은 자신이 아끼는 벗인 진종(秦鐘)이 부상을 당한 것을 보고 그를 살피고 있는 모습을 볼 수 있다. 다른 아이들은 서로 뒤엉켜 머리채를 잡기도 하고, 어떤 이는 몽둥이를 들고 있으며, 또 누구는 책상위에 올라가서 구경을 하지만, 이런 소란을 아랑곳하지 않은 채 보옥의 시선은 진종만을 향해 있으며, 손으로 진종의 얼굴을 어루만지며 걱정하는 몸짓을 취하고 있다. 즉, 손온은 이러한 보옥의 신체기호를 통해 다른 남자 아이들과는 상반되는 성향을 가진 보옥의 섬세함과 다정함을 강조하여 드러내고자 한 것이다.

이처럼 인간의 내심은 종종 무의식중에 몸의 언어로 드러난다. 두려움을 마주쳤을 때 숨는 것, 흥미로운 대상을 엿보고자 하는 것 모두 본능적인 행동이다. 또 마음을 연 상대에게 몸이 향해있고, 마음을 닫은 상대에게는 등을 지게 되는 것은 무의식적인 신체적 반응이다. 이는 지극히 자연스러운 몸의 언어로, 몸은 곧 마음의 거울이라는 것을 설명하고 있다. 손온은 이러한 몸의 언어, 즉 신체 기호를 섬세하게 표현하는데 매우 뛰어나다고 할 수 있겠다. 그 중 등장인물의 엿보기 행위를 예로 들어 신체화 된 내면세계를 살펴보도록 하겠다. 전통적으로 서사 문학에서 작가는 곧잘 엿보는 제삼자를 등장시킴으로써 그들의 심리를 독자의 심리로 전이시키는 효과를 유도한다.[21] 엿보기라는 행위의 근본적인 의미는 '숨어서 무언가를 훔쳐보는 행위'를 말하며, 인간의 시각적 욕망을 채우는 수단이라고 할 수 있다.[22] 나아가 엿본다는 것을 하나의 공식으로 만들어 본다면 엿보는 자와 엿보는 대상이 있어야 하며, 엿보는 자를 위한 안정적인 위치가 확보되어야 한다.[23] 이를 충족하기 위해서 손온 화책의 엿보기 행위에서는 다양한 건축물과 자연물을 이용해 엿보는 자에게 안정적인 위치를 제공하고 있다. 엿보기 행위는 그 특성상 발생과 동시에 엿보기의 주체와 대상자에게 이미 목격과 들킴이라는 결과가 수반되므로, 순간을 묘사한 그림을 통해서도 독자는 그 결과를 유추할 수 있게 된다. 때문에 '엿보기' 혹은 '훔쳐보기'의 모티프는 서사를 이끌어 가는 원동력이 되기도 한다.[24] 즉, 이 동작 하나만으로도 작가는 장면의 분위기를 결정할 수 있으며, 장면간의 분위기를 반전시킬 수도 있는 유용한 장치로 사용할 수도 있다. 손온은 화책에서 다양한 등장인물의 엿보기 행위를 묘사하고 있는데, 그 중 엿보기 행위의 가장 빈번한 주체는 가보옥이다. 가보옥은 소설의 주인공이기 때문에 당연히 가장 많은 사건에 연루되어 있으며, 수많은 인물들과 관계를 맺고 있고, 또 여러 사건의 중심이 되기도 한다. 그러므로 장면 간에 시선을 전환하는 주체가 되기에 가장 적합하면서 자연스러운 인물이라고 할 수 있다. 또 손온은 이런

21) 서성·강희안, 「조함미(曹涵美)가 그린 『금병매화집(金瓶梅畵集)』의 심리 표현 연구」, 『중국문화연구』 46권, 중국문화연구학회, 2019, p.50.

22) 욕망 이론에서 라캉은 인간은 태어나는 순간 어머니로부터 분리되면서 이미 결여, 결핍을 겪으며 이러한 결여와 결핍을 메우기 위해 '욕망'이 생겨난다고 했다. 그리고 이 '욕망'은 인간의 오감 중 하나인 '시각'에서 발생해서 다양한 형태로 표출한다고 했다.

23) 김용기, 「인간 욕망의 표출 '엿보기'= 에도가와 란포의 「호반정사건」을 중심으로」, 『일본문화연구』 40권, 동아시아일본학회, 2011, p.110.

24) 유연주, 「〈金瓶梅〉 속 관음증적 시선 연구」, 이화여자대학교 석사학위논문, 2013, p.2.

보옥의 시선을 빌려 독자들의 공감을 이끌어내고자 했으며, 자신의 의도에 따라 서사에 몰입할 수 있도록 유도하였다.

그럼 먼저 가보옥의 엿보기 행위 장면을 살펴보도록 하겠다. 보옥은 천성이 호기심이 많고, 특히 대관원의 자매들과 관련된 일이라면 항상 관심을 가졌다. 또 공부를 싫어하고 노는 것을 좋아하여 항상 이곳저곳을 다니며 흥미로운 일이 없나 찾는 것이 낙이었다. 그러다가 자연스럽게 여러 가지 사건을 목격하게 되는데, 〈孫溫 제41화〉 역시 그 중 하나이다. 화폭의 왼쪽 상단에 묘사된 이 장면은, 진가경의 장례를 마치며 돌아오는 길에 만두암(饅頭庵)에 잠시 머물 때의 일이다. 창밖에 서있는 사람이 보옥이며, 창문 안으로 보이는 두 사람이 진종과 지능(智能)인데, 진종과 지능은 본래 정이 두터운 사이로, 진종과 보옥이 만두암에 하룻밤 머물게 되자, 어두운 밤 진종은 지능을 찾아가 밀회를 즐긴 것이다. 이 장면을 보옥이 목격하게 되는데, 진종과 워낙 친한 보옥은 둘의 모습을 보고 당황하거나 숨기는커녕, 오히려 어둠속에서 그들에게 다가가 장난을 쳐 그들을 놀라게 하고는 웃음을 터뜨린다. 화폭에는 보옥이 둘의 모습을 창밖에서 훔쳐보는 장면을 아주 작게 그려 넣으며 남녀의 은밀한 정사가 진행되고 있음을 암시하였고, 독자들에게는 곧 일어날 일을 상상할 수 있는 여지를 주었다. 등장인물의 지극히 개인적인 사생활을 훔쳐보고 있는 엿보기 행위는, 인간의 감각 기관 중 눈을 통하여 작품의 에로티시즘을 한층 더 부각 시키고 있는 것이다.[25] 즉 감상자는 등장인물의 눈을 통해 마치 자신이 직접 해당 장면을 목격하는 듯한 착각에 사로잡히며, 이로 인해 그림 서사 속으로 한층 더 깊이 접근하며 인물간의 은밀한 서사를 공유할 수 있게 되는 것이다.

---

25) 유연주, 앞의 논문, p.2.

〈孫溫 제41화〉

〈孫溫 제78화〉

〈孫溫 제29화〉

타인의 애정사를 훔쳐보는 것도 보옥이 흥미를 갖는 일 중 하나라고 할 수 있지만, 자신이 마음에 품고 있는 임대옥과의 관계와 태도 역시 엿보기 행위를 통해 드러나곤 했는데, 이 두 가지 모두가 보옥의 욕망이 실현된 엿보기라고 할 수 있겠다. 〈孫溫 제78화〉는 산등성이를 가운데 두고 눈물 흘리고 있는 대옥과 보옥의 모습이다. 이 장면은 본래 걱정과 의심이 많아 속병이 깊은 대옥이, 보옥에게 서운한 일이 생기자 처량한 자신의 신세를 비관하며 홀로 꽃무덤 앞에 앉아 흐느끼며 노래를 읊조리고 있고, 보옥은 노랫말을 듣고 너무나 애절하여 정신없이 목을 놓아 통곡하는 일화를 담고 있다. 화폭에서 대옥은 보옥에게 등을 진 채 앉아 있으며, 보옥은 산 뒤편에 서서 대옥의 모습을 바라보며 눈물을 훔치고 있다. 이 모습은 두 사람의 마음이 서로를 향하고 있음에도 불구하고 대옥의 의심과 오해로 인해 스스로 보옥에게서 멀어져가는 대옥의 비관적 성격을 시각적으로 잘 표현하고 있다. 동시에 그럼에도 불구하고 늘 대옥을 따라다니며 눈치를 살피고, 비위를 맞춰주는 보옥의 모습을 반영하고 있기도 하다. 한편, 둘 사이를 가로막고 있는 커다란 산은 두 사람의 관계에 놓인 장애물을 상징하고 있다고 할 수 있겠다. 손온은 이와 같은 엿보기 행위를 통해 단순히 특정 사건을 묘사할 뿐만 아니라, 인물

간의 감정과 속마음을 더욱 생생하게 독자에게 전달하고자 하였다.

이처럼 등장인물의 엿보기 행위는 장면의 긴장감을 더해주고 직후에 벌어질 일을 예상할 수 있게 해주며, 인물 사이의 감정과 분위기를 보여주는 역할을 한다. 또 인물의 성격을 특정하여 드러내기도 하는데, 〈孫溫 제29화〉의 경우 보옥과 가정의 성격이 그대로 나타나는 장면이라고 할 수 있겠다. 이 화폭은 보옥이 서당에 가기 전 가정에게 인사를 올리러 찾아갔다가, 가정에게 혼나고 나온 뒤에, 가정이 보옥의 시종인 이귀(李貴)를 불러 보옥이 제대로 공부를 하고 있는지 문책하는 장면이다. 가정은 마침 일찍 퇴정하여 서재에서 여러 문객들과 담소를 나누고 있었는데, 여러 사람들 앞에서 보옥을 비난하고 혼내며, 그의 하인을 불러 보옥을 단단히 감시할 것을 명령한다. 이때 보옥은 문밖에서 잔뜩 움츠린 채 이귀가 혼나는 소리를 들으며 조용히 기다리는 수밖에 없었다. 보옥은 본래 가정을 무서워하는데다가, 소심하고 겁이 많은데, 그러한 성격이 엿보기 구도를 통해 적나라하게 묘사되고 있으며, 늘 아들을 못마땅해 하고 무시하는 가정의 가부장적인 태도 역시 엿보기 구도를 통해 생생하게 보여주고 있는 것이다.

손온의 화폭에서 엿보거나 엿듣는 행위를 통해 성격을 유추할 수 있도록 묘사된 인물이 한명 더 있는데, 바로 가우촌(賈雨村)의 경우이다. 다음의 세 개 화폭은 모두 가우촌이 묘사되어 있는데, 하나같이 부채를 들고 누군가를 엿보는 동작을 취하고 있는 장면이다. 가우촌은 관직에서도 여러 번 파직되었을 만큼 행실에 문제가 있으며, 꾀가 많은 기회주의자였다. 손온은 이런 가우촌을 시각적으로 묘사하기 위해 한손에 부채를 들고, 얼굴 한쪽을 가려 자신의 시선을 숨긴 채, 누군가를 지켜보는 모습을 통해 그의 음흉하고 계산적이며 약삭빠른 면모를 강조하고자 한 것이다.

다음은 몸의 방향을 통해 신체화 된 내면세계에 대해 살펴보도록 하

〈孫溫 제4화〉

〈孫溫 제5화〉

〈孫溫 제7화〉

겠다. 통상적으로 서로 마음이 통한 연인들의 모습은 늘 서로 마주보는 형태로 이미지화되어 있다. 이는 인간의 본성에 따라 자신이 호감을 갖는 대상에게 향하는 몸의 자연스러운 반응에 기반 한 것이다.『홍루몽』안에서 애정 관계를 형성하고 있는 가장 대표적인 남녀는 가보옥과 임대옥이다. 손온은 두 사람의 마주보는 모습과 등진 모습을 화폭 안에 시기적절하게 사용하여 둘의 감정 상태를 전달하기도 하였다. 다음의 〈孫溫 제22화〉를 보면, 가보옥은 얼굴은 다른 사람을 쳐다보며 대화하면서도, 몸은 임대옥 쪽을 향해 있는 것을 알 수 있다. 또 〈孫溫 제89화〉에서도 역시 둘은 서로를 향해 마주보고 있으며, 시선을 마주하고 또 두 손을 꼭 맞잡고 있는데, 화책 초반과 비교했을 때 이미 두 사람은 어느 정도 서로의 마음을 확인한 상태이며, 관계가 심화되었음을 보여주는 것이다. 손온은 이러한 장면 장면을 통해 둘 사이에 애정이 싹트고 쌓여가는 과정을 보여주고자 했으며, 이로써 독자는 둘 사이의 감정 변화를 생생하게 느낄 수 있게 된다. 반면 두 사람은 서로 애정을 쌓아가는 만큼 다투는 횟수도 잦았다. 다투는 원인의 대부분이 대옥의 의심과 불안에서 비롯된 오해와 분란 때문이라고 할 수 있는데, 〈孫溫 제58화〉에서 보이는 것처럼 둘의 다툼은 대부분이 대옥이 화를 내고 보옥이 풀어주는 양

〈孫溫 제22화〉

〈孫溫 제89화〉

〈孫溫 제58화〉

〈孫溫 제85화〉

상을 보이고 있다. 대옥은 슬픔과 분노를 주체하지 못해 보옥에게서 등을 돌리고 있으며, 보옥은 이런 대옥에게 다가가는 일방적인 모습으로 감상자는 둘의 관계를 한눈에 파악할 수 있다. 흔하지 않게 보옥이 대옥에게서 등을 돌린 장면도 찾아볼 수 있는데, 〈孫溫 제85화〉가 그러한 경우이다. 어른들이 자신의 혼사 문제를 논하며 금옥(金玉)의 인연을 언급하자 마음이 불편했던 가보옥에게, 대옥이 도리어 자신의 마음을 숨기고 보옥을 희롱하자 보옥이 자신의 마음을 몰라주는 대옥에게 실망하여 더욱 괴로워하며 불같이 화를 낸다. 또 보옥이 이같이 화를 내며 통령보옥을 내동댕이치자 대옥은 놀란 마음에 눈물을 흘리며 소리치고 있다. 이처럼 두 사람의 마음은 항상 같았지만, 서로가 자신의 마음을 숨기기만 하고 상대의 의중을 떠보기만 하여 우여곡절이 끊이지 않았는데, 작가는 이토록 복잡한 애정 관계의 발전 양상을 본능적인 행동 양상과 무의식에서 비롯한 신체 기호를 통해 시각적으로 전달하고자 하였다.

(2) 인물의 절제된 심리

한편, 사람의 감정이란 무의식적인 행위로 드러나기도 하지만, 행위의 주체에 의해 철저히 절제되는 경우도 있다. 본래 문학 작품에서는 인물의 감정을 그대로 드러내지 않고 절제된 반응을 통해 인간의 복잡하고 미묘한 심리를 예술로 승화시키는 것을 추구하기도 한다. 다만 화폭에서는 여전히 절제된 내면세계 또한 신체화 된 인물 기호로써 시각적으로 드러낼 수밖에 없으며, 독자는 이런 함축적이고 간접적인 기호마저 해석해 냈을 때 비로소 완전한 그림 읽기가 가능해진다.

순간적인 감정 변화를 스스로 제어한다는 것은 의외로 고도의 절제력이 필요한 일이다. 때문에 대관원의 어린 자매들이나 어린 시녀들에게는 결코 쉽지 않은 일이다. 왕희봉 정도의 내공이 쌓여야만 자신의 감정을 컨트롤 하여 겉으로 드러내지 않을 수 있으며, 심지어 거짓 감정을 만들어 내는 것까지도 가능해진다. 왕희봉은 행동력이 뛰어나며, 매우 적극적인 성격으로 집안의 모든 대소사를 관여하고 주도하는 외향형 인물이지만, 실제로는 매우 계산적이고 눈치가 빠르며 주도면밀한 성격을 갖고 있다. 특히 남녀관계에 있어 남들 앞에서는 철저하게 유교(儒教) 사상을 따르는 부녀자의 모습을 취하고 있지만, 사실 그 내면에는 반금련(潘金蓮) 못지않은 요부(妖婦)의 실체가 숨겨져 있다. 조설근이 『홍루몽』에서 보옥과 대옥을 통해 순수하고 일차원적인 정신적 사랑을 묘사하고자 했다면, 왕희봉을 통해서는 계략과 음모가 난무하는 인간의 추악한 욕정의 민낯을 비춰내고자 하였다. 이를 시각화하기 위해 손온은 희봉의 지위와 성격에 기반 하여, 그녀의 내면세계와는 상반되는 절제된 모습을 그려내면서 입체적인 캐릭터를 형상화하고자 하였다. 예를 들어 다음의 〈孫溫 제24화〉는 희봉과 가용(賈蓉)이 수레를 타고 녕국부(寧國府)를 나서는 길에 녕국부의 하인 초대(焦代)가 술주정 하는 소리를 듣게 되는 장면이다. 초대는 오래된 하인으로 집안의 은밀한 일들을 속속들이 파악하고 있는데, 집안에서 은밀하게 벌어지는 남녀 간의 음탕한 관계를 비난하고 있다. 화폭에서 묘사된 가용과 희봉을 보면, 두 사람 모두 초대에게서 고개를 돌린 채 못들은 척 하고 있으며, 희봉 옆에 앉아 있는 보옥은 너무

〈孫溫 제24화〉

〈孫溫 제32화〉

〈孫溫 제134화〉

어려 초대의 말을 알아듣지 못해 정면을 응시하고 있는 것과 완전히 상반된다고 할 수 있다. 다시 말해, 희봉은 초대의 말을 모두 알아들었으나 당황스런 감정을 숨기기 위해 고개를 돌리며 초대의 시야로부터 벗어나고자 하였으며, 상황을 모면하기 위해 절제된 행위를 취한 것이다. 이는 왕희봉의 처세 능력과 뻔뻔함을 강조하기 위한 신체기호라고 할 수 있겠다. 다음 〈孫溫 제32화〉에는 희봉에게 마음을 품은 가서(賈瑞)가 희봉 앞에 불쑥 나타나 무릎을 꿇고 인사를 하는 모습을 그리고 있다. 영리하고 눈치 빠른 왕희봉은 단번에 자신에게 흑심을 품은 가서의 의중을 파악했지만, 겉으로는 아무런 내색도 하지 않으며 오히려 놀라는 듯한 표정과 손동작을 취하고 있다. 그러나 『홍루몽』을 읽은 독자라면 가서가 희봉의 계략에 빠져 얼마나 비극적인 최후를 맞이하는지 바로 연상할 수 있을 것이다. 손온은 희봉의 이러한 지독한 양면성을 시각적으로 표현하기 위해서, 일차적으로 가서의 앞에서는 속내를 숨긴 채 순수하고 해맑은 여인의 모습을 연기하는 희봉을 묘사하고자 한 것이다.

『홍루몽』에서 가장 극단적인 이중성을 가진 인물인 왕희봉의 교활함이 절정에 치닫는 장면은 바로 〈孫溫 제134화〉를 통해 드러나고 있다. 왕희봉은 가련이 우이저(尤二姐)를 마음에 품고 자신 몰래 소실로 앉혀 따로 살림을 차린 것을 알아차리게 되는데, 가련의 하인을 불러 불같이 화를 내며 진상을 파악하였지만, 오히려 우이저와 가련 앞에서는 웃는 얼굴로 철저히 자신의 감정을 숨긴 채, 뒤로는 무서운 계략을 세우고 있었다. 심지어 희봉은 가모와 집안 어른들 앞에 직접 우이저를 데려가 인사를 시키고, 입으로는 그럴듯한 말들을 뱉어내면서 어진 아내의 모습을 연기하며, 가모로부터 칭찬을 받기까지 한다. 그러나 희봉이 뒤에서 꾸며낸 계략들에 의해 우이저는 점점 야위어 가며, 결국 스스로 자결하는 지경에 이르고 만다. 손온은 이렇게 희봉의 철저하게 연기된 외면 묘사를 통해 희봉의 이중성을 극단적으로 보여주는 효과를 창출해 내고자 한 것이다.

물론 손온 화풍의 특성 상 대부분의 인물이 얼굴에 감정을 드러내지 않고 있지만, 화가가 의도적으로 인물의 얼굴의 일부를 가렸을 때, 그 뒤에 절제된 감정은 오히려 더욱 증폭되어 독자에게 전달되고는 한다. 특히 가보옥은 감수성이 풍부하고 화책에서도 적극적인 행동 묘사가 주를 이루지만, 유독 그의 슬픔을 표현하는데 있어서는 절제된 그림 묘사가 이루어졌다. 예를 들어, 진가경의 죽음을 전해들은 보옥이 밤중에 황급히 가마를 타고 녕국부로 향하는 모습이나(〈孫溫 제34화〉), 자신이 그토록 좋아하는 대옥이 죽었다는 소식을 듣고 가마를 타고 소상관의 빈소에 도달한 모습(〈孫溫 제199화〉), 그리고 속세를 떠나기 전 아버지 가정에게 아들로서 마지막으로 인사를 올리는 모습까지(〈孫溫 제228화〉), 가보옥의 얼굴은 모두 의도적으로 일부나 전체가 가려진 채 감상자에게 보이지 않도록 설정되어 있다. 그러나 실제로 원작에서 가보옥은 진가경의 죽음을 알고는 피를 토할 정도로 괴로워했으며, 대옥의 사망 소식을 듣고는 지쳐 쓰러질 정도로 대성통곡을 한다. 이 두 장면 모두 화가가 아무리 과하게 슬픔을 묘사한다 해도 과하지 않은 수준이라고 할 수 있

〈孫溫 제34화〉

〈孫溫 제199화〉

〈孫溫 제228화〉

는 것이다. 다만 가정에게 절을 올리던 보옥은 '기쁜듯하기도 하고 슬픈 듯하기도 한 얼굴'을 하고 있었는데, 아버지에게 마지막 인사를 올리는 보옥의 마음은 아마도 말로 다 표현하기 어려운 복잡 미묘한 감정이었을 것이다. 손온은 이런 보옥의 극적인 슬픔과 복잡한 감정들을 묘사하는 데 있어, 오히려 시각적으로 드러내지 않고 숨기는 방법을 사용하여 그 감정의 심오함을 차마 시각적으로 규정지을 수 없음을 표현하고자 한 것이다.

이처럼 손온은 원작의 문자 텍스트의 적확한 설명을 대체하기 위해서, 인물들의 표정을 통해 직접적으로 감정을 표현하기 보다는 신체 기호라는 간접적이고 상징적인 표현 방법을 사용하여 인물들의 심리와 내면세계를 표현하는 방법을 선호한 것을 알 수 있다. 이런 은유적인 표현 방식은 인물 기호의 캐릭터화에 큰 기여를 하였으며, 화책의 예술성을 제고하는 동시에 독자들로 하여금 화책을 분석하고 해독하는 재미를 제공하는 등 오락성까지 겸비하였다고 할 수 있다.

(3) 수직 관계의 신체화

소설 『홍루몽』 안에는 당시 봉건 사회 영향 아래 신분 계급 간에 선명한 수직적인 상하 체제가 구축되어 있다. 그러나 동시에 대관원이라는 탈현실적 세계에서는 가보옥을 중심으로 한 수평적 관계를 지향하는 것을 알 수 있는데, 이는 외부와 단절된 독립된 이상(理想) 공간의 성격을 갖는 대관원의 특징에서 비롯되었다고 할 수 있다. 때문에 소설『홍루몽』안에는 수직적 관계와 수평적 관계가 공존하는 독특한 양상을 보이고 있다. 손온은 비시각적 개념이라고 할 수 있는 인물 간의 다양한 관계 구조를 시각화하기 위해 여러 가지 기호를 통해 이러한 수직 수평 관계의 상징적 구조를 차용하였는데, 화가는 독자들이 문자 텍스트가 배제된 채 그림 읽기의 난해함에 빠지지 않도록 끊임없이 디딤돌을 제공하고자 노력했음을 알 수 있다. 이러한 인물 구조의 가시화는 인물 기호에 선명한 정형성을 제공하였으며, 이 글에서는 가시화된 인물 구조를 수직 구조와 수평 구조 두 가지로 분류하여 살펴보고자 한다.

『홍루몽』에서 봉건주의적 가부장식 수직 구조의 중심에 있는 인물은 바로 가보옥의 아버지 가정이다. 손온 또한 화폭을 통해 가정의 이러한 면을 반복적으로 강조하였는데, 가정의 가부장적인 태도를 가장 쉽게 묘사하는 방법은 바로 직관적인 상하 구도를 사용하는 것이었다. 이미지 텍스트에서 수직적인 인물 관계를 시각적으로 표현하는 방법은 크게 직접적인 방식과 간접적인 방식으로 나뉘는데, 가정의 경우 직접적인 표현 방식이 사용된 대표적인 인물이라고 할 수 있다. 예로부터 상방(上方)은 절대 권력자를 가리키는 공간의 기호로, 마치 하늘과 땅처럼, 상하로 대립된 공간은 하방(下方)에서 상방으로 갈수록 그 초월성과 지배성이 강해지는 양상을 띤다.[26] 때문에 상하로 구분된 계급 구조는, 시각 이미지에서도 마찬가지로 통용된다고 할 수 있겠다.

26) 이어령,『공간의 기호학』, 민음사, 2000, p.45.

〈孫溫 제29화〉

〈孫溫 제88화〉

〈孫溫 제88화〉

때문에 손온의 화폭에서 가정은 대부분 누군가의 상방에 위치해있는 구도로 묘사되고 있다. 이유인 즉 가부 안에서 가정의 위에 위치할 수 있는 인물은 오직 가모뿐이며, 외부로는 황제가 있다. 그 외에 가정은 대부분 절대적인 상위(上位)를 차지한다. 예를 들어 위의 〈孫溫 제29화〉, 〈孫溫 제88화〉, 다음 〈孫溫 제46화〉 모두 가정이 위에서 누군가를 내려다보고 있는 구조로 묘사되었다. 뿐만 아니라 단순히 공간적인 상하의 배치를 뛰어 넘어, 하방에 위치한 인물들은 모두 무릎을 꿇고 있거나, 매를 맞는 양상을 보인다. 누군가의 앞에 무릎을 꿇는다는 행위는 복종과 굴복을 상징하며, 절대 권력에 대한 두려움의 본능적인 반응이기도 하다. 때문에 전통 문학에서 하인이 주인에게 무릎을 꿇는 것은 흔히 볼 수 있는 장면이라고 할 수 있다. 다만 손온의 화폭에서는 유독 가정과 가보옥의 상하 관계가 자주 묘사되고 있는데, 비록 전통 고전 소설이라고 할지라도 모든 부자 관계가 이토록 수직적이지만은 않으나, 가정과 가보옥의 관계는 가부장적 구조 그 자체라고 할 수 있다. 심지어 가정은 보옥의 어리석음에 분노하여 직접 매질을 하는 것도 서슴지 않는다. 이에 가모와 왕부인 등 모두 놀라며 혼비백산하여 달려와 가정을 말리고, 가모는 가정을 크게 나무랄 정도이니, 보옥에 대한 가정의 엄격한 잣대는 상상 그 이상이라고 할 수 있다. 이는 나아가 가보옥이 집을 떠나 원래 살던 천계

〈孫溫 제46화〉

로 돌아가고자 마음먹을 수밖에 없도록 만드는 결정적인 요인 중 하나로 설정된 것이라고 볼 수 있으며, 손온은 이 부분을 놓치지 않고 화폭 위에 고스란히 담아냈다. 간혹 공간의 상하 구조가 실제와 반대로 표현되는 장면도 볼 수 있는데, 〈孫溫 제46화〉가 그런 경우이다. 이 그림에서는 가정과 모든 문객들이 완공된 대관원을 구경하던 도중 편히 앉아서 쉬고 있으나, 오직 보옥만이 감히 앉지 못하고 가정 옆에 꼿꼿이 서있다. 이는 작가가 또 다른 방법으로 가정을 향한 보옥의 불편함과 두려운 마음을 보여주고 있는 것이며, 둘 사이의 엄격한 수직 구조를 한층 더 강화시키고 있다. 이렇듯 가정의 인물 기호로 가시화된 수직 구조는 가정의 정형성을 공고히 하며 그림 서사의 함의와 스토리성을 심화시키는 장치로서 작용하고 있다.

손온이 그린 『홍루몽』의 이야기에서 상하 구도에 가장 자주 노출되는 여성 인물은 단연 왕희봉이라고 할 수 있다. 전통 문학의 지위 구조에서 상방은 남성의 전유물이라고 해도 과언이 아니었는데, 명청대 통속 문학의 발전과 더불어 이런 전통 구조에도 변화가 생겼다. 왕희봉은 젊지만 야망이 넘치고 천성적으로 여장부의 풍모를 지니고 있는 인물이다. 그녀는 진가경의 장례를 맡아서 치른 이후, 가부에서 실질적으로 집안일을 총괄하며 중심인물로 급부상한다. 왕희봉은 하인들이 자신의 지시를 따르고, 자신이 의도한 대로 일이 진행되는 모습에 만족감을 느낀다. 이는 그녀가 천성적으로 지도자 또는 지배자의 자질을 지닌 인물임을 보여준다. 손온은 화책에서 이런 왕희봉의 캐릭터를 입체적으로 묘사하기 위해 여러 가지 방법을 사용했는데, 상하 구도의 시각화 역시 그 중 하나라고

〈孫溫 제132화〉

〈孫溫 제211화〉

〈孫溫 제133화〉

할 수 있다. 그녀는 남자 하인은 물론(〈孫溫 제132화〉), 자기보다 나이 많은 여자 시녀들을 문책하고 비난하는데 거리낌이 없었다(〈孫溫 제211화〉). 하인들은 남녀노소 할 것 없이 왕희봉을 두려워하고, 그녀의 막강한 위세에 벌벌 떨었다. 어린 여인의 신분으로 대가문(大家門)의 하인들에게 이정도의 영향력을 미치는 것은 흔한 일이 아니며, 이는 오직 왕희봉이기에 가능한 일이었다. 한편 왕희봉의 비범한 면모는 남편인 가련 앞에서 더욱 노골적으로 드러난다. 가련의 잦은 외도로 인해 질투심이 많은 왕희봉은 가련의 외도 상대에게 욕을 퍼붓거나 죽음에 이르게 하는 계략을 펼칠 뿐만 아니라, 남편 가련에게도 손찌검과 욕설을 서슴지 않는다. 〈孫溫 제133화〉는 가련이 우이저와 몰래 살림을 차린 것을 왕희봉에게 들킨 후, 희봉 앞에 무릎 꿇고 용서를 비는 장면이다. 전통 봉건사회에서 아내는 남편을 하늘같이 모시는 것이 당연시되었지만, 희봉은 그런 남편을 자기 앞에 무릎 꿇게 만드는 인물인 것이다. 여성 인물의 전통적 지위와 틀을 깬 왕희봉의 캐릭터는, 손온의 화폭에서 직접적인 상하 구도의 시각적 이미지를 통해 묘사되며 독자에게 한층 더 강렬한 인상을 남기는데 성공하였다.

(4) 수평 관계의 신체화

위에서 언급했듯, 대관원은 현실 속 환상 세계라는 공간성을 구축하고 있다. 동시에 봉건적 계급 체계에서 한발 벗어나 비교적 자유롭고 친밀한 교류가 이루어지는 곳이기도 하다. 이는 대관원의 중심인물인 가보옥의 성향과 밀접한 연관이 있는데, 보옥은 대관원의 자매들과 어린 시녀들을 극진히 아끼며, 심지어 시녀들에게도 아랫사람 대하듯 하지 않고, 오히려 더욱 극진히 대접하며 벗으로 여기는 인물이다. 즉, 가보옥을 중심으로 형성되는 『홍루몽』의 수평 구조는, 모든 사람이 신분의 차등 없이 동등한 개체로서 관계를 맺는 이상적 사회 구조를 추구하던 작가 조설근의 의지가 반영된 것이라고 할 수 있다. 한편, 손온은 이런 수평적 구조를 이미지화하는데 있어 여러 가지 규칙을 만들어 둔 것을 알 수 있으며, 이는 수직 관계의 그것과는 매우 극명하게 상반되는 것을 확인 할 수 있다. 먼저 보옥이 여러 자매나 시녀들과 함께 있을 때, 그들 간에는 정해진 거리나 순서가 없다. 가모나 가정 등이 등장하는 장면을 보면 집안의 어른들과 자매들, 하인들은 엄격하게 거리를 두거나 고개를 숙이고 있는 등 배치나 행위를 통해 수직 구조가 명확하게 드러난다. 그러나 보옥을 중심으로 모여 있을 때, 그들은 언제나 순서 없이 뒤엉켜 있는 양상을 보인다. 예를 들어 다음의 〈孫溫 제28화〉를 보면 이런 특징을 한 눈에 파악할 수 있으며, 심지어 가보옥의 시녀 습인은 보옥이 깨어 있음에도 불구하고 여전히 침대에 누워 자고 있는 모습까지 보인다. 세상에 어느 시녀가 자신이 모시는 주인이 앞에 있는데 잠들어 있을 수 있을까. 이는 전통적인 봉건가정에서는 결코 일어날 수 없는 일이다. 그러나 가보옥과 습인, 모두 이를 개의치 않으며, 보옥은 남들에게 자신의 글씨를 자랑하기에 여념이 없는 모습이다. 즉, 화폭에 나타난 이러한 수평 구조의 시각화는 화책에서 인물의 성격적 특징을 부각시켜 정형화

〈孫溫 제28화〉

〈孫溫 제86화〉

를 도모하는 그림 기호 중 하나로 작용하고 있는 것이다.

위의 〈孫溫 제86화〉는 보옥이 청문과 평상 위에 나란히 앉아 있는 모습을 그리고 있다. 이 장면은 청문이 실수로 보옥의 부채를 찢어버려, 이에 화가 난 보옥이 청문을 나무라자, 청문 역시 보옥에게 서운함을 느껴 다투게 되는데, 이후 보옥이 먼저 청문에게 다가가 자신의 부채를 마음껏 찢으라고 하면서 청문이 미소를 되찾게 되는 내용을 담고 있다. 손온은 이 사건을 통해 한낱 시녀에게도 세심하게 마음을 쓰는 보옥의 성정을 다시 한 번 확인 시켜주며, 마치 친구처럼 동등한 관계를 형성하고 있는 보옥과 청문의 수평적인 관계를 시각화하여 보여주고 있다. 특히 청문은 계집종의 신분이긴 하나 시녀 중에서도 가장 아름다운 외모로 손꼽히며, 보옥과도 정신적인 애정 관계를 맺는 인물로 그 상징성이 결코 작지 않다. 지금까지 청문의 인물 형상을 연구하는 많은 연구서에서도 해당 에피소드는 매우 대표적인 예로서 분석되어 왔으며, 청문과 보옥의 관계를 잘 드러내는 장면으로 손꼽힌다고 할 수 있다. 또한 시녀의 신분에 불과한 청문의 웃음을 사기 위해 자신의 귀한 부채를 맘껏 찢게 하는 보옥의 모습을 통해, 작가가 청문에게 귀족규수 이상의 존엄성과 가치를 부여하였다는 평가를 받기도 한다.[27] 이에 손온 역시 아름답고 평온한 배경 속에 두 사람을 나란히 그려 수평적인 관계 구조를 직관적

〈孫溫 제25화〉

〈孫溫 제14화〉

으로 드러내고자 했으며, 청문과 보옥의 특별한 관계는 화책에서 반복적으로 묘사되며 입체적인 인물 관계를 형성하고 있다.

가보옥의 수평적 인물 관계는 그와 또래의 사람들에게 국한되어 있는 것은 아니며, 나아가 가부의 가장 어른인 가모나 어머니인 왕부인 등과도 사적인 자리에서는 수직 관계 보다는 수평 관계를 보여주는 경우가 많다. 보옥은 가부에서 가모와 수평적인 구도로 묘사될 수 있는 유일한 인물이라고 할 수 있는데, 가부의 최고 어른인 가모는 가정조차도 그녀와 절대적인 수직 관계로 묘사될 정도로 절대적인 존엄성을 갖는다. 그러나 가보옥은 가모가 가장 애지중지하는 친손자로, 가모는 항상 보옥을 가장 우선으로 생각하며, 무조건적으로 보옥의 편을 들어주는 인물로 묘사된다. 때문에 가정의 엄격한 질책으로부터 늘 보옥을 보호해주는 것 역시 가모이다. 이렇듯 가모의 애정을 듬뿍 받는 가보옥은, 가모에게 가까이 다가가는 것이 허락되는 단 한명의 인물인 것이다. 손온은 이러한 인물 관계를 세심하게 화책에 표현하고 있다. 예를 들어 〈孫溫 제25화〉나 〈孫溫 제14화〉처럼 가보옥은 늘 가모의 곁에 가장 가까이에 위치해 있는 경우가 많다. 연회나 가모의 방에 사람들과 함께 모여 있을 때,

27) 최병규, 앞의 논문, p.395.

가모의 곁에는 항상 보옥이 있다. 이는 가부의 절대적인 수직 구조의 정점을 상징하는 가모와, 가장 어린 세대의 인물인 가보옥을 수평 구도로 묘사함으로써 보옥과 가모의 세대를 초월하는 특별한 관계를 시각적으로 표현하여 인물 기호의 정형성을 확립하고 있다.

이처럼 손온의 화책에서 기호적으로 드러난 인물 간의 수직 구조와 수평 구조는『홍루몽』의 폭넓고 다양한 인물 관계를 시각적으로 드러내는 표현법의 일환으로 작용하였으며,『홍루몽』원작의 작품 세계와 원작가의 설정을 좀 더 쉽고 직관적으로 감상자에게 전달할 수 있도록 해주었다.

2. 사물 기호의 서사화

손온의 화책이 다른『홍루몽』화책들과 비교했을 때 더 뛰어난 서사성을 갖는 가장 큰 이유 중 하나는 아마도 비서사적 대상을 서사화하는 상징적인 표현력 때문일 것이다. 여기서 말하는 비서사적 대상이란, 자체적으로 어떤 서사성을 지니지 못하는 사물이나 동물 등을 말한다. 즉, 찰나의 순간을 그려내야 하는 회화 예술에서 정지된 화폭에 생명력을 불어 넣는 것은, 때로는 아주 작은 요소에 달려있기도 하다는 것이다. 120회의 방대한 이야기를 담아낸 손온의 화책에서, 독자가 매 장면과 매칭 되는 사건을 즉각적으로 연상하기란 결코 쉬운 일이 아니다. 사실 앞서 분석한 인물 기호의 캐릭터화 역시 그림 서사에서 중요한 역할을 하지만, 화폭마다 중복되어 등장하는 소수의 인물들만으로는 독자의 서사적 추측을 뒷받침하기에 충분하지 못하다. 그렇다면 독자는 무엇에 의존하여 화폭을 좀 더 정확히 읽어낼 수 있을까. 바로 화폭에 기호화되어 노출된 사물이나 경물을 찾아내는 것이다. 화폭에서 사물을 기호화하는 방법은 예로부터 사용되어온 회화 기법으로,[28] 이는 부분으로 전체를 나타내는 환유법(換喩法)의 하나이다. 일반적으로 상호 연결이 가능한 기호들이 짝을 이루어 함께 묘사되는 경우가 많은데, 단독으로 있을 경우는 이야기와 연결되기 어렵기 때문이다.[29] 다시 말해, 많은 경우에 인물과 기물, 또는 인물과 풍경 등의 기호들이 상호 작용하였을 때, 비로소 어떤 의미를 완전하게 전달할 수 있다는 것이다. 이에 본 절에서는 비서사성 대상인 사물을 크게 일반적 사물과 그림 장식 사물로 분류하여 기호적 함의와 역할을 분석해보고자 한다.

1) 기호로서의 사물

(1) 공간 묘사를 위한 사물

『홍루몽』에서 가장 핵심적인 배경 공간은 대관원이지만, 그 외에도 수많은 공간들이 서사의 배경으로 설정되어 시시각각 독자의 시점 이동을 주도한다. 대관원 안에서도 소상관, 이홍원, 철금각 등 실내외를 망라하는 정원 속의 다양한 공간이 등장하며 수십, 수백 명의 인물들을 수용하고 있다. 이 여러 가지 공간은 서사의 전개에 따라 때로는 불규칙적으로 전환되면서, 독자들의 시공 여행을 이끄는 중요한 역할을 하는데, 공간의 명칭을 문자로 명시하는 것이 불가능한 회화 예술에서 화가는 종종 특정한 시각적 기호와 공간을 연결시켜 해당 공간을 상징하는

28) 강현실·서성, 「명청 서사 삽화의 역사적 전개와 공간의 확장」, 『중국문화연구』 28권, 중국문화연구학회, 2015, p.63. 삽화에서는 명청대 유행한 기물과 장식물을 통해 의미를 전달한다. … 이러한 사례는 왕희렴(王希廉) 평본 『홍루몽』의 삽화에서 인물과 식물을 연관시킨다든지, 숭정본(崇禎本) 『칠십이조 인물연의(七十二朝人物演義)』에서 인물과 기물을 연관시키는 등으로도 표현된다.

29) 강현실·서성, 위의 논문, p.62.

〈孫溫 제75화〉

〈孫溫 제86화〉

수단으로 사용하기도 한다. 물론 이미지 텍스트에서 특정 장소를 지칭하는 가장 간단하고 명료한 방식은 편액(扁額)을 사용하는 것이지만, 손온은 이런 직관적이고 단순한 방식을 지향하지 않았다. 그 대신에 여러 가지 사물 기호들을 즐겨 사용하였는데, 공간을 상징하는 기호로서의 사물은 다시 동물, 식물, 기물, 의복 등으로 나누어 살펴볼 수 있다.

먼저 공간과 연결된 기호 중 동물 기호로는 주인공 가보옥의 거처인 이홍원을 상징하는 학을 예로 들 수 있다. 위의 〈孫溫 제75화〉나 〈孫溫 제86화〉처럼, 이홍원에 배치되어 있는 학은 두 마리가 한 쌍을 이루고 있으며, 이는 손온의 화책 곳곳에서 발견 할 수 있다. 학은 전통적으로 그 고귀한 자태와 청정한 울음소리로 신성한 동물이라 여겨졌으며, 세속으로부터 벗어난 순수와 기품을 상징하기도 했다.[30] 또 현재의 시각으론 매우 생소하지만, 옛날에는 지식인들이 반려 동물로 학을 키우는 경우가 많았다고 전해진다.[31] 때문에 중국 전통 삽화에서 정원에 학이 등장하는 것은 매우 자연스러운 현상이라고 할 수 있다. 즉, 손온의 화책에서 학의 외시 의미는 '보옥이 키우는 동물'로 이홍원이라는 공간을 지목하고 있

30) 허동화, 『우리가 정말 알아야 할 우리 규방 문화』, 현암사, 2006, p.193.

31) 신영주, 「조선시대 지식인들의 동물 애호와 문학적 형상－응(鷹), 견(犬), 학(鶴), 마(馬)를 중심으로」, 『동방한문학』 61권, 동방한문학회, 2014, p.70.

으며, 동시에 학의 함축 의미로는 공간의 주인인 보옥을 학에 빗대어 탈속적인 천성과 청정한 성품을 상징하고 있는 것이다. 다시 말해, 독자는 화폭에서 정원 한 켠에 그려진 두 마리 학을 통해, 가보옥이 그림에 직접적으로 등장하지 않더라도 그림 속 배경이 이홍원임을 짐작할 수 있게 되는 것이다. 사실 학은 문학적으로 여러 가지 뜻을 상징하는 동물로서 널리 사용되었으며, 보옥의 거처에 학을 배치 한 데도 작가의 더 깊은 의미가 담겨있을 것이라 생각된다. 예를 들어 학은 신선들의 탈것으로 여겨지기도 하였는데, 이는 가보옥이 이후 출가하여 선계로 돌아가는 결말과 상통한다고 볼 수 있다. 또 학은 길상(吉祥)과 장수를 상징하기도 했는데, 소나무와 함께 장수를 축원하는 의미의 그림으로 자주 그려졌다.[32] 손온의 화책에서 역시 이홍원을 묘사할 때 학과 소나무가 함께 그려진 것을 볼 수 있는데, 모두 이와 같은 전통에서 비롯된 것이라고 볼 수 있겠다.

두 번째로 공간을 나타내는 기호화된 동물로는 앵무새로, 임대옥의 거처인 소상관을 상징한다(〈孫溫 제171화〉). 또 이와 동시에 소상관을 대표하는 식물인 대나무를 함께 언급하고자 한다. 앵무새와 대나무는 이미 수많은 전통 삽화에서 대옥을 상징하는 기호로 애용되어왔으므로 손온 화책만의 특징이라고 볼 수는 없으나, 사용 방식은 다소 독특한 면이 없지 않다. 우선 대옥이 키우는 새는 녹색 깃털의 녹앵무(綠鸚鵡)이며, 앵무새는 본래 깃털이 화려하고 사람의 말을 모방하여 소리를 낼 줄 아는 영리한 새로 알려져 예로부터 애완용으로 선호되어 왔다. 또 부부의 금슬을 상징하기도 하는데, 한 쌍 중 한 마리만 남겨진 경우, 짝을 그리워하며 슬피 우는 모습을 애련(哀戀)의 상징으로 보기도 하였다.[33] 한편

32) 정민, 『한시 속의 새, 그림 속의 새(1)』, 효형, 2003, p.73.

〈孫溫 제171화〉

〈孫溫 제76화〉

대나무는 전통적으로 절개와 지조를 대표하며, 군자의 인격체로 표상되어 오기도 했다. 즉, 여성이지만 시사에 조예가 깊고, 다재다능한 임대옥의 학자적 면모를 상징하는 동시에, 가보옥에 대한 한결같은 그녀의 지조를 의미하기도 한다.

한편, 앵무새는 아름다운 외모와 뛰어난 문예를 겸비하였지만, 매일같이 소상관에서 홀로 눈물로 소매를 적시다가 몸과 마음의 병으로 죽게 되는 임대옥의 가련한 처지를 비추는 거울이기도 하다.[34] 앵무새와 대나무 역시 이홍원의 학과 마찬가지로 한 공간을 특정 하는 기호이면서, 공간과 연결되는 인물의 내면을 사물에 기탁하여 함축적 의미를 심화시키고 있는 것이다.

다만 앵무새와 대나무를 인물을 상징하는 기호로 볼지, 공간을 상징하는 기호로 볼지에 대해서는 논쟁의 여지가 있을 수 있으나, 필자는 두 사물이 소상관이라는 공간에 종속되어 있는 하나의 구성물로의 성질

33) 정민, 앞의 책, p.194.

34) 정민, 앞의 책, p.203. 앵무새는 화려하고 아름다우며 재주가 뛰어나 사람들의 사랑을 받지만, 결국은 새장에 갇힌 채 새장에서 죽을 운명이다. 알량한 재주와 어여쁜 깃털은 결국 앵무새에겐 불행의 빌미가 될 뿐이다.

이 더 강하다고 보았기 때문에, 공간을 상징하는 기호로 분류하여 분석하였다. 앵무새와 대나무는 모두 원작에서 여러 번 언급되며 소상관의 형상을 구축하는데 큰 역할을 한 것도 사실이기 때문이다. 손온 역시 자신의 화책에서 소상관이라는 공간에 대해 특히 이 두 사물의 기여도와 비중을 높여, 감상자들의 기호 해독에 편의를 제공하고자 하였다. 특히 〈孫溫 제76화〉처럼 화폭이 분할되어 두 개 이상의 공간으로 화면을 구성하고 있을 때, 감상자는 일시적으로 공간 인지의 혼란에 빠질 수 있는데, 이때 대나무로 무성하게 둘러싸인 우측 공간이 소상관이라는 것을 즉각적으로 해독하여 혼돈에서 벗어날 수 있게 되는 것이다.

다음은 묘옥의 거처인 농취암(櫳翠庵)을 상징하는 식물인 매화(梅花)이다. 손온의 화책에서 농취암을 배경으로 한 장면은 손에 꼽을 정도인데, 그 정도로 많이 노출되지 않은 은밀한 장소로, 비구니의 거처라는 비공개적인 공간 성질과 상통한다. 원작에서 보옥과 자매들은 눈이 밤새 내린 다음날 노설암(蘆雪庵)에 모여 시사 모임을 연다. 이때 보옥이 노설암으로 가는 길에 농취암에 피어있는 매화꽃 향에 매료되어 한참을 감상하게 되며(〈孫溫 제108화〉), 심지어 다른 자매들과 함께 농취암에 가서 묘옥에게 매화꽃 가지들을 사람 수 만큼 얻어 오기까지 한다.(〈孫溫 제110화〉) 매화는 겨울에 피는 강한 생명력을 가진 꽃으로 전통적으로 절개와 지조를 상징하는 식물로 사용되어 왔는데,[35] 이는 고고한 성품의 여승인 묘옥과 아주 절묘하게 합치된다. 이러한 특성으로 옛 시에는 새하얀 달빛이나 눈 속에 핀 매화를 노래한 경우를 많이 찾아 볼 수 있다. 한편, 다음의 두 화폭에서 묘옥은 직접적으로 모습을 드러내지 않는다. 원작에서 서술되고 있는 묘옥과 보옥의 대화 장면 등은 완전히 생략되어 있으

35) 이상희, 『꽃으로 보는 한국문화(3)』, 넥서스, 2004, p.53.

〈孫溫 제108화〉

〈孫溫 제110화〉

며, 단지 새하얀 배경에 강렬하게 대비되어 피어있는 붉은 매화꽃만이 그녀의 모습을 대신해 그려져 있다. 이러한 화폭이 감상자에게 시각적으로 더욱 강한 인상을 남기는 이유는 손온이 화책에서 자주 배경으로 삼는 녹음이 만연한 봄이나 여름 풍경 속의 색색의 꽃은 더 이상 감상자에게 신선함을 주기는 어렵기 때문이다. 그러므로 그와 상반되는 흰 눈과 매화꽃을 선택하여 단순하면서도 명료하게 공간을 나타내는 방법은 비서사성 사물 기호에 서사성을 부여하는 손온의 뛰어난 공간 표현 기법이라고 할 수 있겠다.

다음은 명확하게 한 공간을 특정 하는 것은 아니지만, 기호로서 방위적인 역할을 하는 사물 기호들에 대해 살펴보도록 하겠다. 먼저 '성벽' 기호를 예로 들 수 있는데, 소설의 전개상 화책의 대부분의 배경 공간은 도성 안의 가부로 제한되어 있으며, 등장인물이 도성 밖으로 나가는 경우는 매우 특수한 경우에 속한다. 그만큼 성 밖 공간은 거리적으로 가부로부터 매우 멀리 벗어났다는 것을 의미하며, 동시에 독자로 하여금 특정한 사건 몇몇을 떠올리게 하기도 한다. 예를 들어 〈孫溫 제8화〉는 서사 초반 임대옥이 아직 가부로 들어가기 전, 가우촌이 신임 현령으로 부임하여 예전에 진사은의 집에서 본 뒤 연정을 품고 있던 교행을 소실로 삼고자 그녀의 집에 사람을 보내어 데려오는 장면을 묘사하고 있는

〈孫溫 제8화〉

〈孫溫 제102화〉

화폭이다. 이 화폭에서 배경으로 아주 작게 성벽이 그려진 것을 볼 수 있는데, 이때 성벽 기호는 화폭의 내용이 도성 밖에서 벌어지고 있다는 공간적인 지표로 작용하고 있다. 특히 성벽과 인물이 서있는 곳 사이에는 아득하게 펼쳐진 구름과, 높은 산, 그리고 물길까지 그려져 있어 그 거리가 더욱 요원함을 강조하고 있는 것을 알 수 있다. 이 외에도 손온은 여러 화폭에서 이와 유사한 형태로 성벽 기호를 차용하고 있으며, 모두 도성으로부터 거리 상 멀리 떨어진 공간에서 벌어지는 사건을 묘사고 있음을 알리기 위한 것이다. 즉, 손온은 화책의 주요 배경 공간인 대관원이나 가부를 벗어남과 동시에 화폭의 한 부분에 이러한 방위적 사물 기호를 넣어 독자들의 그림 서사에 대한 이해를 돕고자 한 것이다.

또한 〈孫溫 제102화〉에는 우물에 뛰어들어 자결한 금천의 제사를 지내기 위해 남몰래 말을 타고 성 밖으로 멀리 달려 나온 보옥의 모습을 그리고 있는데, 화폭의 우측을 자세히 보면 성벽의 하단 일부를 공간적 기호로 삽입하였다. 이 화폭은 얼핏 보아선 가보옥이 있는 장소가 성벽 바로 옆이라고 착각할 수 있으나, 성벽은 단지 성 밖이라는 공간을 지시하는 기호로서 작용하는 것이며, 화가는 화폭의 중간에 산을 배치하여 공간적 거리가 함축되어 있음을 암시하고 있다. 여기에 말의 형상까지 더해지면서, 독자는 좌측의 배경 공간이 도성으로부터의 거리가 꽤 멀리 떨어진 장소임을 유추할 수 있게 되는 것이다. 또한 소설 초반, 아직 대옥이 도성에 입성하기 전의 내용을 담은 화폭들을 자세히 살펴보면 대부분 배경에 작게나마 성벽이 그려져 있으며, 이는 화가가 각 화폭마다 독자에게 아직 본격적으로 가부의 이야기가 시작되지 않았다는 메시지를 지속적으로 보내고 있는 것이다. 이와 같은 기호들은 작가의 세심함과 독자에 대한 배려심을 엿볼 수 있는 부분이라고 할 수 있다.

마지막으로 분석할 공간의 사물 기호는 이계(異界) 공간으로, 비록 화책의 주요 배경 공간은 아니지만, 소설 전체에서 현실 세계와 공존하면서 상호 대응하는 필수적이며 중요한 환상 공간이다. 독자는 작품을 읽으며 이야기의 흐름에 따라 천상계와 현실 세계를 넘나들게 되는데, 손온은 보다 명확한 기호들을 통해 독자가 보다 수월하게 공간 전환을 따라갈 수 있도록 돕는다. 이계의 공간이란 일반적으로 우리가 경험하고 있는 현실 세계와는 전혀 다른 세계이며, 그 누구도 체험해보지 못했기에 그 공간을 대표하는 여러 이미지들은 모두 전통적으로 작가의 상상력에 의존할 수밖에 없었다. 그러므로 손온의 화책에서 역시 천상계와 저승 등의 이계 공간을 상징하는 사물 기호들은 비교적 직관적이며 전통적인 이미지의 형식을 사용하고 있다. 먼저 〈孫溫 제17화〉에서 손온은 천계를 상징하는 날개옷을 통해 선녀를 묘사하고 있으며, 날개옷은 전통적으로 선계 공간을 의미하는 기호라고 할 수 있다. 또, 〈孫溫 제212화〉에서는 도깨비를 연상케 하는 얼굴의 염라대왕과 귀신들이 인간을 둘러싼 모습을 묘사하며 해당 공간이 저승임을 명시하고 있으며, 〈孫溫 제218화〉에서도 마찬가지로 귀신의 형상을 저승 공간의 직관적인 사물 기호로 사용하고 있다. 이 기호들은 감상자 누구나 경험되고 학습된 지식을 통해 갖추고 있는 기본적인 문화적 상식으로, 즉각적인 장면의 해석이 가능하도록

〈孫溫 제17화〉

〈孫溫 제212화〉

〈孫溫 제218화〉

설정되어 있는 것이다. 손온은 이처럼 일정 스토리텔링이 가능한 기호들을 응용하여, 『홍루몽』의 방대한 배경 공간을 구분하는 지표로 삼았음을 알 수 있다.

(2) 서사 전개를 위한 사물

오직 송신자와 수신자 간의 상호 합의가 전제되어야만 해독이 가능한 기호들은[36] 이야기 그림의 함축성과 서사성을 강화시키는 동시에 독자의 다양한 해석을 가능하게 하기도 한다. 손온의 그림 기호들은 화책을 통해 우리의 눈앞에 남아있지만, 그 기호들의 진의를 속 시원히 풀어줄 작가는 이미 존재하지 않기 때문에 기호들의 해석은 어디까지나 원작에 의존하여 기호학적으로 유추할 뿐, 언제나 다른 해석의 여지는 남아있다는 것이다.

한편, 이야기 그림의 맥락을 인지하는 것은 그림 서사를 해독하는 역량의 결정적 요소이다. 이 글에서는 전통 회화본 또는 원작과의 상호텍스트성과 구별하기 위해, 텍스트 간의 시각적 또는 회화적 연결인 상

36) 테레사 콜러머 저, 『그림책의 미학』, 안지성 역, 교문사, 2014, p.52.

〈孫溫 제2화〉

〈孫溫 제3화〉

호 시각성에 관해 언급하려 한다. 상호 시각성은 직접적인 시각적 인용이나 자기 참조 등을 포함하는데,[37] 손온의 화책처럼 230폭에 달하는 방대한 분량의 화책에서는 자기 참조가 빈번하게 발생하기 때문이다. 즉, 화책 안에서 일어난 상호 시각성은 독자에게는 그림 서사를 유기적으로 읽어낼 수 있는 기반을 마련해 주기도 한다.

예를 들어 〈孫溫 제2화〉와 〈孫溫 제3화〉를 보면, 이야기 그림이 시작되면서 처음으로 등장한 인물인 승려가 손에 돌멩이를 들고 있는 모습을 볼 수 있다. 돌멩이는 예사롭지 않은 크기와 색채로 독자의 눈을 사로잡는다. 이 돌멩이는 인간 가보옥의 전신으로, 본래는 여와(女媧)가 하늘을 때우다가 남아 버려진, 거대한 크기의 못생긴 바위였으나, 승려의 불법(佛法)을 통해 아름다운 옥의 모습으로 재탄생하여 속세로 내려오게 된다. 단지 돌멩이에 불과한 이 사물은 작가와 독자 모두가 말하지 않아도 인지하고 있는 합의된 기호이다. 그러나 자세히 살펴보면 이 돌멩이는 화책에 묘사된 보옥의 목걸이에 달린 통령보옥의 모양과는 다른 것을 알 수 있다.[38] 원작에서 분명 아름다운 '옥(玉)'으로 변한 이 돌멩이는,

37) 테레사 콜러머 저, 안지성 역, 앞의 책, p.55.

화책에서 여전히 투박한 돌의 모양으로 묘사되어 있어 감상자는 다소 의아함을 느낄 수 있으나, 이는 손온이 화책 초반의 서사 전개를 위해 독자가 즉각적으로 석두 고사를 떠올릴 수 있도록 사물 기호의 서사화를 의도했기 때문이라고 할 수 있다. 또한 작가는 돌멩이와 승려의 모습을 두 폭의 그림에 연속적으로 묘사하여 화폭 간에 긴밀한 상호 시각성을 부여하는 동시에, 본격적인 석두(石頭) 이야기 속으로 독자를 인도하고 있는 것이다. 이처럼 화책 안에서 발생하는 시각적 반복은 화가의 의도에 따라 석두의 인간 세계 여행의 시작을 독자들에게 뚜렷하게 각인시키는 효과를 주고 있는 것이다.

한편, 대관원의 자매들과 가보옥이 결성한 시사 모임은 대관원과 그 운명을 함께하며, 계절이 바뀌고 해가 바뀌어도 모임과 창작을 이어 나가며, 재녀들의 주요한 공동 활동으로서 서사의 중요한 지표가 된다. 조설근은 해당시사 모임을 통해 어린 여성 인물들과 가보옥의 수준 높은 문예 활동, 다양한 놀이, 그리고 즐거운 연회의 모습을 다채롭고 생생하게 그려내며, 독자들에게 소설을 읽는 또 하나의 묘미를 제공하였다. 특히 그는 당시 남성들의 전유물로 묘사되었던 시사 창작을 어린 여인들로 하여금 자유롭게 향유하도록 하였으며, 작가는 이를 통해 봉건 사회의 편견에 정면으로 반박하는 주제 의식을 드러내기도 하였다. 손온 역시 화책에서 여러 차례에 걸쳐 시사 모임의 다양한 면모를 상세하고 생동하게 그려냈으며, 화책 전체에서 그 비중이 결코 낮지 않음을 알 수 있다. 손온은 화책 전체에서 일정하게 반복적으로 묘사되는 시사 모임을 기호화하는 방법의 일환으로 종이와 붓 등의 사물을 사용하였는데, 위의

38) 스님이 주문을 외우고 부적을 써서 크게 환술을 부리니 순식간에 집채만 한 바윗덩이가 맑고 영롱한 아름다운 옥으로 변했다. 옥은 부채 끝에 매달기 딱 좋은 크기가 되어서 차고 다닐 수도 있고 가지고 다닐 수도 있었다. (『홍루몽』 제1회)

〈孫溫 제101화〉 〈孫溫 제135화〉 〈孫溫 제137화〉

〈孫溫 제101화〉에서는 가보옥이 도향촌에서 자매들 옆에 앉아 손에 붓을 들고 종이에 무언가를 써내려가려는 듯한 모습을, 〈孫溫 제135화〉에서는 새로이 시사 모임을 재개하며 이름을 도화(桃花) 시사 모임으로 바꾸면서, 자매들이 한데 모여 대옥이 들고 있는 종이에 적힌 시를 함께 읽는 모습을, 또 〈孫溫 제137화〉에서는 자매들이 책상에 둘러 앉아 각자 앞에 종이와 붓을 둔 모습을 통해 정식으로 시사 모임이 진행되고 있음을 상징적으로 표현하고 있다. 즉 손온은 시사 모임 이야기를 시각화할 때, 항상 대관원의 모든 자매들과 보옥을 동시에 화폭에 등장시키며, 계절을 특정할 수 있는 제철 음식으로 연회를 묘사하거나, 종이와 붓을 사물 기호로 운용하는 특징을 보이는 것을 확인할 수 있다.

이렇게 화폭 전체에서 사물 기호를 통해 반복적으로 여성의 문사(文事) 활동을 묘사하면서 상호 시각성을 창출한 것은, 보는 이로 하여금 매우 자연스럽고 당연하게 느껴지도록 하며, 동시에 암시적으로 주제 의식을 전달하는 것과도 어느 정도 연관이 있다고 할 수 있다.

한편, 원작의 내용 곳곳에는 내러티브를 위한 복선이 깔려 있다. 문학 작품에서 복선은 작가의 의도에 따르며, 적당히 독자들의 눈에 띌 수 있도록 배치되어야 한다. 손온 화책의 특징은 넓은 지면이 배경 곳곳에 복선이 되는 장치를 숨길 수 있는 충분한 공간을 제공한다는 것이다. 때문에 서사의 진행에 크게 방해되지 않는 선에서 사물 기호를 이용해 복선을 깔아두는 것이 가능하다.

예를 들어 다음의 세 화폭을 보면 모두 비슷한 형태를 한 패방(牌坊)이 중복되어 묘사되고 있다. 패방의 형태는 하얀 색 기둥 네 개가 나란히 세워져 있고, 그 사이에 편액을 쓸 수 있는 세 장의 옥색의 넓은 판이 걸려 있다. 각 기둥의 맨 위에는 동물 모양의 조각이 새겨져 있으며, 가운데 기둥 두 개 위쪽에는 붉은색 구(球) 장식이 하나씩 달려 있다. 이 패방은 화책 초반에 세 번, 후반에 두 번으로 총 다섯 번에 걸쳐 손온의 화책에 중복되어 나타나며 사물 기호를 통한 상호 시각성을 보여주고 있다. 먼저 초반에 등장한 세 개의 패방을 분석해 보도록 하겠다. 패방이 맨 처음 등장하는 장면은 〈孫溫 제3화〉로, 스님과 도사가 돌멩이를 들고 인간세계로 내려가는 과정을 그린 꿈 공간에서다. 화폭엔 천계를 상징하는 구름이 가득하고 뒤로는 '태허환경'이라고 써진 흰 패방이 세워져 있다. 다만 독자는 처음 이 화폭을 보았을 때 이 패방이 크게 인상에 남진 않았을 것이다. 두 번째는 〈孫溫 제17화〉로, 보옥이 꿈에서 태허환경에 이르러 경환선녀를 만나는 화폭에서, 여러 개로 분할된 태허환경에서의 장면들 중 한 장면의 배경으로 나타난다. 여기서는 패방 위에 붉은 색의 원형 장식이 보이지 않지만, 앞에서와 마찬가지로 매우 어렴풋하게 태허환경이라서 쓰여 있는 것을 볼 수 있다. 그러나 여기서도 이 패방은 여러 가지 배경 중 하나로 작용할 뿐 독자에게 강렬한 인상을 남기진 않는다. 세 번째 패방의 특이한 점은 현실세계에서 등장한다는 것이다. 바로 〈孫溫 제52화〉에서 보옥과 가정이 대관원 완공 직후 편액을 짓기 위해 대관원을 둘러보는 도중, 정전(正殿)에 이르러 이 패방을 마주하게 된다.[39] 또 한 가지 앞의 패방과 다른 점은 패방에 아무 글씨도 쓰여 있지 않다는

〈孫溫 제3화〉

〈孫溫 제17화〉

〈孫溫 제52화〉

것이다. 이때, 보옥은 마치 이 패방을 어디서 본 듯한 착각이 들게 되는데, 독자 역시 이 화폭을 보며 보옥과 같은 의문에 빠지게 된다. 그리고 마침내 앞의 화폭을 다시 펼쳐봄으로써 어디에서 이 패방을 보았는지 알 수 있게 된다. 다만 소설 속 가보옥은 마지막에 태허환경으로 돌아가는 순간까지 여전히 이 사실을 알 수 없을 것이다. 이 패방은 소설에서보다 그림으로 표현됐을 때 시각적으로 더욱 강렬한 서사의 복선으로 작용한다고 할 수 있다. 패방은 가보옥의 전신인 석두(石頭)가 본래 있던 장소와, 경환선자와 선녀들이 살고 있는 태허환경, 그리고 가보옥이 살게 될 현실 세계 속의 대관원을 연결하는 지표이자, 동일한 공간성을 부여하는 역할을 한다. 또한 이 중복된 기호는 복선으로서 가보옥은 결코 태허환경을 벗어날 수 없으며, 대관원 공간이 해체되면서 결국 태허환경으로 돌아가게 될 것임을 암시하고 있는 것이다. 즉 앞에 세 차례에 걸쳐 등장한 패방의 사물 기호는 화책 안에서 연속적인 상호 시각성을 통해 독자의 무의식 속으로 스며드는 작용을 한다고 볼 수 있다.

---

39) 보옥이 이곳의 경치를 보자 문득 마음속에서 떠오르는 바가 있어 곰곰이 생각을 가다듬어 보니 어디선가 본 듯한 것처럼 느껴졌다. 하지만 도대체 언제 이런 곳을 본 적이 있는 것인지는 전혀 생각나지 않았다. (『홍루몽』 제17-18회)

〈孫溫 제217화〉

〈孫溫 제218화〉

이 패방의 상호 시각성이 본격적으로 발휘되는 것은 화책의 후반부에 이르러서이다. 위의 〈孫溫 제217화〉와 〈孫溫 제218화〉는 소설 거의 막바지에 이르러 보옥의 혼백이 승려를 따라 다시 한 번 태허환경을 유람하는 내용을 묘사하고 있다. 앞서 태허환경은 꿈 공간의 배경으로도 나타났지만, 사실 태허환경은 작가가 설정한 『홍루몽』의 세계관에서 대관원과 다른 차원에서 함께 공존하고 있는 천계의 공간이라고 할 수 있다. 때문에 그곳은 완전한 꿈도, 완전한 현실도 아니게 된다. 다만 소설의 초반에 보옥이 태허환경을 경험할 때는 분명하게 꿈으로 묘사되었으며, 패방의 형태 역시 아름다운 옥색으로 표현되어 있다. 그러나 소설의 말미에 이르러 보옥이 사경을 헤매는 당시에 그의 혼백이 육신을 떠나 경험하는 공간의 형태로 묘사되고 있으므로, 꿈보다는 저승 세계의 성격에 더 가깝다고 볼 수 있다. 또한 해당 화폭에 묘사된 패방(牌坊)에는 빨간 글씨로 이전과는 사뭇 다른 분위기를 풍기며 '진여복지(眞如福地)'라고 적혀있어, 독자에게 이 공간이 앞서 등장했던 공간과는 완전히 다른 성격의 세계임을 암시하고 있다. 즉 감상자의 머릿속에 남아있던 기존의 태허환경의 패방과 후반부의 패방은 강한 시각적 대비를 이루며 상호 시각적 효과를 발휘하고 있는 것이다.

소설에서 복선은 많은 경우에 불길한 일이 일어날 징조로 표현되는데,

〈孫溫 제111화〉

〈孫溫 제189화〉

특히 전통적으로 동양의 국가들은 미신을 믿고 숭배하는 경향을 보이므로, 이러한 사상이 문학 작품이나 미술 작품에 반영되는 경우가 흔했다. 특히 동물이나 식물 등 자연적인 현상에서 유래한 미신이 많았는데, 이는 만물이 순리에 따라야 한다고 믿으며, 자연의 섭리에 위배되는 모든 것을 불길하게 여겼기 때문이다.

손온의 화책 역시 자연에서 비롯된 불길한 징조들을 배경에 배치하여 복선으로 삼기도 하였다. 예를 들어 위의 〈孫溫 제111화〉에서는 소상관의 대나무가 모두 노랗게 색이 변한 모습을 묘사하고 있다. 만약 이 식물이 일반 초목이라면 가을이 지나고 겨울이 되면서 잎이 바래고 낙엽이 지는 것은 매우 당연한 일이다. 그러나 대나무는 겨울에도 푸르게 자라는 상록성(常綠性)의 식물로, 그 특성에 의해 변하지 않는 지조와 절개를 상징하기도 한다. 때문에 작가가 겨울을 표현하기 위해 대나무를 노랗게 표현한 것은 아닐 것이다. 앞서 분석했듯, 대나무는 임대옥의 거처인 소상관을 상징하는 식물로, 임대옥의 군자와 같은 기질, 그리고 지조 있는 성품과 직결된다. 즉, 시든 대나무의 형상은 임대옥에게 매우 불길한 복선으로서 작용하고 있는 것이다. 임대옥이 소설에 처음 등장할 때부터 그녀의 병약한 상태는 부단히 언급되어 왔는데, 소설 중반에 이르러 여러 가지 사건들을 겪은 대옥의 심신은 점점 더 쇠약해져 가고 있었다. 그러므로 손온은 이러한 배경 묘사를 통해 대옥의 비극적인 결말을 은유적으로 암시하고자 하였음을 알 수 있다.

또, 소설 후반부에서 이홍원에 심어 놓은 해당화 나무가 한겨울에 꽃을 피우는 사건이 발생한다(《孫溫 제189화》). 더욱 기이한 것은 이 나무는 본래 시들고 말라 있었는데, 하루아침에 꽃봉오리가 맺히더니 꽃을 피운 것이다. 이를 본 가모를 비롯한 몇몇의 사람들은 보옥에게 경사가 생길 것을 미리 알려주는 길조라고 말하며, 주안상을 차려 사람들을 불러 모아 꽃을 감상하고 시를 짓게 하였다. 다만 일부 사람들은 이것은 자연의 섭리를 거스르는, 필시 불길한 징조라고 생각하였으나 차마 입 밖으로 꺼내지 못하였다.[40] 본래 3월에 꽃을 피우는 해당화가 10월에 만개하였으니 매우 기이한 일이 아닐 수 없었으며, 본래 시들고 말라있던 나무였다는 점에서 자연의 이치를 크게 거스르고 있으므로, 뭇 사람들은 아름답게 피어난 해당화 꽃에 현혹되기도 하였지만, 그 이면에는 불길한 복선이 깔려 있음을 예상할 수 있다. 그리고 이런 의문에 대답이라도 하듯, 같은 날 보옥의 통령보옥이 사라지고 만다. 때문에 손온 역시 소설에서 강력한 복선으로 사용된 이 해당화 나무를 화폭 중앙에 눈에 띄도록 배치하여 소설 텍스트와 같은, 어쩌면 시각적으로 더욱 선명하고 강렬한 복선 효과를 도모한 것이다. 동시에 화폭에 붉고 아름답게 핀 해당화 나무 앞에서 이를 신기하게 바라보는 인물을 함께 그려 넣어 당시 현장의 분위기를 세심하게 표현하기도 하였다. 다시 말해, 이 화폭에서 해당화는 불길한 결말의 복선으로 기호화되었으며, 일반적으로 손온의 화폭에서 여러 가지 꽃 이미지가 배경이나 공간의 미감과 생기를 불어 넣기

40) '이 꽃이 핀 것은 결코 좋은 조짐이 아니야. 대체로 순조로우면 흥하고 거스르면 망하는 법이다. 초목이 운수를 알고 제철 아닌 때 꽃을 피운다는 것은 필시 불길한 징조일 것이다.'(『홍루몽』 제94회)

위해 긍정적인 기호로 사용된 것과는 지극히 상반되는 경우라고 할 수 있겠다.

이처럼, 동일한 사물 기호의 반복은 상호 시각성을 통해 기호가 상징하는 서사를 강화시키는 효과를 주기도 하였으며, 손온은 자신이 특정한 사물 기호에 반복성과 일관성을 부여하여 특정 인물이나, 공간, 그리고 서사 전개를 상징할 수 있도록 설정하였다. 이러한 사물 기호를 통해 독자는 좀더 정확한 화폭의 해독에 가까워질 수 있으며, 자신만의 해석을 창출하기도 하면서 폭넓은 그림 읽기를 실현할 수 있게 된다.

2) 그림 속의 그림

손온의 화책에는 건축 공간을 장식 하는데 있어 유난히 회화 작품이나 서예 작품을 많이 사용하는 것을 알 수 있다. 그림 장식에 담긴 표면적 의미에는, 아마도 가부가 대대로 높은 벼슬을 지낸 명망 높은 집안으로서 학식을 중시했으므로 자연스레 문예 작품에 대한 관심도 높았다는 점이 반영되어 있을 것이다. 또, 손온의 화폭의 특징 중 하나가 대부분 지면에 빈곳이 없으며 선과 색으로 가득 차 있다는 것인데, 이를 구성하는 인물, 사물, 배경 등 무엇 하나 빠짐없이 매우 섬세한 필치로 핍진한 묘사를 보여준다. 이러한 특징으로 인해 감상자가 화폭에 담겨있는 모든 장식이나 사물들을 일일이 감상하기 위해선, 매우 오랜 시간과 방대한 정보력이 요구 된다. 이 글에서는 손온의 화폭을 구성하고 있는 수많은 종류의 장식물 중, 그림 장식을 중심으로 그림 서사에서의 역할과 의미를 살펴보고자 한다. 여러 장식물 중 그림 장식을 선택한 이유는, 소설을 재현하고 있는 메타 텍스트로서의 이야기 그림과, 그 안에 또 다시 화폭을 그려 넣은, 그림 속의 그림이라는 흥미로운 매개체로서 그림 장식의 상징성과 함의를 탐구해볼 만 하다고 생각했기 때문이다. 특히 이미지 연구를 중심으로 하는 이 글에서 그림 장식의 분석은 중국 고유의 회화 예술을 통해 손온 화책만의 특성을 심화시킬 수 있는 계기가 될 것으로 기대하는 바이다.

손온의 화책을 구성하는 230폭의 그림 중, 총 151폭의 화폭에서 그림 장식이 묘사되어 있으며, 크고 작은 그림 장식은 모두 901폭에 이른다. 그림 장식이 나타난 형태로는 액자, 칸막이, 병풍, 두루마리, 가벽, 부채 등이 있는데, 대부분이 건축 구조물을 매개체로 하고 있으며, 그림의 소재는 매우 광범위한데, 화조류(663폭), 산수류(216폭), 인물류(22폭) 등이 있다.[41] 이 그림 장식들은 거의 대부분이 화폭에서 아주 작은 크기로 묘사되어 있기 때문에, 대부분의 감상자들은 배경의 일부로 인식해 그냥 지나치기 쉬운 것이 사실이다. 또 그림 장식의 존재를 인지한다 하더라도, 유심히 들여다보지 않는 이상 해당 그림이 어떤 내용을 담고 있는지 명확하게 판별이 불가능한 경우가 많다. 화가는 더러 그림 장식을 원작에 근거하여 배치하고 묘사하기도 했지만, 더 많은 경우에 그림 장식들을 통해 화책의 그림 서사를 위한 크고 작은 서사성과 상징성을 담아냈으며, 각각에 독립적인 기능과 역할을 부여하였다. 혹여 감상자가 이 그림 장식들에 담긴 의미를 읽어내지 못한다 하더라도 당장 화책 전체의 서사를 읽어 나가는 데 큰 문제는 없지만, 숨겨진 그림 기호들을 해독함으로써 독자들은 화폭 하나하나가 갖고 있는 진정한 묘미와 함축적인 의미를 더욱 깊이 음미할 수 있게 될 것에는 의심의 여지가 없다.

(1) 감상용 그림 장식

손온의 화폭에 묘사된 그림 장식 중 가장 높은 비율을 차지하는 것은 아마 집 곳곳을 구성하고 있는 칸막이 형태의 그림 장식일 것이다. 이

41) 張哲, 「孫溫《紅樓夢》繪本中"畫中畫"研究」, 山西大學 碩士學位論文, 2019, p.6.

그림 장식은 등장인물의 집이나 방을 묘사할 때, 집 바깥쪽의 좌우와 상방을 장식하고 있으며, 실내의 경우 방과 방 사이의 경계나, 때로는 벽 한 면을 가득 채우고 있기도 하다. 이 그림 장식은 비교적 작은 크기로 여러 폭이 연속적으로 나열되어 있는 것이 특징이다. 또한, 대부분 수묵(水墨)으로 간략하게 묘사된 사군자화(四君子畵)나 산수화(山水畵), 또는 화려한 채색으로 그려진 화훼화(花卉畵)로 구성되어 있다. 사군자화, 산수화, 화훼화는 모두 전통적으로 문인들이 즐겨 그렸으며, 감상을 위해 집 곳곳에 걸어두는 것이 보편적이었다. 이러한 그림 장식들은 손온의 화책에서 대부분 비교적 단순한 필치로 간략하게 그려져 있으며, 화폭마다 유사한 형태로 반복되어 표현되어 있다. 물론 사군자화, 화훼화, 산수화는 모두 예로부터 다양한 상징적 의미를 지닌 그림으로 평가되어왔지만, 손온의 화책에서 묘사된 그림 장식 하나 하나가 모두 그림 서사를 위한 함의를 지녔다고 보긴 어렵다. 오히려 화폭의 여백을 채우고, 공간을 아름답게 장식하는 성격이 훨씬 강한 경우가 대부분이다. 그러나 그 배치에는 손온 나름의 내재적 기준을 따르고 있으며, 이 그림 장식들이 보편적으로 상징하고 있는 의미는 기본적으로 배경 공간의 성질과 합치되어 사용된 것이다.

먼저 화훼화의 경우, 예를 들어 꽃 중의 왕이라고 불릴 만큼 아름다우며 동시에 부귀를 상징하고, 장수를 기원하는 모란(牡丹)꽃이나, 집 당(堂)자와 결부되어 부귀옥당을 비는 해당화, 근검절약과 순결함을 상징하는 연(蓮)꽃, 여성의 젊음과 아름다움을 오래 유지하도록 장춘(長春)을 의미한다는 장미(薔薇)꽃 등은[42] 특히 여성 인물이 많이 등장하는 『홍루몽』의

42) 조용진·배재영, 『동양화란 어떤 그림인가』, 열화당, 2002, pp.76-79. 물론 모든 꽃은 아름다우니 꽃 그림을 벽에 걸어 놓고 그 아름다운 자태를 보고 즐겼을 것은 당연하다. 그러나 그러한 시각적인 아름다움만을 목적으로 그리지는 않았다. 이 시각적인 아름

〈孫溫 제28화〉

〈孫溫 제142화〉

〈孫溫 제25화〉

공간 묘사에 매우 부합하는 그림 장식이라고 할 수 있다(〈孫溫 제28화〉). 또 매화, 난초(蘭草), 국화(菊花), 대나무(竹)의 네 가지 식물을 총칭하는 사군자를 그린 사군자화는, 군자가 가져야 할 덕목을 고루 갖추고 있다고 여겨져 예로부터 문인들의 선망과 사랑을 받아왔다.[43] 대대로 문인 집안의 명맥을 유지해온 가부는 집안에 가숙(家塾)이 차려져 있을 정도로 교육을 중시하였으므로, 가정이나 보옥의 방은 물론 가모나 왕부인, 또 대관원의 자매들의 거처에 까지, 집안 곳곳에는 군자로서 지녀야할 자질들을 상징하는 사군자화로 가득한 것은 매우 자연스러운 일인 것이다(〈孫溫 제142화〉). 특히 여성 인물들의 방을 그릴 때, 화가가 꽃 그림뿐만 아니라 사군자화를 골고루 그려 넣은 것 역시 원작을 고증한 것이면서, 동시에 손온 자신 또한 그림 안에서 남녀의 취미에 구분과 편견을 두지 않았음을 보여준다. 더불어 이를 통해 가부의 여성들이 지닌 문사(文事)적 소양이 당시의 일반 여성과는 남달랐음을 보여주는 것이기도 하다.

다음 이외에 또 다른 중요한 상징적 의미가 가미되어 있었다. 즉 부귀영화를 기원하는 의미에서, 오래 살기를 축원하는 마음에서, 자식을 많이 얻기를 바라는 마음에서 그리다보니 꽃 그림이 되었던 것이다.

43) 조용진·배재영, 앞의 책, pp.83-86.

〈孫溫 제101화〉

또한 〈孫溫 제25화〉에 보이는 것처럼 대부분의 방마다 걸려있는 수많은 산수화는, 예로부터 자연의 신비를 마음속으로 깨닫고 자연에 동화하거나, 선인들의 일화를 되새기며 그들의 행적을 흠모하는 데 감상의 의의가 있다고 알려져 있다.[44] 즉, 동양화에서 산수화란 자연을 그리되 의중(意中)의 산수를 그린 것으로,[45] 이 역시 문인 집안의 고아(高雅)한 취향과 기질을 드러내기 위한 장식품이라고 할 수 있겠다. 한편, 〈孫溫 제101화〉를 보면 가보옥의 뒤로 큰 그림 장식이 걸려있는 것을 볼 수 있다. 이는 돌과 난을 함께 그린 그림으로, 돌과 난은 사물 기호로서 상징성을 갖고 있기도 하지만, 이 그림 자체를 두고 본다면 원대(元代)의 시인이자 화가인 조맹부(趙孟頫)가 그린 〈난석도(蘭石圖)〉와 매우 유사한 구도와 풍격을 보이는 것을 알 수 있다. 다만 손온의 난석도는 조맹부의 그림과는 다르게 당시 유입된 서양 회화 기법인 명암법을 반영하여 돌의 형태에 입체적인 감각을 더한 것이 특징이다. 이처럼 몇몇의 그림 장식은 사물 기호

〈趙孟頫 蘭石圖〉

44) 조용진·배재영, 위의 책, p.71.

45) 조용진·배재영, 위의 책, p.69.

〈孫溫 제139화〉

〈上睿 攜琴訪友圖〉

로 작용하는 동시에, 화가 손온이 일정한 문예 수준에 도달해 있었음을 증명해 주기도 한다.

한편 〈孫溫 제139화〉는 효취당(曉翠堂)에서 형부인이 왕희봉을 나무라는 장면을 묘사하고 있는데, 인물들의 뒤쪽으로 내부의 벽에 걸려 있는 대형 채색 그림 장식이 감상자의 시선을 사로잡는다. 이 그림은 거문고를 들고 벗을 방문하는 모습을 담은 '휴금방우(攜琴訪友)'를 주제로 하고 있는데, 휴금방우는 중국 전통 시가에서 자주 차용되던 소재로, 벗을 만나러가는 길의 감회와 풍경의 정취를 함께 다루고 있는 것이 특징이다. 손온의 화책에서 보이는 이 그림은 특히 청대 강희(康熙) 연간의 승려 상예(上睿)가 그린 〈휴금방우도(攜琴訪友圖)〉와 유사한 구도와 풍격을 보여주고 있다. 이 그림 장식은 해당 화폭의 서사 전개와 긴밀한 관계가 있는 내용을 담고 있진 않으나, 수준 높은 회화 예술품의 하나로서 대관원 공간에 고아한 정취를 더해주고 있다. 비록 우리는 손온이 상예의 그림을 직접 보고 자신의 화책에 차용한 것인지는 알 수 없으나, 이토록 다양한 소재의 그림을 자유자재로 창작하고 배치한 것으로 보아, 손온은 기본적으로 전통 회화 예술에 대한 지식과 문학적 소양이 상당히 깊었음은 의심의 여지가 없다.

또 한 가지 흥미로운 사실은 손온의 화폭에서 그림 장식과 화폭의 배경이 상호 작용을 하며 마치 그림 속 그림이 실제 배경처럼 보이는 착시

〈孫溫 제165화〉

효과를 불러일으키는 경우가 많다는 것이다. 특히 화훼화나 산수화는 해당 화폭의 실제 배경과 유사한 색채나 구도로 묘사되어, 때때로 진짜보다 더 진짜처럼 보이기도 했다. 예를 들어 〈孫溫 제165화〉에서처럼 실제로 정원에 피어있는 꽃들이나 나무 등이 그림 장식 속에 그려진 꽃들과 마치 하나로 연결되어 보이는 착각이 들게 하면서, 동시에 화폭에 시각적 아름다움을 배가시키는 효과를 주기도 하였다. 만약 집 내부에 이 같은 그림 장식이 없었다면, 집 공간과 배경의 정원 공간은 완전히 분리되어 있는 느낌을 주었을 것이나, 화가는 집안 내부에도 화폭의 배경과 비슷한 소재 또는 감각의 그림 장식을 배치함으로써 정원을 방안으로 옮겨 놓은 듯한 화사한 분위기를 연출하는 동시에 화폭 전체에 통일성을 부여한 것이다. 다시 말해, 손온은 화폭 안에서 실제 정원의 그림 같은 아름다움, 그리고 그림 장식의 살아있는 듯한 생동감을 동시에 표현하고 있다고 볼 수 있겠다.

또 다른 예로는 〈孫溫 제155화〉의 좌측 상단에 걸려있는 대형의 어부도(漁夫圖)와 화폭의 우측 배경과의 호응이다. 화폭에서 좌측 장면의 가숙 안으로 걸려있는 어부도에는 어부가 낚시를 하고 있는 모습이 묘사되어 있는데, 화폭의 우측에는 실제로 탐춘(探春), 이문(李紋), 이기(李琦), 형수

〈孫溫 제155화〉

〈孫溫 제155화〉

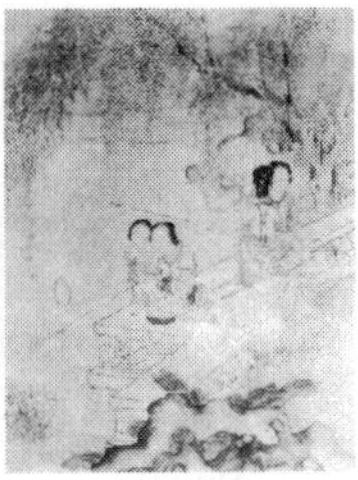
〈紅樓夢臨本 四美釣魚〉

연(邢岫煙) 등 네 자매들이 낚시를 하고 있는 장면을 그려 넣어 그림 장식과 화폭의 배경이 서로 호응하는 구도를 보이고 있다. 특히 이 화폭은 개기(改琦)의 『홍루몽임본(紅樓夢臨本)』의 〈사미조어(四美釣魚)〉와 매우 비슷하게 묘사되어 전통 이미지와의 상호 텍스트성을 보여주기도 하는 장면이기도 하다. 또한 해당 장면은 『홍루몽』 민간 연화의 소재로도 자주 차용되었던 장면 중 하나인데, 중국에서 '魚' 자가 '餘(여유롭다)'와 '裕(부유하다)'의 해음자(諧音字)이므로 연화의 소재로 적합하기 때문이다. 한편, 손온은 해당 장면을 자신의 화폭에 차용하면서 사건의 면모를 한층 더 면밀히 묘사하며, 장면의 서사성이 보다 완전해질 수 있도록 하였으며, 화폭과 화폭 속 그림의 유사한 배경 묘사를 통해 마치 해당 화폭이 그림 장식 안으로 옮겨 들어간 듯한, 특수한 시각적 효과를 선사 하였다.

같은 맥락으로 〈孫溫 제125화〉에서는 보옥의 생일을 맞이하여 홍향포(紅香圃)에 자매들이 모두 모여 잔치를 벌이는 장면을 묘사하고 있는데, 홍향포 뒤쪽으로 대형의 산수화를 그린 그림 장식을 발견할 수 있다. 이 그림 장식에 묘사된 풍경과 구도 및 색채는 실제로 손온의 해당 화폭에서 좌측 뒤로 보이는 배경의 그것과 매우 흡사하여, 화폭의 배경과 그림 장식에 통일감을 주고 있다. 이는 대형 그림 장식이 마치 창밖의 풍경처럼 보이도록 의도한 것이며, 옛날 문인들이 방안에 걸린 산수화를 통해 자연

〈孫溫 제125화〉

〈孫溫 제125화〉

의 광활한 풍경을 향유하던 문화를 반영한 것으로 볼 수 있다. 동시에 화폭의 배경과 그림 장식에 통일성을 부여하여 화폭의 배경이 한층 더 확장되어 보이는 시각적 효과를 유발하고 있다. 이처럼 그림 장식과 화폭의 배경을 서로 호응시키는 디테일한 설정은 손온의 뛰어난 회화적 감각을 증명하고 있으며, 화폭에 그림 장식 하나를 배치하더라도 화폭 전체와의 조화를 함께 고려하는 세심함이 담겨 있음을 보여주고 있다.

고금을 막론하고 회화 예술품을 감상한다는 것은, 기본적으로 마음의 여유와 물질적 여유가 동반되어야만 가능한 취미 생활이다. 감상을 넘어 집안 곳곳을 그림 작품으로 장식한다는 것 역시 웬만한 재력이 뒷받침되지 않으면 실현 불가능한 일이다. 즉 가부 안에 배치된 감상 및 장식용 그림 장식들은 가부의 부귀를 상징하는 동시에, 집안사람들의 학문적 소양을 나타내며, 나아가 그들의 사치스럽고 호화로운 생활을 비추는 거울이라고 할 수 있다. 동시에 그림 장식 기호는 화폭의 미감을 배가시키며, 그림 장식과 화폭의 조화와 호응을 통해 작가의 섬세하고 기발한 회화 응용 능력을 확인시켜 주기도 하였다.

(2) 서사를 돕는 그림 장식

앞에서 말했듯, 손온 화책 속에 배치된 그림 장식 중에는 장식 그 이상의 의미를 지닌 경우도 적지 않게 찾아볼 수 있다. 즉, 단순히 감상이나 과시를 위한 그림 장식이 아닌, 작가의 의도 하에 화책의 내러티브에 직간접적으로 영향을 미치는 그림 장식을 가리킨다. 이러한 그림 장식은 앞선 분석 대상들과 마찬가지로 화폭 속에서 일정한 서사성을 지닌 사물 기호로서 작용하게 된다.

먼저 '용(龍)'과 관련된 그림 장식부터 살펴보도록 하겠다. 용은 예로부터 황제를 상징하며 절대적인 권력을 의미하는 신성한 상상 속 동물로 여겨졌다. 손온의 그림에서 용 이미지는 총 다섯 번에 걸쳐 등장하는데 모두 황제나 그에 상응하는 권력을 의미하고 있다. 특히 손온의 용 그림은 송대(宋代)의 용 그림을 잘 그리기로 유명했던 화가 가진용(家陳容)의 〈구룡도(九龍圖)〉와 매우 흡사하며, 모두 수묵으로 그려졌으며 구름 속을 유영하는 모습으로 묘사되어 있다.[46] 먼저 다음의 〈孫溫 제13화〉에 묘사된 용 그림은 가부의 영국부에 위치한 영희당(榮禧堂) 정실(正室)에 걸려 있는 그림 장식이다. 이 그림 장식은 기본적으로 원작의 묘사를 따랐으며, 임대옥이 처음 영국부에 들어왔을 때, 영희당을 방문하는 장면에서 배경으로 등장하였다. 녕국부의 정실에도 마찬가지로 이와 비슷한 용 그림 장식이 걸려있는데, 이는 정실에 걸린 그림 장식으로서 그 주인인 영국부와 녕국부 가문의 지고한 영예를 의미하는 동시에, 황제에 충성한다는 의미를 이중적으로 보여주고 있다고 할 수 있다. 즉, 임대옥 앞에 펼쳐진 용 그림 장식을 통해 작가는 가부의 위엄과 권세를 보여주며, 추후 그림 서사의 배경이 될 가부의 분위기를 암시하고자 한 것이다. 다음으로는 〈孫溫 제42화〉는 가정의 생일날 궁에서 나온 하태감(夏太監)이 칙서를 읽고 있고, 앞에 가정이 무릎을 꿇은 채 황명을 받드는 장면을

46) 張哲, 앞의 논문, p.19.

〈孫溫 제13화〉

〈孫溫 제42화〉

〈孫溫 제212화〉

묘사하면서, 하태감 뒤로 용 그림이 걸려있는 것을 볼 수 있다. 여기서 나타난 용의 형상 역시 황제를 상징하며, 비록 하태감이 황제를 대신해 말을 전달하고 있으나, 용을 통해 황제가 마치 그 자리에 존재하는 듯한 착시현상을 불러일으켰으며, 황제의 지엄한 권위를 시각화하여 전달하고자 했음을 알 수 있다. 그와 동시에 황제의 은혜를 입어 귀비로 책봉될 원춘의 서사를 상징하고 있다고도 볼 수 있다. 또 〈孫溫 제212화〉에서 역시 용 그림 장식을 발견할 수 있는데, 저승 공간을 묘사하고 있는 큰 그림틀 안에서, 염라대왕의 뒤로 커다란 용 그림이 걸려 있다. 용 그림 장식은 여기서도 마찬가지로 저승의 절대 권력자인 염라대왕의 권위를 상징하고 있으며, 인간은 이미 정해진 죽음의 운명을 결코 거스를 수 없다는 것을 의미하기도 한다. 이처럼 용 그림 장식은 화폭 안에서 황제, 또는 절대 권력을 상징하는 기호로서 그 의미를 심화시키고 감상자에게 강렬한 이미시를 심어 주게 된다.

이 외에도 손온의 화책에는 신수(神獸)로서 그 상징성을 드러낸 동물 그림이 있는데, 바로 기린(麒麟)[47] 그림이다. 기린은 지도자의 어진 성품

47) 윤열수, 『신화 속 상상동물 열전』, 한국문화재재단, 2010, p.168. 기린은 상상으로

〈孫溫 제81화〉

〈孫溫 제170화〉

을 나타내고, 길조(吉兆)를 상징하며, 특히 도교적 측면에서 기린은 오행(五行)의 정령으로서 하늘과 땅을 이어주는 천지교통(天地交通)의 매개체로 여겨져 왔다. 또한 사후 세계의 인도자로서 신선들이 타고 다니는 동물로도 자주 등장한다고 알려지기도 하였다.[48] 화책에서 기린 그림 장식은 다른 그림 장식들에 비해 훨씬 큰 크기로 묘사되는 것이 특징이며, 총 두 번에 걸쳐 등장한다. 첫 번째로 〈孫溫 제81화〉에서 가모를 필두로 한 가부의 인물들의 청허관 행차 장면에서 찾아 볼 수 있다. 이때 기린은 가부의 장대한 행렬과 함께 담벼락 위에 그려진 거대한 벽화(壁畵) 속에 등장하는데, 기린이 붉은 해를 보고 걸어가는 모습과 집안의 길운을 빌기 위해 청허관 향하는 가부의 행렬이 서로 긴밀하게 호응하여 절묘한 시각적 효과를 일으키고 있으며, 동시에 서사적 의미를 강조하는 역할을 하고 있다. 한편 벽에 그려진 그림 속에는 기린의 주위를 가득 매운 구름에 오색빛깔의 상서로운 기운이 가득하며, 파도는 기린의 발걸음에 맞춰 거칠지 않게 규칙적으로 일렁이는 모양으로, 화책 전체에 경쾌하고 명랑

여러 가지 동물의 부분들을 떼어 하나의 새로운 동물로 합성하는 방식으로 탄생하였다. 『역전(易傳)』에 기린은 이마에 뿔이 하나 돋아 있으며, 사슴의 몸에 소의 꼬리, 말과 같은 발굽과 갈기를 가지고 있는 오색(五色)의 동물이라고 기록하고 있다.

48) 윤열수, 위의 책, pp.172-176.

한 분위기를 더하여 가모 일행의 행렬의 분위기를 은유적으로 보여주는 효과를 주기도 한다.

두 번째로 〈孫溫 제170화〉에서도 배경 속에 커다랗게 그려진 기린 그림을 발견할 수 있는데, 이 화폭은 손윤모가 그린 화폭으로 앞서 손온이 그린 기린의 형상과 다소 다른 느낌으로 표현된 것이 하나의 특징이라고 할 수 있다. 한편 이 화폭은 설반(薛蟠)이 사람을 죽인 사건에 대해 정식으로 재판이 열리는 일화를 담고 있다. 사람들을 돈으로 매수하여 설반의 고의적 살인이 우발적인 실수로 뒤바뀌게 되는 서사로, 현령(縣令)은 처음에 모두 거짓말을 하고 있다고 호통을 치지만, 검시관의 결과조차 전과 뒤바뀌어 있어 최종적으로 설반의 실수로 인한 과실치사로 판결을 내리게 된다. 본래 기린은 어진 군주의 등장을 상징하는 동물로서[49], 본래 재판장에 배치된 기린 그림은 억울한 사람 없이 공정하고 진실한 판결을 내려야하는 정의로운 지도자의 표상으로 걸린 그림이라고 할 수 있다. 그러나 해당 화폭에서는 그 의미와는 완전히 상반되는 내용의 서사가 펼쳐지므로, 작가는 화폭 속의 그림 장식을 통해 극명한 서사적 대비를 형성하며 이상과 현실의 모순을 드러내는 효과를 주었다. 그러나 화폭을 자세히 살펴보면 기둥에 의해 기린의 눈이 절묘하게 가려져 있는 것을 볼 수 있는데, 이는 마치 사건의 전말을 뻔히 알고도 스스로의 눈을 가리며 불공정한 판결을 내리는 부패한 현령의 모습을 빗댄 것으로 해석할 수도 있다.

이 외에도 화책 속에 묘사된 대형 그림 장식은 주로 대규모 연회장을

49) 윤열수, 앞의 책, p.172. 『시경(詩經)』에는 "발이 있는 것은 차기 마련이며 이마가 있는 것은 들이받기 십상이고 뿔이 있는 것은 부딪치고자 하는데, 유독 기린만은 그렇지 아니하니 이것이 그의 어진 성품이다."라고 하였다. 이 때문에 어진 성군이 이 세상에 올 때 전조를 보이는 상서로운 동물로 알려지게 되었다.

〈孫溫 제138화〉

〈孫溫 제138화〉

〈孫溫 제68화〉

배경으로 열리는 각종 행사들에서 많이 찾아 볼 수 있는데, 그 중 가모의 팔순 잔치와 설보차의 15번째 생일 연회에 걸린 그림 장식들을 예로 살펴보도록 하겠다. 집안의 최고 어른인 가모의 팔순 잔치는 특히 매우 길고 성대하게 열렸는데, 위의 두 개의 〈孫溫 제138화〉 속 장면은 고위 인사들의 안사람들과 여성 인물들이 모여 연회를 벌이는 장면에서 배경에 배치된 그림 장식들이다. 먼저 가장 좌측의 그림은 사슴과 소나무, 박쥐와 영지(靈芝) 등이 함께 그려진 그림 장식이다. 이 그림 장식은 소나무 아래서 사슴이 박쥐를 올려다보는 모습을 묘사하였으며, 사슴은 예로부터 신성시 여겨지는 동물로 행복과 장수를 의미하였다. 소나무 역시 장수를 상징하며, 사슴의 한자인 '록(鹿)'은 '록(祿)'과 음이 같고, 박쥐의 한자인 '편복(蝙蝠)'은 '복(福)'과 발음이 같아 '복록수(福祿壽)'즉 행복과 부귀와 장수의 의미로 해석할 수 있다. 땅에 그려진 영지와 훤초(萱草) 역시 길운과 장수를 의미하며, 자손이 번성하길 바라는 뜻을 담고 있다. 즉 이 그림은 일종의 '축수도(祝壽圖)'로 가모의 장수와 행복, 그리고 자손의 번성을 바라는 가부 사람들의 염원을 담고 있다고 할 수 있겠다.[50]

---

50) 張哲, 앞의 논문, pp.20-21.

이 축수도 바로 옆에 나란히 걸려 있는 그림 장식은 바로 중국에서 예로부터 상징적 의미로 자주 사용해 온 〈마고헌수도(麻姑獻壽圖)〉를 그린 것인데, 이 그림 장식은 손온의 화책에서 가모의 팔순 잔치와 설보차의 생일잔치에 걸쳐 총 두 번 등장한다(〈孫溫 제138화〉, 〈孫溫 제68화〉). 마고는 전설에 등장하는 선녀로[51], 복숭아가 담긴 바구니를 어깨에 매고 있는 것이 특징이다. 〈마고헌수도〉 역시 축수의 의미를 지니고 있으며, 손온은 화책의 그림 서사에서 가모와 설보차의 성대한 생일을 다채롭게 장식하는 동시에 화폭에 서사적 깊이를 더하기 위해 이와 같은 상징성이나 고사성이 강한 그림 장식을 십분 활용한 것을 알 수 있다. 특히 가모의 생일에 사용된 〈마고헌수도〉는, 마치 마고 선녀가 서왕모(西王母)의 생일을 축하하기 위해 친히 걸음 한 일화를 떠오르게 하며, 가부에서의 가모의 위엄과 지위가 마치 서왕모의 그것에 비견할 만 하다는 것을 보여준다고 할 수 있다.

다음으로 분석할 그림 장식은 위에서도 잠시 언급한 바 있는 어부도(漁夫圖)이다. 어부를 소재로 한 산수화는 손온의 화책에서 총 67폭 등장할 정도로 흔하게 사용되었는데,[52] 그 수량이 많은 만큼 서사성을 가진 그림 장식과 감상용 그림 장식이 모두 존재했다. 어부의 형상은 중국 문화에서

51) 노자키 세이킨 저, 『중국미술상징사전: 상서로운 도안과 문양의 상징적인 의미』, 변영섭 역, 고려대학교출판부, 2011, pp.268-269. 마고는 고대 신화 속의 여자 신선으로 신선 왕방평(王方平)의 누이동생이며, 모천(牟川) 남쪽의 고여산(姑餘山)에서 수도하였다고 한다. 또 마고는 강주하반(絳珠河畔)에서 영지버섯으로 신선이 마시는 술을 빚었다고 하며, 3월 3일 서왕모(西王母)의 생일 때 축수(祝壽)하였다는 고사도 전해진다. 그러므로 민간에서는 마고를 아름다움과 장수의 상징으로 여기게 되었으며, 옛날에 여자의 생일을 축하할 때 '마고헌수도(麻姑獻壽圖)'는 빼놓을 수 없는 필수품이 되었다. 축하객이 잔치모임에 참석하면 먼저 이 그림을 마주하여 예를 올렸는데, 남자 생일잔치 모임의 수성노인상(壽星老人像)과 똑같은 의미를 지닌다.

52) 張哲, 앞의 논문, p.26.

〈孫溫 제155화〉

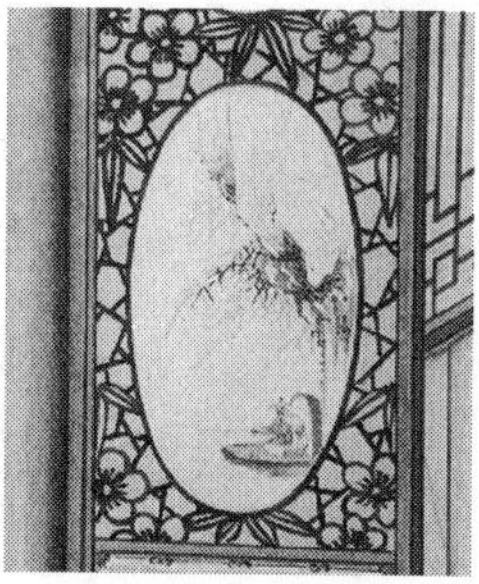

〈孫溫 제55화〉

〈孫溫 제70화〉

전통적으로 은일(隱逸) 문화를 대표하는 이미지로, 화가들은 이를 그림의 소재로 즐겨 그렸으며, 이를 통해 자신의 심정을 표현하고는 하였다. 이 어부도가 손온의 화책 전체에서 반복적으로 등장하는 현상에 대해 살펴보면, 특정 서사성을 발휘하는 어부도란 서재나 학당, 가숙(家塾) 등 학습의 공간을 묘사하기 위해서 사용된 경우라고 할 수 있다(〈孫溫 제155화〉). 즉, 이곳에 걸린 어부도는 공간의 기능을 나타내는 기호가 되는데, 그림 장식을 통해 해당 장소가 학습의 장소이며, 문인을 배양하는 곳임을 명시하고 있는 것이다. 한편, 감상용 어부도는 가보옥이나 가모, 왕희봉, 왕부인, 임대옥 등의 처소에 걸려 있는 그림 장식을 모두 포함한다. 이 그림들은 대부분 거주자의 감상과 장식을 위해 배치되어 있는 것으로, 세밀한 필치의 산수화는 등장인물들의 고아한 문화적 소양을 반영하고 있다고 할 수 있다(〈孫溫 제55화〉, 〈孫溫 제70화〉). 이렇듯 어부도는 당시 매우 흔한 소재의 산수화였으므로 손온의 화책에서 특정 장소를 가리지 않고 반복적으로 등장했던 것은 자연스러운 일이었다. 다만 손온의 화책 전체를 관통하는 어부도의 일관적 함의에 대해선, 속세에 대한 염증과 이를 벗어나고 싶은 가보옥의 내면세계를 반영한다고 할 수 있는 어부도의 근본적인 의미와 상통하지 않을까 생각해 본다.

〈孫溫 제73화〉

〈孫溫 제70화〉

〈孫溫 제174화〉

이렇듯 손온은 화폭 안에서 그림 장식을 통해 특정 공간을 상징하는 기호로 자주 사용하였다. 또 다른 예로는 위의 〈孫溫 제73화〉에서 장수를 상징하는 식물인 소나무와 영지를 그린 그림 장식이 걸려있는 방 공간이 묘사된 것을 볼 수 있다. 독자는 이런 그림 장식이 걸려 있을 만한 장소로 가모의 방을 가장 먼저 떠올릴 수 있으며, 그림 장식에 그려진 영지는 불로장생과 더불어 비옥한 땅을 의미하여, 가부의 뿌리라고 할 수 있는 가모의 입지와 일맥상통한다. 또 소나무 역시 장수를 상징하는 식물로, 소나무와 영지를 함께 그린 그림 장식은 가모의 장수를 바라는 가족들의 염원을 상징한다고 할 수 있다. 비슷한 맥락으로, 화책에서 가모의 방을 상징하면서 장생을 기원하는 그림 장식을 또 하나 찾을 수 있는데, 바로 〈孫溫 제70화〉에 보이는 〈동방삭헌수도(東方朔獻壽圖)〉[53]이다. 손온의

53) 노자키 세이킨 저, 변영섭 역, 앞의 책, pp.271-272. 동방삭은 한나라 염차(厭次) 사람이다. 자(字)는 만천(曼倩)이며 해학과 골계를 잘하였고 문재(文才)에도 뛰어났다고 한다. 무제(武帝) 때 여러 차례 승진하여 금마문시중(金馬門侍中)에 이르렀으며, 항상 무제의 잘못을 풍자를 통하여 간하였으므로 충신으로 인정받았다. 전해지는 얘기로는 무제의 생일날 서왕모가 축수를 하러 왔는데, 무제에게 바칠 일곱 개의 복숭아를 옥쟁반에 담아왔다. 무제가 복숭아씨를 심도록 명령하자, 서왕모가 제지하며 말하기를 "이 복숭아는 인간 세상에 심을 수가 없습니다. 그 가지는 사방 3천리까지 뻗어나가며,

화폭에선 이 그림 장식이 비록 절반 정도 밖에 드러나 있지 않지만, 이것만 보아도 누구나 〈동방삭헌수도〉임을 알아볼 수 있으며, 이 그림은 전통적으로 동방삭 고사와 더불어 건강과 장수에 대한 바람을 상징하는 그림 장식이라고 할 수 있다. 다시 말해, 위와 같은 그림 장식들은 가모의 공간을 나타내는 기호이자, 그림 서사에서 가모의 인물 형상을 수식하는 방법의 일환으로 작용하기도 하며, 가모에 대한 가족들의 존경과 애정을 담아내고자 한 화가의 여러 가지 의중을 담고 있는 것이다. 동시에 반복적으로 등장하는 그림 기호는 전체 화책에서 상호 시각성을 구축하며 서사를 연결시키는 작용을 함은 물론이다.

또 다른 공간 묘사를 돕기 위해 배치된 그림 장식은 바로 〈孫溫 제174화〉에 보이는 〈관음보살상(觀音菩薩像)〉이다. 이 그림 장식은 묘옥의 방에 걸려 있으며, 그림 장식 앞에는 참선(參禪)을 하고 있는 묘옥의 모습을 묘사하고 있다. 묘옥(妙玉)은 금릉십이차(金陵十二釵) 중 한 명으로 예사롭지 않은 기질과 풍모를 지녀 집안 어른들에게 직접 초청받아 대관원 안의 농취암으로 들어와 거주하게 되는 여승이다. 묘옥은 깨끗한 것을 숭상하고 속세를 혐오하며 다소 괴벽한 성질을 가졌지만, 시문을 짓는데 능하고 특히 보옥을 아꼈다. 또한 점술에도 일가견이 있어 가보옥의 통령보옥이 사라졌을 때도 그 행방을 점치는 모습이 묘사되기도 한다. 묘옥의 인물 형상은 예로부터 주로 불교적인 요소와 결합되어 묘사되었는데, 위에서처럼 '주화입마(走火入魔)[54]' 장면을 그린 것이 가장 대표적이

3천 년에 비로소 처음으로 꽃이 피고, 다시 3천 년이 지나서야 한 차례 열매가 열립니다. 이번에야 내 복숭아가 세 번째로 익었는데, 저 동방삭은 매번 복숭아가 익을 때마다 내 복숭아를 훔친 불량소년입니다"라고 하였다. 신화에 따르면 동방삭은 이미 1만 8천 년 이상을 살았으므로 이것은 장수를 축하하는 의미를 담고 있다고 할 수 있다.

54) 기의 운용을 잘못하거나, 심리적인 원인 등으로 인해 몸속의 기가 뒤틀려 통제할 수 없는 상태.

라고 할 수 있다. 〈孫溫 제174화〉에서 이 장면은 한 폭 전체를 사용하여 그려졌는데, 당시 화책의 후반부를 담당한 손윤모 인물 중심 화풍의 특징이 반영된 것으로 볼 수 있겠다. 또한, 묘옥의 형상은 화책 후반부에 집중적으로 묘사되는 특징을 보이는데, 아마 묘옥은 후반부의 비극적 서사에 깊게 연관된 인물이기 때문에, 작가가 배치 상에 우선순위를 두었을 가능성이 높다고 할 수 있다. 비록 이 그림 장식과 공간은 매우 일차원적인 매칭으로 보일 수도 있지만, 작가는 화폭에 불교적 색채를 더하면서, 그림 서사의 전개에 있어 주화입마(走火入魔)에 빠진 묘옥의 모습과 그 분위기를 고조시키기 위한 보조적 수단으로 배치한 것이며, 특히 벽에 걸린 〈관음보살상〉이 묘옥의 머리 위에서 내려다보는 듯한 착시효과마저 주고 있으므로, 구도적으로도 충분히 화가의 의도가 반영되어 있다고 할 수 있겠다.

그렇다면 이번엔 화폭 속 등장인물의 성격적 특징을 시각화하는데 보조적인 작용을 하는 그림 장식들에 대해 살펴보도록 하겠다. 먼저 〈孫溫 제36화〉는 앞서 언급했던 녕국부 정실에 걸려있는 용 그림 장식이다. 이미 기술한 바 있듯, 집안에 걸려 있는 용 그림 장식은 녕국부의 지위와 황제에 대한 충성을 의미하고 있으나, 이 화폭을 분석하는데 있어 기존의 의미에서 한발 나아가 용 그림 앞에 앉아 있는 왕희봉의 모습과 서사가 결합되었을 때 발생하는 또 다른 의미를 찾을 수 있었다. 본래 용 그림은 황제를 상징하거나, 저승사자의 뒤에 놓여 절대적인 권위를 가진 인물을 수식하는 의미로 사용되어 왔음은 이미 분석한 바 있다. 그러나 이 화폭에서는 그저 어린 부인에 불과한 왕희봉의 뒤에 용 그림을 배치한 것이 매우 이례적인 경우라 할 수 있겠다. 해당 화폭은 왕희봉이 진가경의 장례를 치르며 집안일을 총괄하게 되는 사건을 다루고 있는데, 당시 가부 내부의 일을 처리할 수 있는 주도권을 손에 쥐게 된 왕희봉의

〈孫溫 제36화〉

〈孫溫 제58화〉

〈孫溫 제73화〉

모습이 뒤에 걸린 용 그림과 상호 결합하여, 왕희봉의 절대 권력을 보여주는 동시에 그녀의 용과 같은 기세와 위엄을 부각시키고 있다. 이처럼 손온은 화폭 속의 그림 장식을 통해 등장인물의 형상적 특징을 한층 더 강조하려는 의도가 있었음을 알 수 있다.

한편, 그림 장식 중에는 해당 화폭의 서사적 배경을 함축하는 기호로서 역할을 하는 경우도 찾아 볼 수 있었다. 예를 들어, 〈孫溫 제58화〉에는 가보옥의 뒤로 갈대밭의 기러기를 그린 그림 장식이 걸려 있다. 이 그림은 〈노안도(蘆雁圖)〉로, 전통적으로 가장 자주 사용되는 화조화(花鳥畵)의 소재 중 하나이다. 고대에는 기러기와 갈대를 함께 그려 은일(隱逸)함과 황량한 감정을 표현하였으며, 또한 기러기는 높은 포부를 상징하기도 한다. 이 그림에는 총 네 마리의 기러기가 그려져 있는데, 그중 두 마리가 서로 바라보고 있으며, 나머지 두 마리는 먹이를 찾고 있는 모습이다. 갈대는 화면의 우측 아래 모서리로부터 길게 뻗어 나오며, 기러기의 부리와 발은 붉은색으로 칠해져 있고, 나머지는 모두 묵색으로 그려져 있다. 〈孫溫 제58화〉의 내용은 가보옥이 아버지 가정과 대관원 유람을 마친 뒤 그의 방으로 돌아온 장면을 담고 있다. 가정과의 대관원 유람에서 가보옥은 대관원의 곳곳을 지날 때마다 그에 걸맞은 편액의 문구를 생각해내야 했는데, 이는 가정이 가보옥이 공부를 게을리하지 않는지 시험하는 동시에, 문객들에게 가보옥의 재능을 보여주기 위해서였다. 뛰어난 재주를 가진 보옥의 대답에 다른 사람들은 모두 칭찬일색이었으나, 가정은 늘 가보옥에 대해 만족하지 못했으므로, 보옥이 지은 문구마다 비난하고 꾸중할 뿐이었다. 때문에 이 화폭에서 등장한 〈노안도〉는 가정의 엄격한 태도로 인한 보옥의 불안정한 심리를 간접적으로 드러내기 위해 배치된 것으로, 화가는 그림 장식 속의 기러기를 통해 아버지의 사랑과 인정을 받지 못하는 보옥의 고독한 감정을 표현하는 동시에 서사적 배경을 함축하고 있는 것이다.[55] 한편, 그림 장식을 통한 간접적인 인물의 감정 전달은, 인물 표정에 감정을 강조하지 않는 손온의 화풍을 보완하는 색다른 표현 기법의 일종으로도 볼 수 있다.

다음으로 〈孫溫 제73화〉는 왕부인의 방에서 가보옥의 사촌 동생인 가환이 가보옥을 향한 질투심과 원한으로 인해, 일부러 등잔(燈盞)의 기름을 보옥에게 쏟아 보옥이 얼굴에 화상을 입고 한바탕 소동이 벌어진 장면을 묘사하고 있다. 이 화폭의 뒤쪽에는 아주 거대한 그림 장식이 걸려 있는 것을 볼 수 있는데, 이 그림 장식은 바로 중국의 유명한 '미불배석(米芾拜石)' 고사를 그린 것이다. 미불은 북송(北宋) 최고의 창작가이자 비평가로 평가되는 인물로, 돌을 지나치게 좋아하여 기이한 모양의 돌을 발견하고는 관복을 차려입고 절을 올리며 바위를 '석장(石丈)'이라고 부른 일화로 유명하다.[56] 우리는 이 〈미불배석도〉가 손온의 화폭에서

---

55) 張哲, 앞의 논문, p.16.

56) 葉夢得, 『石林燕語』 卷10·米芾詼譎好奇, 台北: 商務印書館, 1971, p.155. "知無爲軍, 初入州廨, 見立石頗奇, 喜曰'此足以當吾拜.' 遂命左右, 取袍笏拜之, 每呼曰石丈."(無爲軍의 수령이 되어 처음으로 州廨에 들어갈 때에 솟아 있는 바위의 모양이 몹시 기이한 것을 보고 기뻐하며 "이는 족히 나로 하여금 절을 하게 만들 만하다."라고 하였다. 마침내 좌우에게 명하여 官袍를 착용하고 笏을 들고서 절하였는데, 절할 때마

상징하는 두 가지 함의를 유추할 수 있는데, 첫 번째는 돌과 미불의 고사에 가보옥과 집안사람들의 모습을 비유하고 있는 것이다. 가보옥의 전신은 청경봉의 돌[石頭]로, 옥을 입에 물고 태어나 이름 역시 보옥(寶玉)으로 지어진다. 집안사람들은 모두 보옥과 이 통령보옥을 신성시 하여, 매우 특별한 존재로 여긴다. 즉 돌을 지나치게 사랑하여 괴벽한 지경에 이른 미불의 모습과, 보옥을 향해 맹목적인 애정을 쏟는 가부 사람들의 모습을 교묘하게 빗대어 풍자하고 있는 것이다. 두 번째 의미는 돌에게 무조건적인 사랑을 쏟는 미불의 모습을 옆에서 지켜보며, 가족들에게 소외 된 채, 보옥에 대한 질투심과 분노를 느끼게 되는 가환의 상황을 보여주고 있는 것이다. 이 그림 장식이 왕부인의 방에 걸려 있는 것은, 아들 보옥을 향한 왕부인의 애정을 보여주는 동시에, 가환의 질투심으로 인해 발생하는 이 사건의 배경 공간에 함축적인 서사를 가미하기 위한 장치로 사용하기 위해서이다.

손온의 화책에는 위에 언급한 그림 장식 외에도 다채로운 함의를 품은 그림 장식이 화폭 곳곳에 배치되어 있다. 이 글에서는 감상이나 장식으로서의 심미적 의미가 강한 그림 장식들과, 그림 서사와 반응하는 서사적 함의가 강한 그림 장식으로 분류하여, 그중 대표적인 그림 장식들을 예로 들어 독자의 이해를 돕고자 하였다. 필자의 분석은 감상자들이 문자 텍스트가 부재한 이미지 텍스트를 좀더 풍부하고 세심하게 읽어낼 수 있도록 그림 기호의 서사적 해석에 중점을 두었으며, 손온의 화폭을 좀 더 다양한 시각에서 감상할 수 있는 기회를 제공하고자 하였다.

다 바위를 "石丈"이라고 불렀다.)

(3) 그림 속의 글

물론 손온의 화책 안에는 그림 장식뿐 아니라 각종 글 장식도 쉽게 찾아볼 수 있다. 문자 텍스트가 결여된 손온의 화책에서 도장을 제외한 문자 정보는 글 장식이 유일하다고 할 수 있는데, 화책 전체에 걸쳐 약 400여 폭에 달할 정도로 그 수량이 방대하다. 그러나 이렇게 방대한 분량에도 불구하고 그림 서사에 막대한 영향을 미치지 않는 원인은, 배경의 일부로서 아주 작은 크기의 글씨로 쓰인 것이 대부분이며, 가독성이 떨어지기 때문이다. 글 장식의 내용은 대부분 옛 문인의 시사(詩詞)나 대련(對聯)을 담고 있으며, 그림 장식과 마찬가지로 가부 내부 곳곳에 감상용으로 배치되어 있거나, 때로는 해당 화폭의 서사적 의미를 심화시키는 역할을 하기도 한다. 또한 이러한 옛 문구들은 당시 손온의 풍부한 학식이 담긴, 즉 손온이 회화 예술뿐만 아니라 시사(詩詞) 방면에 있어서 역시 일정 수준에 도달하였음을 보여주는 단적인 예라고 볼 수도 있겠다.

한편, 그림 장식에 비해 훨씬 직접적인 표현 수단이라고 할 수 있는 글 장식은, 사실 적극적으로 그림 서사를 보조할 수도 있었으나, 화가는 당시 실제 귀족 가정 내부에 걸려 있을 법한 글귀들을 배치하여 화폭의 리얼리티를 높이는 데 주력하였으며, 여전히 직접적인 문자 텍스트의 개입은 지양한 채 은유적인 문구들을 사용하여 서사적 효과를 도모하고자 하였다.

예를 들어 진종과 가보옥이 처음 만나는 장면을 그린 〈孫溫 제23화〉에서는, 여러 개의 칸막이 형식의 글 장식들이 배치되어 있는데, 그 중 당(唐)대의 안진경(顏眞卿)이 쓴 『권학(勸學)』의 내용 중 일부가 적혀있는 것을 볼 수 있다. 그 중 '三更燈火五更雞, 正是男兒讀書時. 黑發不知勤學早, 白首方悔讀書遲.(삼경부터 오경까지는 사내아이가 책 읽기 가장 좋은 시간이다. 젊었을 때 공부를 게을리 하면, 나이가 들어 후회해도 늦는다)'라는 문장

〈孫溫 제23화〉

은 학문을 부지런히 닦을 것을 권장하는 의미를 담고 있어, 보옥이 진종에게 가부의 가숙에서 함께 공부를 제안하여 두 사람이 글동무가 되면서 관계가 발전되는 해당 화폭의 내용과 절묘하게 연결된다고 할 수 있다. 또한 화폭 중앙의 칸막이 형식의 그림 장식에 새 두 마리가 그려져 있는 것 역시 진종과 보옥의 관계와 우정을 상징하고 있다고 할 수 있으므로, 해당 화폭에서는 그림 장식과 글 장식이 동시에 서사의 진행을 돕고 있다고 볼 수 있다.

이처럼 감상자가 그냥 지나칠 법한 일부의 글 장식들 가운데에는 화폭의 내용과 연관이 있는 경우도 있는 것을 알 수 있는데, 예를 들어 보차의 생일날 다함께 연극을 보는 장면을 그린 〈孫溫 제68화〉에는 무대 위쪽으로 여러 개의 글 장식이 걸려있는 것을 볼 수 있다. 그 중 '天下事無非是戱, 世間人何必認眞對待(천하의 모든 일이 연극이 아닌 것이 없는데, 세상 사람들이 진심으로 대한들 무엇 하랴)'라고 써진 대련 문구가 있는데, 이는 화폭 속 연극을 감상하는 사람들의 형상을 빌려 화가의 사상을 일차원적으로 설명하고 있는 문구라고 할 수 있다.

또 〈孫溫 제92화〉 속 정자의 지붕 아래 걸려있는 여러 개의 글 장식에는 해당 화폭의 풍경의 분위기와 부합하는 몇 가지의 시구가 적혀 있는데, 그 중 '詩家淸景在新春(시인의 청아한 풍경은 새로운 봄과 같다)'(唐·楊巨源《城

〈孫溫 제68화〉

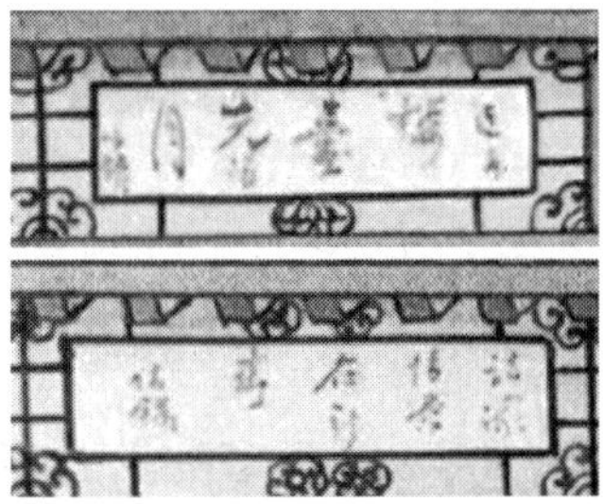

〈孫溫 제92화〉

東早春》)이나, '近水樓台先得月(물에 가까운 누각일수록 달빛을 먼저 받는다)'(宋·兪文豹《淸夜錄》) 등이 그런 예라고 할 수 있겠다. 이러한 시구들은 비록 감상자의 눈에 잘 띄지는 않지만, 화가 스스로 해당 화폭을 그리면서 느낀 감상들을 시를 빌려 표현하고 있다고 볼 수 있다. 즉, 화가가 화폭 안에 숨겨놓은 수많은 서사적 장치 중 일부라고 할 수 있는 것이다. 화가는 아마 감상자가 반드시 이 글귀들을 찾아내리라 기대하진 않았을 것이며, 대부분 스스로 화폭의 완성도에 대한 만족감을 충족시키기 위해 배치했을 가능성이 높다.

한편, 이외에도 화폭 속 등장인물의 서사와 깊게 연관되는 글 장식도 종종 찾아볼 수 있는데, 다음의 〈孫溫 제94화〉가 그런 경우이다. 이 화폭에는 유노파가 대관원에 두 번째 방문하는 내용으로, 글 장식에는 '淸

〈孫溫 제94화〉

明時節雨紛紛, 路上行人欲斷魂. 借問酒家何處有? 牧童遙指杏花村.(청명절 비가 부슬부슬 내리고, 길 걷던 행인은 마음이 심란하네. 묵어갈 곳 어디인지 물으니, 목동은 손끝으로 행화촌 가리키네)'라는 당대의 저명한 시인 두목(杜牧)의 『청명(淸明)』의 내용이 적혀있다. 화폭의 내용과 시를 연결하여 해석해본다면, 시 속의 화자는 유노파를 의미하고 있으며, 시인이 묵어갈 행화촌은 즉 가부의 대관원을 상징한다고 볼 수 있겠다. 이 글 장식 역시 감상자가 전체 화폭을 해석하는 과정에서 쉽게 인지하기는 어려우나, 화가는 이러한 숨겨진 글 장식을 이용해 화폭에 함축적 의미와 비유적 의미를 강화하고자 한 것이다.

다만 손온 화책에 등장하는 수많은 글 장식들 중에는 같은 문장이 여러 차례 반복되어 있는 경우도 발견할 수 있었다. 예를 들어 두목의 시 『산행(山行)』의 일부인 '白云深处有人家(흰 구름 가려진 깊은 곳에도 인가가 있네)'의 문장은 손온의 화책에서 여러 번 글 장식의 형태로 등장하고 있어 별다른 의미 없이 반복된 경우라고 할 수 있겠다. 이들은 대부분 칸막이 형식을 하고 있으며, 제93화, 제97화, 제144화 등에서 찾아볼 수 있는데, 해당 화폭들을 살펴보면 문장과 그림이 서사적으로 밀접한 연관은 없으며, 글 장식이 배치된 장소 또한 모두 상이하다는 점이 특기할 만하다. 이는 손온의 글 장식 역시 모두 그림 서사의 전개와 깊은 연관이 있는 것은 아니며, 앞서 언급했던 화폭 속 공간의 여백을 채우기 위해 배치된 수많은 그림 장식들처럼 때때로 별다른 의도 없이 화폭 안에 장식되었다는 것을 의미한다. 심지어 어떤 문장은 고전 시사에서 취한 것이 아닌 경우도 있으며, 많은 경우에 미완성의 문장이거나, 또는 다른 물체에 가려 그림 장식의 문장이 완전하게 보이지 않는 경우도 많으므로, 이런 글 장식들은 배경적인 성격이 더 강하다고 볼 수 있겠다.

3. 배경 기호의 이미지화[57]

화책의 해석에서 흔히 간과되는 면은 배경이다. 이미지 텍스트란 본래 시각적 공간에 상당히 의존하며, 글에 비해 이미지는 어떤 종류든 공간적인 측면을 전달하는데 훨씬 더 적합하다. 이야기 그림이 계절의 변화로 내러티브 시간을 전달할 수 있는 것처럼, 화가는 특정 상황 속에서 플롯을 설정할 수 있는 배경들을 만들기 위해 그림 기호를 활용한다. 비록 배경이 플롯에 필수적인 것은 아닐지라도 이는 그림 서사의 전반적 인상에 기여하는 기능을 한다는 것이다.[58] 그러므로 이야기 그림에서 배경은 우연히 그 자리에 존재하지 않는다. 배경의 이미지는 소설 텍스트 속에 존재하는 수많은 재현 가능한 담화들 중에서 화가에 의해 선택된 유일한 이미지이며, 단순한 소설 언술의 동어 반복이 아니라 특정한 의도에 맞도록 재구성된 이미지라는 점에서 화가의 분명한 의지를 포함하게 된다.[59] 한편, 배경은 등장인물에게 특정적인 생활공간을 제공하며,

57) 본 절은 고명주, 「紅樓夢 플롯의 선택적 재현과 시각화－孫溫 紅樓夢 畵冊을 중심으로」, 『중국학논총』 74집, 중국인문사회연구소, 2021의 일부를 보완 확대하였음을 밝힌다.

58) 테레사 콜러머 저, 안지성 역, 앞의 책, p.47.

인물은 배경 속에서 활동하고, 인물 관계는 배경 속에서 드러나며, 이야기 줄거리는 배경 속에서 흘러간다. 같은 사람 또는 사물은 각기 다른 배경 안에서 감상자로 하여금 다른 감정을 선사하기도 한다. 그러므로 배경의 묘사는 인물의 성격을 담아낼 수 있고, 인물의 심리를 암시할 수 있으며, 이야기의 분위기를 나타낼 수 있고, 또 화가 자신의 생각이나 감정이 반영될 수밖에 없다.[60]

이 글에서는 손온이 화책에서 배경을 표현하는 방식을 두 가지로 분류하여 분석하였는데, 한 가지는 원작에서 서술된 사실적 묘사에 따라 실경(實景)을 그려 리얼리티를 강조하는 방식이고, 또 한 가지는 원작에 표현된 정(情)을 배경에 담아 의경(意境)으로서 드러내는 것이다.

1) 사실적 재현

손온 화책의 놀라운 점은 바로 원작의 묘사를 이미지로 재현해내는데 매우 섬세했다는 것이다. 손온은 기존의 다른 삽화나 화책들이 배경으로 삼았던 배경 공간과는 규모나 깊이에 있어 완전히 다른 차원의 배경 공간을 구축하였다. 주 배경 공간인 대관원뿐만 아니라, 각 인물들이 거처하는 공간, 각종 연회의 공간 등, 그 외에 모든 사건의 배경이 되는 공간들에 대해 원작을 그대로 옮겨 놓은 듯 섬세한 묘사들은, 그림 서사의 리얼리티와 자연스러운 서사 전개를 탄탄하게 뒷받침하는 요소로 작용하였다. 즉, 손온의 사실적 배경 묘사는 오로지 화폭의 리얼리티를 극대화하는데 그 목적을 두고 있다고 할 수 있겠다.

---

59) 공성수, 「근대 소설 형성기 번안소설 삽화의 구성 원리 연구 – 『매일신보』에 연재된 조일재의 번안소설 삽화를 중심으로」, 『한국문학이론과 비평』 17(2), 한국문학이론과 비평학회, 2013, p.166.

60) 陳驍, 앞의 논문, p.144.

(1) 대관원 공간 묘사

사실적 재현을 기반으로 한 배경 공간 중 가장 먼저 분석해볼 공간은 바로 대관원이다. 대관원은 『홍루몽』에서 가장 핵심적인 배경 공간으로, 원작에서 대관원에 대한 상세한 묘사는 필진하기 이루 말할 수 없다. 대관원에 대한 묘사는 대관원 완공 이후 몇 차례에 나뉘어 진행되고 있으며, 묘사와 함께 독자들의 대관원에 대한 전체적인 이미지가 형성되면서, 이후 여러 사건이 전개될 때 자연스럽게 배경으로서 작용이 가능해진다. 그림 작가들에게도 원전의 이러한 문자 텍스트는 대관원의 이미지를 시각화하는데 가장 중요한 소스가 된다고 할 수 있다. 손온 역시 여러 회에 걸친 상세한 묘사에 의거하여 최대한 사실적으로 대관원을 재현해내고자 했다.

다음의 〈孫溫 제46화〉는 손온이 장장 14폭에 걸쳐 집중적으로 묘사한 대관원의 전경 중 하나이다. 비록 손온의 화책이 서사를 중심으로 구성된 이야기 그림의 성질이 강하나, 이 14폭의 화폭만은 인물보다는 배경에 중점을 두었다고 할 수 있다. 원작에서 작가가 가정과 가보옥의 시선을 따라 이동하며 대관원의 곳곳을 묘사하였듯, 손온 또한 화폭을 넘길 때마다 독자의 시각을 전환시키며 대관원의 각종 장소로 인도하였다. 특히 손온은 원작에서 제공한 정보를 십분 활용하여, 배경 곳곳을 디테일하게 재현해내고자 하였는데, 〈孫溫 제46화〉에서 배경의 중심이 된 심방정(沁芳亭) 역시, 그 설계와 구조, 색채와 모양까지 원작의 묘사와 동일하게 재현된 것을 확인할 수 있다.[61] 다리 아래로 흐르는 세 개의

61) 아래를 내려다보니 맑은 시냇물이 눈같이 하얀 거품을 쏟으며 부서져 내리고 돌계단은 구름 위로 솟아오를 듯 이어져 있었다. 하얀 대리석 난간으로 에워싸인 연못 위에는 반월형 교각 사이로 세 개의 물길이 난 돌다리가 놓여 있는데 다리 양편의 교각 위에는 짐승머리 조각이 불쑥 튀어 올라 있으며 다리 위에는 조그만 정자까지 만들어져 있었

〈孫溫 제46화〉

물길과, 다리 위에 지어진 작은 정자까지 모두 원작에서 묘사한 모습 그대로 눈앞에 펼쳐진 듯하다. 심방정은 손온의 화책에서 여러 차례 등장하는 주요 배경 공간이라고 할 수 있는데, 물론 전 화책에 걸쳐 항상 동일한 디테일을 보이진 않으나, 전체적인 형상은 정교하고 화려한 일관된 모습으로 독자에게 공간적 지표가 되어주기도 한다. 이렇게 강한 리얼리티를 갖는 배경 기호는 그림 서사의 공간이 일관성을 갖는데 큰 역할을 하며, 감상자가 공간의 이해에 있어 혼란을 느끼지 않도록 하는 중요한 기준이 된다.

한편, 〈孫溫 제48화〉에서 묘사되고 있는 도향촌 역시 손온의 화책에서 종종 배경 공간으로 등장하며 대관원이 갖는 여러 가지 이미지중 하나로 작용한다. 가지런하고 넓은 이랑과 수백 그루의 살구나무들, 그리고 소박하게 지어진 초가집들은, 원작에서는 마치 귀농의 마음을 불러일으키는 풍경이라고 묘사되고 있으며, 옛날 전원(田園) 생활을 묘사한 시인들과 시구(詩句)를 연상시킨다고 설명하고 있다.[62] 손온은 원작 속의

다. (『홍루몽』 제17-18회)

62) 산허리를 돌아서니 누런 진흙으로 쌓아올린 낮은 담장이 은은하게 드러나는데 담장 위에는 짚으로 엮은 이엉을 덮었다. 수백 그루의 살구나무에는 불을 뿜는 듯, 노을이 피어오르는 듯 살구꽃이 만발하였다. 안에는 몇 칸 안되는 초가집이 세워졌고 밖에는 뽕나무와 느릅나무, 무궁화, 산뽕나무 등이 한창 파릇파릇한 새 가지를 펼치고 있는데

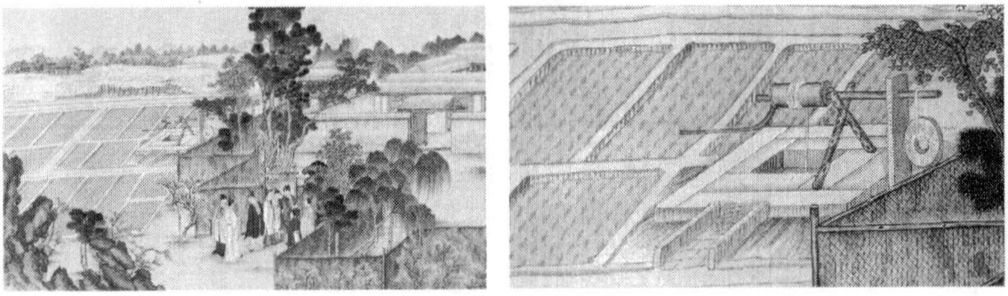

〈孫溫 제48화〉

해당 풍경을 그대로 화폭 위에 재현해내고자 하였는데, 논밭 가운데에 우물과 두레박을 그려 넣는 등 섬세한 묘사로 감상자의 감탄을 자아냈다. 또한 이 화폭에서도 마찬가지로 작가는 인물들을 가운데 집중적으로 작게 배치하여, 독자가 풍경에 더욱 집중하여 감상할 수 있도록 하였음을 알 수 있다. 한편, 도향촌은 이후 이환(李紈)의 거처가 되는 곳으로, 대관원의 다른 배경 공간들이 다소 화려함과 푸른색의 이미지를 강조하고 있는 것과는 달리, 평온하고 시골의 정취를 강조하여 과부로 수절하며 지내는 이환의 캐릭터 구축과도 긴밀한 연관이 있다고 할 수 있겠다.

〈孫溫 제51화〉에서는 설보차의 거처가 되는 형무원(蘅蕪苑)을 묘사하면서 산의 크기를 표현하기 위해 인물의 크기가 훨씬 줄어들어 거의 보이지 않을 정도이며, 집 역시 산에 가려 보일 듯 말 듯 묘사하였다. 대관원 내부에는 셀 수 없이 많은 가산(假山)들이 있지만, 대부분이 화폭에서 시각적으로 그리 크지 않은 매우 낮고 작은 동산의 형상을 하고 있는데, 형무원에 있는 산은 해당 화폭에서 유독 거대한 규모로 묘사되고 있는

그 가지를 형세대로 휘어다가 구불구불 둘레를 따라 두 겹으로 푸른 울타리를 만들었다. 울타리 밖 산기슭에는 우물이 하나 있고 그 곁에 도르래 달린 두레박이 걸려 있었다. 아래쪽 밭엔 네모반듯한 이랑을 일구어 온갖 채소와 꽃을 가꾸었는데 일망무제로 아득히 펼쳐져 있었다. (『홍루몽』 제17-18회)

〈孫溫 제51화〉

것이 특징이다. 손온은 이와 같은 극명한 시각적 대비를 통해 독자가 웅장한 산의 크기를 짐작할 수 있도록 설계한 것이다.[63] 나아가 독자는 이 산의 크기를 통해 대관원이 광활한 크기를 재차 확인할 수 있었으며, 이런 대관원을 정원으로 삼고 있는 가부가 얼마나 막대한 부를 누리고 있는지 가늠할 수 있게 된다. 동시에 이 화폭은 마치 한 폭의 전통 산수화를 보는 듯하며, 산의 기괴하고 웅장한 형상을 입체적으로 그려내, 대관원의 뛰어난 조경 예술 수준을 보여주고 있기도 하다. 또한 산을 화폭의 중심에 두고 그 기세를 강조하면서도 형무원의 건축적 특징과 인물 묘사까지 놓치지 않고 세세하게 표현해 내며 리얼리티를 추구하는 손온의 회화 풍격을 여실히 보여주었다. 즉 이와 같은 대관원 건축물의 상세한 배경 묘사는 여타 전통 회화 작품들과는 전혀 다른 차원의 회화적 구현 능력을 증명하고 있기도 하다.

첫 번째로 이루어진 집중적인 대관원 묘사 이후, 원작에서는 서사 중간

63) 홀연 버드나무 그늘 아래에서 구부러진 허리띠처럼 붉은 난간이 있는 널다리가 나타났다. 다리를 건너니 여러 길로 통하는데 그곳에 맑고 그윽한 기와집 한 채가 보였다. 매끄러운 벽돌로 쌓은 담에 깔끔한 기와를 얹은 화려한 담장이었다. … 문안으로 발을 들여놓는데 앞에서는 갑자기 하늘을 찌를 듯한 영롱한 산 바위가 우뚝 솟아 있고 사방에는 각양각색의 바윗돌이 둘러싸여 있어 안에 있는 집들이 모두 가려지게 되었다. (『홍루몽』 제17-18회)

중간 대관원 곳곳에 대한 추가적인 묘사가 단편적으로 이루어지기도 하지만, 대부분 사건을 중심으로 서술되는 경향을 보인다. 한편, 조설근은 소설 중반 유노파의 시선을 통해 다시 한 번 대관원의 배경에 초점을 맞춰, 자매들과 보옥이 입주한 이후의 대관원의 모습을 상세히 설명하고 있다. 이에 손온은 총 여섯 개의 화폭을 사용하여 대관원 곳곳을 배경으로 한 유노파의 대관원 유람기를 담아냈는데, 다만 이전의 묘사와 달라진 점은, 화폭에서 인물이 차지하는 비율이 늘어났으며, 대관원의 풍경과 연회 장면, 및 기타 에피소드 등을 다양하게 다루었다는 것이다. 특히 앞선 묘사에서 미처 진행되지 않았던 배경들에 대해 추가적인 설명을 더하여 공간의 완성도를 높였다. 손온은 원작의 묘사에 따라, 앞의 대관원 묘사에선 생략되었던 추상재나 우향사, 그리고 농취암을 배경으로 삼았으며, 다음의 〈孫溫 제97화〉는 우측에 뱃놀이를 하는 장면을, 좌측에 탐춘의 거처인 추상재의 효취당(曉翠堂)에서 아침 식사를 하는 장면을 묘사하고 있다. 특히 추상재에 대한 묘사는 앞의 대관원 묘사에서 다루지 않았으므로, 원작에서도 특별히 더 상세하게 묘사한 것을 볼 수 있는데,[64] 다만 손온의 화책에서는 추상재에서의 식사 장면만을 취했을 뿐, 원작에 상세히 다루어진 탐춘의 방 내부에 대한 묘사 부분은 화폭에 담지 않았다. 이는 손온의 원작에 대한 수용과 재창작의 과정 중, 배경 묘사에 대한

64) 탐춘은 평소 기분 좋게 떠들썩한 분위기와 터놓고 지내는 것을 좋아하여 이 세 칸짜리 집을 방마다 나누어 가로막지 않고 가운데다 화리목 받침의 대리석 탁자를 놓고 있었다. 탁자 위에는 유명한 서예가의 서첩과 수십 개 벼루와 각종 필통을 가득 쌓아 놓았는데 필통 속에는 온갖 붓이 빽빽하게 숲 속의 나무처럼 꽂혀 있었다. 또 한쪽 편에는 말(斗)만 한 크기의 여요 화병 항아리 속에 수정 공처럼 둥근 국화꽃이 가득 꽂혀 있었다. 서쪽 벽에는 송나라 양양 출신의 이름난 화가 미불이 그린 '연우도'가 걸려 있고 좌우에는 당나라 명필 안진경이 쓴 대련이 걸려 있었다. … 동편에는 여름용 침상이 놓여 있었고, 화려한 그 전통침대 위에는 꽃과 풀벌레를 수놓은 푸른빛 휘장이 드리워져 있었다. (『홍루몽』 제40회)

〈孫溫 제97화〉

부분 역시 화가 본인의 기준에 따라 그 중요도를 판단하여 시각화의 여부를 결정했다는 것을 보여준다. 즉, 유노파의 일화에서 탐춘 개인적인 성향과 기질을 보여주는 방 묘사는 그림 서사에 큰 영향을 미치지 않으므로 장면의 선택에서 배재된 것이며, 유노파를 중심으로 벌어지는 에피소드가 중심을 이루도록 그림 서사를 구성하였다는 것을 의미한다.

손온 화책에서 소설 원작에 기반한 배경 공간의 사실적 묘사는 매우 사소하고 정교한 것까지 재현해 내고 있다는 것이 특징인데, 그 극단적인 면모를 보여준다고 할 수 있는 것은 대관원의 어느 곳에서나 발견할 수 있는 기암괴석(奇巖怪石)에 대한 구현이다.[65] 다음의 〈孫溫 제107화〉 등 총 세 폭의 그림을 살펴보면, 대관원 곳곳에 배치된 이 기암괴석들은 어떤 것은 새의 얼굴을 하고 있기도 하고, 어떤 것은 용의 머리처럼 보이기도 하며, 또 맹수의 몸처럼 보이는 것도 있다. 대관원은 비록 인공적으로 만들어진 정원이긴 하지만, 자연적인 아름다움을 지향하여 정원 안에

65) 문객들이 맞장구를 치며 앞으로 나아가 바라보니 하얀색 돌들이 우뚝우뚝 솟아 있는데 그 모양이 또한 가관이어서 혹은 무서운 요괴 같고 혹은 사나운 맹수 같은 것이 종횡으로 맞물려 있었다. (『홍루몽』 제17회)

〈孫溫 제107화〉

〈孫溫 제119화〉

〈孫溫 제152화〉

물길을 내고, 화초와 바위, 가산(假山) 등의 온갖 자연물을 옮겨 놓았다. 특히 배경 공간에 자연스럽게 녹아있는 이 기괴한 모양의 크고 작은 바위들은, 화폭에 묘사된 그림 서사의 내용이나 전개와는 전혀 무관하나, 화폭의 배경 속에서 대관원의 실경(實景)을 재현하는 데 의미 있는 역할을 하였으며, 대관원이라는 비현실적 공간에 비현실적 배경을 조성하여 공간에 환상성을 극대화 하였다. 동시에 그 어느 화책이나 삽화의 배경에서도 강조된 적 없었던 기암괴석의 묘사는 화폭 구성에 있어 손온의 치밀함을 보여주며, 더불어 독자들이 화책 곳곳에 숨겨져 있는 이 기암괴석을 찾아내면서 소소한 재미를 느낄 수 있도록 오락적 요소까지 고려한 또다른 예라고 할 수 있겠다.

(2) 방 공간 묘사

소설 속에는 각 인물들이 거처하는 공간마다 특징적인 묘사가 이루어진다. 방 공간은 통상적으로 거주 인물의 성격이나 취향, 또는 취미 등 지극히 사적인 부분들을 엿볼 수 있는 요소들로 가득한데, 등장인물 개개인의 개성을 살리는 것을 중시했던 원작의 작가 조설근은 특히 인물의 방 공간의 설정에 심혈을 기울인 것을 알 수 있다. 한편, 손온의 화책에서는 비록 외형 묘사를 통해 직관적으로 등장인물을 식별하는 데는 다소 어려움이 따르지만, 종종 방 공간의 배경 묘사를 통해 해당 인물의 특징을 부각하거나 심화시키는 수법을 사용하여 독자에게 전달하곤 하였다. 다만 손온 화풍의 특성 상, 방 내부를 전체 화폭의 단일 배경으로 삼은 경우가 손에 꼽힐 정도로 특수한 경우라고 할 수 있는데, 아래의 예들이 바로 그런 경우이다.

먼저 다음의 〈孫溫 제55화〉를 보면, 가정과 가보옥이 함께 대관원을 둘러보던 중 이홍원 내부를 묘사한 장면이다.[66] 손온은 원작의 상세한 묘사를 거의 그대로 그림으로 재현해냈다고 할 수 있으며, 직접 이런 방을 목도하지 않고는 표현하기 어려울 정도의 핍진함을 보여주고 있다. 장차 가보옥의 방으로 사용될 이 공간은, 마치 그것을 예견이라도 하듯 가장 화려하고 진귀한 물건들이 사방으로 진열되어 있었다. 원작의 기술에 따라 배치된 각종 골동품과 문방사우(文房四友), 악기와 그림 장식 등은, 금릉에서 제일가는 집안의 귀공자의 방이라고 하기에 손색없는 면모를 보여주고 있다. 또, 화폭 가장 좌측에 대형의 그림 장식 역시 원작에서 언급된 '세한삼우(歲寒三友)[67]' 그림 장식을 그대로 재현한 것이다. 한편, 해당 화폭에서 이홍원의 내부 공간은 인물과 대비되어 더 넓고 높게 보이도록 그려졌는데, 방 내부의 높이는 어림잡아 인물의 서너 배에 달

66) 방 안에는 책을 꽂아 두는 곳, 골동인 고정을 놓아두는 곳, 붓과 벼루를 담아 두는 곳, 화병을 세워 두는 곳, 분재를 올려놓는 곳 등 각양각색의 둥글고 네모난 선반이 있고, 접시꽃 혹은 파초 잎 모양이나 연환으로 맺은 고리나 반원의 벽옥 등 그야말로 화려한 꽃다발이나 비단뭉치처럼 온갖 영롱한 것들이 다 장식되어 있었다. … 사방의 담벼락에는 제각각 골동과 장식품이 들어갈 수 있도록 작은 공간이 파여 있었고, 칠현금과 검, 꽃병, 탁자, 병풍 등이 비록 공중에 걸렸어도 제자리에 잘 들어가 있어서 벽과는 평평하게 놓여 있었다. (『홍루몽』 제17-18회)

67) 추운 겨울에도 볼 수 있는 세 가지 나무를 뜻하며, 소나무, 대나무, 매화나무를 가리킨다.

〈孫溫 제55화〉

하도록 묘사되어 있다. 이는 다른 화폭에서 등장하는 이홍원의 통상적인 크기와 비교해 보았을 때, 훨씬 더 과장되게 그려진 것임을 알 수 있다. 이는 손온이 이홍원을 처음 독자에게 소개하면서, 이홍원의 크고 복잡한 구조와, 가부의 사치스러운 면모를 강조하기 위해 사용한 극대화된 화법의 일종이라고 할 수 있겠다. 다만 이후의 화폭에서는 여러 공간을 한 폭에 담아내야 하므로 대폭 그 크기를 축소하여 배경에 묘사한 것이다.

『홍루몽』의 중심인물은 가보옥을 제외하고는 대부분 여성 인물로 구성되어 있는데, 특히 배경 공간 중 방 공간에서는 여성 인물들의 방 묘사가 주를 이룬다. 예를 들어 가모의 방이나 왕부인의 방, 그리고 진가경, 왕희봉, 임대옥, 가탐춘 등 각 거처마다 작가는 상세한 배경 묘사를 진행하고 있다. 다만 손온이 화책에 배경 공간을 그리면서 원작의 모든 정보들을 반영하여 재현시킨 것은 아니다. 손온은 그림 서사에 맞춰 필요한 설명들을 화폭에 참고하여 그리고, 그 후에는 자신의 취향대로 시시각각 장식의 모양과 무늬를 달리하여 표현하기도 했다. 예를 들어 다음의 〈孫溫 제20화〉에는 서사 전개에 따라 희봉의 방 공간이 좌우 중복으로 대칭되어 있는 구조를 띠고 있다. 다만 우측의 방 공간은 원작의 공간 묘사를 착실히 따르고 있는데 반해[68], 좌측의 방 공간은 한날한시의 동일한 공간을 묘사하고 있음에도 불구하고 문 위에 달린 휘장과 구들 위에 깔린

〈孫溫 제20화〉

양탄자의 색과 무늬 등이 모두 다르게 그려져 있음을 알 수 있다. 이는 원작의 설정에 충실하면서도, 동시에 공간 묘사의 단조로운 중복적 배치를 피하면서, 시각적으로 그림이 더욱 다채롭고 화려해 보이도록 하기 위해 손온이 즐겨 사용한 배경 묘사 방법 중 하나라고 할 수 있겠다.

이처럼 손온은 화폭의 배경을 구성할 때 일차적으로 원작의 사실적 공간 묘사를 최대한 반영하여 화책의 리얼리티를 높였으며, 그를 기반으로 자신의 상상력과 감각을 십분 발휘하여 공간을 다양하고 조화롭게 변화시켰다. 이와 같은 배경 공간 묘사는 작가의 섬세한 표현력과 실제로 해당 공간에 정통한 면모를 보여주고 있으며, 화책의 원작 재현 능력을 반영하는 동시에 작가의 개성적인 창작 능력으로 완성되었다고 할 수 있겠다.

---

68) 문밖의 구리 고리에는 꽃무늬가 그려진 붉고 부드러운 휘장이 쳐져 있고 남쪽 창 아래로 마련된 구들 위에는 붉은 양탄자가 깔려 있었다. 동쪽 벽 아래에 열쇠고리 모양의 비단 등받이와 팔걸이 목침이 놓여있고, 금빛에 청록색 빛이 감도는 커다란 요가 깔려 있었으며, 곁에 무늬를 조각하여 옻칠을 한 타구가 놓여 있었다. 희봉은 가을 담비털로 만든 왕소군 망토를 걸치고 구슬로 엮어 만든 이마 가리개를 둘렀으며 분홍빛 바탕에 꽃무늬를 넣은 저고리를 입고 있었다. … 손에는 작은 부젓가락을 들고 화로 속의 재를 휘젓고 있었다. (『홍루몽』 제6회)

(3) 연회 및 의식 장면 묘사

손온의 화책을 살펴보면 유난히 연회 장면 묘사가 높은 빈도를 차지하는 것을 알 수 있는데, 화책 전체에서 총 19폭에 달하며, 여기에 대규모로 진행되는 장례나 혼례, 제사 및 각종 행렬 등을 더하면 그 숫자는 훨씬 늘어난다. 그만큼 『홍루몽』 안에는 당시 귀족 가정에서 행해지던 각종 유희와 풍습을 생생하게 서술하고 있다고 할 수 있다. 특히 원작에서는 단순한 배경 묘사를 뛰어넘어 연회나 의식의 절차, 또는 좌석의 배치, 기물이나 기구, 음식과 술 등을 상세히 설명하며, 당시의 생활상을 고증하는 역사 자료로도 전혀 손색이 없다고 평가받아 왔을 정도이다. 특히 계절에 따른 제철 음식들과 연회 주제에 어울리는 각종 놀이들, 그리고 그것들을 완벽하게 즐기는 인물들까지, 작가는 쉴 틈 없이 독자들에게 읽는 즐거움과 상상하는 기쁨을 제공한다. 손온은 이처럼 생생한 현장감이 느껴지는 원작 속 장면들을 자신의 화폭에 최대한 온전히 담아내길 원했을 것이다. 거기에 회화 예술의 강력한 도구인 시각 언어들을 사용해서 감상자의 심미적 욕구까지 충족시켜주고자 했다.

손온의 모든 화폭이 그렇지만, 아무리 원전에서 제공한 정보가 상세하고 방대할지라도, 문자 정보만으로 하나의 거대한 화폭을 완전하게 채우기란 불가능한 경우가 대부분이다. 즉, 하나의 배경 공간의 이미지를 독자에게 전달하는 데 있어 문자 텍스트보다는 한 폭의 이미지 텍스트가 훨씬 많은 정보를 담고 있다는 것을 설명한다. 이는 이미지 텍스트의 배경에 담기는 풍부한 시각적 요소들에 기인하며, 손온은 원작의 글 묘사에 자신의 실제 경험이나 지식을 적절히 결합하고, 또 상상력을 더하여 비로소 하나의 화폭을 완성한다. 특히 각종 연회나 의례(儀禮) 과정의 전경을 화폭에 표현하기 위해선, 그에 대한 철저한 정보력이 뒷받침되어야만 하는데, 손온은 이런 점에서 매우 뛰어난 수준을 보여주고 있었다.

〈孫溫 제92화〉

〈孫溫 제93화〉

예를 들어 위의 〈孫溫 제92화〉와 〈孫溫 제93화〉는 대관원의 우향사에서 자매들과 보옥, 가모 등이 게 요리를 먹으며 즐거운 한때를 보내고 있는 장면으로, 작가는 두 폭의 그림을 연속으로 그려 같은 장소를 묘사하고 있다. 앞의 화폭은 가모와 왕부인, 보옥 그리고 자매들이 등이 우향사(藕香榭) 안의 식탁에 앉아 식사를 하는 장면이고, 그 다음 화폭은 우향사 옆의 나무 아래에 모포(毛布)를 깔고 시녀들이 음식을 먹는 모습과 식사를 마치고 놀고 있는 자매들의 모습을 한 폭에 함께 표현하고 있다. 하늘에 아스라이 핀 구름들과 겹겹의 푸른 산, 그리고 담청색의 물이 사방으로 정자를 둘러싸고 있어 마치 한 폭의 산수화를 보는 듯하며, 벽에 걸어 두어도 좋을 정도로 감상 대상으로서 미적 수준을 갖추고 있다. 그러나 이 화폭은 사실 철저하게 원전 텍스트의 묘사를 따르고 있다. 연못 한가운데 지어진 정자와 그곳으로 통하는 다리의 모양, 그리고 뒤로 깔아놓은 원탁과 모포 모두 원전의 설정과 일치한다. 또 정자 안에는 여러 인물들이 빼곡하게 차있는데, 이들이 앉은 순서와 구도, 공간의 구분, 인물의 행위까지 원전의 묘사를 그대로 재현하였다.[69] 특히 원작

69) 우향사는 본래 연못 위에 지은 정자로서 사방이 트여 있고 좌우로 구부러진 난간이 통하게 되어 있었다. 또한 물 위를 지나 양쪽 언덕으로 걸쳐 있으며 뒤쪽으로는 연못 위에 꺾어지게 만든 대나무 곡교(曲橋)와도 은연중에 연결되고 있었다. … 곧 우향사

의 서술을 그대로 재현한 자리 배치는 현실로부터 격리된 이상 공간을 상징하는 대관원 내부에서조차 주인들과 시녀들의 넘을 수 없는 신분 계급의 보이지 않는 벽을 암묵적으로 묘사하고 있는 것을 알 수 있다. 다만, 정자를 둘러싼 연꽃의 모양이나 수량, 정자 뒤로 세워놓은 나무와 가산들, 또 정자의 지붕 모양이나 난간의 문양 등은 모두 손온의 상상으로 만들어진 결과물들이다. 이는 아마도 당시에 실재하거나 과거에 남아 있는 자료들에 의거하고 있을 확률이 매우 높다. 즉, 손온은 원전의 사실적 묘사와 당시의 자료들, 그리고 그의 기억을 모두 종합하여, 비로소 이 한 장면을 완성도 있게 그려 낼 수 있었던 것이다.

다음의 〈孫溫 제113화〉는 섣달그믐날 아침, 가부에서 치러지는 제사를 묘사하고 있는 화폭이다. 섣달그믐에서 정월 초하루로 이어지는 이 회목에서 작가는 가부의 모든 사람들이 한해를 마무리하고 또 새로운 한해를 맞이하는 중요한 각종 전통 의식들을 차례로 서술하고 있다. 손온은 그중 가부의 조상들의 초상을 걸고 제사를 올리는 장면을 선택하여 섣달 그믐날 행사를 상징하고자 하였다. 화폭의 정중앙에 걸린 두 폭의 거대한 크기의 초상화를 중심으로, 그 아래에는 영국부와 녕국부의 모든 인원들이 정숙한 분위기로 정렬해 있다. 이 화폭의 압권은 거대한 초상화라고 할 수 있는데, 초상화 속 녕국공과 영국공의 모습은 실제로 단상 위에 앉아 있는 듯한 착시효과를 불러일으킨다. 또한 손온은 원전의 묘사

에 들어가니 난간 밖으로 따로 두 장의 대나무 교자상이 놓였는데 한쪽에는 술잔과 수저 등의 주기(酒器)가 놓여 있고 다른 한쪽에는 찻잔과 주전자 씻는 솔 등 각양각생의 다기(茶器)가 차려져 있었다. 저편에선 시녀 서너 명이 풍로에 부채질하며 차를 달이고 있었고 이쪽에선 시녀 몇 명이 술을 데우고 있었다. … 위쪽 식탁에는 가모와 설부인, 보차, 대옥, 보옥이 앉았고 동쪽의 식탁에는 사상운과 왕부인, 영춘, 탐춘, 석춘이 앉았다. 서쪽의 문가에 놓인 식탁에는 이환과 왕희봉의 자리를 마련해 두었다. (『홍루몽』 제38회)

〈孫溫 제113화〉

에 따라 인원들을 배치하고, 각 인물이 맡은 바에 따라 행동 묘사를 가미하였다.[70] 한편, 화폭에는 원전에는 서술하지 않은 나무 두 그루를 양쪽으로 배치하여 묘사하고 있는데, 소나무는 전통적으로 번성과 장수의 상징으로 상용되어 왔으며, 『사기(史記)』에서는 "송백(松柏)은 백목의 장으로서 황제의 궁전을 수호하는 나무"라고 서술하고 있다.[71] 우측의 나무

70) 이번에는 일동이 모두 가모를 에워싸고 조상의 영정이 모셔진 내당으로 갔다. 영정 앞에 비단 휘장을 높이 걸고 채색 병풍으로 가린 다음 향불과 촛불을 휘황하게 밝혔다. 앞쪽 위정면에는 녕국공과 영국공 두 선조의 유상이 걸려 있는데 모두 망포를 입고 옥대를 찬 모습이었다. … 가행과 가지 등은 내의문부터 내당 낭하에 이르기까지 순서대로 정연하게 도열했다. 난간 밖에는 가경과 가사가 있고 난간 안에는 부인들이 섰으며 집사들과 하인들은 의문 밖에 있었다. 제사 음식 한 가지가 들어오면 우선 의문으로 전해지고 가행과 가지 등이 받아서 안으로 전하여 계단 위의 가경에게 이른다. 가용은 큰집의 장손이었으므로 그만은 부인네를 따라 난간 안쪽으로 들어가 있었다. 매번 가경이 제물을 받으면 안으로 가용에게 전하고 가용은 다시 그의 아내에게 전하며 다시 희봉과 우씨 등을 거쳐 곧장 제상 앞에 이르러 왕부인에게 전해졌다. 왕부인은 가모에게 전하고 가모가 비로소 제상에 올려놓는다. 형부인은 제상의 서쪽에서 동쪽을 향해 서서 가모와 함께 제물을 바치고 있었다. (『홍루몽』 제53회)

71) 이상희, 앞의 책, p.416. 왕안석(王安石)은 『자설(字說)』에서 "소나무에는 공(公)의 작위를, 잣나무에게는 백(伯)의 작위를 주었다"고 하고 『한서(漢書)』에서는 "소나무는 공과 같고[猶公] 잣나무는 백과 같다[猶伯]"고 했다.

는 소나무가 확실하나, 좌측의 나무는 외관상 잣나무로 추측할 수 있으나 논의의 여지가 있다. 다만 문학적으로 송백은 자주 함께 사용되어 왔으므로 잣나무일 가능성이 높다고 본 것이다. 또한 그래야만 이 두 나무가 황제를 가까이 섬기며 크게 공을 세우고, 대대로 작위를 물려받은 녕국공과 영국공을 절묘하게 상징하고 있다고 할 수 있다. 이처럼 손온은 원작의 상세한 설명을 화폭에 재현하며 리얼리티를 획득함은 물론, 각 에피소드에 적합한 기표를 추가하여 화폭의 서사성에 완성도를 높이고자 하였다.

(4) 계절 묘사

계절에 따른 배경 묘사는 그림 서사에서 시간의 흐름을 직관적으로 파악할 수 있는 중요한 요소가 된다. 사계절을 그림으로 표현했을 때, 직관적으로 가장 쉽게 분별할 수 있는 것은 계절은 겨울 배경일 것이다. 이는 '눈'이라는 계절적 요소 때문인데, 특히 채색 그림에서 하얀 눈으로 뒤덮인 배경이 감상자에게 더욱 즉각적으로 인식될 수밖에 없는 이유이다.

손온의 화책에서는 시간이 흘러감에 따라 사계절이 순환되며 총 세 번의 겨울을 겪는 것으로 묘사되고 있다. 그 중 설경(雪景)을 배경으로 그린 화폭은 오직 7폭뿐이며, 이는 화책 전체를 기준으로 보았을 때 매우 낮은 비율이라고 할 수 있다. 설경은 나름대로의 운치와 깨끗하고 순수한 느낌을 전달할 수 있는 특별한 이미지를 가졌다. 그러나 겨울은 일반적으로 매서운 추위와 고독함, 쓸쓸함을 상징하며, 만물이 잠들어 있는 시기로 생명력이 소실되었다는 것을 의미하는 양면성을 지닌다. 이는 『홍루몽』의 주축 공간인 대관원의 화사하고 풍요로운 이미지와는 다소 적합하지 않으므로, 손온 역시 설경을 자주 사용하지는 않은 것으로 보인다. 하지만 소설 중반, 노설암에서 열리는 시사 모임과 그 배경이

〈孫溫 제108화〉

되는 설경 묘사는 단연 겨울의 아름다움을 가장 잘 표현하고 있는 장면이라고 할 수 있다.[72] 손온 역시 해당 장면을 화책으로 옮기면서 총 세 개의 화폭에 걸쳐 설경을 배경으로 묘사할 정도로 큰 비중을 부여한 것을 확인할 수 있다. 위의 〈孫溫 제108화〉는 그 중 한 폭으로, 청록색을 즐겨 사용하는 손온 화책의 통상적인 배경과는 확연한 시각적 대비를 이루며, 인물의 의복이나 매화꽃 등을 제외하고는 거의 색채를 사용하지 않았다. 또한 서사의 전개 상 저녁 시간이 아님에도 불구하고 세 화폭의 하늘은 모두 먹색을 띠고 있는데, 이는 실제로 겨울의 하늘빛이기도 하지만, 하얀 눈으로 뒤덮인 정원과 강렬한 대비를 이루도록 사용한 색채의 배치 방법이라고 할 수 있다.

손온의 화책에는 비록 시간상 겨울이라 할지라도 배경에 푸른색이 많이 사용되고 있다. 이유인 즉 배경 공간에 사시사철 푸른 소나무와 대나무

72) 이홍원을 나와 사방을 둘러보니 세상은 온통 흰색이었고 멀리 아득한 곳에 푸른 소나무와 대나무의 모습이 희미하게 보일 뿐이었다. 자신은 마치 유리함 속에 들어앉아 있는 듯하였다. … 묘옥이 사는 농취암 안에 십여 그루의 붉은 매화가 눈 속에 연지처럼 붉게 피어 있어 그윽하면서도 독특한 아취를 풍기고 있었다. (『홍루몽』 제49회)

〈孫溫 제107화〉

〈孫溫 제116화〉

등의 식물을 즐겨 배치하였기 때문이다. 그러므로 화폭을 하나씩 따로 놓고 보았을 때, 감상자가 해당 화폭의 계절을 즉각적으로 판단해내기에는 어려움이 따른다. 그러나 손온은 때때로 푸른 대나무 뒤로 노랗게 잎이 바란 나무들을 그려 넣어 가을을 알리기도 하고(〈孫溫 제107화〉), 나뭇가지 위로 자그마한 새싹들을 묘사하여 봄이 왔음을 표시하는 섬세함을 보여주기도 한다(〈孫溫 제116화〉). 이런 계절 묘사는 대부분 원작에서 시간에 따른 서사 배경의 변화를 재현하고 있는 것인데,[73] 다만 이런 계절의 변화를 화폭에 어떤 방식으로 표현할지는 오로지 화가의 선택에 달려 있는 것이다. 손온의 경우 시간을 표현하는 데 있어, 계절마다 나타나는 식물의 자연적인 변화를 캐치하여 화폭 위에 사실적으로 묘사하여 배경에 배치한 것이다.

이처럼 손온은 소설 텍스트에 묘사된 사실적인 배경 묘사와 더불어, 원작에 묘사되지는 않았지만 사실적인 자연 변화를 배경으로 담아 화폭에 리얼리티를 주입시켰다. 또한 감상자는 화폭을 자세히 들여다보았을 때, 비로소 그 안에 숨어있는 작가의 친절한 안내를 하나씩 찾아낼 수 있을 것이다.

73) 때는 바야흐로 맹춘. 봄날 늘 오는 대옥의 기침병이 다시 도졌다. (『홍루몽』 제55회)

이 글에서는 손온 화책의 배경 공간에 담긴 그림 기호를 분석하기 위해 화책의 배경 묘사를 두 가지로 분류한 뒤, 먼저 원전 텍스트의 서술을 사실적으로 재현한 배경들을 살펴보았다. 원작 텍스트의 상세하고 성실한 배경 묘사는 가상공간의 시각화에 심원한 영향을 미쳤으며, 손온은 각종 화폭에서 자연 경관, 건축 공간, 연회나 각종 행사의 배경, 그리고 계절적 배경 등을 구성하는데 있어 원작 텍스트의 핍진한 묘사를 기반으로 삼았다. 그리고 자신의 상상력과 각종 지식, 그리고 당시의 자료들을 참고하여 보다 사실적이고 생생한 한 폭의 그림을 완성시킨 것이다. 이렇게 탄생한 각종 배경 기호들은 화책의 그림 서사를 보다 탄탄하게 받쳐주며, 화폭의 전체적인 인상을 결정짓는데 주요한 역할을 하였다.

2) 소설적 의경(意境)

화폭을 구성하는 배경은 단순히 경물로서, 공간의 지표로서 존재하지만은 않는다. 더 많은 경우에 일종의 기호로서 인물의 심정을 드러내고, 내러티브의 연결자가 되기도 하며, 사건의 분위기를 환기시키기도 한다. 원작에서 글로 표현된 섬세한 감정들과 핍진한 분위기를 화폭으로 옮길 때, 만약 행위의 주체자인 인물의 표정이나 행동에 기탁하지 못했다면, 최선의 방법은 배경에 그것을 담아내는 것이다. 또는 의도적으로 배경을 통해 표현하는 경우도 적지 않다. 문학이나 예술에선 감정이나 의도를 직접적으로 드러내는 것보다는 어딘가에 숨겨놓거나 한두 번 비트는 방식을 선호하기 때문이다. 즉, 화가가 인물을 통해 미처 표현하지 못한, 혹은 인물과 사건을 보조하기 위한 모든 것들은 배경으로 드러난다고 할 수 있다.

이러한 모든 것들을 배경에 담긴 '의경(意境)'의 일종이라고 할 수 있다. 의경은 미학에서 연구해야하는 중요한 문제로, 이따금 예술 창작과 예술 감상에 있어 최고의 경지로 불리기도 한다. 의경이라는 표현은 전통적으로 시가(詩歌) 창작에서 사용되던 단어이다.[74] 지금까지 이에 대한 수많은 학자들의 탐구가 있었으며, 한마디로 의경에 대해 정의내리는 것은 불가능하지만, 이 글에서는 그림에서 드러나는 의경에 대해 정감(情感)과 경물(景物)의 상호 융합[75]이라는 주장을 차용하여 분석하고자 한다. 예로부터 선인들은 산수화를 그릴 때도 의경을 사용해야 한다고 말하였는데,[76] 이를 통해 그림 속에 의경을 담아내는 일이 그들에게 얼마나 필수적인 일이었는지 알 수 있다. 의경이 깃들지 않은 그림은 그림으로서의 영혼이 없다고 평가하였으며, 시나 그림, 그리고 각종 문학 창작을 포함한 모든

---

74) 薄震元 저, 『의경: 동아시아 미학의 거울』, 신정근 역, 성균관대학교 출판부, 2013, pp.48-49. 왕창령(王昌齡)의 『시격(詩格)』에는 다음과 같은 내용이 나온다. "시에는 세 가지 경계가 있다. 첫째는 물경(物境)이고, 둘째는 정경(情景)이며, 셋째는 의경(意境)이다. 우선 물경을 보자. 산수시를 지으려면 샘이 흐르는 바위 기슭과 구름에 휩싸인 산봉우리의 경계가 펼쳐져야 한다. 곱기가 한이 없고 기막히게 빼어난 것을 마음에 신령스럽게 간직해야 한다. 그 경계에 자신을 두게 되면, 마음에서 그 경계를 보는 것이 손바닥 안에 있는 듯 분명해진다. 그런 후에 생각을 해보면 경상(境象)이 분명하게 나타나기 때문에 형사(形似)를 갖추게 된다. 다음으로 정경을 보자. 기쁨과 즐거움, 근심과 원망은 모두 의식(意識)에서 펼쳐져서 자신의 몸에 드러나게 된다. 그런 뒤에 생각을 이리저리 내몰게 되면, 그 정감을 깊이 느끼게 된다. 마지막으로 의경을 보자. 역시 의식에서 펼쳐지고 다시 마음에서 집중시킨다면 참된 경계를 얻게 된다.

75) 薄震元 저, 신정근 역, 앞의 책, p.53. "정경교융(情景交融, 정감과 경물의 상호 융합)이 곧 의경이다." 이 설은 명청 시대 이래로 문예 저작(시화, 사화, 곡화, 악론 및 서예 이론 저작을 포관해서) 속에서는 비교적 보편화된 이론이었다.

76) 薄震元 저, 신정근 역, 위의 책, p.58. 저명한 동양화가 리커란(李可染)은 『만담산수화(漫談山水畵)』에서 의경이 산수화 창작에 대해 갖는 의의를 이렇게 말했다. "산수를 그릴 때 가장 중요한 관건은 '의경'인데, 의경은 산수화의 영혼이다." "무엇을 의경이라고 하는가? 내 생각에 의경이란 바로 경물과 정감의 결합으로, 경물의 묘사가 곧 감정의 묘사이다. 산수화는 지리나 자연 환경에 대한 설명과 도해가 아니다. 말할 필요도 없이 산수화에서 자연 지리의 정확성을 갖추도록 당연히 요구해야 하지만, 더욱 중요한 것은 자연에 대한 사람의 사상과 감정을 표현하여, 그림 속의 경물을 보고서 어떤 감정이 일어나도록 경물과 감정을 결합시키는 것이다."

예술 형상에는 정사(情思)가 드러나야 한다고 주장한 것이다.[77]

『홍루몽』의 전통 삽화에서 의경은 종종 사물이나 식물 등을 통해 표현되었다. 이야기 그림에 이르러 좀더 넓은 지면을 사용하게 되고, 배경에 담을 수 있는 것들의 폭이 넓어지면서 그만큼 함께 전달할 수 있는 감정도 다채로워졌다. 이로써 정경(情景)의 재현은 중요한 시각 서사 방법의 하나로 자리 잡았다. "감정을 불러일으키는 것"이 의경의 최종적인 목표이긴 하지만, "경물(景物)"에 의탁해야만 비로소 의경이 탄생하게 된다. 즉, 독립된 『홍루몽』 화책이 서사 전달 이외에 과연 소설의 의경을 표현할 수 있느냐는 화책의 스토리텔링 능력을 판가름 할 수 있는 중요한 기준이 된다고 할 수 있다. 다시 말해, 화책에서 의경의 표현은 화가가 조설근이 원작에서 표현한 감정들과 창조해낸 의경을 감상한 뒤, 이러한 예술적 경지를 또 다른 매개체인 화폭을 통해 표현한 것이다. 문자에서 그림으로 전환되는 과정에서 화가 자신의 상상과 감상이 개입하면서, 화가는 구체적이고 직관적인 형상을 통해 특정한 분위기를 만들어 내고, 독자로 하여금 시각을 통해 더욱 직관적으로 이러한 의경을 느낄 수 있도록 하는 것이다.

(1) 분위기의 환기

정지된 장면을 담고 있는 한 폭의 그림에서는 화폭이 직관적으로 어

77) 한린더 저, 『한 권으로 읽는 동양 미학』, 이찬훈 역, 이학사, 2012, p.74. 송나라 범희문(范晞文)은 『대상야어(對床夜語)』에서 다음과 같이 말한다. "[예술가는] 허를 허로 만드는 것이 아니라 실을 허로 만들고, 경물(景物)을 정사로 만든다."심상룡(沈祥龍)은 『논사수필(論詞隨筆)』에서 다음과 같이 말한다. 예술 창작에서 실을 실로 만들고 경물을 경물로 만드는 것은, 작품이 단지 사물을 배열하고 쌓아놓는 것일 뿐이므로 마찬가지로 예술 생명력을 갖지 못한다. 오로지 실을 허로 만들고, "사물을 빌려 성정을 담고", 마음과 사물이 서로 하나로 융합하는 것에 도달할 때에만, 작품은 강렬한 예술적 감화력을 만들어낼 수 있다.

떤 분위기를 환기하고 있는지가 매우 중요한 문제이다. 이는 다음 화폭으로 넘어가면서 발생하는 그림 서사의 분위기 전환이나 연결에도 큰 영향을 미친다. 다만 원작의 특성상 서사의 방대함으로 인해, 손온의 화책에선 화폭 간의 긴밀한 연결성은 거의 찾아 볼 수 없다. 때문에 손온은 한 화폭을 그릴 때, 최대한 여러 가지 배경적 요소를 이용하여 화폭의 감정 전달 능력과 스토리텔링 능력을 제고하고자 하였다.

가보옥과 임대옥, 그리고 설보차의 비극적인 삼각관계는 소설 전체를 관통하며 인물 간에 끊임없이 긴장감을 유지시킨다. 가보옥과 임대옥의 마음은 서로를 향하고 있는 것이 너무나 명백하나, 집안 어른들에 의해 혼인의 상대가 결정되는 전통 사회에서 가보옥의 짝으로 선택받은 것은 설보차였다. 설보차 역시 애초에 두 사람의 마음을 눈치 채고 있었으며, 괜히 예민한 임대옥에게 오해 받지 않도록 행동을 조심했다. 그러나 소설의 모든 결말을 알고 있는 화가와 대부분의 독자는 그들이 함께 등장할 때마다 묘한 긴장감을 느낄 수밖에 없었다. 특히 손온의 화책에서 대규모 인원이 참여하는 각종 행사나 풍경 묘사 중심의 화폭을 제외하고는, 소수의 등장인물이 한 폭을 전부 차지하는 경우는 매우 드물다. 그러나 다음의 두 화폭을 보면 모두 가보옥, 임대옥, 설보차 세 명을 한 화폭에 담고 있으며, 우연인지 필연인지 알 수 없으나 화책 전반과 중반에 배치된 이 두 화폭은 모두 쓸쓸하고 처연한 감정을 불러일으키는 겨울을 배경으로 삼아 마치 세 사람의 공허하고 외로운 결말을 암시하고 있는 듯하다. 이는 원작의 해당 에피소드에서 작가가 배경적인 설명을 딱히 강조하지 않은 것과 매우 대비되는 설정이라고 할 수 있다. 또한 두 화폭 모두 세 명 중 한 사람, 두 사람을 각각 다른 공간에 분리하고 있는데, 〈孫溫 제26화〉에서는 보옥과 보차가 함께 있고, 〈孫溫 제104화〉에서는 대옥과 보차가 함께 있으나, 대옥과 보옥이 함께 있는 경우는 없었다.

〈孫溫 제26화〉

〈孫溫 제104화〉

물론 다른 화폭에서 대옥과 보옥이 함께 그려진 경우는 매우 많지만, 이처럼 삼각 인물 구도의 화폭 안에서 두 사람이 함께 배치하지 않았다는 것은 매우 유의미하다고 볼 수 있다. 또한 아득한 설경을 뒤로 한 채 홀로 서있는 임대옥과 가보옥의 형상은, 그들의 외로운 감정을 배경에 기탁하고 있다고 할 수 있겠다. 무채색으로 이루어진 겨울 배경은 세 사람의 냉정한 현실 속 미래를 보여주고 있으며, 임대옥은 결국 금옥의 인연을 넘어서지 못할 것이며, 나아가 가보옥은 두 여인으로 말미암은 비극에서 혼자가 될 것이라는 의미로 해석할 수 있다. 임대옥과 가보옥의 뒤로 각각 배경이 되는 물길과 겹겹의 산에도 상징적인 의미가 함축되어 있지만 이는 뒤에서 다시 다루도록 하겠다.

소설 『홍루몽』은 가부의 도련님과 규수들의 생활 모습을 생생하게 담아낸 매우 현실적인 이야기라고 생각할 수 있으나, 소설 전체를 지지하고 있는 기반 자체는 매우 허구적이며 환상적인 성질을 띠고 있다. 손온이 소설의 이러한 환상성을 화폭으로 표현할 때 배경으로 가장 자주 사용한 것이 바로 구름이라고 할 수 있는데, 구름은 전통적으로 환상 공간을 나타내는 도식적인 틀로써 작용해왔다.[78] 구름은 눈에 보이기만 할 뿐

78) 김수현, 「명청 소설의 삽도 연구」, 고려대학교 석사학위논문, 2005, p.60. 환상 장면

〈孫溫 제2화〉

〈孫溫 제44화〉

실제로 만져지지 않는 성질을 가졌으므로 이는 허구적인 환상 세계의 공간성과 상통한다. 특히 아지랑이 모양의 구름으로 배경을 이루는 경우에 그 휘발성과 몽환성이 한층 더 강조되었다고 볼 수 있는데, 위의 〈孫溫 제2화〉처럼 선계를 배경 공간으로 삼았을 때, 환상적이고 몽환적인 느낌을 강조하기 위해 사용되기도 하였으며, 완공 직후 아직 아무도 살지 않는 비어있는 대관원의 분위기를 묘사하기 위해 사용하기도 하였다. 위의 〈孫溫 제44화〉를 보면, 화폭 전체에서 인물은 작게 그리면서 배경이 주가 되도록 구성하고 있는데, 특이하게도 하늘 중간에 낮게 떠 있는 아지랑이 같은 구름들을 배치하였다. 이 구름들이 바로 화폭의 배경 공간에 환상적인 느낌을 강조하기 위해 사용된 경우라고 볼 수 있다. 대관원은 본래 원비의 성친 별장이라는 목적으로, 매우 현실적이며 권위적인 의미를 지닌 공간으로 지어졌으나, 그 안을 구성하는 각각의 공간이 갖는 풍격과 아름다움은 현실 세계의 그것을 훨씬 뛰어넘으며, 동시에 현실의 태허환경이라는 공간성을 확립하게 된다. 또한 어른들이 아닌 속세에

은 사실상 백화와 문언을 막론한 거의 모든 중국 소설 작품에서 단골로 등장하는 삽도 유형으로, 이중 화면의 좋은 예를 보여준다. 꿈 풍선이나 운기(雲氣)와 같은 환상류 삽도의 도식적인 틀은 현실에서 환상으로의 도약을 가능케 하는 암묵적인 장치로 작용한다.

오염되지 않은 순수한 보옥과 여러 자매들이 거주하게 되는 신성한 공간으로, 바로 담 너머의 봉건 사회의 표상인 영국부와 녕국부와는 완전히 격리된 탈현실적 성질을 갖고 있다. 이 때문에 구름으로 뒤덮인 대관원은 공간의 비현실적인 분위기를 강조하고, 동시에 감상자가 인물의 시선을 따라 대관원 안으로 들어왔을 때, 이곳이 꿈속인지 현실 세계인지 헷갈릴 정도의 미경을 구축하고자 하는 화가의 의도를 반영하고 있기도 하다.

한편 손온의 화책에서 구름만큼 흔하게 배경으로 사용되는 것이 바로 물이다. 물 이미지 역시 구름과 마찬가지로 고정된 형태가 없어 공간의 제한에서 자유롭기 때문에, 강이나 호수, 또는 대관원 안의 인공 물길 등, 화폭의 여백을 채우거나 여러 가지 분위기를 강조할 때 자연스럽게 배경을 구성할 수 있다. 다만 구름이 공중에 떠있는 형태로 공간을 꾸미는 성격이 강하다면, 물은 지리적으로 땅과 연해있으므로 인간의 생활과 더욱 밀접해 있으며 상징하는 바는 더욱 다양하다고 할 수 있다. 한편, 문학 작품에서 물리적인 공간은 인물의 내면세계를 상징하기도 하지만, 때로는 어떤 여정의 출발이나 종료의 의미를 생산하기도 하는데, 손온의 화책에서 물길이 이와 같은 기능을 하는 경우를 종종 볼 수 있다. 예를 들어 〈孫溫 제42화〉는 원춘이 현덕비(賢德妃)에 봉해지는 소식을 듣게 되는 회목을 담고 있다. 해당 화폭의 좌측 위에는 아득히 멀리서부터 내려오는 물길이 배경으로 그려져 있는데, 이는 궁으로 시집을 가게 된 원춘의 새로운 출발을 의미하는 동시에, 사랑하는 가족과 평범한 일상으로부터 멀리 벗어나, 황궁이라는 낯설고 엄격한 공간으로 떠나야 하는 원춘의 심리적인 거리를 은유적으로 표현하고 있다. 이처럼 화폭의 배경에서 요원하게 뻗어져 있는 물길은 등장인물의 새로운 공간으로의 이동을 나타내는 동시에, 그 아득한 길 위에 혈혈단신 올라야하는 고독하고 처량한 처지를 환기시키고 있다고 할 수 있다. 이러한 배경 설정은, 이미

〈孫溫 제42화〉

〈孫溫 제43화〉

지 텍스트 안에 모든 인물들의 사정을 일일이 설명할 수 없다는 제한 아래, 표면적으로는 황제의 은덕을 입은 가문의 영광스러운 모습을 묘사하고 있으나 그 이면에는 그 누구도 헤아리지 않는 당사자 원춘의 심리를 배경에나마 기탁하고자 했던 손온의 세심한 의도를 엿볼 수 있다.

한편 죽음을 의미하는 저승 공간으로 가는 황천길을 표현할 때에도 물길이 배경에 사용되곤 하는데, 위의 〈孫溫 제43화〉의 경우 물길은 비교적 직접적으로 황천을 명시하고 있다. 이 화폭은 진종이 죽기 직전, 저승에서 그를 데리러 온 사자와 함께 서 있는 모습으로 손온은 해당 배경에 물길을 그려 넣었는데, 불교에서 사람이 죽은 뒤에 영혼이 저승으로 가기 위해 건너는 강을 황천이라 했으므로, 이를 이미지화 한 것으로 보인다. 이러한 배경은 장면의 서사성을 강화하며, 죽음의 문턱에 이른 진종의 결말에 비극적인 분위기를 더하는 효과를 발휘하고 있다. 이는 작은 배경 공간 하나를 그리면서도 그림 서사에 도움을 줄 수 있는 기호들을 십분 활용하고자 한 손온의 공간 활용 능력을 보여주는 예라고 할 수 있겠다.

또 다른 배경 기호로서 산(山)은 기호학적으로 하늘과 맞닿을 정도로 높이 솟은 형상으로 인해, 천계로 가는 길, 또는 신선 세계를 상징할 때 자주 사용되는 배경 공간이라고 할 수 있다. 또 산을 오르는 행위는

〈孫溫 제40화〉

〈孫溫 제228화〉

오랜 시간과 강한 정신력을 필요로 하므로, 첩첩산중(疊疊山中)이란 표현은 매우 먼 거리나 끝나지 않는 고난을 의미하기도 한다. 물론 동양에서 산수화는 매우 흔한 소재이며, 예로부터 문인들은 산을 그리는 것을 즐겼으므로 화책의 배경에 산이 들어가는 것은 너무나 자연스러운 일이지만, 이야기 그림의 특성상 손온이 배경에 산 기호를 활용한 것은 그 이상의 여러 가지 의미를 적극적으로 담고 있을 가능성이 높다. 특히 위의 〈孫溫 제40화〉를 보면, 여타 화폭과는 달리 지나치게 산의 중첩을 강조하고 있는 것을 느낄 수 있다. 이 화폭은 진가경의 장례 행렬을 그린 연속된 여러 화폭 중 하나로, 겹겹의 산과 그 사이 사이에 솟아난 깃발들을 통해 끝없이 이어지는 긴 장례 행렬을 과장되게 표현하는 동시에, 행렬의 웅장한 분위기가 느껴지도록 하였다. 특히 깃발과 산은 모두 상방(上方) 또는 하늘을 상징하는 방위적 기호이며, 제를 올리기 위해 시신을 운반하는 과정을 겹겹의 산길로 묘사하여, 한사람의 영혼이 저승 세계로 가기 위해 이토록 멀고 험한 길을 거쳐야만 한다는 것을 은유적으로 시각화하여 표현하고 있는 것이다.

한편, 비록 목숨을 다해 저승으로 가는 것은 아니나, 속세를 떠나 원래 귀속되어 있던 천상계로 돌아가는 과정 역시 결코 순탄하지만은 않을 것이다. 다음의 〈孫溫 제228화〉는 가보옥이 인간 세계를 떠나기 직전 마지막으로 아버지 가정에게 인사를 올리는 장면이다. 이때 화폭에는 배경으로 새하얗게 눈 덮인 겹겹의 산과 지붕들, 그리고 그 뒤로 또 산들이 펼쳐져 있다. 여기서 산 배경은 앞에서와 마찬가지로 앞으로 펼쳐질 아득하고 험준한 여정을 의미한다. 또한 산길 위에 덮인 눈 이미지는 배경 공간에 쓸쓸하고 황량한 분위기마저 배가시키며, 눈길이라는 요소는 험난한 여정을 극대화하는 작용을 한다. 다만 흰 눈으로 덮인 공간은 더없이 깨끗하고 적막하여, 시각적으로 마치 전혀 다른 세계에 와 있는 듯한 착각을 불러일으키기도 하는데, 가보옥이 궁극적으로 향하고 있는 공간인 선계의 환상적인 이미지와 겹쳐 보이도록 작가가 의도한 것으로 볼 수도 있겠다.

식물과 동물 등을 통해 의상(意象)을 드러내는 수법은 중국 문학에서 매우 전통적이며 고전적인 방법 중 하나라고 할 수 있다. 손온 역시 살아 있는 동물이나, 인물과 가까운 식물들을 자주 배경으로 삼아 여러 가지 정취를 자아내기도 하였다. 손온은 특히 배경에 연(蓮)을 즐겨 그렸는데, 연꽃은 본래 진흙 속에서 나지만 진흙에 더럽혀지지 않고, 항상 맑은 본성을 간직하고 있어, 청결함이나 순수함 등을 상징한다. 또한 세속에 물들지 않는 군자나 고고한 선비를 표상해 왔다.[79] 〈孫溫 제9화〉는 임대옥의 어린 시절 그녀의 집안의 풍경을 묘사한 장면으로, 여기서 배경을 가득 채우고 있는 연못의 연꽃들은 임대옥의 아버지인 임여해의 곧은 성품과 군자의 기질을 상징하는 동시에, 임대옥의 어머니가 죽기 전, 다복하고 화목했던 집안의 분위기를 은유적으로 표현하고 있다.

이처럼 손온은 배경 공간에 각종 사물이나 자연물 등을 배치하면서 그 안에 감정을 기탁하여 화폭에 특정한 분위기를 환기시키는 수법을

---

79) 이상희, 앞의 책, p.277.

〈孫溫 제9화〉

즐겨 사용하였다. 위에서 예로 든 겨울 배경이나 물길, 산, 구름, 연꽃, 나아가 인물들은 배경 속 그림 기호로서 감상자에게 그림 서사의 분위기를 읽어낼 수 있도록 시각적으로 다양한 함의와 정서를 제공하고 있는 것이다. 그러므로 손온의 화책은 매 화폭마다 독립적으로 그림 서사에 부합하는 분위기를 형성하고 있으며, 단독 화폭으로도 충분히 일정 서사성을 가질 수 있음은 물론, 나아가 화책에서는 일련의 연속된 화폭들을 통해 어떤 분위기를 극대화하거나 서사의 반전을 도모하는 것 역시 가능하다. 이것은 화책이라는 연속성이 강한 이미지 텍스트이기에 가능한 표현 기법이며, 일반적인 삽화에서는 불가능한 일이다. 때문에 손온은 종종 상반되는 분위기의 화폭을 앞뒤로 나열하여 의도적으로 시각적인 분위기 전환을 꾀하였으며, 내러티브의 입체성을 확보하고자 하였다. 특히 다수의 인물들을 배경 속에 배치하였을 때와 그렇지 않았을 때의 대비를 예로 살펴보도록 하겠다.

즉, 배경을 통한 시각적인 '만(滿)'과 '공(空)'의 분위기 대비는 연속된 화폭이나, 또는 소설의 전반과 후반에 시간차를 두고 발생한 특정 사건을 그린 화폭에서도 찾아 볼 수 있다. 예를 들어 〈孫溫 제37화〉와 〈孫溫

제208화〉는 각각 소설 초반의 진가경의 장례 사건과 소설 후반의 가모의 장례 사건을 묘사하고 있는 화폭이다. 진가경의 장례 의식은 손온의 화책 중, 각종 행사를 통틀어 그 성대함을 강조하기 위해 가장 많은 화폭을 할애한 사건이다. 소설 원작에서도 진가경의 장례를 다룬 회목에는 그 준비 절차와 과정, 운구 행렬과 제사까지 전체적으로 아주 세세하게 상술하고 있다.[80] 그중 〈孫溫 제37화〉는 가부의 집 앞 길가에서 운구 행렬을 맞이하고 노제를 지내는 풍경으로, 작가는 길 양 옆으로 각 왕들의 천막과, 장례에 참여하기 위해 줄지어 대기하고 있는 수 십 대의 가마들, 그리고 가운데에 거대한 탑 모양을 한 운구 행렬까지 묘사하였는데, 이 화폭은 전체 230폭 중 아마 가장 많은 인물이 등장한 화폭 중 하나라고 할 수 있을 것이다. 또한 손온은 죽음과 장례라는 비극적 사건을 묘사하였지만, 비통하거나 우울한 분위기를 드러내기보단 사치스럽고 성대한 분위기를 강조하였다. 이는 소설 초반 진가경의 장례 사건이 소설 속 중요 인물의 비극적 운명을 슬퍼하기 위해서가 아닌, 가부의 권세가 여전히 하늘을 찌를 듯 하며, 그들이 얼마나 막대한 부를 누리고 있는지 보여주기 위해 설정되었다는 것과 같은 맥락이라고 할 수 있겠다. 그러므로 두 화폭에서 독자는 직관적으로 극명하게 상반된 분위기를 인지할 수 있다. 진가경의 장례식엔 수백 명의 조문객들로 거리가 가득하며, 웅장한 행렬과 화려한 깃발이 휘날리고 있으나, 가모의 장례 장면은 매우 단출하며 심지어 적막감이 맴돈다. 이 두 화폭의 대비는 단순히 두 인물의 장례식의

80) 행렬이 지나가는 길가에는 오색 빛깔의 천으로 높다랗게 천막을 쳐놓고 연석을 마련하여 장엄한 주악이 울려 퍼지고 있었다. 이는 각 친지가문에서 고인을 위해 노제를 지내는 곳이었다. 첫째 자리는 동평왕부(東平王府)의 노제 천막이었고, 둘째 자리는 남안군왕의 것이며, 셋째는 서녕군왕, 넷째는 북정군왕이 각각 마련한 것이었다. … 잠시 후 녕국부의 거대한 장례행렬이 드디어 모습을 드러냈는데 온통 은빛 산덩어리가 움직이듯 북쪽으로부터 다가오고 있었다. (『홍루몽』 제14회)

〈孫溫 제37화〉

〈孫溫 제208화〉

〈孫溫 제215화〉

상반된 분위기를 표현하는 것에만 목적을 두지 않는다. 나아가 화가는 두 사건을 담은 화폭 간의 대비적인 분위기를 통해, 소설 초반과 후반의 가부의 부귀와 위세가 크게 달라졌음을 감상자가 확연히 실감할 수 있도록 설정한 것이다. 뿐만 아니라, 〈孫溫 제37화〉는 왕희봉의 죽음을 묘사한 〈孫溫 제215화〉와도 시각적 대비를 이룬다고 볼 수 있는데, 두 사건은 모두 왕희봉이란 인물이 매개체가 되기 때문에 인생의 허망함을 가장 잘 드러낸 대비라고 볼 수 있다. 〈孫溫 제215화〉에서는 진가경의 장례에서 내부적인 일을 도맡아 처리했던 왕희봉이, 화책 후반에 이르러 정작 본인이 죽을 때는 더없이 쓸쓸한 모습으로 떠나고 있음을 보여주고 있기 때문이다. 손온의 화책에는 진가경, 진종, 우삼저, 청문, 가모, 왕희봉, 임대옥 등 여러 인물의 죽음을 직간접적으로 묘사하고 있으나, 오직 진가경의 장례만이 가장 성대하고 상세하게 묘사되었으며, 오히려 가모, 왕희봉 등 집안의 주요 인물의 장례에 이르러서는 매우 조촐하고 간소하게 묘사하고 있음을 확인할 수 있다. 이는 가부의 흥망성쇠에 따른 변화를 가장 극명하게 보여주는 이미지로, 손온 나름대로 장면 간의 배경적 대비를 통해 일종의 주제 의식을 담아내고자 노력하였음을 알 수 있다.

(2) 인물의 감정 전달

사물이나 경물에 인물의 감정을 의탁하는 것은 의경의 가장 본질적인 특성 중 하나라고 볼 수 있다. 다만 인물 한 명 한 명을 강조하기 보단 전체적인 내러티브에 중점을 두었던 손온은, 개개인의 감정 보단 사건의 분위기를 전달하기 위해 배경을 활용하는 경우가 훨씬 많았다. 이런 손온이 주인공 가보옥을 제외하고 유일하게 감정 표현에 공을 들인 인물이 있는데, 바로 임대옥이다. 임대옥의 감수성은 보옥에 버금가도록 풍부하며, 예민하고 기복이 심하다. 다만 가보옥이 순수함과 긍정, 다정의 상징이라면, 임대옥의 머릿속은 부정적인 생각과 슬픔으로 가득 차있다. 소설 전체를 관통하는 임대옥의 우울한 감정선은 손온의 화책에서도 여러 차례 집중되어 묘사되었다.

예를 들어 〈孫溫 제146화〉는 얼핏 어두운 밤 달이 비치는 연못가에 서서 시를 읊고 있는 두 명의 미녀를 그린 아름다운 화폭처럼 보인다. 그러나 자세히 관찰해 보면 이 화폭은 대옥의 외롭고 쓸쓸한 감정을 배경에 십분 드러내고 있다. 먼저 연못에 홀로 서있는 학은, 전통적으로 짝을 잃은 외로운 처지를 상징한다.[81] 손온은 화폭에서 가장 눈에 띄는 위치에 학을 배치하였으며, 간접적으로 대옥의 외로운 처지를 투영하여 그녀의 고독한 감정을 토로하고 있다. 또한 칠흑 같은 어두운 하늘과 연못에는 원작의 묘사와는 달리 밝고 커다란 달의 형상은 찾아볼 수 없다.[82] 다만 연못에 희미하게 밝게 표현된 부분이 달을 비추고 있는 것이라고 추측할 수 있으나, 다소 모호하다. 아마도 손온은 긍정적인 기운을 상징하는 달 이미지가 대옥의 처량한 감정을 묘사하는 해당 화폭에 적합하지 않다고 판단했을 가능성이 높다. 또한 아지랑이처럼 피어있는 구름은 화폭에

---

81) 정민, 앞의 책, p.87. 깊은 밤, 외다리로 서있는 학 한 마리의 모습이다. '독학(獨鶴)'과 '일족(一足)'에서 그 외로운 형국이 드러난다.

82) 하늘에는 밝은 달이 둥글게 떠있었고 물속에도 둥근 달이 잠겨 있었다. 두 달이 서로 밝은 빛을 다투는 것 같았다. 몸은 마치 수정궁이나 용궁에 가 있는 것만 같고, 미풍이 살랑살랑 불어오자 수면 위로 가느다란 파문이 일어나 사람의 마음이 깨끗하게 씻기는 듯하였다. (『홍루몽』 제76회)

〈孫溫 제146화〉

몽환적인 분위기를 더하는 동시에, 밝은 달을 가리고 있는 흐린 하늘을 묘사하는 듯하다. 종합적으로 보았을 때, 이 화폭은 마치 원작에서 대옥과 상운이 이어 짓던 연작시에서 대옥이 지은 마지막 구절을 이미지로 재현한 듯한 느낌을 준다.[83] 원작의 시구를 통해 대옥이 밝고 아름다운 달마저도 싸늘하고 차갑게 느낄 정도로 자신의 처지에 대해 비관적인 태도를 갖고 있음을 알 수 있으며, 꽃의 넋을 묻는다는 것은 자신의 슬픈 감정을 토로한 것임을 알 수 있다. 또한 이 화폭은 대옥과 나란히 서있는 사상운의 외로운 감정까지 함께 기탁하고 있어 그 처량함의 깊이가 배가 되며, 인물들의 심오한 감정들을 내포하고 있다고 할 수 있다. 즉 이 화폭은 원작에서 표현된 의경을 성공적으로 시각화했다고 할 수 있으며, 동시에 원작에서 더러 직접적이고 노골적인 문자 텍스트로 묘사되기도 하는 임대옥의 슬픔을, 손온은 화폭의 배경을 통해 완곡하고 은유적으로 표현하여 예술적 미감을 강조하고자 했음을 알 수 있다.

대옥의 우울한 감정이 절정에 치닫는 순간은 바로 보옥과 보차가 혼례

83) "차가운 연못에는 학 그림자 지나는데, 싸늘한 달빛 아래 꽃의 넋을 묻는구나."(『홍루몽』 제76회)

를 올리기 직전의 순간이라고 할 수 있다. 소설의 비극적 결말들 중 가장 결정적인 두 사건은 보옥의 결혼과 대옥의 죽음이라고 볼 수 있는데, 대옥은 보옥의 결혼 소식을 들은 그 날부터 식음을 전폐하며 생기를 잃어갔으며, 보옥을 원망하며 하루하루 죽음에 가까워졌다. 대옥이 세상을 떠나기 직전, 손온이 마지막으로 선택한 순간은 자견의 부축을 받고 일어나 보옥과의 추억이 담긴 물건들을 모두 불태우는 대옥의 절망적인 모습이다.(〈孫溫 제196화〉)[84] 대옥의 좌측으로 꽃과 나무가 그려진 화려한 그림 장식들이 보이는데, 그림 속의 꽃들은 변함없이 아름답고 생기가 넘치지만, 이전의 눈부시고 고왔던 대옥의 모습은 이제 모두 빛을 잃고 말았으므로 시각적 대비를 이룬다. 손온은 방에 걸린 그림 장식들과 또 다른 시각적 대비를 표현하기 위해 대옥의 뒤쪽으로 텅 빈 화병을 배치하기도 했는데, 텅 빈 화병은 대옥의 공허한 마음을 상징하고 있다고 해석할 수도 있다. 한편 〈孫溫 제180화〉를 보면, 가보옥의 결혼 소식을 처음 듣게 되는 장면에서도 대옥의 방에는 여전히 아름답고 붉은 꽃이 피어있으며, 대옥의 머리도 아직 가지런하게 틀어 올려 비녀를 꼽고 있고, 옷도 정갈하게 갖춰 입고 있는 모습이다. 그러나 〈孫溫 제196화〉에서 묘사된 대옥의 마지막 모습은 병색이 완연한 자태와 흐트러진 머리칼, 망연자실한 표정

84) 이제까지는 대옥이 앓고 있으면 가모를 위시해서 자매들의 시녀에 이르기까지 늘 문안을 와주곤 했었다. 그런데 지금은 위아래 사람 모조리 발길을 끊었을 뿐만 아니라 빈말이나마 안부를 물어주는 이조차 없었다. … 대옥은 손수건을 받아들자마자 적혀 있는 시는 거들떠보지도 않고 있는 힘을 다해 그것을 찢어버리려고 하였다. 그렇지만 두 손이 바르르 떨리기만 할 뿐 좀처럼 찢어지지가 않았다. 자견은 대옥이 보옥을 원망해서 그런다는 것을 알아챘지만 내색할 수는 없었다. … 대옥은 아까 찢으려고 했던 손수건을 꺼내서 화로의 불길을 바라보며 고개를 끄덕이더니 불속에 휙 던져버리는 것이었다. … 자견이 놀라서 소리를 질렀건만 대옥은 들은 체도 하지 않고 이번에는 시고를 집어 들어 잠시 들여다보더니 도로 옆에다 내려놓는 것이었다. (『홍루몽』 제97회)

〈孫溫 제196화〉

〈孫溫 제180화〉

을 하고 있어, 후반부에 이르러 급격하게 악화되는 대옥의 병세를 시각적으로 표현한 것으로 보인다.

이처럼 손온의 화폭에서 배경 기호를 두 가지로 분류했을 때, 정을 담은 배경에서는 전통 문학에서 사용되어 온 소설적 의경 표현이 이루어졌다고 보았으며, 작가는 배경에 배치한 각종 그림 기호들을 통해, 원작에서 드러난 의경을 전달하거나 자기만의 해석을 담아내고자 한 것을 알 수 있었다. 그로써 손온의 화폭에서 배경은 그림 서사의 분위기를 환기시키고, 인물의 감정과 내면세계를 전달할 수 있었으며 최종적으로 화폭의 인상을 좌우하는 데 주요한 영향을 미친 것이다.

본장에서는 손온의 그림 서사에서 일정한 의미를 갖고 서사성을 구축하는데 일조하는 그림 기호들에 대해 살펴보았다. 통상적으로 외시 의미와 함축 의미를 동시에 보유하고 있는 그림 기호는, 상징과 암시를 통해 서사적 예술성을 표현하는 소설 문학의 시각화에 매우 적합하다고 볼 수 있다. 손온은 화책에서 인물 기호, 사물 기호, 배경 기호 등을 다양하게 활용하며, 방대한 원작 텍스트의 내용과 함의를 보다 효과적으로 독자들에게 전달하고자 하였으며, 문자 텍스트의 빈자리를 대체하고, 나아가 더 큰 시각적 의미를 창출하고자 하였다. 손온의 모방과 재창작으로 시각화된 그림 기호들은 인물 기호의 정형화, 사물 기호의 서사화,

그리고 배경 기호의 이미지화 등의 과정에 직접적이고 막대한 영향력을 미쳤음을 확인하였다. 또한 손온의 그림 서사에 풍부하고 다채로운 해석의 가능성을 열어주었으며, 독자로 하여금 화책을 읽을 때마다 새로운 의미를 음미하고 되새길 수 있도록 해주었다. 다시 말해, 다채로운 그림 기호들은 손온의 화책에서 그림 언어로서 독자와 화책이 소통할 수 있는 핵심적인 수단이 되었고, 나아가 화책이 이미지 텍스트로서 원작의 그늘로부터 벗어나 소설 텍스트와는 전혀 다른 색깔과 매력을 지닌 홍루 서사를 구현할 수 있는 원천이 되었다. 이로써 손온 『홍루몽』 화책은 보다 완전하고 풍요로운 서사성을 지닌 이미지 텍스트로서, 하나의 독립된 작품으로 독자들에게 전파되고 수용될 수 있는 가능성에 한 발 더 다가설 수 있게 된 것이다.

제5장
손온 그림 서사의 구조와 동적 실현

앞서 4장에서는 손온 화책이 문자 텍스트로부터 탈피하여 이미지 텍스트로서 자체적인 서사성을 완성하기 위해 문자 언어를 대체하는 그림 언어의 사용과 그 효과에 대해 살펴보았다. 그리하여 화폭을 구성하는 그림 기호들의 서사적 함의와 문학적 기능이 화책의 자체적인 그림 서사를 보여주기 충분하다는 것을 확인하였다. 이에 본장에서는 이러한 그림 기호들이 정태(靜態)로부터 동태(動態)의 성질을 갖기 위해 필요한 서사적 구조에 주목하였다. 서사성의 정의에는 본래 이야기를 서술해 나가는 성질을 포함하는데, 서사라는 말 자체가 본래 시간의 연쇄에 따라 사건을 적은 것이라는 의미이므로, 정태의 성질을 지닌 그림 작품에서 서사성을 탐구한다는 것 자체가 모순이라고 생각할 수도 있겠다. 그러나 소설의 삽화나 화책은 일반 회화 작품과는 달리, 애초에 소설이라는 서사문학에 그 뿌리를 두고 있으며, 독자가 그림을 보면서 소설의 내용을 상상하고 유추할 수 있도록 돕는 보조적인 도구로서 시작되었다. 이것이 소설의 삽화나 화책이 서사성을 가질 수밖에 없는 근본적인 이유이다. 또 한 가지 중요한 점은, 독자가 화책을 한 장씩 넘기는 행위 자체로 이미 화폭 간의 시간과 공간의 이동이 이루어지면서, 그림 서사가 진행되고 있다는 것이다. 그렇다면 이러한 본질적인 특성 이외에, 화폭의 그림 서사의 동적(動的) 실현을 위해 화가가 지면 공간을 어떻게 활용하였는지 분석해본다면, 공간 예술이라 여겨지는 이미지 텍스트에서도 우리는 충분히 서사성을 발견할 수 있게 될 것이며, 손온의 화책이 자체적으로 온전한 그림 서사를 구현할 수 있다는 주장을 증명하는 최종적인 과정이 될 것이다. 그러므로 본장에서는 먼저 그림 서사의 동태적 실현을 가능케 하는 구조적인 부분에 대해 집중적으로 해체와 탐색을 진행해 보고자 한다. 손온의 그림 서사의 구조는 다시 시간 구조, 공간 구조 그리고 시점 구조로 분류할 수 있으며, 각각의 구조적인 분석을 통해 그 특징과 역할을 확인하고자 한다.

본장의 본격적인 분석에 앞서 본 논문의 핵심적인 키워드가 되는 그림 서사의 정의에 대해 간략하게 설명을 부연하고자 한다. 그림 서사를 정의하기 위해, 우리는 그림과 문자의 오랜 관계에 대해 주목해볼 필요가 있다. 동양의 경우에, 글과 그림으로 이루어진 책이라는 의미인 '도서(圖書)'의 어원을 살펴보자면, 그 유래와 기원에 관련하여 신화적 설명을 언급한 『주역(周易)』에서 찾을 수 있다. "河出圖, 洛出書, 成人則之"(황하(黃河)로부터 그림이 나오고, 낙수(洛水)로부터 글이 나왔는데, 성인이 그것을 법칙으로 삼았다.)" 이 구절에서 언급한 '도'와 '서'를 결합하여 만든 단어가 바로 '도서'인 것이다. 『주역』이 말하고 있는 '도서'의 개념은 글과 그림이 미분화한 역사적 단계의 인식을 보여주고 있는데, 기본적으로 표의적 관념의 작용을 근간으로 소통되는 글 위에, 이 글이 나타내고자 하는 바의 사상을 표상적으로 부연하고 설명하는 이미지가 곁들여졌을 때 책의 내용과 형식은 훨씬 더 풍성하고 알차게 된다는 함축을 담고 있는 것으로 이해해야 할 것이다.[1] 그러나 글과 이미지의 상호 긍정적

---

1) 김한영, 「책과 미술, 그 질긴 인연」, 『예술문화논총』 11권, 서원대학교미래창조연구원, 2002, pp.19-20.

영향과 필연적인 공존은, 지금으로부터 약 2백 년 전에 새로운 국면을 맞았다. 고트홀트 레싱은 회화는 공간의 영역으로, 문학은 시간의 영역으로 분류하며 새삼 두 양식의 차이를 강조했기 때문이다. 그는 공간적 형태의 회화와 시간적 행위의 문학이라는 변별성에 입각하여, 문학과 회화의 이질성을 부각하였다. 더불어 영국의 시인 셸리 또한 언어가 회화보다 '사고하는 언어'에 가깝다는 주장을 하며, 두 영역의 동질성에 의혹을 제기하였다.[2] 그러나, 이러한 주장과는 반대로, 러시아의 문예비평가 미하일 바흐친은 시간과 공간은 상호작용하는 개념이며 분리하여 논할 수 없다고 주장하며, '크로노토프[시공간]'라는 용어를 창안하기도 하였다. 또 그는 소설의 발전과정을 통해, 문학에서 예술적으로 표현된 시간과 공간은 본질적이자 필연적으로 서로 연관될 수밖에 없다는 것을 규명했으며,[3] 인간은 애초에 시간 속에서만 공간을 경험하는 것이 가능하다고 말했다. 즉, 시간과 공간은 동시적으로 주어지기 때문에 응당 상호 작용할 수밖에 없다는 것이다.[4] 이렇듯 시간과 공간으로 대변되는 글과 그림의 상호 관계는 다소 논쟁의 여지가 있긴 하지만, 서로에게서 명확하게 분리될 수는 없는 관계라고 할 수 있다. 서사 문학인 소설에서 역시, 글은 독자에게 인지되는 동시에 상상력을 불러일으키고, 독자의 의식 속에서 일종의 이미지로 형상화되며 상호 작용하는 관계를 형성한다. 소설의 언어는 본디 강렬하고 구체적이므로, 독자의 회화적 상상력을 자극할 뿐만 아니라 섬세하게 동요하는 마음까지도 생생히 전달할

2) 줄리언 벨 저, 『회화란 무엇인가』, 원형준 역, 한길사, 2002, pp.112-114.

3) 미하일 바흐친 저, 『장편소설과 민중언어』, 전승희 역, 창작과비평사, 1988, pp.260-262.

4) 김송도, 「영상 문화와 기호학: 말, 글, 그림 - 융합기호학 서설」, 『기호학연구』 7권, 한국기호학회, 2000, pp.43-44.

수 있는 힘을 가졌다. 이때 구체적인 묘사란, 시각, 청각 및 촉각 등의 감각들을 자극하는 여러 가지 표현방식이라고 할 수 있다.[5] 이렇게 자극된 감각에 의해 만들어진 이미지는 더러 누군가의 붓을 통해 실체를 갖게 되기도 하는데, 그것이 글과 함께 나란히 책 속에 담겼을 때, 우리는 그것을 소설 삽화라고 부른다.

삽화의 원초적인 기능이라 함은, 통상적으로 문자 텍스트에 대한 보충적 역할을 담당하는 것으로 간주되어 왔다. 물론 삽화의 시작은 '글'로부터 발생한 것이므로, 글과 삽화의 관계에서 글이 우선되는 것은 사실이다. 다만 이것은 동·식물도감, 의학 서적, 지리 서적 등의 삽화처럼 주로 설명의 목적이 강하거나 정보를 전달하는 글인 경우에 더욱 그러한 경향이 강해진다. 반면, 문학 삽화에서의 이미지는 문자 텍스트를 보충하는 일차적인 기능에서 한층 나아가 독립적인 서사 기능을 가지게 되며, 이는 삽화가 마침내 문학과 동등한 예술영역으로 근접해 있음을 설명한다. 정진탁(鄭振鐸)은 삽화를 일종의 예술로 인식하였으며, 문자 언어에서 이미지 언어로 관념을 전달하는 것이라 생각하였다.

> 삽화는 하나의 예술로, 문자가 표현한 내용을 그림으로 다시 표현하는 것이다. 삽화 작가가 해야 할 일은 다른 매개물, 즉 문자로 미처 드러내지 못한 부분을 보충하는 것에 있다. 이는 예술적 정서가 서로 합쳐질 수도 있고 서로 충돌할 수도 있기 때문이다. (중략) 이처럼 함께 연결된 정서들이 각각의 예술 사이에서 제어될 때, 삽화가 생겨난다. 그러므로 삽화의 성공은 어떤 관념이 하나의 매개에서 다른 매개로 본능적으로 전달되는 것에 달려있다. 자연스러우며 의도적이지 않을수록 그것은 더욱 좋은 효과를 낳는다.[6]

---

5) 조용훈, 『문학과 그림』, 효형 2004, p.19.

6) 鄭振鐸, 「插圖之話」, 『小說月報』 第18卷 第1號, 1927. (薛冰, 『插圖本』, 南京: 江蘇古籍出版社, 2002, p.3에서 재인용)

문학 중에서도 소설 삽화의 경우, 대부분 소설의 흥미나 재미, 지적 호기심을 가미하기 위해 적극적으로 사용되었는데, 뛰어난 삽화는 그와 동시에 문자가 전달하고자 하는 내용은 물론 등장인물의 심리 상태, 행간에 함축된 의미까지도 포함할 수 있게 되었다. 다만 삽화의 이미지는 전체의 서사 중 극히 일부만을 선택적으로 표현하고 있는데, 이 범위를 소설 전체로 확장한 것이 이미지 텍스트로만 이루어진 화책이라고 할 수 있다. 화책의 이미지 텍스트는 원작의 문자 텍스트와 마찬가지로 소설 전반에 걸쳐 서사 기능을 하게 되며, 우리는 이렇게 문자 텍스트 없이 이미지만을 통해 전개되는 일련의 이야기를 그림 서사라고 부른다.

그림 서사라는 용어와 관련하여 아직 학계에서 명확하게 정의된 바는 없지만, 최근 시각 이미지 연구가 주목받기 시작하면서, 동시에 그림 서사에 대한 논의도 활발하게 진행되고 있다. 물론 그림 서사를 대표하는 소설 문학의 삽화나 화책은 소설의 메타텍스트 중에서도 매우 꾸준하게 연구자들의 관심을 받아온 분야라고 할 수 있다. 그림 서사에 대한 주목은 시각 문화의 부흥에서 비롯되었다고 할 수 있는데, 시각 문화의 부흥은 인간의 생물학적인 특성과 시각 및 문화적 속성과 직결되어 있다.[7] 다만 그림을 분석하는 것과 그림 서사를 분석하는 것은 조금 다른 문제라고 할 수 있으므로 그림 서사의 범위에 대해 조금 더 명확히 할 필요가 있겠다. 일반적으로 그림 서사에는 '이미지의 서사화'와 '서사의 이미지화'라는 두 가지 측면의 내용이 동시에 포함된다. 먼저, '이미지의 서사화'란, 시각 문화에 속하는 이미지 텍스트에 서사적 기능이 부각되는 현상을 가리킨다. '서사'라는 말에는 본래 '구축' 또는 '구성'의 의미를 내포하고 있는데, 이는 전통의 이미지 텍스트가 갖던 '전시(展示)'적 기능

7) 劉琛, 『圖像敘事: 當代文化的視覺轉向』, 北京語言大學 博士學位論文, 2006, p.5.

과 구별된다. 즉, '전시'란 정태(靜態)의 성질이 강한 반면에, '구축'은 동태(動態)의 변화 과정을 가지기 때문이다. 한편, '서사의 이미지화'란, 인물의 감정이나 어떤 의미를 전달하기 위한 서사 수단으로 이미지를 선택하여 표현하는 것을 말한다.[8] 즉 화책의 그림 서사에서 이미지는 이 두 가지 현상을 동시에 반영하고 있다고 할 수 있겠다.

서사의 각도에서 보자면, 그림은 서사성 그림과 비서사성 그림 두 가지로 분류할 수 있다. 『홍루몽』의 경우 고사화보다 인물 수상 삽화가 먼저 등장하였는데, 인물의 단독 묘사는 별다른 서사성을 함유하지 못한 채 전시적인 역할만을 취하고 있다. 다만 인물 수상에 배경이 추가되면서 일정한 장소를 특정하여 서사를 생성해 내기도 하지만, 그 역시 다소 미미한 편이다. 한편 고사화, 즉 이야기 그림은 서사성 그림의 일종으로, 현실에 실재하거나 발생했던 사건이 아닌, 다른 텍스트 속에 존재하는 "이야기"를 서술 대상으로 삼는다.[9] 때문에 이야기 그림에서 서사성은 필연적으로 발생할 수밖에 없다. 즉, 소설 텍스트가 문자를 통해 이야기를 전달했듯, 이야기 그림은 글 대신 이미지를 언어로 삼아 독자에게 이야기를 전달하는 것이다. 때문에 이야기 그림은 한 장의 화폭에도 인물, 배경 및 사건 등이 비교적 완전하게 구성되어 있어 최소한의 서사성을 갖추게 되며, 화폭이 연속되고 증가할수록 그림 서사는 확장되며 풍부해진다. 특히, 소설 전체를 반영한 이야기 그림에는, 원작 텍스트의 서사적 의미가 대부분 그대로 침투되어 회화 이미지로 변환되었으므로, 문학 작품으로부터 전이되어 구성된 회화 이미지라고 할 수 있다. 그로써 화책의 그림 서사는 더욱 강력하고 구체적인 서사를 갖는다. 한편,

---

8) 劉琛, 위의 논문, p.2.

9) 龍迪勇, 『圖像敍事與文字敍事——故事畫中的圖像與文本』, 江西社會科學, 2008, p.37.

그림 서사는 원작의 서사를 이미지로 전환하는 과정에서 인물 형상과 줄거리를 재구성하게 되는데, 서사란 본래 소설의 본질적인 특성으로, 소설 회화 역시 원 텍스트의 내용을 재현하는 것을 목적으로 하기 때문에, 원작의 서사는 자연히 화가가 화책을 통해 표현하고자 하는 중심 내용이 된다. 즉, 화책의 그림 서사는 원작의 긴밀한 영향 하에, 원작과는 전혀 다른 언어로 원작의 서사를 전달하는 완전히 새로운 형식의 서사체라고 할 수 있겠다.

1. 그림 속 시간의 표현: 단폭(單幅)과 다폭(多幅)

손온 화책에서 그림 서사의 동태성에 대한 문제를 분석하기 위해선, 공간을 다룬 회화 예술이, 서사 텍스트가 지니는 특질인 '시간'을 어떻게 표현해 냈느냐에 대한 연구가 선행되어야 할 것이다. 문학 비평가 레싱은 "회화란 그저 공간 속에서 나란히 배열된 것이지 결코 시간 속에서 연속된 것이 아니다"[10]라고 말했다. 또한 여러 도상 연구가들 중 그와 비슷한 시각을 갖고 있는 자가 적지 않았다. 그러나 『예술과 환영』의 저자 곰브리치(Ernst Gombrich)는 시간은 여전히 그림 속에서 함축적인 작용을 한다고 여겼으며, 그림 속 인물의 손짓, 행동, 표정 등으로부터 서사에 대한 정보를 얻을 수 있다고 말했다. 반대로 말해, 삽화가의 임무는 시간적인 서사를 공간적인 그림으로 해석하는 일이며, 삽화가는 서사를 읽고 이를 표현 방식이 전혀 다른 시각 언어로 바꾸어 놓는 것이다.[11]

10) 고트홀트 에프라임 레싱 저, 『라오콘: 미술과 문학의 경계에 관하여』, 윤도중 역, 나남, 2008, pp.140-142.

11) 서성, 「『삼국지평화』 삽화의 편집 기획과 공간 운용 방식」, 『중국문화연구』 41집,

그렇다면 손온은 소설 『홍루몽』의 시간적 서사를 어떤 그림 언어를 사용하여 그림 공간 위에 재현하였는지가 본 절의 핵심이라고 할 수 있으며, 그림 속 시간의 표현을 분석하기 위해 단폭에서의 표현 방식과 다폭에서의 표현 방식으로 분류하여 살펴보고자 한다.

본격적인 분석에 앞서 짚고 넘어가야 할 것은, 손온의 화책은 제1화(畵)부터 230화까지 『홍루몽』 원작의 제1회(回)부터 120회의 서사 전개의 순서에 따라 구성되어 있다는 것이다. 즉, 그림 서사의 순서는 기본적으로 원 텍스트의 사건 순서에 기반하고 있는 연속 도상으로,[12] 바꿔 말하면 이는 화폭 한 장 한 장 간의 연속성을 따지는 것은 무의미하다는 뜻이다. 때문에 본 절에서는 화폭에서의 시간적 표현에 중점을 둔 만큼, 시간적으로 서로 긴밀하게 얽혀있는 작은 사건 단위를 기준으로 삼고 분석을 진행하였다. 다시 말해, 서사 주체가 일치하고, 배경 공간이 근접하며, 발생 시간이 연속되는 일련의 에피소드를 그린 화폭들을 분석 대상으로 삼고자 하였다. 이로써 작가가 한 사건의 전개 과정을 얼마나 완전하게, 연속적으로 독자에게 전달하였는지, 나아가 어떻게 독자의 인지 과정에 개입했는지에 대해 구조적인 접근을 시도한다.

1) 단폭에서의 시간

단폭, 즉 한 폭의 그림이 갖는 시간적 한계는 꾸준히 제기되어 왔다.[13]

중국문화연구학회, 2018, p.406.

12) 陳驍,《清代《紅樓夢》的圖像世界》, 中國美術學院 博士學位論文, 2012, p.133. 연속도상은 소설 회목도의 연속 고사 화책에서 기원하였는데, 즉 전체 이야기를 누락하면 안 되고, 비교적 연관성 있게 이야기를 서술할 수 있어야한다. 연속도상은 독립 서사의 임무를 수행할 수 있는 여러 폭의 도상 조합 형식이다. … 손온의 화책은 회목과 전혀 관련 없는 내용을 그린, 가장 독립성을 가진 연속도상이라고 할 수 있다.

13) 陳驍, 앞의 논문, p.129. 단폭 도상은 공시성을 갖고, 연속 도상은 통시성을 갖는다.

하지만 찰나를 그린 그림 속에서도 시간을 전혀 나타낼 수 없는 것은 아니다. 인물의 몸동작으로 운동 방향이나 다음 동작을 유추할 수 있으며, 물체의 추향성 등을 통해 움직임을 완성할 수 있고, 또한 옷의 모양이나 끈이 날리는 방향을 통해 동적인 느낌을 줄 수도 있다. 그러나 여기서 더 나아가 하나의 완전한 동작을 표현하기란 거의 불가능 하다. 즉 움직임의 시작과 끝을 표현할 방법이 없는 것이다. 사람이나 사물의 완전한 움직임을 표현하기 위해서는 최소한 두 개의 장면이 필요하기 때문이다.[14] 그리하여 그림 작가들은 지면 운용의 효율성을 높이기 위해 두 개 혹은 그 이상의 장면을 한 폭의 그림에 넣기 시작하였다. 손온의 화책 역시 단폭의 공간적 제한을 극복하고 시간의 흐름을 표현하기 위해 한 폭에 두 개 이상의 장면을 그려 사건을 표현하고 있는 그림이 상당히 많은 것을 확인할 수 있다.[15] 이러한 기법은 한 화폭에서 시간은 물론 공간을 넘나들 수 있으며, 시간의 전후 변화를 표현할 수 있어 줄거리의 발전 과정을 비교적 완전히 묘사할 수 있게 된다. 이는 중국의 옛날 삽화가들이 그림을 구성 할 때, 한 이야기를 몇 개의 줄거리로 나눠서 그 발전 과정에 따라 단폭의 그림 위에 배치하는 방법과 같은 맥락이다. 이 방법을 사용하면 그림은 줄거리 전개에 미치는 시간의 제한을 타파할

연속 도상은 서로 연결되기 때문에 시간의 이어짐으로 어떤 과정의 전체나 부분을 나타낼 수다. 하지만 단폭 도상은 어떤 과정의 한 순간을 취한 것이기 때문에 시간적 한계를 타파할 수 없다고 여겨졌다.

14) 陳驍, 위의 논문, p.129.

15) 陳驍, 위의 논문, p.115. 한 폭의 그림에 여러 가지 화면을 담는 방식을 사용한 것은 회화의 정지된 시간을 타파하였다. 또한 이러한 기법은 다른 삽화에는 없는 세 가지 기능을 획득하게 되었다. 1. 정태(靜態) 예술에서 동태감을 표현하며, 이야기의 시간의 흐름을 보여줬다. 2. 여러 화면의 병치는 원본의 서사 시공(時空) 제한을 뛰어넘었으며, 그림이 원본 이외의 함의를 가질 수 있도록 하였다. 3. 다른 장면 간에 대조와 反襯(반대에서의 묘사) 효과를 주었다. 때때로 풍자 효과를 주기도 한다.

수 있게 되며, 그림이 전달하고자 하는 스토리를 온전하게 표현할 수 있게 된다.[16] 이런 방식을 사용한 그림을 '이시동도(異時同圖)'라고 부르는데, 이는 고대로부터 동서양에 걸쳐 사용되어 왔다.[17] 중국의 학자 왕극문(王克文)은 '이시동도'를 "중국화에서 공간을 구성하고, 배치하고, 재현하는 전통 예술 수법의 하나이다. 화가는 구상에 따라, 각기 다른 시간과 장소에 나타난 인물이나 경물 등을 연속적인 공간 전환의 구도 형식을 사용하여, 교묘하게 한 폭의 그림 위에 함께 그려 낸다."고 설명하였다.[18] 이후 한 폭의 그림 속에 두 개 이상의 연속된 장면을 동시에 그리는 방법을 통상적으로 '이시동도'라고 칭하게 된 것이다.

위와 같은 정의에 따라 손온의 화책에서 단폭의 '이시동도' 방식으로 그려진 그림을 분류해낼 수 있게 된다. 위에서 말했듯 한 화폭을 여러 파트로 분할해서 시간성을 표현하는 것은 손온의 화책에서 매우 흔하게 사용되는 방법인데, 주의해야 할 점은 손온의 화책에서 단순히 한 폭에 담겨있다고 해서 모두 같은 사건을 묘사하고 있는 것은 아니라는 것이다. 손온은 '이시동도'의 기법으로 한 폭의 그림을 완성할 때 한 사건을

16) 陳驍, 앞의 논문, p.129. 시간으로부터의 구속을 타파하는 방법으로는 주로 시간의 병치가 사용되는데, 두 가지 형식으로 분류할 수 있다. 하나는 같은 사건이 시간의 전후에 따라 바뀌는 내용을 병치하는 것이고, 하나는 소설 원작에서 서사의 시간에 따라 전후 발생한 각기 다른 사건의 내용을 병치하는 것이다.

17) 서성, 「명청 서사 삽화 중의 이시동도(異時同圖)와 이지동도(異地同圖)」, 『한국학연구』 38권, 인하대학교 한국학연구소, 2015, p.10. 서로 다른 시공간에 있는 인물이나 배경을 한 폭의 그림 속에 그려 넣는 기법으로 이시동도는 이야기나 장면이 지닌 다양한 측면을 될수록 충실히 반영하고자 하는 인간의 욕구에서 나온 것으로, 특히 '이야기 그림'에서는 서사가 지닌 다양한 요소와 측면을 반영할 수 있고, 시간적인 줄거리를 공간적인 틀 속에 표현한다는 점에 주목된다.

18) 王克文, 「傳統中國畵的'異時同圖'問題」, 『美術研究』, 1988, p.70. '異時同圖'是中國畵構思, 布局, 體現空間的一種傳統藝術手法. 畵家根據'立意'的要求, 將不同時間, 地點出現的人物景物等, 運用連續空間轉換的構圖形式, 巧妙地描繪在同一畵幅上.

시간의 순서에 따라 담기도 하고, 연속성이 없는 여러 가지 사건을 함께 담기도 하며, 사건의 주체가 되는 인물을 여러 번 중복해서 그리기도 하고, 때때로 장면 간에 서사 주체를 모두 다르게 그리는 경우도 있었다. 분할된 각각의 장면 역시, 장면의 경계가 명확하게 분리되어 있는 경우, 독자는 자연스럽게 각각을 서로 다른 장면으로 인식할 수 있지만, 장면 간의 경계가 모호할 때 독자에게 혼란을 줄 수도 있다. 때문에 이들을 분류해서 분석할 필요가 있는데, 우선 이 글에서 연구 대상으로 삼은 단폭의 '이시동도'는 내용적으로는 한 사건을 다루고 있어야 하며, 형식적으로는 한 화면에 두 개의 장면을 담은 것과 세 개 이상의 장면을 담은 경우로 특정하였다.

먼저 한 화면을 두 개의 장면으로 분할한 경우를 살펴보도록 하겠다. 위에서 언급했듯 한 사건의 처음과 끝, 원인과 결과, 또는 어떤 행위의 발생 전과 후의 시간적 흐름을 표현하기 위해서는 최소 두 개의 장면이 필요하다. 손온의 화책에서 한 화폭을 두 부분으로 나누어 사건을 묘사한 경우, 가장 간략한 서사 형태라고 할 수 있으며, 각 장면은 손온에 의해 선택된 사건에서 가장 핵심적이고 대표적인 순간을 보여주고 있다.

〈孫溫 제23화〉는 가보옥(賈寶玉)과 진종(秦鐘)이 처음 만나는 장면을 그린 화폭으로, 원작 제7회에 해당된다. 화폭은 좌우 두 개의 장면으로 분할되어 있으며, 전통의 독서 방식과 동일하게 우측에서 좌측으로 서사가 발전한다. 다만 두 개의 장면은 화폭에서 차지하는 비율에 있어서 큰 차이를 보이는데, 우측의 장면은 좌측과 비교하였을 때 화폭의 대부분을 차지한다고 할 수 있을 정도로 높은 비율을 점하고 있다. 때문에 독자는 자연스럽게 우측의 화면으로 먼저 시선이 가게 되며, 그 후 좌측으로 작게 이어진 또 하나의 장면으로 시선을 옮기고, 마침내 그림 서사 안에서 시간의 흐름이 발생하게 된다. 다시 화폭의 우측 장면을 살펴보면, 큰

〈孫溫 제23화〉

〈孫溫 제70화〉

방 안에는 여러 사람들이 함께 있는 모습을 볼 수 있는데, 진종은 가용(賈蓉)의 부인인 진가경의 동생으로 세 사람이 모두 등장하고, 보옥은 가용을 바라보고 있으며, 보옥이 진종을 등지고 있는 것으로 보아 아직 진종을 보지 못한 상황임을 유추할 수 있다. 그러나 바로 좌측으로 이어지는 장면에서는 우측 장면에서 등장한 여러 인물은 사라지고 보옥과 진종만 다시 등장하며 서사 주체가 대폭 축소되는 양상을 보인다. 즉, 화폭에서는 장면의 이동에 따라 서사를 전개하는 과정에서 핵심 서사를 따로 분리해내면서, 서사를 심화시키는 방법으로 공간과 인물의 축소와 집중을 택한 것이다. 이 사건에서 진종을 보고 호감을 느낀 보옥은 다른 사람들을 피해 진종을 안쪽 방으로 데려와 둘만의 시간을 갖게 되며, 좌측의 장면에서는 마침내 보옥과 진종이 마주보고 있으며, 두 사람이 손이 거의 맞닿아 있는 신체화된 기호를 통해, 두 사람이 처음 만났지만 깊은 유대감을 형성하고 있다는 것을 시각적으로 드러내고 있다. 화폭에서 시간의 구조는 우측에서 좌측으로, 큰 공간에서 작은 공간으로 흐르는 양상을 보이고 있으며, 단순히 시간의 유동성을 나타내는데 그치지 않고 인물간의 관계와 감정의 변화를 함께 담아내고 있는 것이 특징이다.

〈孫溫 제70화〉에서 오른쪽 공간의 그림은 원소절(元宵節)을 맞이하여 귀비가 집으로 등미(燈謎)를 보내와 가모(賈母)와 자매들, 그리고 보옥이 그것을 보며 즐겁게 수수께끼를 맞히며 연회를 즐기는 장면이다. 기둥과 가벽으로 분리된 좌측 공간은 얼핏 우측 공간과 한 장면으로 보일 수 있지만, 등장인물 중 정형성이 강한 가모와 보옥이 좌우의 장면에 중복되어 묘사되고 있기 때문에, 독자는 이 화폭이 두 개의 장면으로 분리되어 있다는 것을 어렵지 않게 인지할 수 있다. 이 화폭에서는 앞의 화폭과는 달리 좌우로 분할된 장면의 크기가 비교적 균등하며, 등장인물의 숫자도 비슷하여 화폭에 안정적이고 균형적인 느낌을 주고 있다. 우측에서 좌측으로 시선을 이동하면서 비교적 눈에 띄는 것은 가정의 등장이라고 할 수 있는데, 우측 장면에는 없던 가정이 좌측 장면에 갑자기 등장하면서 그림 서사가 발전하는 형태라고 할 수 있다. 즉, 앞의 화폭에서 보였던 인물의 생략 방식이 아닌, 새로운 인물의 추가를 통해 장면 간의 시간적 흐름을 발생시키고 있으며, 다시 말해 가정은 시간의 이동을 추진시키고 새로운 서사로의 전환을 위한 매개체로서 사용된 것이다. 또한, 가정의 등장으로 인해 우측 장면에서 적극적으로 등(燈)을 관찰하며 수수께끼를 푸는데 참여했던 보옥은, 좌측 장면에서는 정반대의 모습으로 긴장한 채 가정의 맞은편에 앉아있는 것을 볼 수 있으며, 다른 사람들 역시 서 있던 모습에서 자리에 앉아있는 모습으로 전환되면서, 신체화를 통해 인물의 내면세계를 반영하고 있음을 알 수 있다. 다만 원작에서는 가정이 등장하여 사람들이 지은 시구를 듣고는 불길한 글귀라 생각하여 앞날을 걱정하는 내용이 중요하게 묘사되어 있는 반면, 손온은 화폭에서 가정의 유무를 통해 그림 서사의 시간적 흐름과 장면 간 분위기의 반전을 드러내는 데 집중했다고 할 수 있다.

손온이 화폭을 두 장면으로 분할할 때, 좌우로 나란히 분할되는 경우가 보편적이며, 정면이 아닌 약간 우측의 각도에서 해당 광경을 바라보는 경우가 많으므로, 화폭에는 자연스럽게 우측에 배치된 장면이 다소

〈孫溫 제80화〉

앞으로 돌출되어 보이는 경향이 있으나, 전체적인 구도에서 이는 좌우 분할로 분류하는 것이 마땅하다고 보았다. 그러나 간혹 장면의 전후 간격이 크게 벌어진 경우에 해당 화폭은 전후 분할로 분류할 수 있는데, 예를 들어, 위의 〈孫溫 제80화〉는 보옥이 풍자영(馮紫英)의 집에 초대를 받아 연회를 즐기는 화폭으로, 화폭의 앞에 배치된 장면에는 여러 사람들이 먹고 마시며 즐겁게 놀고 있는 모습을 묘사하였고, 그 뒤로 반쯤 가려진 건물의 한쪽 귀퉁이의 기둥 뒤에서 보옥과 장옥함(蔣玉菡)이 함께 이야기를 나누는 장면이 묘사되고 있다. 장옥함은 악극단의 남자 배우로, 손온은 화폭에 보옥이 연회 도중 화장실을 가려고 나갈 때 장옥함이 따라 나와 둘이 함께 대화를 나누면서 호감을 느껴 서로의 수건을 교환하는 장면을 포착하여 그리고 있으며, 이를 통해 화폭 전후의 장면 간의 서사적 전개가 이루어지게 된다. 이 화폭에서도 마찬가지로 우측에 속하는 앞의 장면에서 나타난 많은 사람들은 뒤의 장면으로 전환되면서 생략되고, 핵심 인물인 보옥과 장옥함 두 사람만 재등장하는 것을 볼 수 있다. 장면의 공간적인 특징 역시 탁 트인 넓은 연회장에서 기둥 사이의 비좁은 공간으로 인물을 이동시킴으로써 서사의 은밀함을 부각시켰으며, 장면 간에 상반되는 공간성을 보여주고 있다. 화폭에서 시간의 흐름은 여전히 앞에서 뒤로, 큰 공간에서 작은 공간으로 이동하는 순방향의 구조를 보이고 있으며, 독자는 시점의 이동에 따라 서사를 추측하고 전개에 몰입하게 된다.

위의 화폭들을 통해 알 수 있듯, 손온은 화폭을 두 장면으로 분할하여 시간의 흐름을 표현할 때, 종종 사건의 전개 방향에 따라 먼저 다수의 사람들을 함께 그려 전경(全景)을 묘사하고, 다음의 장면에는 그림 서사의 주요 인물로 한정하여 묘사하면서 서사를 심화시키는 방법을 사용한 것을 알 수 있다. 혹은 반대로, 양쪽 장면에 대부분의 등장인물을 유지하고, 핵심 인물만 생략하거나 더하여 장면의 서사적 전환을 꾀하기도 하였다. 이는 한 화폭에서 단 두 개의 장면을 통해 최대한의 서사 효과를 이끌어내고자 했던 화가의 극단적인 서사 전략에 기인한 것이라 할 수 있겠다.

한편, 손온의 화책에는 셋 이상의 장면으로 분할되어 있는 화폭의 비중이 더 높게 나타나는 것을 확인할 수 있었다. 이는 물론 한 화폭에 최대한 많은 이야기를 담아내기 위함이기도 하지만, 두 개 장면으로 분할된 사건에 비해 좀더 복잡한 서사 전개 과정을 묘사해야 할 때 사용되곤 하였다. 이런 경우, 독자는 연속된 장면들을 한눈에 볼 수 있어 가시성이 확보되지만, 한 폭의 그림에 분할된 장면이 셋 이상으로 넘어갈 경우에, 그림 서사가 전개되는 총 시간이 늘어나고, 서사의 전환이 다양해지며, 사건과 관련되는 등장인물도 많아지므로, 화폭의 서사성이 풍부해지는 만큼 독자로 하여금 화폭을 해석하는 데 더 큰 집중력을 요구하게 된다. 또한 장면의 전개 방향은 단순히 좌우 또는 앞뒤 한 방향으로 진행되지 않으므로, 장면을 읽는 순서에 있어 좌우전후를 동시에 고려해야함은 물론이다. 나아가 화폭을 분할하는 경계 장치인 방, 창문, 담, 나무 등에 의한 화폭의 구조는 더욱 복잡해지고, 때때로 장면 간의 경계

〈孫溫 제5화〉

〈孫溫 제58화〉

가 모호해지며, 상호 연관성이 떨어지기도 하면서 독자가 그림을 해독하는데 어려움을 주기도 한다.

예를 들어 위의 〈孫溫 제5화〉는 총 세 개의 장면으로 분할되어 있는데, 사건의 중심이 되는 인물은 가우촌(賈雨村)과 진사은(甄士隱)이다. 가우촌은 소설 초반의 전개에 매우 중요한 역할을 맡은 인물로, 화폭에는 가우촌이 진사은과 만나 그의 집에 초대되고, 진사은의 집에서 하녀 교행(嬌杏)을 보고 첫눈에 반하게 되며, 이후 다시 진사은과 이야기를 나누며 과거시험을 보러가기 위한 노잣돈을 빌리게 되는 내용을 시간의 흐름에 따라 묘사하고 있다. 구체적인 그림 서사의 발전은 화폭의 오른쪽 위부터 오른쪽 아래, 왼쪽 아래의 시계 방향으로 진행된다. 화폭의 구조를 살펴보면 위와 아래는 담으로 명확하게 경계를 이루고 있지만, 아래의 두 집이 한 마당으로 연결되어 있기 때문에 자칫 한 장면으로 착각할 수 있으나, 양쪽에 모두 가우촌이 등장하고 있어 독자는 혼동을 피할 수 있게 된다. 먼저 첫 번째 장면에서 두 사람은 우에서 좌로 이동하는 동태성을 보여주고 있으며, 다음 장면으로의 자연스러운 이동을 유도한다. 두 번째 장면은 가우촌과 교행이 서로 마주보며 은근한 눈빛을 교환하고 있으므로, 서로를 이성으로 의식하게 된 두 사람의 심리 변화를 포착할 수 있게 된다. 마지막 장면에서 가우촌과 진사은은 나란히 앉아 대화를 나누고 있는데, 두 번째에서 세 번째 장면 간에는 꽤 긴 시간이 흘러있는 상태이지만, 화폭에는 마치 이 모든 장면이 하루에 일어난 일처럼 연속성을 보여주고 있으며, 이는 가우촌과 진사은의 이야기를 함축적으로 독자에게 전달하기 위해서이다. 다만 장면 간에 인물이 중복되며 긴밀한 인과성이 존재하므로, 손온은 이들을 한 화폭에 모아 유기적으로 연결하여 묘사한 것이다. 즉, 손온은 해당 에피소드가 원작의 중심 서사인 가부의 이야기에 해당하지 않으므로 그 중요성이 다소 낮다고 판단하여, 한 폭에 압축하여 간략하게 표현하고자 한 것으로 보이며, 다만 전체 서사에 있어 각 장면들이 나름 여러 가지 시발(始發)적 지점으로 존재하므로 완전히 생략하지는 않은 것이다.

다음의 〈孫溫 제58화〉 역시 세 개의 장면으로 분할된 화폭이다. 이 화폭에서 서사는 우측에서 좌측으로 순차적으로 전개되며, 동시에 앞에서 뒤의 방향으로 이동하는 비교적 단조로운 구도라고 할 수 있다. 이 화폭에서 서사를 이끄는 주체는 가보옥이며, 세 장면에 모두 보옥이 등장하므로 비교적 쉽게 인지할 수 있다. 첫 장면은 보옥이 가정(賈政)과 함께 대관원(大觀園)을 살펴본 뒤 다시 영국부(榮國府)로 돌아온 직후이다. 서재 안에 가정이 앉아 있는 모습, 그리고 가보옥이 하인들에게 둘러싸여 있는 장면을 통해 첫 번째 핵심 서사를 보여주고 있다. 이내 독자의 시선은 좌측의 담을 넘어가면서 일차적으로 시간의 흐름이 발생하며, 보옥은 두 번째 공간인 가모와 자매들이 있는 방으로 이동한다. 보옥의 바로 옆에는 시녀 습인(襲人)이 보옥의 모습을 보고는 하인들에게 물건을 빼앗겼음을 눈치채고, 보옥과 대화하고 있는 것이 두 번째 장면의 핵심 서사이다. 이때, 보옥 우측에 서 있는 임대옥(林黛玉)은 자신이 보옥에게 선물한 향주머니가 없어졌을 것이라 오해하며 당황하는 모습이다. 그러나 이때까지만 해도 보옥과 대옥의 사이에는 가모가 앉아 있으며, 두 사람 주위에 많은 사람이 있고, 보옥의 시선 역시 대옥이 아닌 다른 쪽을 향하고 있으며, 임대옥과 거리적으로 다소 떨어져 있는 것을 알 수 있다. 감상자의 시선은 다시 좌측의 벽 너머의 방 공간으로 이동하며, 화폭에서 이차적으로 시간의 흐름이 발생하게 된다. 마지막 장면에서는 보옥과 대옥을 중심으로 등장인물이 축소되고, 두 사람의 신체적 거리는 한층 가까워졌으며, 공간 역시 대옥의 방으로 옮겨지면서 은밀하고 사적인 장소로 전환됨으로써 해당 화폭의 그림 서사는 최종적으로 두 사람의 애정 서사로 심화되는 양상을 보인다. 종합적으로 화폭은 이 세 개의 장면을 통해 보옥과 대옥의 향주머니 사건을 순차적으로 전개시키고, 등장인물은 전환과 축소를 거치면서, 그림 서사의 동적 변화를 실현하고 있는 것이다.

이 외에, 손온의 단폭 '이시동도'를 살펴보면 장면 간에 시공간적 거리가 상당히 멀고, 서로 연관성도 낮은 사건들이 한 폭의 그림에 함께 담겨 있는 경우도 종종 발견할 수 있었다. 이는 원작에서 비교적 비중이 작거나 중요하지 않은 사건들을 선별하여, 작가가 최대한 지면을 아끼면서, 화책 전체의 연속성을 유지하고, 그림 서사의 전개에는 방해되지 않도록 고려하여 배치한 것으로, 위에서처럼 긴밀하게 연속되는 한 사건을 묘사한 '이시동도'와는 성격이 다르다고 할 수 있겠다. 이로써 우리는 장면의 분할과 구성의 변화를 통해 단폭에서도 서사 전개가 충분히 이루어짐을 확인할 수 있었으며, 화책뿐만 아니라 나아가 화폭의 자체적인 서사성을 보여주고 있다고 할 수 있겠다.

2) 다폭에서의 시간

연속된 장면을 사용해서 시간의 흐름을 표현하는 것은 손온 그림 서사의 주요한 기법이라고 할 수 있다. 앞서 일차적으로 단폭에서의 분할된 장면으로 표현된 사건과 그림을 통해 화폭의 서사적 독립성과 장면 간에 이루어진 추진력을 확인했다면, 이번에는 한 사건이 연속된 여러 장의 화폭(多幅)을 통해 전개되는 경우를 분석해보도록 하겠다.

앞서 언급했듯, 손온의 화책은 230장의 화폭이 순차적으로 연결되어 있는 연속 도상이라고 할 수 있다. 비록 모든 화폭 간의 연결이 시간적으로 촘촘하게 짜여 있진 않지만, 화가는 일부 중요한 사건이나, 비교적 규모가 큰 사건을 묘사할 때, 여러 장의 화폭을 연속으로 사용하는 방식을 취하고 있다. 단폭에서의 장면 간에 그러했듯, 화폭과 화폭은 서사적으로 매우 긴밀하게 연결되어 있으며, 주요 등장인물이 중복되는 경우가 많고, 대부분 이 중복된 인물이 몇 폭에 걸쳐 서사를 끌고 나가는 양상을 보인다. 이렇게 서로 서사적으로 밀접하게 연결된 그림들을 통상적으로 '연환화(連環畵)[19]'라고 부르는데, 연환화의 기원은 중국 고사화의 오랜 역사와 그 맥락을 함께 해왔으며,[20] 회화사에서 연환화와 비슷한 양식은 시대마다 늘 있어왔다.[21]

---

19) 沈其旺, 「中國連環畵敍事硏究」, 上海大學 博士學位論文, 2011, pp.13-15. 최신판 『현대한어사전』(제5판)의 해석에 따르면 연환화란, 스토리에 따라 연속으로 배열된 여러 폭의 그림이다. 일반적으로 매 폭의 그림은 모두 글로 설명되어 있다.

20) 阿英, 『中國連環圖畵史話』, 濟南: 山東畵報出版社, 2009, p.278. 중국 최초로 연환화사 논저인 『中國連環圖畵史話』에서 아영(阿英)은 연환화의 명칭에 대해 이렇게 정리하였다. "당시 연환도화의 명칭 역시 통일 되지 않았다. 북방에서는 '小人書'라고 불렀고, 兩廣에서는 '公仔書'라고 불렀으며, 절강에서는 '菩薩書', 漢口에서는 '牙牙書'(어린이책의 의미), 상해에서는 '圖畵書'라고 부르며, 민국 14년(1925)에 이르러 上海世界書局에서 서유기를 출판하며 제목을 '連環圖畵'라고 지었는데, 사람들은 그제야 통일된 명칭을 사용하기 시작하였다."

21) 陳光鎰, 「連環畵名稱的由來」, 『連環畵硏究』 第15期, 上海: 上海人民美術出版社連環畵編輯室, 1979, p.66. 연환화의 기원에 대해, 저명한 연환화가인 陳光鎰은 "한대(漢代)의 武梁祠石刻壁畵《出巡圖》, 敦煌唐代壁畵《舍生圖》, 송대(宋代) 《韓熙載夜宴圖》, 《淸明上河圖》, 명대(明代) 《文姬歸漢圖》 및 淸末吳友如畵寶 등, 특히 명대의 《文姬歸漢圖》는 여러 폭의 책(冊)으로 이루어져 있는데(현재 南京博物館 소장), 모두 연환화

전통적인 연환화는 각 장의 그림마다 해당 그림을 설명하는 짧은 글이 첨부되어 있는 경우가 많은데, 이는 그림만으로는 독자들에게 완벽히 서사를 이해시키기 힘들기 때문이다. 그러나 여전히 문자적 표현에 제한을 받는 연환화에서는 줄거리를 어떻게 표현하느냐가 매우 중요한 문제인데, 기본적으로 화폭과 화폭을 연결했을 때 독자가 서사의 발전 과정을 인지할 수 있어야 한다.[22] 물론, 손온은 단폭화에서도 분할된 장면을 통해 그림 서사의 흐름을 충분히 표현할 수 있었지만, 아무리 화책의 지면이 넓다 하더라도 한 장면을 분할하는 데는 한계가 있다. 그러나 연환화는 작가가 원하는 만큼 지면을 추가해서 그림 서사를 이어나갈 수 있다는 장점이 있으며, 그로써 연환화의 스토리텔링은 더욱 풍부해지고 명확해지는 것이다.

기본적으로 연환화에서는 한 화폭에 한 장면이 그려져 있다. 그러나 문자 텍스트의 간섭이 전혀 없는 손온의 화책에서, 작가는 종종 더 촘촘하게 연결된 시각 텍스트를 제공하기 위해 한 화폭을 다시 여러 장면으로 쪼개어 그림 서사의 정보량을 극대화하기도 하였다. 그러므로 손온 화책의 다폭에서의 시간 표현은 한 폭에 한 장면만을 묘사한 연환화와, 한 폭에 여러 장면을 담은 연환화로 분류할 수 있다.

한 화폭 전체를 사용해 그려진 하나의 장면은 분할된 한 장면에 비해

와 매우 유사하다. 이들은 연환화의 전신이라고 할 수 있는데, 그들은 모두 연속 고사화(故事畵)적인 특징을 지니고 있다. 이는 연환화의 탄생이 우연이 아니라는 것을 말하며, 긴 역사를 갖고 있다는 것을 의미한다."

22) 沈其旺, 위의 논문, p.48. 회화적인 면에서, 단폭화(單幅畵)와 조화(組畵)는 단지 어떤 사물의 한 순간을 표현하고 있으며, 사물의 발전 과정을 표현하고 있지는 않기 때문에 스토리를 갖지 않는다. 연환화는 비록 매 폭의 그림이 상대적으로 독립적이고 사물의 특징적인 한 순간을 반영하고 있기도 하지만, 그림과 그림을 연결하면 사물의 과정을 반영하게 된다. 때문에 스토리를 갖게 된다. 스토리가 없으면, 연환화 역시 없는 것이다. 때문에 스토리는 연환화 예술의 중요한 특징 중 하나가 된다.

필연적으로 더 많은 정보를 담고 있다. 독자는 직관적으로 두 장면 중 화가가 어떤 장면을 더 중요하게 여겼는지 추측할 수 있음은 물론이다. 한 사건에 할애하는 지면이 많다는 것, 한 장면을 크게 확대해서 그린다는 것은, 즉 화가가 독자에게 해당 장면을 더 자세히, 더 오래 보여주고자 한다는 것을 의미한다. 다시 말해, 지면의 배분은 온전히 화가 개인의 권한이라 할 수 있으며, 사건에 대한 화가의 개인적 견해와 해석 태도를 엿볼 수 있는 중요한 지표로서 작용한다. 이점에 주목하여 손온의 연환화를 감상한다면 우리는 한층 더 가까이 작가의 의도에 다가 설 수 있을 것이라 기대한다.

1폭 1화의 연환화는 화폭 사이에 발생한 시간의 간극에 따라 다시 두 가지 형태로 나뉜다. 첫 번째는 시간 상 하루 이내, 또는 몇 시간 간격으로 긴밀하게 연속된 하나의 사건을 묘사한 연환화이며, 두 번째는 화폭 간의 시간차가 하루 이상을 넘어가는, 또는 그 이상의 간격을 두고 있는 비교적 느슨하게 연속된 사건을 다룬 연환화이다.

먼저 첫 번째 형식의 연환화의 경우를 살펴보기 위해 다음의 〈孫溫 제26화〉, 〈孫溫 제27화〉를 예로 들고자 한다. 이 두 화폭은 모두 겨울을 배경으로 하고 있어 독자들은 두 그림의 연속성을 인지하기가 쉽다. 〈孫溫 제26화〉에서 오른쪽 창문 안으로는 가보옥과 설보차(薛寶釵)가 함께 있는 것이 보이고, 왼쪽에 대옥이 방을 향해 걸어오고 있다. 바로 다음 화폭인 〈孫溫 제27화〉에서는 보옥과 대옥이 전 그림과 반대되는 방향으로 함께 걸어가고 있는 것을 미루어 보아, 보차의 방에서 나와 돌아가는 길임을 추측할 수 있다. 이 사건은 보옥과 보차가 처음으로 서로의 통령보옥과 금쇄를 확인하는 내용이 핵심 서사로, 때마침 대옥이 두 사람을 목격하게 되면서 세 사람 간의 삼각 구도의 애정 관계가 본격적으로 시작되는 상징적인 사건이다. 본래 원작에서는 보옥과 보차 두 사람이 함

〈孫溫 第26화〉

〈孫溫 第27화〉

께 이야기를 나누는 도중에 갑작스레 대옥이 등장하면서 서사에 개입하게 되는데, 손온의 화폭에서는 원작의 서사에서는 묘사되지 않았던 보차의 방으로 걸어가는 대옥의 시점이 추가적으로 표현되었다. 손온은 보옥과 보차를 향해 다가오는 대옥의 모습을 한 화폭에 함께 담아내면서 이를 지켜보는 감상자의 긴장감을 극대화 시켰으며, 바로 다음 장으로 넘어가면 화폭에서 돌연 보차가 사라지고 대옥과 보옥이 함께 있는 모습이 나타나면서 그림 서사의 전환을 알리고 있다. 두 폭의 그림 사이에는 원작의 서사상 응당 세 사람이 함께 이야기를 나누는 장면이 있어야 하지만, 손온은 이를 생략하여 과감하게 시간의 이동을 표현하고자 하였다. 또한 앞의 화폭에서 대옥은 좌측에서 우측으로 걸어가고 있으며, 이를 통해 감상자는 대옥이 보옥과 보차가 있는 공간을 향해 이동하고 있음을 읽어낼 수 있고, 뒤의 화폭에서는 인물들이 우측에서 좌측으로 이동하는 동작을 취하고 있으므로, 독자는 이들이 보차의 방에서 나오는 길임을 유추할 수 있도록 하였다. 이는 손온이 매우 섬세하게 매 화폭의 구조와 서사를 염두에 두고 있음을 보여주며, 화폭 간에 시점 이동과 서사적 발전이 긴밀하게 연결되어 있음을 시사하는 동시에 인물 기호에 동태를 부여하였다. 사실 얼핏 보았을 때, 이 두 폭의 연환화는 단폭의 '이시동도'에 축소하여 묘사했어도 충분히 서사적 표현이 가능하다고 생각할 수 있으나, 배경이나 구도적인 면에 있어 화가가 각별히 그 안에 담아내고자하는 의미가 컸으므로 연환화로 구성된 것이며, 특히 화폭 간에 서사적 반전 효과를 부각시키기 위해 화폭을 분리했을 가능성도 높다고 할 수 있겠다.

한편, 위의 연환화는 두 폭만을 사용하였으므로 화책의 연환화 중 가장 짧은 연환화에 속한다. 손온이 그린 연환화 중에는 세 폭 이상, 많게는 열 폭 이상까지 할애한 사건들도 있는데, 이들 대부분이 섬세한 배경 묘사를 담아내고자 하였던 경우가 많았다. 예를 들어 다음의 〈孫溫 제81화〉부터 〈孫溫 제84화〉까지는 총 4폭에 걸쳐 진행되는 가모의 청허관 방문 사건을 그리고 있다. 손온은 특히 행렬이나 장례, 연회 등 대규모 인원으로 구성된 사건을 일폭 일화의 연환화로 표현한 경우가 많았는데, 이는 웅장하고 화려한 분위기를 드러내기 용이하고, 전통적인 두루마리 그림이나 벽화처럼 그림들을 연결했을 때 사건 전체를 연속적으로 관망할 수 있기 때문이다. 이 사건은 원작에서 가모를 필두로 한 가부의 행렬이 그야말로 장관을 이뤄, 길거리는 이를 구경하기 위한 사람들로 가득하였음을 시각화하여 묘사하고 있다. 또한 청허관은 원비의 명을 받들어 제를 올리기 위한 장소인 만큼 특히 웅장한 규모를 자랑하고 있었으며, 수많은 도사들이 줄지어 가모 일행을 맞이하고 있었다. 화가는 이런 요소들을 세세하게 화폭 위에 묘사해 내고자 했으며, 청허관으로의 대규모 행차와 일행이 도착할 때의 풍경, 그리고 청허관 안에서 발생한 사건들을 연속적으로 그리며 청허관 사건의 전개를 시간 순으로 일목요연하고 핍진하게 표현하였다. 첫 번째 화폭은 이제 막 가부에서 출발하려는 순간을 묘사하였으며, 가마와 수레는 인물들과 함께 화폭의 우측에 배치되어 있고, 그 앞으로 넓게 길이 펼쳐져 있으며, 길 위에는 이들이 편히 지나갈 수 있도록 사람들이 길 양옆으로 일사불란하게 서있으므로, 화폭

〈孫溫 제81화〉

〈孫溫 제82화〉

〈孫溫 제83화〉

〈孫溫 제84화〉

의 우측에서 좌측 방향으로 트여있는 길을 통해 행렬이 진행되리라는 것을 예측할 수 있다. 다음 화폭에서는 자연스럽게 우측으로부터 좌측의 청허관 입구로 진입하는 양상을 보여주고 있으며, 전후 화폭간의 행렬의 진행 방향이 한 방향으로 흘러가도록 구성한 것을 알 수 있다. 그 다음 화폭에서까지도 인물의 행동 방향은 우측에서 좌측으로 이동하는 구도를 유지하고 있으며, 화폭의 우측에는 가마에서 내린 가모와 가보옥을, 그리고 좌측에는 이들을 맞이하는 도사들의 모습을 보여주고 있다. 마지막 화폭인 제84화에 이르러서야 이러한 방향성은 마침내 소실되었는데, 이 화폭에서는 시간의 흐름보다는 보옥의 통령보옥과 관련된 이야기에 초점을 맞추고 있기 때문이다. 이상 네 폭의 그림은 청허관을 중심으로 각각 다른 장소를 배경으로 하며, 화폭 간 시간의 이동은 핵심적인 장면들을 거점으로 하여 더욱 선명하고 빠르게 흘러가도록 짜여 있는 것을 알 수 있다.

다음으로는 화폭 간의 시간 구조가 비교적 느슨하게 구성된 연환화를 살펴보도록 하겠다. 아래는 서사의 결말이 점차 다가오고 있음을 알리는 사건인 가모의 죽음과 장례를 묘사하고 있는 연환화이다. 〈孫溫 제207화〉에서는 가모의 옆에서 가정이 직접 병수발을 드는 모습을 통해 가모의 죽음이 임박하였음을 묘사하고 있으며, 다음 화폭으로 넘어가자 돌연 집안사람들이 모두 흰 옷을 입고 있으므로, 이는 가모의 장례가 이미 시작되었음을 상징적으로 알리면서 화폭 간의 시간적 흐름을 보여주고 있다. 한편, 〈孫溫 제209화〉에서는 왕희봉(王熙鳳) 역시 기운 넘쳤던 예전과는 상반되는 모습으로, 장례를 치르느라 진이 빠져 바닥에 주저앉아 있는 장면을 묘사하고 있다. 또 화폭의 좌측에는 가모의 시녀인 원앙(鴛鴦)이 가모를 떠나보낸 뒤 극도의 불안감으로 괴로워하다가 목을 매달아 운명을 달리하는 모습을 간접적으로 드러냄으로써, 핵심 서사의 진행 양상을 보여주고 있다. 다음 화폭으로 넘어가면서 그림 서사의 분위기는 더욱 급격히 악화되는데, 아삼(阿三)을 필두로 한 도적떼들이 가부에 침입하여 물건을 훔쳐가는 모습을 보여주며, 집안에 얼마 남지 않은 재물마저 도둑맞게 되는 비극으로 사건을 귀결하고 있다. 이 네 장의 화폭은 앞선 연환화처럼 시간적으로 긴밀하게 연속되도록 짜여 있진 않지만, 사건이 전개되는 과정을 핵심 장면을 통해 함축적으로 보여주고 있다. 다시 말해, 이렇게 시간적으로 간격이 벌어진 연환화는 함축성이 더욱 강하므로, 긴 시간에 걸쳐 발생한 사건을 짧게 요약적으로 시각화하고 있으며, 독자는 이 네 장면을 통해 가모의 죽음과 장례 과정, 그리고 가부가 몰락으로 향하는 서사적 전개를 간략하고 명확하게 인지할 수 있게 된다. 다만 손온 화풍의 특징은 세밀하고 부드러운 그림체와 밝고 선명한 색채의 사용으로 인해, 원작에서 지극히 비극적으로 묘사된 사건들을 표현함에 있어서도 화폭의 분위기는 여전히 만화적이며 가벼운 특

〈孫溫 제207화〉

〈孫溫 제208화〉

〈孫溫 제209화〉

〈孫溫 제210화〉

징을 보인다고 할 수 있겠다. 이 때문에 작품 후반의 내용과 분위기를 전달하는 데 있어서는, 오히려 손윤모의 화풍이 더 적합하다고 할 수도 있겠다.

첫 번째 형식의 연환화와 두 번째 형식의 연환화의 가장 큰 차이점은, 앞서 언급하였듯 그림과 그림 사이에 존재하는 시간 간격의 차이라고 볼 수 있겠다. 다시 말해, 두 번째 형식의 연환화에서는 연속된 화폭들을 하나의 큰 사건으로 연결할 수 있으나, 화폭 간에 다소 시간적 공백이 존재하므로 각각의 화폭을 하나의 작은 사건으로도 볼 수 있다는 것이다. 즉 위의 네 장의 화폭은 시공간을 뛰어넘는 연속된 사건들을 요약하는 성격을 띠고 있는 것이다. 이러한 구성은 화가가 화폭 간의 시간차를 축소시켜 그림 서사를 빠르게 진행하고, 주요 장면을 연속적으로 보여주며 그림 간의 연결성을 확보하여 서사에 추진력을 얻기 위해 사용했다고 볼 수 있다. 이로써 독자들은 마치 이 몇 폭의 그림이 시간적으로 긴밀하게

〈孫溫 제113화〉

〈孫溫 제114화〉

연결된 하나의 사건이라고 생각하면서 화폭을 감상하게 되기 때문이다.

이처럼 손온의 화책은 연환화를 통해 시간의 흐름을 다양한 방식으로 표현하고 있는 것을 알 수 있다. 또 다른 예로, 위의 연환화는 가부에서 맞이한 두 차례의 절기(節氣) 행사를 연속 화폭에 묘사하는 방법을 사용하여, 화폭 사이에 절기 단위의 시간이 흘러간 것을 상징적으로 드러내고 있다. 〈孫溫 제113화〉와 〈孫溫 제114화〉는 각각 한 해가 끝나는 것을 의미하는 선달 그믐날의 제사와, 한 해의 시작을 알리는 행사인 정월 대보름 밤의 잔치 장면을 묘사하고 있다. 화가는 이 두 화폭을 연속으로 배치하여 독자들에게 한 해가 지나고 새로운 해가 시작됨을 알려주고자 하였으며, 감상자는 무의식 속에 인지하고 있던 세시풍속에 대한 정보를 이용하여 자연스럽게 이러한 시간의 흐름을 읽어낼 수 있게 되는 것이다.

기실 원작 『홍루몽』이 담고 있는 이야기는 너무나 방대하며, 『홍루몽』의 줄거리는 수십 개의 크고 작은 사건들이 그물처럼 연결되어 서로 영향을 미치고 있다. 특히 그 중에는 장장 몇 회에 걸쳐 진행되는 대형 사건들이 있는데, 이 한 사건에는 여러 가지 중요한 내용들이 색색의 구슬처럼 꿰어 있다. 그러나 문자와 지면이 제한된 화폭을 통해 그것을 일일이 표현해 내는 것이란 애초에 불가능한 일이다. 하지만 손온은 그림에도 불구하고 최대한 많은 정보를 화책에 담아내기 위해 애썼음을 알 수 있다.

한 예로 단폭에서 사용했던 '이시동도'의 화면 분할 기법과 다폭을 이용한 연환화 기법을 동시에 사용한 것을 들 수 있다. 이로써 '이시동도'의 특징인 가시성과 연속성, 그리고 연환화의 특징인 상세한 배경 묘사와 자유롭게 연장이 가능한 확장성을 동시에 획득하며 서사 효과를 극대화하고자 하였으며, 이미지 텍스트의 물리적 한계를 극복하고자 하였다.

다음 네 장의 화폭은 주서(周瑞)의 아내를 서사 주체로 펼쳐지는 소소한 에피소드를 담고 있다. 〈孫溫 제19화〉의 우측의 두 장면까지는 앞의 화폭과 이어지는 보옥의 태허환경 유람 이후의 내용을 묘사하고 있으며, 본격적으로 주서의 아내가 등장하는 것은 화폭 좌측의 장면부터이다. 즉, 〈孫溫 제19화〉의 좌측 장면부터 〈孫溫 제22화〉까지가 한 사건으로 연결되어 있는데, 이 사건의 주체가 되는 인물인 주서의 아내는 바로 왕부인(王夫人)의 하녀이다. 화책에서 이 사건의 전개 방식이 다소 눈에 띄는 이유는, 손온의 화책에서 주요 인물 이외의 인물이 그림 서사를 이끌어 나가는 것은 매우 드문 일이기 때문이다. 그러나 주서댁은 무려 총 4폭에 걸친 10개의 장면에 빠짐없이 등장하여 사건의 전개를 주도하고 있다. 먼저 〈孫溫 제19화〉에서 왕희봉을 만나 도움을 받기위해 가부를 찾아온 유노파[劉姥姥]를 제일 먼저 만나 왕희봉에게 데려가는 인물이 바로 주서댁이다. 유노파는 왕씨 집안의 아주 먼 친척이라고는 하지만 사실상 교류가 없고 친인척이라고 하기에는 무리가 있는 인물이다. 미천한 신분의 시골 할머니가 가부의 안주인 격인 왕희봉을 한 번에 직접 만난다는 것은 있을 수 없는 일이며, 때문에 집안의 높은 하녀인 주서댁의 중개를 거쳐야만 했던 것이다. 이 역시도 쉬운 일은 아니며, 주서댁은 왕희봉의 상황과 눈치를 살피면서 그녀가 한가하고 심기를 거스르지 않을 만한 타이밍에 맞춰 유노파를 소개시킨다. 때문에 전체 서사에서 비교적 큰 상징성을 갖는 유노파가 가부의 서사에 자연스럽게 유입되기 위해선 주서댁과 같은 매개 인물이

〈孫溫 제19화〉

〈孫溫 제20화〉

〈孫溫 제21화〉

〈孫溫 제22화〉

반드시 필요했던 것이다. 손온은 이러한 인물 관계와 역할까지 모두 고려하여 주서댁을 해당 그림 서사의 서사 주체로 설정하여 이야기를 전개시키고자 하였다. 다음 화폭인 〈孫溫 제20화〉에서는 왕희봉과 만나는 유노파의 모습을 두 장면으로 나누어 묘사하고 있다. 이때에도 주서댁은 유노파의 곁에 꼭 붙어서 행여 그녀가 왕희봉에게 실수를 범하지 않는지 지켜보고 있는 모습이다. 한편, 화폭의 두 장면 모두 희봉만이 자리에 앉아 있으며 희봉보다 훨씬 나이가 많은 유노파는 서있으므로 그들 간의 신분 격차까지 그대로 시각화하고 있다고 할 수 있다. 이후 희봉의 처소에서 나온 주서댁은 왕부인을 만나기 위해 이향원(梨香院)으로 향하며, 앞의 두 화폭에 등장했던 유노파는 사라지고 다른 인물들이 연속적으로 등장하는 것을 볼 수 있다. 〈孫溫 제21화〉에서는 주서댁이 왕부인과 설부인 그리고 보차까지 차례로 만나고 나오는 길에는 금천(金釧)을 마주치게 되는 것까지 순차적으로 각 장면에 묘사하고 있다. 한편, 〈孫溫 제21화〉의 우측 상단의 장면부터 주서댁의 손에는 작은 나무 상자가 들려있는 것을 볼 수 있는데, 이는 설부인의 명으로 열 두 개의 비단 조화를 집안의 아가씨들에게 나눠 주기 위해 집안 곳곳을 돌게 되는 서사를 포갑(包匣)이라는 사물 기호를 통해 상징적으로 표현하고 있는 것이다. 〈孫溫 제22화〉로 넘어가면 화폭의 우측 아래 장면부터 시작하여 시계 방향으로 그림 서사가 전개되고 있다. 먼저 가씨 집안의 세 아가씨인 영춘(迎春), 탐춘(探春), 석춘(惜春)을 찾아가서 조화를 건네고, 그 후에 희봉을 찾아가지만 만나지 못하므로 희봉의 하녀에게 대신 조화를 전달한다. 이어서 주서댁은 대옥의 처소로 찾아가게 되는데 마침 대옥과 보옥이 함께 있었음을 알 수 있다. 화폭에서 각각의 장면은 창문이나 문 또는 담으로 나눠져 있어 경계가 비교적 명확하며, 장면 간의 전개 순서는 다소 헷갈릴 수 있으나, 전체 서사에 큰 영향을 미치진 않는다. 이렇게 '이시동도'의 연환화로 묘사된 하나의 장편 서사는 다소 복잡한 서사 구조를 보이고 있으나, 손온은 주서댁이라는 고정된 매개 인물을 설정하여 각 장면의 서사를 정갈하고 일관성 있게 이끌어 내는 데 성공하였다. 즉, 주서댁은 시간의 흐름에 따라 가부 곳곳의 여러 공간을 넘나들면서, 그녀의 행적을 중심으로 여러 등장인물과 관련된 각각의 서사는 한 줄로 꿰어지며 매끄럽게 진행되는 효과를 얻을 수 있게 된 것이다.

마지막으로 분석할 사건은 진가경의 장례 사건이다. 이 사건은 손온의 화책에서 제34화부터 제41화까지 장장 8폭의 화폭에 걸쳐 서사가 진행되므로 화가가 특별히 심혈을 기울인 사건임에 의심의 여지가 없다. 진가경의 장례 사건은 소설 원작에서도 매우 큰 비중을 차지하며, 지금까지 수많은 연구서에서 가부의 부귀와 사치가 정점에 이른 것을 반영하는 대표적인 사건으로 차용되기도 하였다. 손온 역시 진가경의 장례의 성대함과 화려함을 표현하기 위해 적지 않은 화폭을 사용한 것을 알 수 있는

〈孫溫 제34화〉

〈孫溫 제35화〉

〈孫溫 제38화〉

〈孫溫 제41화〉

데, 스토리의 전개를 강조해야 하는 부분은 화폭 분할 방식을 사용하였으며, 장례 행렬의 화려하고 웅장한 풍경을 부각시키고자 할 때는 일폭일화의 방식을 사용하는 등 여러 가지 기법을 적절히 혼합하여 운용하였다. 이 일곱 폭의 화폭에 걸친 그림 서사는 꽤 긴 시간의 흐름을 담고 있는데, 진가경이 죽는 순간부터 장례를 모두 마칠 때까지, 전통 장례 의식의 특성에 따라 긴 기간이 소요되며, 해당 사건에서 화폭 간에 시간차는 촘촘한 경우와 느슨한 경우가 모두 존재한다고 할 수 있다. 먼저 첫 번째 화폭인 〈孫溫 제34화〉는 진가경의 죽음을 알리는 장면들로 이루어져 있다. 진가경이 왕희봉의 꿈에 나와 작별인사를 하는 장면과, 보옥이 진가경의 사망 소식을 듣고 슬픈 마음에 피를 토하는 하는 장면, 그리고 급히 수레를 타고 녕국부(寧國府)로 향하는 세 개의 장면이 화폭의 우측, 좌측 상단, 좌측 하단의 순서로 전개되고 있다. 이 화폭에서 장면 간의 서사 발생 시간은 매우 촘촘하여 단폭에서의 장면 분할 기법의 특징이 잘 드러나 있다. 다음으로 이어지는 〈孫溫 제35화〉와 〈孫溫 제36화〉는 가부 내부에서 진가경의 장례식을 치르는 과정을 순차적으로 묘사하고 있으며, 본격적으로 진가경의 장례를 시작하는 장면으로 바로 앞의 화폭과 다소 시간차를 두고 있다. 한편, 진가경의 시아버지인 가진, 그리고 왕희봉까지 모두 나서서 진가경의 장례를 주도하니, 이를 통해 가경이 가부의 인물들에게 미쳤던 영향력을 예상할 수 있다. 본격적인 장례 행렬을 담은 〈孫溫 제37화〉부터 〈孫溫 제41화〉까지는 배경공간이 가부 밖으로 전환되면서, 각 화폭은 여러 배경을 통해 성대한 장례 행렬 과정을 순차적으로 보여주고 있다. 길을 가득 채울 만큼 웅장한 행렬과 노제(路祭) 장면을 그린 화폭으로 시작하여, 성문을 나서 철함사(鐵檻寺)로 향하는 중간 과정을 그린 화폭, 그리고 철함사에 도착해 승려들이 행렬을 맞이하는 화폭으로 마침내 장례 행렬의 풍경은 끝이 나고, 〈孫溫 제41화〉에서는 철함사에 도착한 뒤 벌어지는 일들을 장면 분할 기법을 사용하여 묘사하고 있다. 특히 네 폭이 할애된 장례 행렬 장면은 모두 단일 화폭으로 이루어져 있으며, 각각 배경을 달리하며 멀고 긴 여정을 시각적으로 드러냈고, 동시에 장례 행렬의 비현실적인 규모와 가부의 위세를 드러내고자 하였다. 또한 장례 행렬이 종료되는 철함사에 이르러서는 다시 스토리성이 강한 분할 장면의 화폭으로 전환되면서 그림 서사의 전개를 강조하였다. 그리하여 우리는 손온이 화책에서 본인이 중요하다고 판단한 사건의 서사 구조를 설계하는 방식을 엿볼 수 있었으며, 보다 자연스럽고 입체적으로 그림 서사의 동태성을 부여하고자 하였음을 알 수 있었다.

본 절에서는 손온의 화책에서 그림 서사의 동적 실현을 위해 시간의 흐름을 표현하는 방식에 대해 분석을 진행하였다. 이를 위해 서사적으로 긴밀하게 연결된 한 사건을 분석 기준으로 삼았으며, 혹은 서사를 이끌어나가는 인물의 일치 여부를 기준으로 삼기도 하였다. 그림 서사에서 시간을 표현하는 방식으로는 단폭을 여러 장면으로 분할하는 '이시동도' 방법과 여러 장에 연속해서 그리는 연환화 방법으로 분류하였으며, 연환화의 형식은 다시 일폭 일화의 연환화와 '이시동도'의 연환화로 나누어 분석하였다. 단폭의 '이시동도'의 경우, 두 개 이상의 장면으로 구성된 서사의 진행은 오른쪽에서 왼쪽, 앞에서 뒤, 또는 시계 방향이나 지그재그 방향의 순서에 따라 시간이 흐름을 표현하고 있었다. 때때로 작가는 연관성이 매우 낮은 사건들을 한 폭에 함께 그리는 경우도 있었는데, 이는 지면을 아끼면서 빠르게 서사를 전개하는 효율성에 그 목적을 두었다. 다폭의 연환화 중, 일폭 일화의 연환화로 표현한 사건은 대부분 작가가 배경 묘사에 중점을 두었거나, 소설 전체에서 큰 비중을 차지하는 사건임을 알 수 있었으며, 연속된 화폭 간의 시간차가 매우 짧은 경우도 있었고, 긴 시간차를 압축한 경우도 있었다. 또, '이시동도'를 사용한 연환화 기법은 방대한 원작의 내용을 효과적으로 담아내면서도, 장면간의 연속성과 세심한 풍경 묘사를 모두 강조하며, 그림 서사의 서사성을 극대화하였다. 이처럼 작가는 지면의 분할과 확장을 통해 화폭에서의 시간적 제한을 타파하고자 여러 가지 방법을 시도한 것을 확인할 수 있으며, 이는 공간의 예술로만 치부되었던 회화 예술에 동태성과 시간성을 부여하고, 동시에 손온 화책이 갖는 스토리텔링 능력을 증명할 수 있는 중요한 구조적 기반이 되었다고 할 수 있다.

2. 그림 속 공간의 표현: 축소와 확대

손온은 자신의 화폭 안에서 자유롭게 시간을 당기고 늘리며 이미 그림 공간의 시간 활용 능력을 입증했다. 한편 앞서 화폭에 표현된 시간 구조를 분석하면서, 자연스레 그림의 공간 구조가 함께 언급되기도 하였는데, 이는 시간과 공간의 불가분의 관계에 기인한 것이다. 다만 이 글에서 시간과 공간을 분리하여 분석을 진행하는 까닭은, 손온 화책의 그림 읽기를 위해 독자에게 전제되어야 하는 각각의 정보를 보다 심층적으로 다루기 위해서이다. 궁극적으로 화폭 한 장을 완전하게 읽어내기 위해서 독자는 시간 구조나 공간 구조뿐 아니라, 시각 구조 나아가 그림 속의 여러 가지 기호들까지도 동시다발적으로 분석해내야만 하기 때문이다.

회화 예술은 역사적으로 공간 예술의 영역으로 규정되어 왔으며, 화폭의 본질은 시간의 표현보다는 시각적인 공간 묘사에 훨씬 적합한 것이 사실이다. 때문에 그림 서사에서 공간의 표현은 시간의 표현보다 자유롭고 다채로운 양상을 보이게 된다. 다만 작가를 제한하는 유일한 물리적 요소는 바로 지면의 한계인데, 이로 인해 작가는 지면 위에 자기만의 방식으로 공간을 구성하게 되고, 오히려 화폭의 한정성을 의식하여 허투루 여백을 낭비하지 않게 되었다.

문학 작품에서 공간, 즉 배경 공간은 등장인물의 내적 세계를 반영하는 하나의 상징일 뿐만 아니라, 인물들의 행위의 출발점으로 새로운 의미를 생산하기도 하고, 인물들의 내면세계를 변화시키는 역할을 하므로, 소설에서 공간은 상징적이거나 은유적인 속성을 지니게 된다.[23] 소설 『홍루몽』에는 소설의 주 무대인 대관원을 필두로 영국부, 녕국부, 태허환경, 청경봉 등 현실 세계와 환상 세계를 넘나들며 다양한 배경 공간을 구축하고 있다. 이러한 공간의 설정은 작가의 개인적 경험과 상상력에 기반하고 있는데, 소설이라는 허구 세계를 전제로 한 만큼 공간

23) 이승아, 「1930년대 여성작가의 공간의식 연구」, 이화여자대학교 석사학위논문, 2000, p.8.

설정에 있어 물리적 제한을 받지 않게 된다.[24] 작가 조설근의 무한한 상상력을 기반으로 한 원작 속 공간 세계는『홍루몽』연구에서도 매우 중요한 주제 중 하나라고 평가받고 있으며, 공간 연구는 여전히 여러 연구자들에 의해 이루어지고 있을 정도로 그 상징적 의미와 함의가 심오하다고 할 수 있겠다. 한편, 손온의 화책은 소설『홍루몽』의 내용에 철저히 기반하고 있으므로, 화폭에서 보이는 배경 공간 역시 대부분 소설의 묘사를 토대로 형성되어 있는 것은 물론이다. 그러나 앞서 언급했듯 소설의 문자 텍스트로 이루어진 공간 묘사는 물리적 제한을 전혀 받지 않으므로, 지면 공간으로부터의 구속을 피할 수 없는 이미지 텍스트와는 전제된 조건에서부터 큰 간극이 존재한다. 또, 결정적인 문제는 같은 소설을 읽었다 하더라도 개인의 상상력에 따라 그 대상은 각기 다른 모습으로 이미지를 형성하기 마련이다. 그러므로 손온의 화폭에서 묘사되고 있는 배경공간의 모습은 오로지 손온 개인의 상상력에 따른 시각적 재현이라고 할 수 있겠다. 손온은 이러한 자신의 상상력에 기반 하여, 화책에서 화폭이 허락하는 범위 내에서 자유자재로 그림 서사의 공간 구조를 변화시키며 서사에 따른 다양한 양상을 보여주고 있는데, 이러한 공간의 이동과 전환은 그림 서사의 시각적인 동태성과 직결되므로, 그림 서사의 동적 실현에 중요한 영향을 미쳤다고 할 수 있겠다. 이 글에서는 화폭의 공간 구조 방식을 크게 공간의 축소와 공간의 확대 두 가지로 분류하여

24) 고명주,「《홍루몽(紅樓夢)》과《경화연(鏡花緣)》의 공간 설정 비교 연구」,『중국어문논총』76권, 중국어문연구회, 2016, pp.186-187. 문학 작품의 대부분의 공간은 작가의 의식을 반영한 직접적인 결과물로 작가가 작품의 서사 구조를 구상할 때 소설의 배경 공간은 가장 기본적이고도 중요한 요소에 속한다. 동시에 공간 설정은 작가 개인적 환경 및 의식과 직결되어 있어 작가 마다 각기 다른 특질을 가지기 마련인데,《紅樓夢》을 필두로 개인 창작 소설이 중국 소설계에 주축을 이루면서 이러한 성향은 더욱 뚜렷해졌다.

살펴보고자 한다.

1) 공간의 축소

손온 화책의 그림 서사는 한 화폭을 여러 구역으로 분할한 뒤 연쇄적인 장면 묘사를 통해 정지된 화폭에 시간성을 부여하는 것을 하나의 특징으로 한다. 화폭이 분할되었다는 것은, 즉 각 장면의 배경 공간 또한 분할된 지면에 맞게 축소되어 있다는 것을 의미한다. 분할된 장면들은 간혹 서로 다른 배경 공간을 갖고 있는 경우도 있는데, 이 때 각 장면의 서로 다른 배경 공간은 자연히 한 폭의 그림 속에 혼재하기 마련이다. 여기에 기인하는 혼란을 최소화하기 위해, 화가는 나름의 규칙을 갖고 공간의 축소를 진행하고 있다. 이 규칙을 밝히기 위해 먼저 장면의 배열 방식을 기준으로 병치식(竝置式) 축소와 액자식 축소로 나누어 분석하도록 한다.

(1) 병치식 축소

병치식 축소란 말 그대로 한 폭의 지면 안에 두 가지 이상의 공간들이 나란히 축소되어 놓여 있다는 것을 의미한다. 이 축소된 공간들은 서사적으로 긴밀하게 연결되는 경우도 있으나, 때로는 서사적 연관성이 현저히 떨어지는 경우도 볼 수 있다. 본 절에서의 분석 대상은 시간 구조가 아닌 공간 구조 양상을 분석하기 위한 화폭을 중심으로 하기 때문에, 장면과 장면 간의 서사적 연결성은 다소 낮을 수 있다는 것을 미리 밝혀둔다.

손온의 화책에서 화폭을 감상할 때, 마치 하나의 공간처럼 보이는 화폭이 사실 전혀 다른 여러 개의 공간을 묘사하고 있는 경우를 자주 볼 수 있다. 이때 화폭을 잘 살펴보면 분할된 장면과 장면 사이에는 규칙적으로 물리적 경계가 존재하는 것을 발견할 수 있는데, 크게는 집이나 방 전체의 틀, 기둥, 담 등의 건축물이 있으며, 작게는 가산, 나무, 돌 등의 식물이나 지형지물이 자주 사용되었다. 먼저 건축물 류의 경계인 방, 담, 창문을 사용한 화폭들을 살펴보도록 하겠다. 『홍루몽』은 대관원이라는 제한적인 공간의 주거형 정원을 주 배경으로 삼고 있다. 여타 규방 소설과는 달리, 대관원은 전통적으로 묘사되어온 일반적인 정원과는 다르다. 대관원은 비록 그 정체성이 가부에 딸린 정원으로 정의되어 있지만, 마치 황궁의 정원을 그대로 옮겨놓은 듯 매우 웅장하고 화려하며 온갖 시설이 구축되어 있고, 심지어 수십 명의 사람들이 여러 채의 집에 나뉘어 거주할 정도의 규모를 자랑하는, 중국 고전 소설사상 완전히 새로운 형태의 정원이라고 할 수 있다. 소설의 대부분의 사건은 이 대관원 안에서 벌어지며, 당연히 『홍루몽』을 주제로 한 여타 삽화나 화책의 주요 배경 공간 역시 대관원을 그린 것이 대부분이다. 이는 손온의 화책에서도 마찬가지이다. 원비의 성친별장이 지어진 이후부터 가보옥이 속세를 떠날 때까지 화책의 배경 공간은 대관원을 거의 벗어나지 않는다. 때문에 화폭을 구성하는 세부적인 배경 공간 역시 대관원 안의 각 처소와 방, 정원, 누각, 호수 등으로 이루어져 있는 것은 어쩌면 너무나 당연하다.

『홍루몽』에서 대관원의 가장 큰 공간적 특징은 외부와의 단절이라고 할 수 있다. 공간에 있어 외부와 내부를 가장 쉽게 분리할 수 있는 방법은 사이에 담을 세우는 것인데,[25] 그것은 문자 텍스트에서든 이미지 텍스트에서든 마찬가지로 적용된다. 때문에 손온의 화책에서도 담을 경계로

25) 고명주, 앞의 논문, p.200. 『홍루몽』의 작가는 자신이 설정한 특수한 공간과 공간 사이에 철저한 경계를 설치하는 것에 심혈을 기울였다. 자신을 속박하던 현실 세계로부터 보다 더 깊은 곳으로 숨기 위해 곳곳에 수많은 경계를 세웠다. 그 중 문과 담이 외부와 내부를 변별하는 경계 장치로 대표되는데, 가부와 대관원, 각 방 모두 겹겹의 담과 문으로 이루어져 있으며, 『홍루몽』에서 작가가 이 내밀한 공간들을 구축해 나가는 과정에서 굳게 닫힌 문과 높게 솟은 담의 존재는 끊임없이 강조된다.

〈孫溫 제35화〉

〈孫溫 제71화〉

한 공간의 분할이 특히 많이 보이는 것을 발견할 수 있다. 먼저 〈孫溫 제35화〉를 보면 화폭 가운데의 담을 경계로 두 개의 장면이 나란히 병치되어 있는 것을 볼 수 있다. 이 장면은 구도 상 양쪽의 비율이 거의 같고, 공간 구조도 비슷하며, 등장한 인물 수마저 일치하여 높은 균형성을 보여주는 화폭이라고 할 수 있다. 물론, 모든 화폭에서 분할된 장면들이 이렇게 정확하고 세밀하게 일치하는 것은 아니지만, 손온이 화폭의 균형을 매우 중요하게 생각했다는 것을 알 수 있으며,[26] 이러한 균형을 최종적으로 완성하는 것이 바로 정중앙에 세워진 담이라고 할 수 있다. 이 담은 화폭의 중심을 잡는 역할을 하는 동시에, 단순히 일자 모양이 아니라 여러 번 꺾인 모양으로, 작가는 사소한 사물 묘사에도 시각적 입체감을 주는 것을 잊지 않았다. 이렇게 균형을 이룬 두 장면은 거의 비슷한 시간대에 각각 영국부와 녕국부에서 발생한 사건을 묘사하고 있다. 우측의 장면은, 진가경의 장례식 도중 가진(賈珍)이 뇌물을 바치며 자신의 아들 가용이 벼슬을 얻을 수 있도록 도모하는 내용을, 좌측의 장면에는 가부의

26) 루돌프 아른하임 저, 『미술과 視知覺』, 김춘일 역, 기린원, 1988, p.31. 균형이 잡혀 있는 모든 작품에서는 가령, 형태, 방향, 위치 같은 모든 요소들이 하등의 새로운 변화가 있어서는 안되게끔 상호간에 복합적으로 결정되며, 작품 전체는 그 각 부분의 '필연적인 결속'으로 나타나 보인다. 불균형한 작품은 우연적, 가변적으로 보이며, 따라서 허약해 보인다.

여인들과 가진의 모습이 묘사되어 있는데, 희봉이 가진의 아내 대신 진가경의 장례 과정을 총괄하게 되는 장면을 그리고 있다. 이 화폭은 진가경의 장례를 준비하며 벌어지는 가부의 내외의 모습을 나란히 한 화폭에 담고 있으며, 장면간의 동시성이 높으므로 '이시동도'의 특징을 잘 살리고 있으며, 손온은 그림 서사의 신속한 전개를 위해 각기 다른 배경 공간을 한 화폭에 축소하여 배치하면서, 공간의 물리적 규칙을 파괴하는 과감함을 보였다. 이 두 장면에 사이에 경계물로 배치된 긴 담은 영국부와 녕국부의 물리적인 거리를 함축하고 있기도 하지만, 장례식에서 남성들이 담당하는 외부의 일과 여성들이 담당하는 내부의 일 사이의 정서적인 거리를 함축하기도 한다. 다시 말해, 담의 역할은 축소되어 병치된 두 공간을 분리하는 것뿐만 아니라, 당시 남녀의 역할과 차별이 엄격하였던 풍조에 따라, 성별 간의 넘을 수 없는 벽을 상징하기도 하는 것이다.

다음으로 〈孫溫 제71화〉를 살펴보면 역시 두 공간 가운데 담이 놓여 있는 것을 볼 수 있다. 이 화폭의 경우 〈孫溫 제35화〉처럼 화폭을 좌우로 나란히 양분하고 있지는 않지만, 앞뒤로 비교적 균형적인 구도를 취하고 있다. 다만 각 장면 속의 인물의 숫자에서 다소 차이를 보이며, 각각의 배경은 여러 가지 면에서 상당히 다른 분위기를 드러내고 있는 것이 눈에 띈다. 일단 이 화폭에서는 두 장면 간의 물리적, 정서적 거리가 앞의 화폭에서보다 훨씬 떨어져 있으며, 두 공간을 가르고 있는 담의 높이가 다른 그림에 비해 훨씬 더 높게 묘사된 것을 확인할 수 있다. 이유인 즉, 두 장면의 배경은 각각 가부와 대관원으로, 소설에서 가부장적이고 위계질서가 엄격한 공간과 자유롭고 풍요로우며 따뜻한 지상낙원의 공간을 상징하고 있기 때문이다. 화폭을 자세히 보면 우측의 대관원을 묘사한 공간은 푸른 산과 나무 그리고 분홍색의 꽃들이 만연하여 생명력을 느낄 수 있고, 맑은 물이 흐르고 있어 한눈에 보아도 따뜻하고 아름다운 정서를 나타내고 있다. 반면 화폭 좌측의 가부 공간은 오직 앙상한 가지의 나무 한 그루만이 그려져 있을 뿐, 다소 삭막한 분위기로 표현되어 우측의 공간과는 극명한 정서적 대비를 이룬다. 이처럼 두 공간은 완전히 다른 성질을 띠며, 결코 서로 가까워 질 수 없는 공간으로, 사실상 공존할 수 없는 공간이기도 하다. 또한 두 장면에 묘사된 이야기는 시간적으로도 밀접하게 연결되지 않음은 물론, 내용 역시 큰 연관이 없으며, 가정이 등장하는 가부의 일과, 보옥과 대옥 두 사람이 등장하는 애정적 서사는 완전히 상반되는 성격의 사건이라고 할 수 있다. 한편, 통상적으로 높고 견고한 담은 외부로부터의 철저한 차단을 의미하기도 하는데, 바로 이 담이 한 폭 안에서 두 공간이 공존 하는 것을 가능케 하는 것이다. 손온은 이렇게 전혀 다른 성격의 두 장면을 한 화폭에 담기 위해, 화폭 가운데에 높은 담을 세움으로써 완전히 다른 성질의 공간 간에 경계를 보다 명확히 하는 것을 잊지 않았다.

담과 벽, 그 다음 층위의 건축물 형태의 경계는 집 또는 방으로 볼 수 있는데, 본래 공간 기호학적으로 방은 인간이 머물 수 있는 가장 작고 비밀스러운 공간이며, 동시에 가장 사적이고 내면의 자아를 자유롭게 드러내는 것이 허락되는 공간이다.[27] 즉, 남녀 간의 애정 서사를 중심으로 전개되는, 등장인물의 세심하고 예민한 감정 변화를 다채롭고 생동감 있게 묘사한 『홍루몽』의 이야기를 표현하기에 매우 적합한 배경 공간이라고 할 수 있다. 때문에 손온의 화책에서 역시 방을 배경 공간으로 삼고 있는 장면들은 매우 개인적이며, 그 안에서 인물들의 모습은 자연스럽고 자유롭다.

예를 들어 〈孫溫 제28화〉를 보면 양쪽의 장면은 모두 방 안을 배경

27) 고명주, 앞의 논문, p.194.

공간으로 삼고 있다. 우측의 공간은 보옥의 방이고, 좌측의 공간은 가모의 방이다. 물론 실제로 두 사람의 방은 이렇게 붙어있지 않다. 다만 가모의 방에 둘러진 문틀이 두 장소를 명확하게 분리하며 두 공간의 병치를 가능하게 하고 있다. 이 문틀이 장면간의 명확한 분리를 담당하고 있긴 하나, 직관적으로 보았을 때 여전히 이 화폭에서 두 개의 공간은 꼭 한 장소의 안과 밖으로 이루어져 있다는 느낌이 강해 감상자가 두 장면이라고 인지하기에는 다소 시간이 걸린다. 그나마 빠르게 장면의 분할을 인식할 수 있게 해주는 것은 양쪽 공간에 중복되어 등장하고 있는 보옥의 인물 형상이며, 만약 보옥이 없었다면 이 장면이 두 개의 공간으로 이루어졌다고 느끼기는 어려웠을 것이다. 동시에 작가는 원근법을 사용해 구도 상으로 보옥의 방을 바깥쪽으로, 가모의 방을 안쪽으로 보이도록 설계하여 공간의 입체성을 더했다. 손온의 화책에서 방 내부의 시점으로 방과 방 전체를 이렇게 나란히 병치하여 축소하는 사례는 많이 보이지 않으며, 더군다나 두 장면이 한 사건을 묘사하지 않은 경우는 거의 이 화폭이 유일하다고 할 수 있다. 그렇다면 작가가 굳이 이 두 장면을 한 화폭에 담은 이유는 무엇일까. 우선 보옥과 가모의 방 두 장소의 공간성에서 보았을 때, 이 두 공간은 모두 보옥에게는 심리적으로 가장 안정감을 주는 장소라고 할 수 있다. 보옥의 처소는 습인, 청문 그리고 자신이 좋아하는 대옥이 자주 오가는 사적이고 긍정적인 공간이다. 화폭의 우측 장면에서 보옥은 시녀들과 대옥에게 자신이 쓴 '강운헌(絳雲軒)' 글자를 보여주고 있는 모습인데, 매우 편안하고 자유로워 보인다. 또 화폭의 좌측에는 보옥이 가모에게 자신이 좋아하는 친구인 진종을 소개시켜주는 장면을 묘사하고 있다. 가모 역시 『홍루몽』에서 보옥을 가장 아끼는 인물 중 하나로, 보옥이 소개시켜준 진종을 매우 마음에 들어 한다. 때문에 비록 이 두 장면이 서사적으로 긴밀한 연관성이 있는

〈孫溫 제28화〉

〈孫溫 제19화〉

것은 아니지만, 두 장면 모두 가보옥을 중심으로 서사가 진행되고 있으며, 또 두 공간 모두 심리적으로 보옥이 자유롭게 자신의 감정을 드러내고 행동할 수 있는 장소라는 점에서 유사한 성격을 지녔다고 볼 수 있다. 또한 두 공간에 걸린 그림 장식들은 두 공간의 통일성을 높이고 있는 동시에, 좌측의 가모의 방은 진종이 가모 앞에 무릎을 꿇고 있는 모습을 그리면서 수직 구조의 인물 관계를, 우측의 공간은 습인이 뒤쪽 침상에서 잠들어 있는 모습을 그리면서 수평 구조의 인물 관계를 표현하였다. 이는 이 두 공간이 보옥이 느끼기에는 모두 친밀하고 편안한 공간이지만, 보옥 이외의 객관적인 시각에서 보았을 때는 엄연히 다른 성격의 공간임을 기호적으로 드러냈다고 할 수 있겠다. 이렇듯 손온은 화폭 위에 언제나 표면적인 의미 아래 이중, 또는 그 이상의 의미를 숨겨 두는 것을 잊지 않았으므로, 감상자는 화폭을 곱씹을수록 화가의 의중에 가까워질 수 있게 된다.

다음으로 분석할 공간 간의 경계물은 집과 방보다 더 세부화 된 경계물이라고 할 수 있는 '창문'이다. 『홍루몽』에서 애정 서사는 매우 중요한 서사축으로, 비단 주인공인 가보옥과 임대옥 두 사람의 애정 뿐 아니라, 천성이 여자 아이를 아끼고 사랑하는 가보옥과 그 주변의 자매들 및 시녀들은 크고 작은 애정 관계를 형성하고 있다. 하지만 이것은 어디까지나 그들을 지켜주는 대관원이라는 울타리가 존재했을 때의 이야기이다. 대관원은 그들을 외부로부터 지켜주고 분리시켜주는 현실 세계 속의 지상낙원으로서 존재하기 때문이다. 그러므로 조설근과 손온 두 사람 모두 유토피아적 공간인 대관원에서 발생하는 애정 서사를 다룰 때에는, 조금 더 세심한 장치들을 곳곳에 활용한 것을 알 수 있다. 그중 손온의 장치 중 하나가 바로 창문을 활용하여 규방 안에서 펼쳐지는 이야기를 엿보듯 묘사한 것인데, 이는 실내외 공간의 경계를 나타내는 틀이자, 동시에 화가가 외부인의 시각을 유지하면서 자연스럽게 인물들의 규방 생활을 표현 할 수 있는 방식이라고 할 수 있다.[28] 대관원을 두르고 있는 벽이 제아무리 높다하더라도 낮 시간 동안은 대관원 역시 대부분의 문이 열려 있어 외부로부터의 출입이 가능하다. 물론 문을 지키는 하녀들이 존재하긴 하지만 그들의 보안 또한 철저하게 이루어진다고 할 수는 없으므로, 대관원을 완전히 폐쇄된 공간이라고는 볼 수 없다. 때문에 외부로부터의 확실한 차단이 이루어지기 위해서는 한 층 더 강화된 경계 장치가 필요하게 된다. 그런 의미에서 창문은 이중적 경계의 역할을 하며 해당 인물이 지극히 개인적인 공간인 집이나 방 안에 머물고 있다는 것을 확인시켜주며, 시각적으로 등장인물에게 안정감을 주고, 나아가 외부 세계로부터의 침입을 막아주는 방패처럼 보이기도 한다. 손온의 화책에서는 창문을 사용한 공간 축소 기법을 어렵지 않게 찾아 볼 수 있는데, 등장인물이 시각적으로 완전히 노출되는 위의 두 가지의 병치 방식과는 달리, 창문을 경계틀로 한 공간의 병치는 인물의 일부만을 노출하는 것을 특징으로 한다. 때문에 창문을 경계로 하는 공간의 병치는 그 축소성이 더욱 강해지

28) 唐妍, 「紅樓閨閣空間的圖像敍事——以孫溫所繪《全本紅樓夢》爲例」, 『浙江學刊』, 2016, p.116.

며, 축소성이 강해진다는 것은 즉 더 작은 그림에 더 큰 의미와 서사를 함축한다는 의미로 볼 수 있다. 그러므로 위에서 살펴본 방을 경계로 한 축소법과 비교했을 때, 창문 공간과 방 공간 두 가지 경계 방식 모두 방 안에서 벌어지는 서사를 묘사하고 있다는 점은 동일하나, 독자에게 방 내부의 모습까지 모두 보여주느냐 지극히 일부만 보여주느냐에 따라서 공간의 성격은 달라지며, 인물을 노출 정도를 결정짓는 것은 대부분 서사의 내용과 화가의 의도라고 할 수 있다. 〈孫溫 제19화〉를 보면 우측 하단의 장면과 가운데 상단의 장면 모두 창문을 경계틀로 공간을 축소하는 방식을 사용하고 있다. 이 두 개의 장면은 모두 가보옥의 지극히 은밀하고 사적인 내용을 담고 있는데, 이때 가장 적합한 축소 방식이 바로 창문틀을 이용하는 것이라고 할 수 있다. 화가와 독자는 방 밖에서의 시점을 유지하면서, 방 안에서 벌어지는 일들과 인물들의 섬세한 감정 변화들을 한 걸음 떨어져서 지켜보게 되는 것이다.

다음은 공간의 병치식 축소 방법 중 자연물을 이용한 축소 방법에 대해 살펴보도록 하겠다. 손온의 화책에서는 산과 나무, 돌, 물 등을 이용한 화면 분할 방식을 자주 볼 수 있다. 물론 『홍루몽』의 주요 배경이 대관원이니만큼, 공간의 경계를 이루는 장치 중에서도 정원을 구축하는 자연물의 비중이 큰 것은 매우 자연스러운 현상이다. 그러나 손온은 대관원 각 거처의 안팎에서 벌어지는 각종 이야기를 묘사하면서, 동시에 아름다운 정원을 배경으로 삼아 독자들에게 그 풍경을 감상할 수 있는 기회도 함께 제공하고자 하였다. 나아가 시각적으로 가장 자연스러운 장면 간의 연결을 구현하고자 했음은 물론이다. 다음의 〈孫溫 제90화〉와 〈孫溫 제155화〉를 보면, 화폭 가운데에 커다란 나무가 자리 잡고 있는 것을 볼 수 있다. 특히 나무는 손온의 화책 전체에 걸쳐 거의 매 폭에 빠지지 않고 등장하는 자연물로, 그만큼 이질감 없이 화폭 안에서 자리

〈孫溫 제90화〉

〈孫溫 제155화〉

잡을 수 있으며, 화가의 의도에 따라 자유롭게 어느 곳이든 배치가 가능한 장치이기도 하다. 하지만 일반적으로 배경물로서의 나무가 대부분 화면 끝 쪽이나 한쪽에 치우쳐 있는 것과 비교해 보았을 때, 화폭 정 가운데 커다란 나무가 수직으로 공간을 가르고 있는 모습은 흔하지 않은 구도로서 다소 감상자의 시선을 끈다고 할 수 있다. 해당 화폭에서 이 나무는 경계 장치로서 화폭을 두 장면으로 명확하게 분리하는 역할을 하며, 분리된 두 공간은 서로 병치될 수 없는 공간이므로 이 역시 일종의 공간의 축소를 의미한다. 왜냐하면 이 화폭에서 보이는 두 장면 모두 가보옥의 방에서 일어나는 일을 묘사하고 있기 때문이다. 동일한 장소는 다른 의미에서 물리적으로 나란히 배치될 수 없는 공간이므로, 화가는 화폭 가운데 커다란 나무를 배치함으로써 두 장면을 자연스럽게 분리시키면서, 동시에 시공간의 한계를 타파하고자 한 것이다. 한 가지 더 눈여겨볼 만한 점은, 두 장면에는 중복되는 서사 주체가 없다는 것이다. 일반적으로 손온의 화폭에서 분할 장면은 서사 주체의 중복으로 그 연속성과 서사성을 확인할 수 있는데, 이 화폭은 우측 장면에는 보옥이 등장하나, 좌측 장면에는 등장하지 않는다. 때문에 독자로 하여금 공간성을 인지하는데 어려움을 주는 듯 보이나, 손온은 좌측의 장면에 가보옥의 애완동물인 학을 등장시키면서 이홍원을 지시하는 기호를 사용하여 두 장소 모두 이홍원에서 벌어지는 일임을 암묵적으로 드러내고 있다. 즉, 손온은 두 장면에 각각 인물 기호를 통한 직접적인 공간 지시와 사물 기호를 통한 간접적인 공간 지시를 사용하고 있는 것이다.

바로 다음 화폭인 〈孫溫 제155화〉에서도 마찬가지로 화폭에서 중앙의 나무를 기준으로 좌우로 분할된 두 장면의 배경은 사실 물리적으로는 서로 멀리 떨어져 있는 공간이라고 할 수 있다. 화폭의 우측 장면은 대관원 안의 가산 근처에서 자매들이 낚시를 하고 있는 모습을 묘사하고 있으며, 왼쪽 장면은 가정이 가보옥을 가숙으로 데려가 가대유(賈代儒)에게 교육을 부탁하는 장면이다. 좌우의 장면은 공간적 요소뿐 아니라 묘사된 서사의 분위기까지도 사뭇 다른 양상을 보이는데, 우측의 대관원 속의 가보옥은 바위 뒤에 몰래 숨어서 자매들을 놀라게 할 생각에 한껏 신이 난 상태이며, 반면 왼쪽 공간의 보옥은 그토록 싫어하는 공부를 하기 위해 가정의 손에 끌려가는 상황으로 그가 얼마나 괴로워하고 있을지 유추할 수 있다. 이처럼 상반된 성질의 두 공간은 한 폭에 병치되어 강렬한 시각적 대비를 이루고 있으며, 그 중심에는 화폭을 세로로 가르는 커다란 나무가 그 경계를 한껏 강조하고 있다. 여기서 주목할 만한 부분은 두 장면의 경계 장치가 나무뿐만 있는 것이 아니라, 나무 우측의 이끼 낀 커다란 바위, 그리고 나무 좌측의 높고 긴 담장까지도 함께 경계 역할을 하고 있다는 것이다. 담은 앞서 언급했던 것처럼 대관원을 외부로부터 격리하는 일차적인 장치의 역할을 하는데, 이 화폭에서도 마찬가지로 가부와 대관원 간의 공간적, 정서적 거리를 더욱 강조하는 상징적인 의미로 사용되었다고 볼 수 있으며, 바위, 나무, 담으로 이루어진 삼중의 경계는 이 두 공간이 결코 융합될 수 없는 공간임을 다시 한 번 강조하고 있는 것이다.

이처럼 손온의 화폭에는 장면 간의 공간적 분리를 위해 두 가지 이상의

〈孫溫 제69화〉

〈孫溫 제78화〉

경계물을 혼합해서 사용하는 경우를 종종 볼 수 있는데, 이는 거주형 정원인 대관원의 특성상 건축물과 자연물이 혼재되어있는 리얼리티에 기반 한 것이라고 할 수 있다. 또한 한 폭에 세 개 이상의 장면을 담기 위해선 각 장면 간의 자연스러운 분리가 수반되어야 하는데, 이를 위해선 여러 가지 경계물을 교차하여 사용하는 것이 더욱 화가의 의도에 부합되기 때문이다. 예를 들어 위의 〈孫溫 제69화〉, 〈孫溫 제78화〉를 보면, 화가는 담이나 집, 창문, 그리고 산과 나무를 적절하게 혼용하여 자연스러운 풍경 묘사를 중시하면서도, 장면간의 공간을 분리하는 방식이 중복되거나 단조롭고 뻔하지 않도록 고심한 것을 알 수 있다. 이러한 공간 분리는 감상자로 하여금 각 공간을 따라 자연스럽게 시점을 이동하면서도 배경 공간의 전환을 명확히 인지할 수 있는 동시에, 각 공간에 부여된 서사적 성격을 감지할 수 있도록 하였다. 이렇듯 손온은 이미지 텍스트의 강점이라고 할 수 있는 공간 묘사의 시각적 수식을 적극적으로 활용하였으며, 매 화폭의 그림 서사마다 심미성을 더하는 것을 잊지 않았다.

비단 대관원을 배경으로 하지 않더라도 손온의 화책에는 자연과 건축 경계물을 혼용하여 자연스러움을 추구한 병치식 축소법을 종종 볼 수 있는데, 한 예로 다음의 〈孫溫 제7화〉는 총 세 개의 장면으로 분할되어 있는 화폭이다. 이 화폭은 우측 위에 배치된 소설 초반 진사은의 집에

〈孫溫 제7화〉

불이 나는 장면, 좌측 위에 배치된 집을 잃은 진사은이 어쩔 수 없이 장인의 집에 기거하는 장면, 그리고 하단에 배치된 가우촌이 신임 현령으로 부임하여 가마를 타고 오는 장면으로 구성되어 있다. 그러나 이 화폭은 다른 화폭들보다도 유난히 화폭 전체가 하나의 전경을 그린 것 같은 느낌을 준다. 비록 자세히 살펴보면 각각 담, 그리고 물길로 장면 간의 경계가 뚜렷하게 구분되어 있는 듯 하나, 그 연결은 너무나 자연스러워 여전히 세 장면이 하나의 장면처럼 보이도록 한다. 특히 물길로 나뉜 장면은 다리로 연결되어 있으며, 담장으로 나뉜 장면은 담장 밖의 사람들이 같은 땅을 공유하며 서있으므로, 장면 간의 경계를 모호하게 만드는 경향을 보인다. 다만 각 장면의 인물들이 서로 다른 장면에 관심과 시선을 두지 않고 있으므로, 독자는 비로소 화폭에 각기 다른 시공간이 한데 축소되어 있다는 것을 인지할 수 있게 된다. 특히 우측 상단의 장면에는 큰 불길이 치솟아 오르고 있으므로 멀리에서도 사람들의 주목을 끌 수밖에 없는 장면임에도 불구하고, 좌측과 하단의 장면에서 그 누구도 불길 쪽으로는 눈길 하나 주지 않고 있으므로 더욱 이러한 추측에 확신을 심어준다. 그러나 감상자가 이 화폭의 세 장면이 분할되어 있는 것을 인지한다 하더라도 각 장면의 연속성이나 연관성을 직관적으로 파악하기는 다소 어려운데, 이 역시 각 장면마다 중복된 서사 주체가 등장하지 않는 것이 가장 큰 이유이라고 할 수 있다. 다만 『홍루몽』의 서사 초반 집에 불이 난 사건은 진사은과 관련된 사건뿐이며, 이 서사 자체만으로 강력한 인상을 남겨주므로 독자는 비교적 쉽게 화폭 속의 집이 진사은의 집인 것을 인지할 수 있고, 두 번째 장면에서 절름발이 도사가 등장하며 두 사람이 이야기를 나누는 내용 역시 호료가가 등장하는 강력한 상징성을 갖는 서사이므로, 도사 옆의 사람이 진사은이라는 것을 쉽게 추측할 수 있다. 마지막으로 화폭 하단의 장면에는 가마를 타고 등장하는 가우촌과 그를 바라보는 한 여인의 모습을 통해 그녀가 진사은의 집 하녀인 교행이라는 사실을 유추할 수 있으며, 그러므로 해당 공간 역시 진사은이 머물던 거처라는 점에서 이 세 장면은 모두 진사은과 관련된 공간으로 구성되어 있다고 할 수 있겠다. 다시 말해, 화폭의 공간을 분석하기 위해선 각 장면과 관련된 여러 가지 정보를 필요로 하며, 독자는 화폭에 표면적으로 드러난 이미지만으로는 그림 서사를 정확히 해석하기에 불충분하다는 것이다. 하지만 절묘하게 병치된 이 세 장면을 명확하게 읽어낼 수 있다면, 감상자는 손온의 그림 서사의 치밀한 구조에 다시 한 번 감탄할 수 있게 될 것임에는 의심의 여지가 없다.

한편, 병치식 축소 기법을 사용한 화폭들을 보다보면, 간혹 장면간의 경계가 모호한 것을 넘어서 아예 경계의 존재를 인지할 수 없는 경우도 있다. 앞서 분석한 경계성 공간 축소 방식은 화가가 비교적 친절하게 독자에게 장면 간의 경계를 제시해주므로 서사적 혼동을 방지할 수 있는데, 위의 화폭처럼 간혹 어디서부터 어디까지가 하나의 장면인지 분명하게 명시하지 않는 경우, 독자는 쉽게 혼란에 빠지게 된다. 먼저 〈孫溫 제66화〉를 살펴보면, 이 화폭에서는 보옥이 누워있는 습인을 달래고 있으며, 자매들이 노파를 밖으로 데리고 나가는 모습으로 미루어 보아, 아픈 습인

〈孫溫 제66화〉

〈孫溫 제87화〉

을 질투하여 길길이 날뛴 보옥의 유모인 이씨 어멈의 이야기인 것을 추측할 수 있다. 마치 화폭 전체가 하나의 장면으로 이루어진 것처럼 보이는 이 화폭은, 사실 하나의 서사가 더 숨겨져 있는데, 바로 건물 뒤편으로 보이는 울고 있는 보옥의 이복동생 가환(賈環)의 이야기이다. 설부인의 집에서 가환은 시녀들과 어울려 돈내기를 하다가 돈을 잃고 다투게 되는데, 이후 등장한 보옥에게 꾸짖음을 들으며 울면서 밖으로 쫓겨나는 순간을 묘사하고 있다. 이 장면에는 비록 보옥이나 앵아(鶯兒)의 모습이 함께 드러나 있진 않지만, 울고 있는 가환과 그를 달래는 사람들의 모습을 화폭에 묘사하여 해당 사건의 일부를 보여주는 방식을 사용하고 있다. 즉, 해당 화폭에 담긴 두 개의 사건은 실제로 서로 멀리 떨어져 있는 장소에서 발생한 사건임에도 불구하고, 장면 간의 명확한 경계를 전혀 찾아볼 수 없어 독자의 그림 읽기에 혼란을 야기하고 있는 것이다. 만약 화폭의 좌측에 놓여 있는 긴 담장을 중심으로 두 장면을 분할하여 가환 일행을 담장의 좌측에 그려 넣었다면, 이 화폭은 다른 화폭들과 마찬가지로 명확한 경계성을 지닌 장면 분할 방식이라고 할 수 있었을 것이다. 그러나 손온이 이러한 방식을 취하지 않고 오히려 모호한 경계를 사용하였다는 것은, 분명 화가의 의도가 숨어 있을 것이나, 감상자로서는 그 진의를 파악하기 어려워 의문을 가질 수 밖에 없을 것이다.

그와 비슷한 예로 〈孫溫 제87화〉 역시 장면 간의 경계가 분명하지 않아 독자들로 하여금 장면을 구분하기 어렵게 만드는 화폭 중 하나이다. 우선 이 화폭은 전체적인 배경을 대관원으로 하고 있으며, 화폭 가운데에 크게 솟아있는 두 채의 가산(假山)을 기준으로 그 앞뒤 양옆에 인물들이 배치되어 있는 구조이다. 이 때, 가산을 경계로 한 공간의 분리에 따라 총 네 군데 인물이 배치되어 있는데, 그 경계가 명확하지 않은 탓에 화폭이 두 개의 장면인지 세 개의 장면인지, 혹은 네 개의 장면으로 이루어져 있는지 감상자는 선뜻 확신하기 어렵다. 즉, 원작의 줄거리를 세세히 숙지하지 못한 상태에서 해당 화폭을 마주한다면, 화폭에서 그림 서사가 지칭하고 있는 장면과 내용을 파악하기 힘들다는 것이다. 만약 감상자가 화폭에 대해 명확한 장면과 공간의 인식이 이루어지지 않는다면, 나아가 그림 서사가 전달하고자 하는 핵심적인 함의를 파악하기는 더욱 힘들어지며, 결과적으로 이 화폭은 실패한 서사 구조를 지녔다고 평가하게 될 수도 있기 때문이다. 손온 역시 이 점을 알고 있기에 하나의 화폭 위에 여러 공간을 축소할 때, 장면 간의 경계가 명확하도록 최대한 힘썼지만, 간혹 풍경의 자연스러움에 더욱 몰두하여 공간의 경계에 소홀해지는 경우가 발생하기도 한 것이다. 이것이 화가가 의도한 것인지 아니면 그의 실수인지는 알 수 없으나, 우리가 그림을 읽을 때, 공간의 설계에 더욱 주의를 기울이고 세심한 관찰을 진행해야 하는 이유이다.

(2) 액자식 축소

지금까지의 분석에서 알 수 있듯 손온은 소설 세계의 멀고 가까운 공간들을 한 화폭에 배치하면서 공간 간에 서사와 의미를 부여함으로써 정지된 화폭에 살아 숨 쉬는 서사성을 불어넣고자 하였다. 회화에서 공간의 축소란, 하나의 온전한 공간에 담긴 여러 가지 성질을 그대로 압축하여 재현해 내는데 목적을 두므로, 원래의 공간이 갖고 있던 성질을 상실한다면 그것은 문학적으로 실패한 방법이라고 할 수 있다. 한편, 『홍루몽』에서의 배경 공간 설정은 금릉이나 가부 등의 현실 세계 뿐 만 아니라, 신선 세계, 꿈 세계, 귀신 세계 등의 여러 환상 공간들을 다양하게 넘나드는 것을 특징으로 하고 있다. 앞서 분석한 병치식 축소에서 등장하는 공간들은 대부분 현실 세계에 속하는데, 그것은 공간 간의 경계 장치가 갖는 성격으로부터 기인한다고 할 수 있다. 현실 세계에 속하는 공간 간의 축소는 물리적인 거리가 멀든 가깝든 그 경계를 건축물이나 자연물로 두는 것이 가능하며, 자연스러움을 추구하는 손온의 의도에도 부합되기 때문이다. 하지만 현실 공간과 환상 공간은 완전히 다른 차원의 공간이므로, 화가는 이 두 세계를 어떻게 한 장의 화폭 위에 표현해낼지 고심했을 것이다. 그리하여 이 두 차원의 공간이 한 화폭 위에 동시에 등장해야 할 때, 화가는 공간 간에 보다 명확한 경계를 설정하기로 하였는데, 이 글에서는 그것을 환상 공간에 그림틀을 갖게 한, 즉 액자식 축소라고 명명하였다.

그림틀이란, 평면의 벽면에서 한 폭의 그림이 시각적으로 분리되어 독립적인 공간을 구축하게 해주는 틀을 말한다. 우리가 보고 있는 손온의 그림 역시 모두 사각의 그림틀을 갖고 있으며, 그림틀은 그림이 그 안에서 하나의 온전한 서사를 구축할 수 있게 해주는 가장 기본적인 뼈대라고 할 수 있다. 다만 이 글에서 말하는 액자식 공간 축소란, 전체의 그림틀 안에 또 하나의 그림틀을 그려 넣는 행위를 지칭한다. 또한, 손온의 화폭에서 액자식 공간은 본래 액자가 갖는 사각형의 모양이 아닌, 유동적으로 변화하는 특징을 보인다. 즉 액자라는 명칭은 그 사각의 형태에 따른 것이 아닌 배경으로부터의 완전한 분리를 가능케 하는 성질에 의한 상징적인 명칭이라고 보면 되겠다. 이 글에서는 손온의 화책에서 이런 그림틀을 갖는 공간들이 대부분 환상 세계의 공간이라는 것에 집중하여, 해당 공간들을 꿈 공간, 천계 공간, 저승 공간 등으로 나누어 살펴보고자 한다.

소설 『홍루몽』에서 공간 문제를 다룰 때, 환상 공간은 빼놓을 수 없는 매우 중요한 배경 공간 중 하나이다. 특히 태허 환경은 현실 세계의 중심 공간인 대관원과 맥락을 같이하며, 소설의 주요 인물들의 과거와 미래를 알려주는 중요한 암시성을 지닌 배경 공간이라고 할 수 있다. 또, 소설의 시작과 끝을 함께하는 청경봉이라는 신선 세계 역시, 주인공 가보옥이 속세로 떠나는 순간과 신선세계로 복귀하는 순간이라는 점에서 출발 공간이자 회귀 공간으로 상징하는 바가 크다고 할 수 있다. 또한 『홍루몽』의 사상은 기본적으로 중국 고전 문학의 특성에 따라 도교관(道教觀)과 불교관에 기반하고 있어, 저승과 선계의 출입이 자연스럽고 귀신과 혼백(魂魄)의 등장이 어색하지 않아 환상 세계의 범위가 다양해진다.

앞서 말했듯, 손온의 화책에서 환상 공간을 표현하는 그림틀은 그 형태가 유동적으로 변한다. 그림틀을 이루는 선은 마치 구름이나 연기처럼 그 형태가 유연하고 굴곡져있으며, 대부분 한쪽이 마치 연기의 시작 부분처럼 좁고 점점 넓어지는 양상을 보인다. 또 그 가느다란 부분이 대부분 창문이나 창문 안의 인물을 가리키면서 환상 공간으로 유입되는 주체를 표시하곤 한다. 또한 이 그림틀은 화폭의 배경으로부터 실선을 따라 완전히 분리되어 있기 때문에, 손온의 화책에서 환상 공간은 누구나 쉽게 구분해낼 수 있다는 것이 장점이기도 하다.

먼저 『홍루몽』과 가장 밀접한 관계를 가진 환상 공간인 꿈 공간을 살펴보겠다. 『홍루몽』은 제목에서도 알 수 있듯 꿈과 깊은 연관을 갖는데, 원작의 서술에 따르면 소설은 꿈으로 시작하여 꿈으로 끝나며 서사 전체가 한 바탕의 꿈을 이야기한다고 볼 수도 있기 때문이다. 그러므로

〈孫溫 제117화〉

소설 속에 등장하는 꿈 세계는 때때로 꿈속의 꿈으로 분류되기도 하는데,[29] 다만 이 글에서는 소설 전체가 꿈 세계로 설정되어 있다는 전제는 배제한 채 분석을 진행하고자 한다.

위의 〈孫溫 제117화〉는 보옥이 자신과 똑같이 생긴 진(甄)씨 집안의 보옥이라는 공자 이야기를 듣고 난 뒤, 자신의 방으로 돌아와 그를 만나는 꿈을 꾸는 장면이다. 화폭 좌측에는 커다란 꿈 공간을 나타내는 그림틀이 있는데, 그림틀 안은 다시 두 개의 장면으로 나뉘어 있다. 즉, 꿈 공간 안에서 다시 두 개의 장면으로 쪼개져 병치가 이루어진 것으로, 비교적 긴 꿈 서사를 묘사하기 위해 사용하는 기법이다. 다만 이 화폭에서는 그림틀로부터 이어지는 꿈을 꾸는 주체인 보옥이나 보옥의 방이 지시되어 있지 않은 것이 특징이라고 할 수 있는데, 우측의 현실 공간에서 보옥이 여전히 깨어 있는 상태로 묘사되어 있기 때문이다. 우측의 장면은 가모의 방에 보옥을 비롯한 여러 인물들이 정렬하여 있는 모습을 묘사하고 있는데, 이 장면은 단독으로는 특별한 서사성을 보여주지 못하지만,

29) 홍상훈, 「《홍루몽》에 나타난 꿈의 성격」, 『중국문학』 72권, 한국중국어문학회, 2012, p.156.

좌측의 꿈 공간이 병치되면서 가모로부터 진보옥의 이야기를 전해 듣고 있는 장면임을 역으로 유추할 수 있게 되는 것이다. 이처럼 공간의 표현 문제에서, 작가는 하나의 화폭에서 그림 서사에 필요한 현실 공간과 꿈 공간을 모두 표현하고자 했는데, 이는 때때로 상호 간의 서사를 추진시키는 동력으로 작용하기도 하였으며, 현실의 물리적 법칙을 초월하는 꿈의 시공간이 현실 공간과 상충되지 않도록 하기 위해 그림틀이라는 경계 장치를 사용하며 독자의 수용적인 측면을 고려하였다고 할 수 있다.

한편, 원작 『홍루몽』 안에서 몽경(夢境)과 환각이 명확하게 구분되지 않는 경우가 많은데, 혹자는 수면 여부 혹은 심리 상태와 의식이 정상적이었는지에 따라 구분하기도 하였다.[30] 예를 들어 다음의 〈孫溫 제212화〉에서 묘사된 그림틀은 서사 주체가 비수면의 환각 상태에서 경험하는 환상 공간이라고 할 수 있겠다. 이 화폭은 가정의 소실인 조씨(趙氏)가 가모의 장례를 마치며 철함사에 남아 있던 중, 눈앞에 염라대왕이 나타나고 귀신들에게 붙잡혀 벌을 받는 등의 고초를 겪으며 지금까지의 잘못을 질책당하고 용서를 비는 내용을 담고 있다. 손온은 조씨의 눈에만 보이는 이 환영을 그림틀로 분리하여 마치 저승 세계를 축소해 놓은 듯 묘사하였는데, 현실과 다를 바 없는 생생한 고통에 몸부림치다가 끝내 죽음에 이르는 조씨의 비참한 운명을 적나라하게 표현하였다. 일반적으로 손온의 화책에서 꿈의 그림틀을 사용하는 경우, 현실 공간 속의 꿈을 꾸는 주체는 잠들어 있는 모습으로 묘사되어 있거나, 또는 그림틀 끝이 인물이 노출되지 않은 창문 또는 집 쪽을 향해있는 양상을 보이고 있다. 그러나 해당 화폭에서는 그림틀 안의 환상 공간을 경험하는 서사 주체인

30) 한혜경, 「《홍루몽》의 꿈과 상징성」, 『국제중국학연구』 44권, 한국중국학회, 2001, p.164.

〈孫溫 제212화〉

〈孫溫 제144화〉

조씨가 현실에서 잠들어 있거나 의식을 잃지 않은 상태이며, 시녀들에게 부축 받고 있는 모습으로 묘사되고 있다. 이는 그림틀 속에서 귀신들에게 붙잡혀 있는 조씨의 동작 묘사와 매우 흡사하며, 이는 현실과 환상 공간을 동시적으로 경험하고 있는 조씨의 모습을 오버랩하여 시각화하였다고 할 수 있다. 즉, 손온은 한 화폭에서 그림틀의 안팎으로 분리된 장면들에 서사 주체를 동시적으로 등장시킴으로써, 서사 주체가 순간적으로 현실에서 환상 세계로 이동하는 서사 전개를 추진하였으며, 이를 한 눈에 감상할 수 있어 독자의 감상과 해석에 편의를 제공하였다. 또한 그림틀 속의 환상 공간에는 현실 세계에는 존재할 수 없는 염라대왕이나 귀신들이 등장하므로, 그림틀로 두 공간을 명확하게 경계 지은 것은, 손온이 원작의 서사 세계가 이미지 텍스트에서 보다 분명하게 정립되도록 구성하고자 한 것이라고 할 수 있다.

한편, 손온의 화책에서 다소 특수하게 그림틀을 사용한 경우가 있는데, 바로 '소리'를 재현한 그림틀이다. 위의 〈孫溫 제144화〉는 선친(先親)의 상중(喪中)에 유희를 금해야하는 규율을 어기고, 가진이 한밤중에 아내 우씨(尤氏)와 시첩들을 데려다 놓고 술판을 벌이던 중, 어디선가 들려오는 누군가의 긴 탄식 소리를 듣고 소스라치게 놀라는 모습을 묘사하고 있다. 이때 화가는 화폭에서 이 탄식 소리를 표현하기 위해 그림틀을 그리고 그 안에 한 남성이 구름을 타고 있는 모습을 등장시켰다. 우리는 이 인물이 구름을 타고 서 있는 것으로 미루어보아 구름 기호가 갖는 환상적 성질을 통해 천계 또는 선계의 사람임을 추측할 수 있으며, 인물의 의복을 통해 관직을 지냈던 사람일 것이라 짐작할 수 있게 된다. 그렇다면 이 소리는 현실 세계에 속하는 소리가 아니며, 환상 공간으로부터 발생한 소리라고 특정할 수 있으므로, 환상 공간을 표현하는 그림틀의 사용 목적과도 부합된다고 볼 수 있겠다. 움직임이나 시간의 묘사는 차치하더라도, 소리의 표현에는 더욱 큰 제약을 받는 회화 예술에서, 화가는 어떻게든 소리를 시각화하고자 시도한 것을 알 수 있으며, 마침내 이처럼 그림틀을 활용하여 독자에게 해당 장면의 서사를 상기시키며, 마치 화폭에서 소리까지 함께 들리는 듯한 착각을 불러일으키며 생동한 효과를 주었다.

2) 공간의 확대

앞서 손온은 그림 서사에서 지면의 한계를 극복하고 서사의 연결을 강화하며 가시성을 높이기 위해, 시간이나 공간을 압축하여 한 폭에 나열하는 방법을 즐겨 사용하였음을 확인한 바 있다. 하지만 함축성이 지나치게 강화되다 보면 한 폭에 너무 많은 정보가 담기게 되어, 독자가 그림을 읽는데 많은 심력과 시간을 소모해야 할 뿐만 아니라, 한 장면에 담을 수 있는 분량 역시 결국엔 한계가 있으므로, 모든 화폭에 이 방식을 적용하기에는 무리가 있었다. 이러한 공간 구조의 반복에서 벗어나기 위해 손온은 그림 공간의 축소 기법과 더불어 확대 기법을 적절하게 혼용하여 배치하기도 하였는데, 공간의 확대는 축소와 반대되는 성격을 가지므로 화책에서 색다른 그림 읽기가 가능하도록 하였다. 그렇다면 손온의 화책 안에서 확대, 즉 클로즈업 되어 묘사된 공간들의 구조와 특징은 어떤 것이 있는지 논의해보고자 한다. 통상적으로 우리가 어떤 대상을 확대하는 보는 행위에는 그것을 더 명확하고 자세하게 보겠다는 의도가 반영되어 있으므로, 확대된 화폭은 다량의 서사 정보와 함께 풍부한 볼거리를 제공하고 있을 가능성이 매우 높다. 한 화폭 안에서 여러 배경 공간이 혼재될 수밖에 없는 공간의 축소 방식과는 반대로, 공간의 확대는 어떤 하나의 배경 공간의 각기 다른 일부를 확대한 여러 화폭들이 각각 독립적으로 나열되는 양상을 보인다. 이는 공간의 확대라는 의미에 따라 한 화폭에 한 개의 장면으로 구성되는 경우가 대부분이며, 이 글에서는 확대의 방법에 따라 주의 창문화식 확대, 두루마리식 확대, 인물 중심 확대 세 가지로 분류하여 살펴보고자 한다.

(1) 주의 창문화식 확대

주의 창문화란 인지언어학에서 사용되는 용어로, 전체의 장면 중 작가가 선택한 요소에 주의를 집중하는 인지능력의 하나이다.[31] 인지시학이나 인지언어학에서 사용되는 이 용어를 회화 예술에 적용해보자면, 어떤 전체의 풍경에서 화가가 어느 한 부분을 선택하여, 화폭 위에 해당 부분을 집중적으로 확대 묘사하는 것을 의미하게 된다. 즉, 선택된 특정한 장면은 화폭이라는 전경(前景)에 위치하게 되고, 나머지는 배경화(背景化) 되며 생략되는 것이다. 다시 말해, 소설의 전체 배경 공간 중, 화폭

31) 김동환, 『인지언어학과 의미』, 태학사, 2005, pp.166-167. 탈미(Talmy)는 어떤 사건틀의 특정 부분, 또는 특정 요소를 전경화 하는 인지과정을 '주의 창문화(windowing of attention)'라고 정의하며 주의 배분의 한 유형으로 보았다. 주의 배분이란 어떤 전체 장면 중에서 우리의 관심을 끄는 요소에 좀 더 주의를 기울이는, 다시 말해 주어진 장면이나 사건을 구성하는 요소들에 대해 각기 다르게 주의를 배분하는 인지능력을 말한다. 주의 창문화에서 특정 부분을 주의의 전경에 놓았다면 나머지 부분은 자연히 배경에 놓이게 된다. 이러한 인지 과정을 표현하는 방법으로는 특정 요소에 대한 명시적인 묘사나 표현을 문장으로 드러내고, 배경화 되는 부분을 생략하는 것이다.

위에 일부 선별되어 상세히 묘사된 배경 공간을 주의 창문화 된 배경 공간이라고 본 것이다.

손온의 화책에서 주의 창문화식 확대 기법은 대관원의 각 거처를 묘사하는 장면에서 자주 사용된다. 앞에서도 여러 차례 언급하였듯 원작의 작가 조설근, 화책의 화가 손온 모두 대관원의 공간 형성에 특히 많은 공을 들였음은 주지하는 바이다. 공간의 확대 방식 역시 대관원의 이미지를 구축하기 위한 일환으로 사용된 방식인데, 특히 손온의 화책에서는 대관원 내부의 각 공간을 클로즈업하여 감상자에게 연속적으로 보여주면서 해당 공간을 직접 체험하는 듯한 느낌이 들도록 한 것이다. 앞뒤로 나란히 배치된 총 14장의 화폭은 대관원의 곳곳을 주의 창문화식 확대 방식으로 나열한 대표적인 예라고 할 수 있다. 엄밀히 말하자면, 손온의 이 화폭들은 소설 원작의 묘사를 통한 독자의 인지 과정에서 주의 창문화가 이루어진 장면을 이미지로 재현해 낸 것이라고 설명하는 것이 더 정확할 것이다. 열 네 장의 화폭을 연속으로 쭉 살펴보면, 마치 멀리서 대관원의 한 곳 한 곳을 망원경으로 확대해서 보는 것 같은 느낌을 준다. 즉, 이 화폭들을 한데 합치면 제1화에 등장한 커다란 대관원 지도가 완성되는 것이다.

다음의 〈孫溫 제47화〉는 가정과 가보옥의 대관원 유람 중 한 장면으로, 소상관의 풍경을 아주 가까이서 보여주고 있다. 흰 회칠이 된 깔끔한 담장과 건물 주위로 심어진 수 백 그루의 대나무는 소상관 특유의 청아하고 정갈한 이미지를 그대로 보여주고 있다. 건물 안으로 깔린 돌길과 얼핏 보기에도 깔끔하게 정리된 방은 이를 둘러보는 사람들로 하여금 절로 감탄이 나오도록 하며, 특히 학문을 중시했던 가정은 '이런 창가에서 책만 읽으며 산다 해도 평생을 헛되이 보내는 것이 아니라는 생각이 들 것'이라며 공간의 고아한 정취를 가늠할 수 있도록 하였다. 손온은

〈孫溫 제47화〉

〈孫溫 제50화〉

특히 대부분 청록색만으로 해당 공간을 묘사하여 싱그러운 분위기를 더하였고, 화폭에서 인물들은 모두 소상관 바깥쪽으로 배치하여 해당 공간을 침범하지 않도록 했음을 알 수 있다. 소상관을 지나 독자는 화폭을 따라 도향촌을 지나 요정화서(蓼汀花溆)에 이르러 물이 흘러나오는 동굴까지 등장인물들과 함께 이동하며 대관원 곳곳을 감상하게 된다. 특히 〈孫溫 제50화〉는 동굴 위로 이동한 가정 일행이 동굴을 통해 굽실굽실 흐르는 물줄기를 감상하는 모습으로, 화가는 특히 굽이치는 물결을 생동하게 묘사하여 마치 현장의 시원하고 상쾌한 물소리가 들리는 듯한 효과를 주기도 하였다. 대관원을 배경으로 한 화폭들 대부분은 가산이나 식물 위주의 정원을 묘사하고 있는 경우가 많은데, 대관원 전체를 둘러 흐르는 이 물줄기는 화책에서 늘 배경의 일부로만 등장하고 있으므로, 이렇게 물줄기를 가까이서 묘사하고 있는 것은 거의 이 화폭이 유일하다고 할 수 있다. 물이 갖는 특유의 생명력을 집중적으로 묘사한 이 화폭은 대관원 전체의 이미지를 구축하는데 매우 중요한 영향을 미쳤으며, 감상자에게 다른 화폭에서는 느낄 수 없는 물의 역동적인 감각을 생생하게 전달하였다. 이처럼 대관원을 구성하고 있는 수많은 장소 중 특별히 선별되어 확대 묘사된 이 공간들은, 독자들이 소설을 통해 머릿속에 그려왔던 대관원의 이미지와 오버랩되며, 대관원의 형상을 더욱 선명하게 만들어 주었을 뿐 만 아니라, 앞으로의 서사에서 대관원의 각 공간이 매번 자세히 묘사되지 않더라도 이미 머릿속에 각인된 이미지를 자연스럽게 떠올리며 화폭을 읽는 데 무리가 없도록 하였다.

(2) 두루마리식 확대

다음은 두루마리식의 공간 확대 방식에 대해 살펴보도록 하겠다. 중국의 두루마리 양식은 회화 예술에서 전통적으로 널리 사용되어 왔는데,[32] 두루마리 그림은 불교사상의 영향을 받으면서 시작되었다. 인도의 불교는 서사적 측면이 풍부하여, 화가들은 이를 담아내기 위해 가장 적합한 형식으로 횡권(横卷) 방식의 구조적인 틀을 만들게 된 것이다.[33] 다시 말해, 두루마리는 애초에 이야기 그림에 유리하도록 만들어진 형태라는 것이다. 두루마리는 형태적 특성상 그림을 보는 사람이 직접 자신의 손으로 그림을 펼쳐가며 조금씩 감상하게 되는데, 펼치는 방향으로 시선을 이동하게 되면서 점차 그림의 전체를 볼 수 있게 된다. 즉, 주의 창문화 방식으로 확대된 연속된 공간들이 전체 배경 공간 안에서 산발적 이동을 따른다면, 두루마리식 확대는 한 방향의 수평적 시선 이동에 따른다고

---

32) Cheers Carmen, 「중국회화의 횡권(横卷) 형식 연구」, 성균관대학교 석사학위논문, 2011, p.7. 중국의 두루마리는 대략 4~5세기부터 널리 사용되어 왔다. 한나라 이전에는 죽간(竹簡)이나 목독(木牘)의 표면에 글을 새겼다. 한자는 상단에서 하단으로 쓰였으며 판들을 연결하여 문학적인 내용을 담았고, 이 판들은 보관이 용이하게 말 수 있도록 줄로 고정을 하였고 두루마리는 우측에서 좌측으로 읽을 수 있도록 구성 되어 있다. 동한 시대(東漢 25AD~220AD)에는 비단과 종이가 일반적으로 쓰이기 시작하였으며, 글도 이 재료들에 기록이 되어 두루마리로 보관되었다. 비단과 종이는 기존 재료에 비하여 실용적이었고 글을 쓰는 데 더욱 용이하였다. 상하 좌우 순서의 글쓰기 방법은 비단과 종이에도 그대로 적용되었다. 당나라(唐 618~906)까지만 해도 두루마리는 가장 널리 쓰이는 형태였다. 당나라 이후 회화의 성행 이후 두루마리 방식은 당시 예술가들에 의해서 지속적인 발전을 거듭하게 되었다.

33) Cheers Carmen, 위의 논문. p.10.

할 수 있다. 또 주의창문화식 확대가 하나의 큰 배경 공간의 곳곳에서 일정한 텀을 두고 연속적으로 발생한 각기 다른 에피소드를 다루었다면, 두루마리식 확대는 하나의 에피소드를 이어서 확대한 것이라고 할 수 있다. 즉, 손온 화책의 두루마리식 확대는 공간의 연속성 외에, 시간적으로도 긴밀하게 연속되는 성질을 가지며, 이 화폭들을 이어 붙이면 마치 한 폭의 두루마리의 형태를 이루게 되므로 이와 같이 명명한 것이다.

화책에서 가장 대표적으로 두루마리식 확대를 보여주는 화폭은 제60화부터 제62화까지 연속된 세 장의 화폭이라고 할 수 있는데, 이는 원춘의 성친 행렬을 묘사한 장면으로, 행렬이 지나가는 길 양쪽으로 둘러진 비단 장막이 서로 이어지며 화폭 간의 연결성을 더욱 돋보이게 한다. 아래에는 두루마리의 연속성을 보여주기 위해 화폭의 순서를 전통적 읽기 방향인 우측에서 좌측으로 나열한 것이다. 먼저 가장 오른쪽의 〈孫溫 제60화〉의 우측에는 가사(賈赦)를 비롯한 남자 친족들이 길 서쪽에서 행차를 맞이하는 모습을, 화폭의 좌측으로는 성친 행렬의 맨 앞부분을 묘사하고 있다. 바로 이어지는 다음 화폭은 행렬의 중간 부분으로, 부채와 깃발을 든 의장(儀仗) 행렬과 앞서 오던 환관들 보다는 높은 신분으로 보이는 복장의 환관들이 손에 온갖 선물을 들고 있는 모습을 그렸다. 그 다음 〈孫溫 제62화〉는 행렬의 가장 후미(後尾)에 마침내 원춘이 탄 가마가 모습을 드러낸 모습이며, 화폭 우측으로는 대문 앞에서 기다리던 가모를 비롯한 모든 사람들이 엄격하게 예를 갖춰 이를 맞이하는 모습을 그렸는데, 세 장의 화폭은 모두 수많은 인물들로 가득 차 있어 행렬의 규모를 한껏 강조하고 있는 것이 특징이라고 할 수 있다. 화가는 마치 끝나지 않을 것만 같이 길고 긴 원춘의 성대한 행렬을 세 장의 화폭을 사용하여 그 시작, 중간 그리고 끝 부분을 수평 이동에 따라 확대하여 묘사하였다. 다만 독자는 화책을 감상할 때 이 세 장면을 각각 한 장씩

〈孫溫 제62화〉

〈孫溫 제61화〉

〈孫溫 제60화〉

넘기며 읽게 되므로 즉각적으로 두루마리를 펼치는 듯한 느낌을 받을 수는 없으나, 위와 같이 이 세 화폭을 나란히 연결했을 때, 마침내 독자로 하여금 두루마리를 펼쳐 가며 보는 것과 같은 시각적 효과를 일으키게 된다. 시각적으로 이를 가능케 하는 것은 각 화폭마다 거의 유사한 높이로 설치된 비단 장막이 가장 큰 역할을 한다고 할 수 있으며, 장막 뒤로 보이는 지붕들에도 모양이나 노출된 정도에 있어 통일감을 주어 화폭간의 긴밀한 연속성을 강화하였다. 이렇듯 확대된 공간의 세밀한 묘사는, 감상자로 하여금 마치 바로 옆에서 귀비의 행렬을 지켜보는 듯한 기회를 제공하였으며, 두루마리식 확대 방식은 길게 이어진 행렬을 담아내기에도 매우 적합한 구조라고 할 수 있겠다.

(3) 인물 중심 확대

마지막으로 분석할 공간 확대 방식은 바로 인물 중심의 확대이다. 엄밀히 말하자면 이 확대 방식은 손온 화책의 후반부에서 손윤모가 작화를 담당하면서 달라진 화풍에 기인한 것이라고 보는 것이 더 정확할 것이다.[34] 본래 손온 화풍의 특징은 화폭에서 풍경이 큰 비율을 차지하고,

34) 서성, 「청대 孫溫이 그린 《전본 홍루몽》 화책의 서사 표현 방식」, 『홍루아리랑』 3권, 한국홍루몽연구회, 2017, pp.27-28. 화책의 앞 80회(제1폭~제152폭)까지는 손온이 그렸고, 화책의 뒤 40회(제153폭~제230폭)는 손윤모가 그렸다. 그러나 뒤 40회 가운

인물의 크기가 매우 작으며 선과 형의 묘사가 촘촘하고 섬세한 것이라고 할 수 있다. 또한 전체적으로 화폭의 구도를 설계할 때, 대부분 그림 서사에서 한 발 물러나 인물이나 풍경을 관망하는 태도를 취하고 있기도 하다. 즉 인물 중심의 묘사보다는 서사적인 면에 중점을 둔 회화 방식이라고 할 수 있다. 그러나 화책의 후반부에 이르러 그림체가 눈에 띄게 변화하는 것을 발견할 수 있으며, 이는 손온 혼자서 화책을 창작한 것이 아니라 그의 조카 손윤모가 공동으로 화책을 창작했기에 생긴 화풍의 변화이다. 감상자는 이러한 화풍의 변화를 통해 손온와 손윤모가 확연히 차별된 화풍과 회화적 기량을 갖고 있었음을 인지할 수 있게 된다.

손윤모가 작업한 화폭들을 살펴보면 다음의 〈孫溫 제180화〉, 〈孫溫 제190화〉와 같이, 화폭 속 인물과 독자와의 거리가 손온이 그린 화폭에 비해 훨씬 가까워진 것을 느낄 수 있다. 특히 손온은 배경 공간을 설정할 때, 방 공간의 내부로 직접 들어오는 경우는 거의 없으며, 만약 있다 하더라도 화폭 속 인물과 독자가 일정한 거리를 유지하도록 하는 것이 특징이다. 더군다나 화폭에서 인물에게 포커스가 맞춰져 확대되는 경우는 더욱이 찾아볼 수 없는데, 손윤모의 화폭에선 독자와 등장인물의 거리를 좁혀 인물을 더 가까이서 자세히 관찰할 수 있게 된다. 이에 따른 가장 큰 변화는, 손온의 화폭에서는 인물의 감정이나 표정을 확인하는 것이 거의 불가능 했지만, 인물을 중심으로 화폭이 클로즈업 되면서 인물의 감정이 담긴 얼굴 표정과 더불어 세세한 몸동작 역시 확대되며 독자가 이를 확연히 인지할 수 있게 되었다는 것이다.

화책에서 두 사람의 이러한 특징을 가장 확연하게 비교할 수 있는 화

데에서도 제103회, 제109회, 제110회, 제111회, 제112회는 손온이 그렸다. 손온이 주로 원경을 채택한 데 비해 손윤모는 근경을 잡아 그렸고, 인물과 건물은 물론 색채에 있어서도 각기 다른 특색을 보임으로써 두 사람의 화풍에 뚜렷한 차이를 보인다.

〈孫溫 第15화〉 〈孫溫 第170화〉

폭은 위의 〈孫溫 제15화〉와 〈孫溫 제170화〉라고 할 수 있겠다. 두 화폭은 모두 설보차의 오빠인 설반(薛蟠)과 관련된 재판이 벌어지는 모습을 묘사하고 있는데, 앞의 화폭은 손온이, 뒤의 화폭은 손윤모가 각각 그린 것이다. 한눈에 보기에도 뒤의 화폭은 앞의 화폭에 비해 인물을 확대하여 묘사하고 있으며, 그로인해 인물들의 표정을 더욱 자세히 느낄 수 있게 되었다. 한편, 앞의 화폭에서는 화폭을 두 부분으로 분할하여 서사의 전개를 강조하는 손온의 전형적인 화법이 반영되어 있으며, 뒤의 화폭은 인물 묘사를 중시한 손윤모의 화법을 보여주고 있다. 또한 손온이 그린 화폭은 사건이 벌어지는 공간 외에도 배경이 함께 담기도록 화폭에 충분하게 여백을 두며 균형미를 추구한 것이 특징이며, 손윤모가 그린 화폭은 재판장만으로 화폭이 꽉 차도록 그린 것이 특징이라고 할 수 있겠다. 특히 손윤모의 화폭에는 앞쪽에 목에 칼을 찬 어두운 표정의 죄수들을 함께 그려 재판장의 무거운 분위기를 보여주며 현장감을 더하고 있으며, 재판장에 있는 인물들의 표정도 매우 정교하고 상세하게 표현한 것을 알 수 있다. 즉, 손온은 해당 화폭을 통해 서사가 전개되는 전후 과정을 보여주고자 하였고, 손윤모는 감상자가 한 발 가까이서 재판장의 분위기를 느낄 수 있도록 의도하였다고 할 수 있겠다. 즉, 인물 중심의 확대 방식은 손윤모의 창작 의도를 반영하는 손윤모만의 화풍이라고 볼

〈孫溫 제190화〉

수 있는 것이다.

위의 〈孫溫 제190화〉 역시 이러한 손윤모의 인물 중심의 화풍을 보여주는 화폭이라고 할 수 있겠다. 이 화폭은 화책의 후반부에 이르러 가모 등 집안의 어른들이 보옥의 통령보옥이 사라진 것을 발견하게 되는 사건을 그린 장면이다. 인물들이 모여 있는 방 안이 배경이 되고 있으며, 방 내부의 전경으로 화폭이 꽉 차도록 구도를 잡아 역시 인물들이 확대되면서 감상자가 한 명 한 명의 표정을 모두 읽어낼 수 있는 것이 특징이다. 화폭에서 왕부인과 습인을 비롯한 모든 사람들은 침통하고 슬픈 표정을 짓고 있으며, 통령보옥을 훔쳐갔다고 의심을 받은 가환이 울고 있는 모습 역시 매우 상세히 묘사하였다. 이때 화폭 구석에 앉아 있는 보옥만이 홀로 이를 남의 일처럼 여기는 듯 무관심한 표정과 자세로 묘사되고 있는 것을 확인할 수 있으며, 작가는 이렇듯 인물들의 모습을 매우 섬세한 표정과 동작으로 시각화하여 독자에게 전달하고 있다. 즉, 손윤모의 인물 확대 방식을 사용한 화폭은 그림 서사의 전개를 추진하기 보다는, 사건이 벌어지는 공간 안에서 인물에 가까이 접근하여 감상자가 이들을 관찰하는 동시에 각 인물의 감정과 함께 호흡할 수 있도록 의도하고 있는 것이다. 또한, 이는 손윤모의 화풍과 더불어 원작의 후반 40회의 비극적 서사와 맥락을 함께한다고 볼 수도 있는데,[35] 손윤모는 손온과 차별되는 공간 구조를 통하여 인물 묘사를 전면에 내세워 앞선 80회와는 전혀 다른 분위기를 창출하고자 의도한 것으로도 해석할 수 있다.

이처럼 공간의 확대 기법은 화가가 선택한 핵심 서사를 독자가 보다 세밀하게 감상하며 수용할 수 있도록 하는 것이 특징이다. 공간의 확대를 통해 표현된 그림 서사는 독자로 하여금 해당 배경 속에 직접 들어가 있는 듯한 느낌을 주며, 다음 화폭으로 넘어가면서 더욱 생생한 이동을 체험하도록 한다. 즉, 손온은 시각이라는 일차적인 감각 기관의 인지 변화를 이용해 그림 서사의 완급을 조절하고, 독자가 그림 서사를 감상함에 있어 보다 다채로운 시공간을 경험할 수 있도록 화폭의 구조를 설계한 것이다.

3. 그림 서사의 시점 이동

앞서 손온이 화폭 위에서 그림 서사의 동적 실현을 위해 시간을 표현하는 방식과, 공간을 표현하는 방식에 대해 살펴보았다. 그림 서사의 구조적인 측면에서 마지막으로 다룰 내용은 화폭의 시점 구도에 대한 문제이다. 서사 문학에서 시점이란 본래 "서술자와 그가 말하고자 하는 이야기 사이의 관계"[36], 즉 서술의 초점을 가리키는 의미로 사용된다.

35) 劉心武, 「霜前月下誰家種——評析孫溫繪《紅樓夢》(3)」, 『紅樓望月』, 南京: 江蘇人民出版社, 2010, p.272. 유심무는 손온이 화책 전체 중 전 81회에 해당하는 부분만을 그린 것에 대해, 그가 후반부의 서사에 흥미를 잃었으며, 더 이상 그림을 그릴 의욕이 사라졌기 때문이라고 추측했다.

이는 소설 문학에서 상당히 중요한 위치를 점하고 있으며, 일정 수준에서 소설의 예술적 표현력과 긴장감을 결정한다. 이와 마찬가지로 그림 서사에서도 서사 시점이 존재한다.[37] 본래 시점이라는 말은 시력이 닿는 어떤 물체 위의 위치라는 의미에서 파생된 것이므로, 이는 감상자와 대상 사이에서 시각 기관을 통해 이루어지는 결과를 의미한다. 때문에 시각 예술인 회화에서도 당연히 시점이라는 용어가 사용되며, 회화에서의 시점은 '화폭에 담을 물상을 바라보는 각도'를 지칭한다. 전통적으로 중국의 화가들은 이야기를 그림으로 표현할 때, 대부분 관찰자 시점을 사용했는데,[38] 이에 반해 손온은 비교적 다양한 시점의 구도를 사용하여 원작의 서사를 표현하고 있으며, 이 글에서는 이를 전지적 작가 시점, 평원(平遠) 시점, 부감(俯瞰) 시점과 엿보기 시점 총 네 가지로 분류하여 분석해 보고자 한다. 먼저 손온의 화폭에서 사용된 각 시점의 기본적인 특징을 확인한 뒤, 화책 안에 다양한 시점의 화폭을 교차적으로 배치하면서 손온이 궁극적으로 추구하였던 바가 무엇인지 확인해보고자 한다.

1) 전지적 작가 시점

원작 『홍루몽』의 서사는 작가 조설근의 전지적 작가 시점과 등장인물들의 일인칭 시점이 교차되며 이야기가 서술되고 있다. 문학에서의 전지적 작가 시점은 화자가 소설 전체를 다양한 각도에서 바라볼 수 있으며, 서사를 유기적으로 연결하기 편리하고, 등장인물의 행동과 내면세계를 자유롭게 넘나들며 이야기를 이끌어나갈 수 있다. 사실 이런 의미에서

36) 劉中項, 『古今小說傳承溯探』, 嶽麓書社, 2001, p.230.

37) 蔡倩, 「"敍事視角"下的故事再現: 論孫溫全本《紅樓夢》構圖模式與特色」, 『曹雪芹研究』, 2020, p.125.

38) 陳驍, 『淸代《紅樓夢》的圖像世界』, 浙江工商大學出版社, 2015, p.137.

손온 화책의 그림 서사 구도 역시 원작과의 긴밀한 영향 관계 아래에 전지적 작가 시점을 전제로 한다고 할 수 있다. 그러나 이 글에서 다루고자 하는 전지적 작가 시점이란, 등장인물의 상상이나 꿈, 내면세계 등 자신 외에는 남이 절대 알 수 없는 장면을 묘사한, 작가의 절대적인 권력이 발휘된 시각 구도로 특정 한다.

한편, 손온의 화책에서 전지적 작가 시점을 사용한 화폭은, 앞에서 언급한 액자식 공간 축소 방식을 사용한 장면들을 대부분 포함하고 있다. 그림틀을 사용한 공간들은 대부분 현실 세계와 동떨어진 환상공간을 배경으로 하고 있으므로, 주로 시공간을 초월한 장면들을 한 화폭에 담을 때 화가의 전지전능한 역할이 두드러지는 것을 알 수 있다.[39]

다음의 〈孫溫 제43화〉에서 화폭은 총 세 개의 장면으로 분할되어 있다. 전지적 작가 시점이 사용된 장면은 좌측 아래의 환상 공간을 배경으로 한 부분이다. 나머지 두 장면은 현실 세계의 순간을 담고 있으므로 화가뿐 아니라 해당 장소에 있는 사람들은 모두 상황을 인지하고 있다. 그러나 좌측 위에 묘사된 현실 세계에선 진종 외에 보옥과 주변의 시녀 및 하인들은 좌측 아래의 그림틀 안으로 묘사되고 있는, 진종이 꿈속에서 저승사자에게 끌려가기 직전의 죽음이 임박한 상황을 전혀 알 수 없다. 그러나 손온은 전지적 작가 시점의 구도를 통해 한 화폭에 현실 세계와 진종의 꿈 속 세계를 동시에 표현하며 감상자에게 전달하고 있다. 이로써 감상자는 작가의 전지적 시각을 공유하게 되며, 해당 공간을 직접 체험한 진종이 아니면 알 수 없는 상황을 목도하게 되고, 나아가 끊임없이 시공간을 넘나드는 복잡한 그림 서사를 좀더 쉽게 이해할 수 있게

39) 陳驍, 앞의 논문, p.127. 청대『홍루몽』의 이야기 그림에서 자주 볼 수 있는 '전지전능' 시각을 사용한 순간의 장면은 인물의 꿈속 묘사, 인물 내면의 환상 세계, 이(異)공간 묘사 등 세 가지가 있다.

〈孫溫 제43화〉

〈孫溫 제131화〉

되는 것이다.

위의 〈孫溫 제131화〉는 유상련(柳湘蓮)과 우삼저(尤三姐)의 이야기로 마찬가지로 꿈 공간을 그린 그림틀을 사용하여 전지적 작가 시점 구도로 표현된 화폭이라고 할 수 있다. 화폭의 가장 우측 장면은 유상련이 갑작스레 우삼저와의 정혼을 깨고자 하여, 충격을 받은 우삼저가 정혼의 징표인 원앙검(鴛鴦劍)으로 자결하는 모습을 그리고 있다. 가운데 장면은 유상련의 꿈속에 우삼저가 손에 원앙검과 책을 들고 나타났다가 떠나는 모습을, 화폭 맨 왼쪽의 장면은 꿈에서 깬 유상련이 허물어져가는 사당 앞에서 깨어나는 모습을 묘사하고 있다. 이 화폭은 유상련과 우삼저의 짧고 강렬한 애정 서사를 한 폭에 간결히 담아내고 있으며, 특히 우삼저의 곧은 절개와 유상련의 회한을 강조하기 위해, 화폭의 서사 공간은 현실 세계와 꿈 세계, 그리고 그 중간 세계인 사당[40]을 넘나들며 서술되고 있다. 화가는 이 세 개의 각기 다른 성격의 배경 공간을 한 폭에 자연스럽게 융합하기 위해 전지적 작가 시점의 구도를 취하였으며, 이로써 감상자는 복잡한 구조의 원작 서사를 화가의 전지적 시점으로 재현된 화폭을 통해 한눈에 명확하게 읽어낼 수 있게 되었음은 물론, 나아가

40) 사당이나 교회 등 신을 모시는 공간은 신과 인간이 영적으로 공존하는 성질을 갖는다. 때문에 인간계와 신계를 잇는 중간 세계로 보았다.

우삼저와 유상련의 은밀한 내면세계에 접근할 수 있게 되었다. 다만 그림틀을 이용한 가운데 장면은 감상자가 직관적으로 이것이 환상 공간임을 인지할 수 있는데 반해, 가장 좌측의 장면은 현실과 환상의 중간 세계로 보았지만 따로 그림틀을 사용하지는 않아 직접적인 전지적 작가 시점이 사용되었다고는 볼 수 없다. 그러나 이 장면 역시 유상련 개인의 기이한 경험을 묘사하고 있으므로 충분히 전지적 작가 시점을 사용할 여지가 있는 장면으로, 손온은 그림틀을 쓰는 대신 화폭에 구름 기호를 배치하여 서사 주체의 비현실적인 경험을 강조한 것을 알 수 있다. 특히 맨 우측의 장면은 완전한 현실 세계에 해당하므로 구름이 배경에 미치지 않고 있으며, 중간의 꿈 장면은 독립적인 그림틀로 분리되어 있으므로 역시 구름이 없고, 오직 맨 왼쪽의 장면에서만 배경에 구름이 가득 차 있으므로, 구름 기호를 통해 꿈인지 현실인지 가늠할 수 없는 당시의 몽환적인 분위기를 표현하면서 해당 장소에 임시적으로 환상성을 부여하고 있다고 할 수 있겠다.

이렇듯 이미지 텍스트에서 사용된 전지적 작가 시점은 문학 텍스트에서 사용된 전지적 작가 시점과 거의 유사한 역할을 하고 있음을 알 수 있다. 즉, 독자들은 전지적 작가 시점의 구도를 통해, 여러 가지 시공간과 등장인물이 혼재된 복잡한 화폭을 한 발 멀리에서 유기적으로 읽어낼 수 있게 되었으며, 다소 사적이고 은밀한 등장인물의 심리를 객관적인 시점으로 체험할 수 있게 된 것이다.

2) 평원 시점

평원 시점이란 화폭과 화폭을 바라보는 독자의 시선이 정면의 수평선상에 위치하는 구도로, 전통 산수화의 구도법인 삼원법(三遠法)[41] 중 하나이다. 평원 시점은 직관적으로 화폭의 주요 장면을 드러낼 수 있으며,

동시에 아득히 멀리 펼쳐지는 광활한 배경을 묘사하고자 할 때 적합한 시점이라고 할 수 있다. 평원 시점의 구도는 대체로 인물이 배경보다 크고, 인물이 화폭의 앞부분에 위치하며, 그 형상이 비교적 돌출되어 있다. 배경은 화폭의 가장 먼 곳에 위치해 있으며 광활하고 심원해 보이는 것이 특징이다. 평원 시점의 특징은 화폭 위에 많은 인물이 등장하더라도 시각적으로 복잡해보이지 않는다는 것이며, 동시에 배경이 광활할수록 화폭은 더욱 깔끔해 보인다는 것이다.[42] 평원 시점은 동양의 전통적인 원근법의 일종이라고 할 수 있으며, 서양의 원근법과는 달리 하나의 소실점을 가지지 않으므로 다소 독특한 공간미를 제시한다고 평가받는다.

다만 손온의 화책에는 평원 시점의 구도를 취한 화폭이 많지 않으므로, 흔하게 찾아 볼 수 있는 유형은 아니다. 한 예로 다음의 〈孫溫 제11화〉를 보면, 대옥이 경성의 가부로 들어가기 위해 고향을 떠나며 아버지와 작별하는 내용을 담고 있다. 화폭에는 대옥의 주위에 그녀를 따라서 함께 도성으로 떠날 수많은 시녀들과 하인들이 서있으며, 대략 스무 명 정도의 사람이 겹쳐져서 그려져 있지만, 화폭의 평원 시점 구도로 인해 그다지 복잡해 보이지 않는다. 등장인물과 이를 바라보는 감상자는 같은 눈높이를 취하고 있어 배와 배에 탄 사람들은 맨 앞 사람들에 의해 대부분 가려져 있기 때문이다. 또 인물들의 뒤로는 드넓은 강과 산봉우리가 구름에 가려 멀리 희미하게 보이는데, 광활한 배경은 전경(前景)의 인물들에 더욱 시선이 집중되도록 하며, 그로 인해 화폭은 적절한 균형감을 갖게 된다.

다음의 〈孫溫 제228화〉 역시 전형적인 평원 시점의 구도로 그려진 화

---

41) 삼원법이란 전통 산수화에서 자연 경관을 바라보는 시선의 세 가지 각도인 고원(高遠)·심원(深遠)·평원(平遠)을 말한다.

42) 蔡倩, 앞의 논문, p.129.

〈孫溫 제11화〉

〈孫溫 제228화〉

폭이다. 속세를 떠나 출가하는 보옥이 마지막으로 가정에게 인사를 올리는 장면으로, 무릎을 꿇고 있는 보옥과 배 안에서 이 모습을 바라보고 있는 가정, 그리고 보옥의 옆에서 길을 재촉하는 도사와 승려가 모두 화폭의 앞부분에 배치되어 있다. 독자는 그들과 같은 눈높이에서 해당 장면을 바라보고 있으며, 이러한 구도로 인해 바로 눈앞에 해당 장면이 펼쳐지는 듯한 생동감을 느낄 수 있다. 배경으로는 눈이 덮인 새하얀 지붕들과 산봉우리를 그린 풍경이 광활하고 요원하게 펼쳐져 있어, 이 역시 앞의 인물들에게 시선이 집중되도록 하는 요소가 되었다. 평원 시점은 특히 등장인물과 감상자 간의 거리가 가까운 것이 특징이기 때문에, 화가는 감상자가 화폭 속 인물의 감정을 좀 더 가까이서 공유하길 원할 때, 주로 평원 시점을 사용한 것으로 보인다. 위의 두 화폭은 모두 각각 대옥과 보옥의 심리적 변화가 두드러지는 화폭으로, 아득히 펼쳐진 배경은 부모의 품을 떠나 먼 길을 떠나는 자식의 새로운 시작을 상징함과 동시에 그들의 고독하고 공허한 마음을 보여주고 있기도 하다. 이 두 화폭을 보고 있자면, 마치 전통 민간 회화 예술인 서호경(西湖景) 속의 그림과 화법을 연상시키기도 한다. 서호경의 그림 역시 등장인물이 화폭 가장 앞에 배치되어 있고 광활한 배경을 그린 것이 특징인데, 렌즈 속을 들여다보는 인물로 하여금 마치 해당 화폭이 바로 눈앞에 펼쳐져 있는 듯한 느낌을 주기 위한 것이 주목적이기 때문이다. 다만 서호경의 경우 서양의 원근법을 차용하여 하나의 소실점을 갖고 있기 때문에 손온의 산점투시(散點透視)법이 적용된 평원 시점과는 차이가 있다고 할 수 있겠다.

손온의 화책에서 평원 시점 구도는 단폭의 전체 화면으로만 표현되고 있는 것은 아니다. 분할 장면의 화폭에서도 평원 시점 구도를 취하는 경우가 있는데, 이 경우 독자와 화폭의 시점이 동일한 눈높이를 취하긴 하지만, 풍경의 묘사가 축소되거나 생략되어 있으며, 각 장면이 창문이나 방을 경계로 삼고 있기 때문에, 독자의 시선은 직접적으로 해당 공간의 안쪽을 바라볼 수 있도록 표현되고 있다. 때문에 이러한 구도는 평원 시점의 본질적인 특징인 광활함을 표현하고 있지는 않으며, 단지 감상자의 시선과 화폭이 정면의 수평 관계에 놓이게 되므로, 감상자는 여전히 해당 장면을 보다 가까이서 바라보고 있는 듯한 느낌을 받을 수 있으므로 평원 시점의 일부의 특징만을 갖고 있다고 할 수 있겠다.

손온의 화책은 주 배경 공간을 대관원이라는 한정된 공간의 내부로 삼고 있기 때문에, 비록 평원 시점의 구도를 사용할 기회가 많지 않으나, 화가는 화책 중간 중간 평원 시점을 사용한 화폭을 배치하여, 감상자에게 탁 트인 공간감을 제공하며 『홍루몽』 속의 다채롭고 변화무쌍한 배경 공간을 체험하도록 한 것이다.

3) 부감 시점

부감(俯瞰) 시점이란 위에서 아래로 내려다보는 구도를 뜻하는 말로, 중국 명청(明淸) 소설 판화의 고사화(故事畵)에서 자주 사용된 시점 구도이며, 나아가 동아시아권의 전통 미술에서 나타나는 특정 시점과 그에 기초한 표현기법을 의미한다. 특히 중국 전통 산수화에서 자주 사용 되었던 부감 시점은, 소실점이 없거나 산점 투시의 특징을 갖는다. 산점 투시란 앞의 평원 시점에서 언급한 바 있는, 서양에서 사용하는 하나의 초점으로 이루어진 초점 투시가 아닌, 시점 이동이 가능한 투시법을 가리킨다. 즉 전통 부감법은 명확한 소실점이 없으므로 다시점을 표현하는 것이 가능했으며, 이러한 특징은 화폭에 의도적인 구성을 가미할 수 있도록 하였다. 때문에 전통 산수화, 또는 이야기나 시간의 흐름을 표현해야하는 고사화에 적합하여 자주 차용되었던 것이다. 부감 시점은 바라보는 높이와 각도에 따라 크게 고공 부감, 저공 부감, 평행 사선 부감 등으로 분류할 수 있는데,[43] 고공 부감 시점은 전통 삼원법의 하나인 심원(深遠) 시점과 유사하다. 손온의 화책은 내용의 특성상 전통적인 고공 부감 시점을 사용할 만큼 멀고 높은 시점을 취한 그림은 없으나, 손온 화폭에서 나타난 부감 시점의 화폭들만을 두고 보았을 때, 나름의 고저(高低)의 차이가 있으므로 이 글에서는 손온의 부감 시점을 고공 경사 부감 시점, 저공 경사 부감 시점으로 분류하여 분석하였다. 부감법은 산수화뿐 아니라 당대의 기록화인 궁궐도나 행차도, 그리고 지도화(地圖畵)에도 많이 사용된 것을 볼 수 있는데, 부감법의 장점인 회화에서 서사적 내용을 충실히 기술해 낼 수 있다는 점은, 보는 이로 하여금 그림의 내용을 한눈에 알아볼 수 있으며 쉽게 이해할 수 있게 하기 때문이다.[44] 즉, 손온의 화책에서 자주 등장하는 행렬이나 연회 등의 장면에서 부감 시점이 특히 많이 사용

---

43) 최윤철, 「한국전통회화에서 사용된 부감법에 대한 연구」, 『기초조형학연구』 12(4), 한국기초조형학회, 2011, pp.379-380. 고공 부감이란 높은 산 위에서 해당 장면을 내려다보는 시점을 말하며 고공 부감은 다시 고공 부감과 고공 경사 부감으로 분류되고, 저공 부감은 고공 부감에 비해 낮은 산의 높이에서 장면을 내려다보는 시점으로 풍속화 등에서 많이 사용되어 왔으며, 저공부감은 다시 저공 부감과 저공 경사 부감으로 나뉘게 된다. 마지막으로 평행 사선 부감은 저공 부감보다는 좀 더 먼 곳에서 아래를 비스듬히 내려다보는 시점으로, 감상자로 하여금 건축물의 내부 혹은 후면의 전경을 동시에 볼 수 있도록, 건축물의 전면과 후면의 폭을 일치시킨 표현 방법이다.

44) 최윤철, 위의 논문, p.382.

된 것 역시 이와 같은 맥락이라고 할 수 있겠다.

먼저 고공 경사 부감 시점을 사용한 화폭들을 살펴보면, 대부분 작가가 사건의 세부적인 내용보다는 전체적인 분위기나 풍경 묘사 위주로 화폭을 구성하고자 하는 경우가 많았다. 여러 가지 시점 구도 중 등장인물로부터 거리가 가장 멀고, 인물들의 표정이나 동작 등의 세세한 특징은 거의 보이지 않으므로, 이는 사건 전체의 분위기나, 사건의 전경(全景)을 담아내는데 유리하다고 할 수 있다. 예를 들어 연회나 공연, 대관원 유람, 또는 웅장한 행렬 등을 묘사할 때 주로 사용되었으며, 한 예로 다음의 〈孫溫 제138화〉는 가모의 팔순 잔치가 열리는 장면을 묘사하고 있다. 특히 가모의 생일은 집안의 가장 큰 행사 중 하나라고 할 수 있는데, 온 식구들이 모여 밤낮으로 성대한 연회를 벌임은 물론, 극단을 불러 연극을 보면서 흥을 돋우고, 잔치는 약 열흘에 걸쳐 이어지기 때문에 외부에서 방문하는 손님은 등급에 따라 날짜별로 초대된다. 이 화폭에 묘사된 날은 북정군왕(北靜郡王), 남안군왕(南安郡王) 등 지체 높은 인사들과 세습 공후들의 어머니, 또는 아내들이 영국부에 초대된 날이며, 품계(品階)에 따라 순서대로 연회석에 자리를 잡고 앉아있는 모습이다. 손온은 원작에서 더없이 웅장하고 화려하며 위계와 질서를 갖춰 묘사된 이 연회를 표현하는 방식으로 전경을 한눈에 관망할 수 있는 고공 경사 부감 시점 구도를 선택한 것이다. 이 사건에서는 본래 부인들에게 자매들을 소개시켜주는 내용이 주를 이루며, 원작은 그와 관련된 세부적인 서사를 서술하고 있으나, 손온은 단지 화폭 일부에 자매들을 배치하는 것으로 해당 서사를 대체하였을 뿐, 장면을 분할하거나 확대하여 서사의 전개를 강조하는 방식은 사용하지 않은 것이다. 화가는 고공 경사 부감 시점을 통해 가모의 생일 연회의 성대하고 화려한 분위기를 강조하고자 했으며, 그를 위해 강렬한 붉은 색채를 주로 사용하였으며, 바닥에는

〈孫溫 제138화〉

〈孫溫 제143화〉

화려한 문양의 커다란 양탄자를 깔고, 사방의 벽에는 온갖 다채로운 그림 장식과 고귀한 기물들을 배치한 것을 알 수 있다.

한편, 고공 경사 부감 시점이 꼭 성대하고 긍정적인 풍경과 분위기를 강조하는데만 사용된 것은 아니다. 고공 경사 부감 시점의 가장 큰 특징은 독자와 화폭 속 등장인물 간의 거리가 멀게 느껴지도록 한다는 것이다. 가부와 대관원은 높은 담장과 지붕으로 켜켜이 둘러싸이고 뒤덮여 있어, 외부로부터의 경계가 삼엄하고 일반 사람들이 쉽게 가까이 할 수 없는 공간적인 특징을 가지고 있다. 이는 공간의 은폐성과 직결되며, 집안 내부에서 벌어지는 일들은 항시 철저한 보안을 필수로 하며 외부로 새나가지 못하도록 만전을 기울인다. 이러한 특징이 반영된 〈孫溫 제143화〉처럼 은밀한 사건들을 묘사할 때, 작가는 고공 경사 부감 시점을 사용하였다. 〈孫溫 제143화〉는 대관원 수색 사건의 한 장면으로, 대관원에서 수춘낭(繡春囊)이 발견되자 왕부인의 지휘 하에 왕희봉을 필두로 대대적인 수색을 벌이게 되면서 마냥 밝고 아름답기만 했던 대관원에는 순식간에 삼엄한 분위기가 조성된다. 나아가 이를 기점으로 대관원의 명운이 큰 변화를 맞게 됨을 상징하는 중요한 사건이기도 하다. 가부의 입장에서 이 사건은 매우 충격적이고 수치스러운 사건이라고 할 수 있다. 때문에 이 일은 외부에 절대 알려져서는 안 되며, 대관원 수색은 조용하고 인적이 드문 깊은 밤에 대관원의 문을 모두 잠근 뒤에 진행되었다. 이 화폭에서는 앞서 가보옥, 탐춘, 석춘의 처소를 모두 수색하고 영춘의 방에 들이 닥쳐 수색을 하는 모습을 묘사하고 있다. 영춘의 시녀인 사기의 사물함을 열자 의심스러운 물건들이 발견되어 긴장감은 정점에 치닫게 된다. 고공 경사 부감 시점의 특성상 독자는 마치 담 위에서 사건을 내려다보는 시점을 취하게 되는데, 이는 대관원에서 일어나는 은밀한 사건을 다루기에 매우 적합한 시점 구도라고 할 수 있다.

한편, 고공 경사 부감 시점은 단일 화폭뿐 아니라 분할 장면의 화폭에서도 자주 사용된 것을 알 수 있다. 이 시점은 높고 먼 곳에서 화폭 전체를 조망하는 화가의 시점을 표현하고 있기 때문에, 여러 장면을 한 데 모은 분할 화폭을 총괄적으로 묘사할 때 매우 효과적이라고 할 수 있다. 특히 화폭 곳곳에 분포된 각 장면 간의 방향이 일정하지 않고 경계가 명확하지 않은 것이 특징인데, 이는 부감 시점의 특징 중 하나인 산점투시가 사용된 것으로, 한 화폭에서 여러 가지 서사를 동시에 진행하기에 적합하며, 전체적으로 보았을 때 마치 하나의 전경(全景)을 보는 것 같은 착시 효과를 유발하기도 한다.

예를 들어 다음의 〈孫溫 제77화〉는 얼핏 대관원의 아름다운 풍경을 한 화폭에 담아낸 듯 보인다. 그러나 화폭은 사실 세 개의 장면으로 나뉘어 있는데, 보차를 서사 주체로 하여 대관원의 곳곳을 돌아다니며 겪은 내용을 묘사하고 하고 있다. 화가는 인물을 배경 곳곳에 산발적으로 배치하기 쉬운 고공 경사 부감 시점을 사용하여, 사건이 벌어진 장소들을 자연스럽게 한데 압축하는 것에 중점을 두었다고 할 수 있다. 때문에 감상자는 화폭의 가까운 곳부터 먼 곳까지, 우측부터 좌측까지 모든 장면의 서사를 동시에 인식할 수 있으며, 각 장면은 드넓은 대관원을 배경으로 매우 조화롭게 하나의 화폭을 구성할 수 있었다. 다음의 〈孫溫 제

〈孫溫 제77화〉

〈孫溫 제120화〉

120화〉 역시 대관원의 풍경을 배경으로 하고 있으며 그 안의 각 장면이 산점투시법으로 배치된 고공 경사 부감 시점의 구도를 보여주고 있다. 화폭에는 대관원의 곳곳에서 하인들이 자기가 맡은 일을 열심히 하고 있는 모습을 묘사하고 있으며, 건강이 안 좋던 보옥이 날씨가 좋아진 틈을 타 지팡이를 짚고 대관원 이곳저곳을 구경하다가 아름다운 자연 경관을 보고 감탄하기도 하고, 울면서 지전(紙錢)을 태우는 우관(藕官)을 마주치기도 하는 전개를 보여주고 있다. 손온은 대관원의 아름다운 풍경을 묘사하는 동시에 여러 가지 자잘한 사건들을 한 화폭에 모아 서사를 진행시키기 위해 고공 경사 부감 시점 구도를 선택한 것이다.

다음으로 분석할 저공 경사 부감 시점은 고공 경사 부감 시점에 비해 관찰자의 시선이 인물에게 한층 더 가까워지는데, 즉 평원 시점과 고공 경사 부감 시점의 중간 정도의 거리라고 할 수 있으며, 평원 시점이나 고공 경사 부감 시점처럼 광활한 배경을 묘사하지 않는 것이 특징이라고 할 수 있겠다. 한편, 저공 경사 부감 시점은 손온이 가장 즐겨 사용하는 시점 구도라고도 할 수 있는데, 가장 큰 이유는 해당 장면을 내려다보는 관찰자 시점을 취하면서도, 동시에 인물과의 거리는 너무 멀지 않으므로 배경과 인물을 모두 중시한 손온의 그림 서사를 표현하기에 가장 적합한 시점이기 때문일 것이다.

〈孫溫 제84화〉

〈孫溫 제33화〉

먼저 단일 화폭에서의 저공 경사 부감 시점을 살펴보도록 하겠다. 위의 〈孫溫 제84화〉는 가모와 가족들이 청허관을 방문했을 당시의 모습을 묘사하고 있다. 화폭에는 청허관을 배경으로 관당(觀堂)에 모여 앉은 가모와 보옥, 그리고 자매들과 가모에게 문안을 올리러 들어온 장도사(張道士)를 비교적 가까이서 관찰할 수 있다. 장도사의 손에 들린 붉은 천 위에 올려놓은 각종 진귀한 패물들로 미루어보아, 보옥에게 부탁하여 통령보옥을 받아 밖에 있는 도사들에게 구경시켜 준 뒤 그들에게 답례로 받은 물건들을 보옥에게 전달하는 장면임을 유추할 수 있다. 해당 화폭의 인물들의 시선은 모두 장도사가 들고 있는 물건들에 집중되어 있으며, 가모 역시 매우 흡족한 미소를 띠고 있는 것을 볼 수 있다. 이렇듯 저공 경사 부감 시점의 구도는 인물들의 세세한 표정과 몸동작을 담아내고자 했을 때 주로 사용된 것을 알 수 있다.

사실 손온이 저공 경사 부감 시점을 즐겨 사용한 구도는 화폭을 둘 이상으로 분할하여 병치하고 있는 경우이다. 이때 손온은 각 장면에 입체적 효과를 극대화하기 위해 건축물을 함께 사용하고 있는데, 이는 동시에 공간과 공간을 명확하게 분리하기 위한 것이기도 하다. 또한 경계장치를 통해 분리된 장면들은 많은 경우에 공중의 45도 측면(좌측이나 우측)에서 한 방향으로 함께 비춰지고 있는 것이 특징이다. 예를 들어 위의 〈孫溫 제33화〉는 왕희봉을 마음에 품은 가서가 희봉의 계략에 빠져 온갖 고초를 겪는 장면들을 차례로 묘사하고 있는데, 맨 우측의 창문 안으로 보이는 장면으로 시작하여, 창밖의 담장 안에서 오물을 뒤집어쓰는 모습, 맨 좌측의 담장 안으로 병에 걸려 생명이 위태로운 가서가 절름발이 도사에게 풍월보감을 받는 내용을 담고 있다. 이 화폭은 저공 경사 부감 시점의 우측 45도에서 아래로 비춰지고 있으며, 담장과 창문으로 공간과 공간을 명확하게 분리하면서도, 같은 각도의 병렬 구조를 취하고 있기 때문에 장면 간에 질서가 느껴지며, 공간들은 자연스럽게 서사를 연결하면서 안정적인 균형미를 보여주고 있다. 때문에 화폭의 구도는 간결하고 정제되어 있으며, 군더더기 없이 깔끔한 느낌을 주고, 인물과 가까운 시점을 취하고 있으면서도 장면의 경계가 명확하여 감상자가 서사를 보다 정확히 관찰할 수 있다는 장점을 보여준다.

이처럼 장면 간의 서사가 매우 밀접하게 연결되고, 시공간 상으로도 연속적으로 전개되고 있는 경우, 화가는 저공 경사 부감 시점을 통해 그림 서사의 연속성을 한 층 더 강조하면서도, 독자가 비교적 가까이에서 인물들의 행위와 상황을 상세히 관찰할 수 있도록 유도한 것이다.

위의 분석에서도 알 수 있듯, 부감법은 창작자인 화가보다는 수요자인 감상자들을 배려한 회화 기법으로 특정 사건의 일련의 서사를 부각시키는데 유리한 시점 구도이다.[45] 고공 부감 시점을 통해 장면 전체를 한눈에 조망할 수 있다는 점이나, 저공 부감 시점에서 인물과 상황을 비교적 상세히 표현하고 있다는 점이 이러한 주장을 뒷받침한다고 할 수 있다.

45) 최윤철, 앞의 논문, p.387.

4) 엿보기 시점

마지막으로 분석할 시점 구도는 엿보기 시점 구도이다. 뛰어난 화가는 시점의 전환을 통해 감상자가 자신의 의도에 따라 그림을 감상할 수 있도록 유도하곤 하는데, 그 중 매우 효과적인 방법 중 하나가 엿보기 시점을 사용하는 것이다. 평원 시점이나 부감 시점이 감상자와 해당 장면 사이의 높이나 각도에 따라 결정되는 시점이라고 한다면, 엿보기 시점은 화폭 안에서 건축물 등의 특정한 틀 안으로 감상자의 시점을 집중시키는 구도라고 할 수 있다. 때문에 전체 화폭을 바라보던 독자의 시점은 한 곳으로 집중되게 되고, 이로써 화폭 내부에서 시점의 이동이 이루어지게 된다.

엄밀히 말하자면, 감상자가 그림을 감상하는 행위 자체가 이미 엿보기 행위의 일종이라고 할 수 있다. 화폭은 화가의 눈이며 그림 속 이야기 세계는 이 눈을 통해 감상자에 의해 훔쳐 보여지게 되는 것이므로, 감상자는 화책 밖의 제 3자이며, 순수한 관객의 시각을 취하고 있다. 즉, 그림을 통해 그림 안의 경치나 인물들을 바라보는 것, 이것은 이미 네모난 액자를 통해 다른 세계를 엿보고 있는 것이다. 특히 부감 시점 구도를 사용한 화폭은 더욱 노골적으로 감상자에게 엿보고 있는 듯한 느낌을 들게 하기도 한다. 그러나 이 글에서는 단순히 독자가 그림을 감상하는 행위를 분석 대상으로 삼은 것이 아니라, 화폭 안에서 손온이 의도적으로 설치한 엿보기 장치를 찾아 감상자의 엿보기 시점의 구현 양상을 살펴보고, 나아가 그 역할과 특징을 알아보고자 한다.

먼저 본격적인 그림 분석 전에 언급해두어야 할 점은, 엿보기 시점의 그림 예시는 시각적 편의를 위해 전체 화폭이 아닌 화폭 중 엿보기 행위가 발생하는 부분을 취해 확대하여 실었다는 것을 명시한다. 또한 앞서 4장에서 등장인물의 엿보기 행위를 분석한 바 있는데, 등장인물의 엿보기 행위를 하나의 신체 기호로서 분석한 것이며, 그를 통해 드러난 인물의 심리를 분석한 것이라면, 본 절에서의 엿보기 시점은 등장인물의 눈을 거치지 않고, 감상자의 직접적인 엿보기 시점 구도를 분석함으로써 궁극적으로 감상자의 시점 이동을 설명하기 위함이므로, 분류하여 논의를 진행한 것임을 밝힌다.

통상적으로 문학 작품에서 엿보기 시점을 사용한 서사 전개는 인물의 심리를 효과적으로 묘사하고 사건의 분위기를 증폭시키는데 큰 역할을 한다. 시각 예술의 일종인 화책의 그림 서사에서는 엿보기 시점을 보다 직관적인 형태로 표현할 수도 있으며, 소설에서처럼 우회적으로 표현할 수도 있다.

손온의 화책에서 화폭 안에 묘사된 엿보기 시점은 대부분 위에서 분석한 전지적 작가 시점, 평원 시점, 부감 시점의 구도 안에서 2차적으로 발생하는 시점이라고 할 수 있다. 청대 『홍루몽』의 삽화나 화책에서 엿보기 시점은 대부분 평원 시점과 부감 시점을 차용하였는데, 그중 엿보기 행위의 본질적 특성에 가장 부합한다고 할 수 있는, 위에서 내려다보는 부감 시점이 가장 보편적으로 사용되었다. 앞서 분석하였듯 이 시점은 전체적으로 이야기의 전경을 표현할 수 있는 동시에, 화폭과 감상자의 거리가 너무 멀지 않아 인물의 자태나 표정을 관찰할 수 있으므로, 감상자의 엿보는 심리를 만족시킬 수 있기 때문이다. 손온의 화책은 이런 기본적인 시점 구도 안에, 감상자를 위한 엿보기 시점을 추가적으로 설계한 것이다. 앞서 언급한 바 있듯, 엿보기 행위의 중요한 조건은 바로 안정적인 위치에서 '틈'을 통해 대상을 바라보는 것인데, 감상자에게 엿보기 시점을 제공하기 위해, 작가는 필연적으로 틈 공간을 생성할 수 있는 건축물이나 자연물을 사용하였다. 손온의 화책에는 통상적으로 창문, 문, 지붕, 기둥, 담 등 여러 가지 틈을 가진 건축물을 통해 화폭 안에서 장면간의 시공간을 분리하는 역할을 하는데, 그와 동시에 이 건축물들은 시종일관 외부로부터 관망하는 시점을 취하고 있는 작가가 내부를 엿볼 수 있는 도구가 되며, 또 화가와 감상자의 엿보기 욕구를 만족시켜 주기 위한 장치로써 작용하는 것이다.[46] 인간의 엿보고자 하는 욕구가 쾌락을 동반하기 위해서는 건축 공간에서도 쾌락적 응시의 대상과 응시의 주체 사이에 인공적인 장애 요소가 필요하기 때문이다.[47]

화가는 비록 넓은 지면을 바탕으로 삼고 있으나, 때로는 그 지면을 활용하는 데 매우 제한적이었다. 특히 한 폭을 여러 장면으로 분할하는 경우 한 장면에 할당되는 지면은 한층 더 좁아지게 되고, 장면 속 인물의 크기는 더욱 작아지게 된다. 이때 분할된 장면이 엿보기 시점을 취하고 있는 경우, 이러한 특징은 더욱 두드러지는데, 그 예로 규방 안에서 벌어지는 이야기를 묘사할 때 작가는 아주 작은 창문을 즐겨 사용하는 양상을 보이는 것을 분석한 바 있다. 특히 주인공 보옥, 그리고 그와 친밀한 관계의 여성 인물 단둘이 등장하는 장면을 묘사할 때, 창문으로 공간을 제한하는 것으로도 모자라, 커튼을 내리는 등의 방법으로 그들의 모습을 더욱 꽁꽁 숨기고 독자의 시야를 가린다. 독자는 그 베일에 가려진 인물들을 자세히 보기 위해 더욱 화폭에 집중하고 몰두하게 된다. 이는 가리면 가릴수록 더욱 들춰보고 싶어 하는 인간의 엿보기 심리를 이용한 기법 중 하나라고 할 수 있겠다.

다음의 〈孫溫 제89화〉에서는 보옥의 병문안을 온 대옥이 보옥 옆에 앉아 울고 있는데, 보옥이 잠에서 깨어나 대옥의 손을 잡고 이야기를 나누는 장면이다. 대옥은 아버지에게 심하게 매질을 당한 보옥이 가엾고

46) 唐妍, 앞의 논문, p.125.

47) 이민규, 「무력화된 시선의 주체성」, 경기대학교 석사학위논문, 2002, p.11.

〈孫溫 제89화〉

〈孫溫 제59화〉

〈孫溫 제111화〉

걱정되어 눈이 퉁퉁 부어오를 정도로 눈물을 흘렸는데, 보옥 역시 이런 대옥의 모습을 보고 슬퍼하였다. 본래 이 화폭은 총 세 개의 장면으로 분할되어 있는데, 세 장면 모두 창문을 통해 집안의 일들을 보여주고 있지만, 오직 보옥과 대옥 둘이 함께 있는 이 장면만이 독자의 엿보기 심리를 유발하는 장면이라고 할 수 있다. 이유인 즉, 엿보기 행위가 성립되기 위해서는 행위자와 대상자 사이에 은밀한 내용이 공유되어야 하는데, 다른 장면들은 굳이 숨겨야하거나 엿보아야하는 요소가 없기 때문이다. 다시 말해 창문이나 작은 틈으로 묘사하고 있다고 해서 반드시 감상자의 엿보기 심리가 유발되는 것은 아니라는 것이다. 남녀 사이의 정, 그중에서도 전체 줄거리의 중심이 되는 가보옥과 임대옥의 복잡하고 요란한 정이야말로 매 장면마다 숨죽이고 지켜볼 만큼 독자들의 지대한 관심을 끌 수 있는 요소라고 할 수 있겠다. 가운데의 〈孫溫 제59화〉 역시 보옥과 대옥의 사랑싸움을 묘사하고 있는 장면이다. 손온의 엿보기 시점 구도의 활용을 잘 살펴보면, 창문을 통해 방안의 엿보기가 이루어지는 장면에서 보옥은 유난히 이성과의 신체 접촉이 빈번한 것을 발견할 수 있다. 실외 공간에서는 아무리 대관원 안이라 하더라도 보옥은 대옥이나 다른 여인들과 어느 정도 거리를 유지하고 있다. 하지만 창문 안쪽으로 보이는 방 안의 보옥은 이성과 손을 잡고 있거나 또는 매우 밀착해 있는 모습인데, 이 역시 엿보기 시점을 통해 독자들이 한층 더 보옥의 은밀한 사생활에 접근해 있음을 보여준다.

이처럼 감상자의 엿보기가 성립되기 위해선 대상에 대한 호기심이 반드시 우선되어야 한다. 그렇다면 감상자의 호기심을 유발할 수 있는 장면의 조건은 무엇일까. 여러 가지가 있겠지만, 위에서 이미 언급했듯 손온의 화책에선 남녀 간의 은밀한 정의 교류를 그 첫 번째로 볼 수 있다. 남녀의 애정 서사를 주제로 한 소설이나 희극(喜劇)이 고금을 막론하고 대중들에게 사랑받아온 이유는, 타인의 지극한 사생활에 대한 식지 않는 인간의 엿보기 욕구 때문이라고 할 수 있기 때문이다. 그런 의미에서 애정 서사는 가장 은밀하며 사적이고, 감정적이다. 더군다나 엿보기 대상이 되는 서사 주체가 작품의 주인공이라면 더할 나위 없이 좋은 독자의 관심의 대상이 된다. 그렇기 때문에 손온의 화책에서도 마찬가지로 감상자를 위한 엿보기 구도의 설계는, 가보옥의 사생활과 그의 애정 서사가 중심이 될 수밖에 없는 것이다.

가보옥에겐 대옥 이외에도 특히 친밀한 관계를 형성하는 여인들이 몇 명 있는데, 청문과 습인이 대표적이라고 할 수 있다. 청문과 습인은 보옥과 함께 이홍원에 거주하며 보옥의 가장 가까운 위치에서 시중을 드는 일급 하녀들로, 보옥이 본래 정이 많은 인물로 묘사되긴 하지만, 그들에게는 더욱 각별한 애정을 보인다. 예를 들어 〈孫溫 제111화〉는 보옥이 간밤에 한기가 들어 몸 상태가 안 좋은 청문을 방안으로 들여보내 누워 있도록 한 다음 직접 간호를 해주는 모습을 묘사하고 있다. 여기서 볼 수 있듯 보옥은 매우 다정하고 친밀한 태도로 청문을 돌보고 있는데, 청문과 보옥의 특별한 관계를 엿볼 수 있는 대목이라고 할 수 있겠다. 또한 이 장면에서 창문의 절반이 커튼으로 가려져 있어, 이미 작은 크기의 틈을 더욱 협소하게 만들고 있는 것을 발견할 수 있다. 이는 보옥과 시녀들의 애정 관계는 대옥이나 왕부인 등의 인물들의 눈에 띄지 않아야 한다는 손온의 암묵적인 인식이 깔려있는 것을 반영하고 있으며, 은폐성을 강조하여 감상자에게 어느 정도의 긴장감을 느낄 수 있도록 의도한 것이라 할 수 있겠다. 한편, 화책에는 보옥과 습인이 함께 있는 장면도 종종 엿보기 시점으로 표현되고 있는데, 습인은 마치 누이나 안사람처럼 항상 어른스러운 태도로 보옥을 챙기고 돌보는 책임을 다 하는 인물로, 유일하게 보옥과 운우지정을 나눈 현실 세계의 인물이므로, 신체적으로나 정서적으로나 누구보다도 보옥과 밀접한 관계에 있으며 큰 영향을 미치는 인물이라고 할 수 있기 때문이다. 이처럼 손온은 엿보기 시점을 통해 규방 공간의 함축성을 확장하여 은밀한 교감의 장소로서의 성격을 확립하고, 그림 서사 전개와 독자의 시점 전환에 깊은 영향을 준 것이다.

한편, 가보옥에게는 애정 문제 이외에도 여러 가지 은밀하고 사사로운 일들이 수없이 발생하곤 했는데, 예를 들어 악극단의 배우 장옥함과 서로 갖고 있던 물건을 선물로 주고받는다던지(〈孫溫 제80화〉), 희봉의 생일 연회가 열리는 날 하인을 데리고 몰래 성 밖으로 나가 금천의 제사를 지내준다던지(〈孫溫 제102화〉)의 일들이 그런 것들이다. 때문에 이 장면들은 화폭 안에서 모두 매우 작거나 협소한 공간 안에 묘사되고 있는 것을 발견할 수 있는데, 특히 기둥 뒤로 인물들의 몸을 숨기고, 담벼락으로 몸 대부분을 가리는 등의 방법을 통해 독자들의 엿보기 욕구를 한층 더 강화시키고 있다.

손온은 화책에서 가보옥 뿐만 아니라 다른 여러 인물들의 사건들을 통해 엿보기 시점 구도를 연출하기도 하였다. 화책은 소설 원작의 내용으로 골간을 이루고 있지만, 공간 및 시점의 구도를 짜는 것은 온전히 창작자인 손온의 몫이었다. 즉, 소설 안에서 벌어지는 크고 작은 수많은

〈孫溫 第80화〉

〈孫溫 第102화〉

사건 중에 어떤 사건을 선택할지, 어떤 장면을 어떤 구도로 묘사할지는 화가의 선택에 달려있다는 것은 앞에서 이미 언급한 바 있다. 손온은 일반적으로 먼저 서사 기능이 뛰어난 사건들을 고른 후, 그 중에서 독자의 호기심을 유발할 만한 장면을 선택하기도 하였는데, 즉 은밀한 장면을 선택하여 엿보기 시점을 통해 묘사하기도 하였다. 다음의 〈孫溫 第69화〉는 습인과 대옥이 몰래 보옥이 쓴 게문(偈文)를 주고받는 모습이다. 새빨간 색의 책처럼 생긴 게문을 대옥과 습인이 손에 맞잡고 있는 모습이 독자의 시선을 사로잡는다. 이는 소설 초반, 보옥이 스스로 이치를 깨달았다고 여기며 쓴 게문으로, 이는 이후 소설의 마지막에 출가하게 되는 가보옥의 미래와 연결되는 상징성을 가진 사물 기호이기도 하다. 보옥의 행동을 이상하게 여긴 습인이 몰래 게문을 대옥에게 전달하고, 대옥은 이를 상운과 보차에게 보여주게 된다. 이 장면에는 비록 보옥이 직접적으로 등장하진 않지만, 보옥과 가장 가까운 두 여인이 보옥 몰래 은밀하게 만나는 모습이 엿보기 시점 구도를 통해 묘사되면서, 그림 서사의 긴장된 분위기를 한층 심화시키고 있다.

때때로 손온이 그린 화폭에서 어떤 장면은 지나치게 작아 의식하지 못한채 지나치기 쉬울 뿐만 아니라, 아무리 자세히 들여다보아도 어떤 장면인지 가늠하기 어려울 때가 있다. 위의 〈孫溫 第103화〉가 바로 그런

〈孫溫 제69화〉

〈孫溫 제103화〉

〈孫溫 제100화〉

경우인데, 이 장면은 가련이 포이댁(鮑二家)과 바람을 피우다가 희봉에게 들키는 과정 중에, 화가 난 희봉이 술김에 평아(平兒)를 때리고 가련도 평아를 욕하자, 평아가 억울함과 분함을 못 이겨 울면서 뛰쳐나가게 되며, 마침 이홍원에서 보옥을 만나 그에게 위로받는 장면이다. 평아는 애초에 가련과 희봉의 사람이기 때문에 보옥이 평아에게 마음을 쓸 수 있는 기회가 많지 않았으나, 마침 기회가 되자 정과 성을 다하여 평아를 위로해 주었다. 평아는 평소에 보옥이 오로지 여자들에게 마음을 다하여 대접한다는 이야기를 들었는데, 실로 그것이 분에 넘치는 지경임을 몸소 경험하니, 슬픈 마음은 눈 녹듯이 사라지게 되었다. 다만 이와 관련된 상세한 내막은 화폭 위에 전혀 드러나지 않았으며, 심지어 감상자는 두 사람의 얼굴조차도 제대로 확인하기 어려울 정도이니, 화가는 비록 해당 장면을 화폭에 그려내긴 하였으나, 그 안에 담긴 보옥과 평아의 교감 과정이나 분위기를 밖으로 노출시키고 싶지 않은 마음이 반영되었다고 봐야할 것이다. 또한, 이는 역시 대부분의 하녀들이 보옥을 대할 때 집안의 어른들의 눈치를 살피며, 괜히 눈에 띄어 의심을 사지 않고자 하는 마음이 기저에 깔려있다는 것을 보여주고 있다고 할 수 있겠다. 때문에 이 장면은 해당 화폭을 자세히 들여다보아야만 겨우 발견 할 수 있으며,

발견한다 하더라도 감상자는 그림 속 인물들이 무엇을 하는지 알아보기 어려워 엿보기의 그림 읽기의 난이도가 최상급에 속한다고 할 수 있겠다.

다음의 〈孫溫 제100화〉 역시 엿보기 난이도가 낮지 않은 장면이라고 할 수 있다. 이 장면은 유노파가 대관원에 초대되어 연회를 즐기던 중 화장실에 갔다가 길을 잃어 그만 이홍원 안에서 잠이 든 모습이다. 해당 장면은 시각적으로 붉은색 창문과 화려한 이불의 무늬의 영향을 받아, 화폭 전체에서 유노파의 모습은 쉽게 감상자의 눈에 띄지 않는다. 화폭에는 유노파를 찾아 헤매는 습인의 모습이 함께 묘사되어 있는데, 독자는 제3자의 시점으로 습인의 시선을 따라가다가, 마침내 이홍원의 창문 안으로 세상모르고 곯아떨어진 유노파의 모습을 엿볼 수 있게 된다. 이로써 독자는 습인보다 한발 먼저 유노파를 찾아내면서, 혹여 누군가 유노파의 경거망동한 모습을 볼까 노심초사하게 된다. 동시에 습인이 곧 유노파를 찾아낼 것을 예측하면서 이후의 전개를 상상할 수 있게 된다.

한편 손온은 때때로 화폭 전체를 통해 감상자의 엿보기 시점을 유발하는 경우도 있다. 손온은 연회나 잔치 등 큰 규모의 행사를 묘사할 때 단일 화폭을 자주 사용했는데, 드물게 화폭 전체에 엿보기 틀을 씌우기도 하였다. 예를 들어 다음의 〈孫溫 제115화〉는 영국부에서 열린 정월 대보름날의 밤잔치 모습으로, 이 잔치 장면을 연속으로 그린 두 화폭이 모두 같은 엿보기 시점의 구도로 설계되어 있다. 화폭 전체를 채우고 있는 연회의 전경과 이를 지켜보는 감상자 사이에는 긴 기둥과 칸막이로 가로막혀 있는데, 마치 커다란 창문과 창살을 연상시키는 모양의 틀이 감상자의 엿보기 시점을 성립시킨다. 또 〈孫溫 제98화〉에서는 유노파를 대관원에 초대하여 가모가 철금각(綴錦閣)에서 주연(酒宴)을 펼치고 있는 장면으로, 여기서도 마찬가지로 화폭의 대부분을 차지하고 있는 주연의 전경을 기둥으로 가로막아, 의도적으로 독자로 하여금 연회장을 엿보는 듯한

〈孫溫 제115화〉

〈孫溫 제98화〉

느낌이 들도록 하였다. 때문에 감상자는 더 이상 해당 장면에 접근할 수 없으며, 내부의 인물들의 정서를 공유하는데 제한을 받으며, 나아가 해당 공간과 자신이 철저하게 분리되어 있다는 느낌을 받게 되는 것이다.

즉, 이러한 엿보기 시점 구도는 외부의 시선으로부터 그들을 보호하고 차단하는 작용을 하는 동시에 안을 들여다 볼 수 있는 유일한 틈새를 제공하는 건축물의 이중적인 성질로부터 기인한 것이다. 외부의 시선에는 감상자의 시선도 포함 되는데, 감상자는 마치 가부 밖에 거주하는 외부인의 입장이 되어, 집안 내부에서 벌어지는 화려하고 은밀한 모임 등의 귀족들의 사생활을 엿보고 있는 착각이 들게 된다. 이는 필연적으로 밀폐되거나 제한된 공간을 요구하는 관음증적 욕망의 특성과 건축적 장치가 만나 독자에게 점유자의 심리를 제공하기 때문이다.[48] 또한, 손온은 화책 전체에 걸쳐 여러 차례 연회와 행사를 묘사하였지만, 자칫 중복적으로 느껴질 수 있는 장면들을 이처럼 다양한 시점의 구도로 묘사함으로써, 화폭을 입체적이고 역동적으로 시각화하는데 성공한 것이다.

다시 말해, 다양한 시점 구도는, 화책의 본질적인 시각 예술의 장점을 극대화하여 운용한 것이라고 할 수 있다. 손온은 독자들에게 화폭을 감

48) 이민규, 앞의 논문, p.16.

상할 수 있는 여러 가지 시점을 제공하면서, 시점이 갖는 각기 다른 특색을 통해 자신이 심혈을 기울여 설계한 그림 서사의 세계로 감상자를 지루하지 않게 인도하고 있는 것이다. 또한 화폭을 넘길 때마다 변화하는 시점은, 단순히 페이지를 넘기면서 발생하는 서사의 이동이 아닌, 위에서 아래로, 밖에서 안으로 쉴 틈 없이 독자의 시점을 이동시키며, 그림 서사에 추진력과 역동성을 부여하여 정태의 이미지 텍스트의 동적 실현을 가능하게 하였다.

본 장에서는 손온 화책의 그림 서사에서 구조적인 특징을 시간의 표현과 공간의 표현, 그리고 시점의 표현으로 분류하여 분석하였다. 화책의 서사 구조를 분석하는 궁극적인 목표는 그림 서사로 재현된 『홍루몽』이, 회화 예술의 본질적인 정태의 한계를 뛰어넘기 위해, 화폭의 분할과 확장, 축소와 확대 등의 방식을 총동원하여 서사성을 쟁취하였으며, 다양한 시점의 이동을 통해 화폭과 화폭 간에 일관적이고 단조로운 전환 방식에서 벗어나고자 하였음을 확인하기 위해서이다. 손온은 원작에 충실하면서도 자신만의 색깔로 서사를 재해석 하고자 했으며, 화책에서 보여준 그림 서사의 체계적이고 다양한 시공간 구조와 시점 구조는, 화폭 안을 가득 채우는 그림 기호들이 만들어낸 다채롭고 함축적인 서사가 서로 꿰어지고 발전할 수 있도록 밀어주고 당겨주는 동력이 되었으며, 손온의 화책이 하나의 이미지 텍스트로서 보다 완전한 서사성을 구축하여 원작으로부터 벗어나 그 자체로서 하나의 서사 작품이 될 수 있도록 발판을 마련해 주었다.

제6장
결론

이 글은 중국 청대(清代) 장편 소설의 걸작으로 평가받는 조설근(曹雪芹)의 『홍루몽(紅樓夢)』을 이미지 텍스트로 재현한 동시대의 화가 손온(孫溫)의 『홍루몽』 화책(畫冊)을 연구 대상으로 삼아 그 서사성을 밝히는 것을 목적으로 연구를 진행하였다. 더불어 문학 작품이 이미지 텍스트를 통해 어떻게 예술적 공감을 일으키고, 문자 텍스트 속에 잠복해 있었던 의미들이 화가의 독자적인 시각을 통해 얼마나 새롭게 부각될 수 있는지에 대해 살펴보고자 하였다. 청말 시기 창작된 손온의 화책은 청대에 상업적으로 출판된 여타 『홍루몽』 삽화나 화책과는 달리, 2004년에 이르러서야 비로소 대중에게 전파되기 시작하여, 국내는 물론 중국 현지에서도 손온의 『홍루몽』 화책에 대한 연구는 아직 충분히 이루어지지 않은 바이다. 그러나 진작에 예술성과 문학성을 겸비한 최고 수준의 『홍루몽』 회화 작품이라는 평가를 받아온 만큼, 화책에 대한 좀 더 다양하고 심화된 연구는 분명 시도할만한 가치가 있다고 보았으며, 특히 화책이 자체적인 작품성을 인정받기 위해 서사성에 대한 검증은 반드시 선행되어야 한다고 판단하여 이 글의 연구 주제로 삼게 되었다.

이 글은 총 6개의 장으로 이루어져 있으며, 각 장의 내용에 있어 분량상의 분배가 비교적 균등하게 이루어지지 못한 점이 스스로도 다소 아쉬운 부분이라고 할 수 있으나, 궁극적으로 전체적인 흐름과 짜임에 있어 어색하거나 결핍되는 바가 없도록 구조적인 부분과 내용적인 부분을 특히 고심하였다.

1장에서는 연구 목적을 소개하고 연구 현황과 연구 방법에 대해 간략하게 서술하였다. 연구 현황에는 크게 기존의 『홍루몽』 회화, 그리고 손온의 『홍루몽』 화책에 대한 연구 현황과 대표적인 연구 성과를 정리하였다. 특히 국내에서 손온의 화책에 대한 연구가 거의 이루어지지 않아, 본 연구의 필요성을 재차 확인하였다. 또한 이 글에서 사용된 주요 용어 문제, 명칭 문제, 저본 문제 등에 대해 간략하게 설명하며 이 글 전반에 대한 기본적인 소개를 진행하였다.

2장에서는 본격적으로 손온 『홍루몽』 화책의 서사성을 분석하기에 앞서, 먼저 청대 『홍루몽』 회화의 출현 배경과 발전 양상을 문화사적 측면에서 간략하게 설명하고, 이것이 손온의 『홍루몽』 화책의 탄생과 특성에 어떤 영향을 미쳤는지 살펴보았다. 명청대로 이어지는 백화 장편소설의 발전과 흥성, 그리고 쇠퇴의 과정을 고찰하며, 소설 회화의 변천과정이 이에 밀접한 영향을 받았음을 확인하였다. 이와 더불어 손온 창작 이전의 전통 삽화본과 화책(畵册) 중 대표적인 작품들을 인물 수상 형식과 고사 형식으로 분류하여 간단히 소개하며 전통 『홍루몽』 회화의 특징과 흐름을 파악하였다. 또한 문인 회화와 더불어 청대의 민간 회화 예술인 연화(年畵)와 유리화[玻璃畵], 서호경(西湖景), 나아가 궁중 회화에서 『홍루몽』의 이미지가 어떻게 창작되고 수용되었는지 분석하며, 청대의 문인 회화뿐만 아니라 민간 회화가 손온 『홍루몽』 화책의 창작에 미친 여러 가지 영향에 대해 확인하고자 하였다. 문인 회화와 민간 회화의 여러 작품을 분석 한 뒤, 마지막으로 손온 『홍루몽』 화책의 발견 과정과 서지 사항, 회화적 특징, 그리고 화가에 대해 소개하며, 이 글의 주요 연구 대상을 중심으로 한 본격적인 논의를 시작하였다. 또한 손온 『홍루몽』 화책의 등장이 홍학계에 미친 영향과 중국 대륙은 물론, 아시아를 넘어 세계로 전파되는 양상을 간단히 설명하면서, 전 세계적으로 번역되어 출판된 손온의 화책이 『홍루몽』 회화 연구의 저변을 넓혔으며, 그 예술적 문화적 성취를 인정받고 『홍루몽』 회화본 가운데 충분히 상징성을 지닌 작품으로 거듭나고 있음을 확인할 수 있었다.

3장부터는 논증을 위한 본격적인 논의가 시작되며, 먼저 손온의 『홍루몽』 화책이 메타텍스트의 자격으로 창작되어, 원작의 문자 텍스트의 긴밀한 영향 하에 전체 서사의 골간을 세우고, 화가 손온의 선택과 포기를 거쳐 하나의 새로운 『홍루몽』 텍스트를 이루는 과정을 살펴보았다. 또한 손온은 이미지 텍스트로서 문자 텍스트라는 형식적 간섭에서 완전히 벗어났으며, 화폭에 도장 이외의 문자 텍스트는 일절 배제하였는데, 특히 원작의 내러티브에 심원한 영향을 미쳤다고 할 수 있는 대사, 시사(詩詞) 등의 핵심적인 문자 텍스트의 부재가 손온의 화책에 미친 영향을 확인하였다. 동시에 이미지 텍스트만의 독자적인 그림 서사가 그것을 대체하고, 나아가 그 이상의 효과를 창출하기도 하였음을 확인할 수 있었다. 또한 이미지 텍스트로서의 작품성을 확보하기 위해 손온 화책의 근간이 된다고 할 수 있는 예술적 수준과 문화적 가치를 설명하면서 3장을 마무리하였다. 즉, 3장은 『홍루몽』의 수많은 메타텍스트 중 하나인 손온의 화책이 원작의 보조적 텍스트라고 정의된 한계에서 벗어나기 위해, 원작의 문자 텍스트로부터 탈피하면서도 이미지 텍스트로서 자체적인 서사성을 갖출 수 있었던 전제 조건과 창작 과정에서의 필연적 변화와 특징에 주목하였으며, 최종적으로 아래의 4장과 5장에서 손온 화책의 그림 서사를 분석하기 위해 화책의 정체성을 확립하고 초석을 마련하는 과정이 되었다.

4장에서는 이미지 텍스트로서 손온 화책의 그림 서사에서 일정한 의미를 갖고 서사성을 구축하는데 일조하는 그림 기호들을 집중적으로 해체하여 살펴보고자 하였다. 통상적으로 외시 의미와 함축 의미를 동시에 보유하고 있는 그림 기호는, 상징과 암시를 통해 서사적 예술성을 표현하는 소설 문학의 시각화에 매우 적합하다고 볼 수 있다. 손온은 화책에서 인물 기호, 사물 기호, 배경 기호 등을 다양하게 활용하며, 방대한 원작 텍스트의 내용과 함의를 보다 효과적으로 독자들에게 전달하고자 하였으며, 문자 텍스트의 빈자리를 대체하고, 나아가 문자 텍스트를 뛰어넘는 시각적 의미를 창출하고자 하였다. 손온의 모방과 재창작으로 시각화된 그림 기호들은 인물 기호의 정형화, 사물 기호의 서사화, 그리고 배경 기호의 이미지화 등의 과정에서 직접적이고 막대한 영향력을 미쳤으며, 또한 손온의 그림 서사에 풍부하고 다채로운 해석의 가능성을 열어주기도 하였고, 독자로 하여금 화책을 읽을 때마다 새로운 의미를 음미하고 곱씹을 수 있도록 해주었다. 다시 말해, 다채로운 그림 기호들은 손온의 화책에서 이미지 언어의 역할로서 독자와 화책이 소통할 수 있는 수단이 되었고, 나아가 화책이 이미지 텍스트로서 원작의 그늘로부터 벗어나 소설 텍스트와는 전혀 다른 색깔과 매력을 지닌 홍루 서사를 구현할 수 있는 원천이 되었다. 이로써 손온 『홍루몽』 화책은 자체적으로 완전하고 풍요로운 이야기성을 지닌 이미지 텍스트로서 독자들에게 전파되고 수용될 수 있는 가능성에 한 발 더 다가설 수 있게 된 것을 확인 할 수 있었다.

5장에서는 화책의 서사성을 확인하는 마지막 과정으로, 정태(靜態) 예술인 이미지 텍스트가 동태성(動態性)이 강한 서사 문학을 재현해 내기 위해 사용한 그림 서사의 구조적인 전략에 대해 살펴보았다. 손온 화책의 그림 서사에서 구조적인 특징은 시간의 표현과 공간의 표현, 그리고 시점의 표현으로 분류하여 분석하도록 하였다. 이를 통해 그림 서사로 재현된『홍루몽』이, 회화 예술의 본질적인 정태의 한계를 뛰어넘기 위해, 화폭의 분할과 확장, 공간의 축소와 확대 등의 방식을 총동원하여 서사성을 쟁취하였으며, 다양한 시점의 이동을 통해 화폭과 화폭 간에 일관적이고 단조로운 전환 방식에서 벗어나는 동시에 그림 서사의 동적(動的) 전개를 도모하였음을 확인하였다. 손온은 원작에 충실하면서도 자신만의 색깔을 입혀 서사를 재해석 하고자 했으며, 화책에서 보여준 그림 서사의 체계적이고 다양한 시공간 구조와 시점 구조는, 화폭 안을 가득 채우는 그림 기호들이 만들어낸 다채롭고 함축적인 이야기가 서로 꿰어지고 발전할 수 있도록 밀어주고 당겨주는 동력이 되었으며, 손온의 화책이 하나의 이미지 텍스트로서 보다 완전한 서사성을 구축하여 원작의 지지와 상호 작용 아래 자체적인 작품성을 취득할 수 있도록 하는데 결정적인 역할을 하였음을 확인하였다.

종합적으로 이 글은 손온이 한 폭의 그림 서사를 완성하기 위해서, 원작의 내용, 미술 언어, 그림 기호, 나아가 서사적 구조까지 모두 고려하였으며, 감상자가 이를 온전히 해독해 내기 위해선 그와 관련된 여러 가지 이해가 필수적으로 수반되어야만 함을 확인할 수 있었다. 이 글에서 화책의 서사성을 확인하는 과정을 요약해보면, 먼저 소설 원작(문자 텍스트)에서 화책(이미지 텍스트)로 전환되는 과정과 특징을 알아보고, 문자 텍스트로부터의 탈피로 인해 발생하는 현상들을 확인하였으며, 시각 이미지로써 그 빈자리를 대체할 수 있다는 가능성을 제시하였다. 다음으로 손온의 화책 안에서, 문자 텍스트를 대체 하거나 그를 뛰어넘는 그림 기호들의 상징성과 서사적 기능을 분석하였다. 즉, 손온 화책이 텍스트로서 독립 가능할 만큼 충분한 이야기성을 보유하였는지 확인하였다. 마지막으로 서사성에서 가장 핵심 요소라고 할 수 있는 '앞으로 나아가는 성질'을, 그림 서사의 구조적인 부분을 통해 확인하여, 정태(靜態)의 단편적인 이미지 텍스트가, 마침내 동적인 서사성을 가질 수 있도록 동태성을 부여하는 구조적 장치들을 분석하였다. 즉, 손온 화책이 이미지 텍스트로서 자체적으로 충분한 서사적 연속성과 추진성을 보유하였는지 확인하는 것을 목적으로 하였다. 그리하여 손온 화책의 그림 서사는 탁월한 예술성을 기반으로, 충분한 이야기성과 연속성, 동태성을 지녔으므로, 이미지 텍스트로서 독창적인『홍루몽』세계를 구축하고 표현할 수 있는 자체적인 서사성을 갖고 있다는 결론에 이를 수 있었다.

한편, 이 글은 손온의 화책이 지닌 다양한 현상들에 최대한 상세하고 친절하며 체계적인 논의를 진행하고자 하였으나, 연구의 과정과 결과에 있어 여러 가지 한계와 문제점이 존재하는 것이 사실이다. 가장 먼저 필자는 이 글을 통해 손온 화책에 대한 최대한 많은 정보를 전달하고자 하였으나, 이미 창작시기로부터 긴 시간차를 두고 발견되었으므로 화가는 물론 창작 동기 및 당시의 환경에 대한 정보 등을 충분히 얻는 것이 불가능해, 기존의 여러 논문과 연구서의 고증을 참조하여 정리하는 수준에 그칠 수밖에 없었다는 점이 아쉬움으로 남았다. 이러한 물리적인 제한은 손온 화책의 여러 가지 특징을 분석하는데도 어쩔 수 없는 한계로 작용하였음은 물론이다. 또 한 가지는, 각 장에서 이루어지고 있는 그림 분석이, 다소 표면적이고 단순한 구조로 반복되고 있으며, 각 그림에 대해서 보다 심도 있는 분석이 이루어지지 못하였고, 나아가 원작의 서사와 관통하는 화책 전체에 걸친 거시적인 분석 역시 부족하다고 할 수 있어, 이는 모두 필자의 추후 연구 과제로 남겨두는 바이며, 이 글을 바탕으로 앞으로 다양한 연구를 확대, 발전시켜 나갈 수 있는 기회로 삼고자 한다.

이미지 텍스트는 시대를 불문하고 많은 사람들에게 시각적 즐거움과 감동을 선사하며 문자 텍스트와는 전혀 다른 장르로서 존재하여 왔다.

특히 현대사회에 이르러 사람들은 생활에서 끊임없이 누적되는 내외적 피로로 인해, 점차 여가 시간을 할애해 문자 텍스트를 읽으려는 노력이나 의지가 저하되어 온 것이 사실이다. 반면, 시각적 감상만으로도 정신적 환기와 심리적 위로가 가능한 이미지 텍스트의 역할은 끊임없이 대두되어 오고 있다. 이런 의미에서 고전 인문학 분야의 작품에서 파생된 이미지 텍스트의 특징과 아름다움을 재확인하는 일은, 분명 학술적 가치를 넘어 또 다른 대중적 가치를 창출할 수 있는 가능성을 열어줄 것이라고 생각하며 이 글을 마친다.

참고 문헌

1. 사전류

한국사전연구사 편집부, 『미술사전: 용어편』, 한국사전연구사, 1998.

한국문학평론가협회, 『문학비평용어사전』, 국학자료원, 2006.

馮其庸, 李希凡, 『《紅樓夢》 大辭典』, 北京: 文化藝術出版社 2010.

2. 단행본

• 원전

(清) 曹雪芹·高鶚, 『紅樓夢』, 北京: 人民文學出版社, 1996.

曹雪芹·高鶚 著; 《홍루몽》, 최용철 고민희 역, 나남, 2009.

劉廣堂 主編, 旅順博物館 編輯, 『清·孫溫繪全本紅樓夢』, 北京: 作家出版社, 2007.

旅順博物館, 『夢影紅樓: 旅順博物館藏孫溫繪全本紅樓夢』, 上海: 古籍出版社, 2017.

• 국내·외 출판 단행본

고위공, 『문학과 미술의 만남』, 미술문화, 2004.

공성수, 『소설과 삽화의 예술사: 한국 근대소설의 형성과 소설 삽화』, 소명출판, 2020.

김경용, 『기호학의 즐거움』, 민음사, 2001.

김광요, 『드라마사전』, 문예림, 2010.

김동환, 『인지언어학과 의미』, 태학사, 2005.

김세리, 『시각과 이미지』, 이담Books, 2013.

김욱동, 『대화적 상상력: 바흐친의 문학 이론』, 문학과 지성사, 1988.

김정희, 『스토리텔링이란 무엇인가』, 커뮤니케이션북스, 2014.

김천혜, 『소설 구조의 이론』, 문학과 지성사, 1991.
신영주, 「조선시대 지식인들의 동물 애호와 문학적 형상 - 응(鷹), 견(犬), 학(鶴), 마(馬)를 중심으로」, 『동방한문학』 61, 동방한문학회, 2014.
윤열수, 『신화 속 상상동물 열전』, 한국문화재재단, 2010.
이계주, 『홍루몽 시사 간론』, 도서출판 다운샘, 2005.
이상희, 『꽃으로 보는 한국문화(3)』, 넥서스, 2004.
이어령, 『공간의 기호학』, 민음사, 2000.
정민, 『한시 속의 새, 그림 속의 새(1)』, 효형, 2003.
조용진·배재영, 『동양화란 어떤 그림인가』, 열화당, 2002.
조용훈, 『문학과 그림』, 효형 2004.
최용철·고민희·김지선, 『붉은 누각의 꿈: 〈홍루몽〉 바로보기』, 나남, 2009.
허동화, 『우리가 정말 알아야 할 우리 규방 문화』, 현암사, 2006.
현은자, 『그림책의 그림읽기』, 마루벌, 2004.

권용호 역주, 『송원희곡사』, 학고방, 2007.
고트홀트 에프라임 레싱 저, 『라오콘: 미술과 문학의 경계에 관하여』, 윤도중 역, 나남, 2008.
데이비드 루이스 저, 『현대 그림책 읽기』, 이혜란 역, 작은씨앗, 2008.
루돌프 아른하임 저, 『미술과 視知覺』, 김춘일 역, 기린원, 1988.
볼프강 이저 저, 『독서행위』, 이유선 역, 신원문화사, 1993.
아리스토텔레스 저, 『아리스토텔레스의 시학』, 최상규 역, 仁義, 1989.
에른스트 H. 곰브리치 저, 『예술과 환영: 회화적 재현의 심리학적 연구』, 차미례 역, 열화당, 2003.
움베르토 에코 저, 『기호학 이론』, 서우석 역, 문학과 지성사, 1991.
테레사 콜러머 저, 『그림책의 미학』, 안지성 역, 교문사, 2014.
H. R. 야우스 저, 『도전으로서의 문학사』, 장영태 역, 문학과 지성사, 1983.
H. 포터 애벗 저, 『서사학 강의』, 우찬제 역, 문학과 지성사, 2010.
薄震元 저, 『의경: 동아시아 미학의 거울』, 신정근 역, 성균관대학교 출판부, 2013.
曹雪芹 글, 孫溫 그림, 『그림과 함께 읽는 홍루몽』, 강병국 역, 진한엠앤비, 2019.
單國強 저, 『중국미술사(4): 明·淸부터 근대까지』, 유미경 역, 다른생각, 2011.

한린더 저, 『한 권으로 읽는 동양 미학』, 이찬훈 역, 이학사, 2012.
노자키 세이킨 저, 『중국미술상징사전: 상서로운 도안과 문양의 상징적인 의미』, 변영섭 역, 고려대학교출판부, 2011.
오키 야스시 저, 『중국 명말의 미디어 혁명』, 고인덕 역, 연세대학교 대학출판문화원, 2013.

阿英, 『阿英美術論文集』, 北京: 人民美術出版社, 1982.
____, 『中國連環圖畵史話』, 濟南: 山東畵報出版社, 2009.
薛冰, 『插圖本』, 南京: 江蘇古籍出版社, 2002.
陳驍, 『淸代『紅樓夢』的圖像世界』, 浙江工商大學出版社, 2015.
洪振快, 『紅樓夢古畵錄』, 人民文學出版社, 2007.
劉中項, 『古今小說傳承溯探』, 嶽麓書社, 2001.
龍迪勇, 『空間敍事研究』, 北京: 生活·讀書·新知三聯書店, 2014.
魯迅, 『魯迅全集』 第八卷, 北京: 人民文學, 1991.
錢大昕, 『潛研堂文集』 卷17·〈正俗〉, 台北: 商務印書館, 1981.
葉夢得, 『石林燕語』 卷10, 台北: 商務印書館, 1971.
顔彦, 『中國古代四大名著插圖研究』, 北京: 社會科學文獻出版社, 2014.
一粟, 『紅樓夢書錄』, 上海古籍出版社, 1981.
周錫山, 『『紅樓夢』的人生智慧』, 上海錦繡文章出版社, 2013.
鄭振鐸, 『揷圖本中國文學史』, 北京: 人民文學出版社, 1982.
______, 『中國古代木刻畵史略』, 上海: 上海書店出版社, 2010.
Stewig. J.W., 『Looking at Picture Books』, Highsmith Press, 1995.

3. 학위논문

• 국내·외 학위논문

노인정, 「중국 연환화(連環畵)의 예술형식에 관한 연구: 중국학파 애니메이션과의 미학적 연관을 중심으로」, 한서대학교 박사학위논문, 2018.
우영숙, 「청대 소주(蘇州) 민간연화(民間年畵) 연구: 건륭연간의 판화작품을 중심으로」, 명지대학교 박사학위논문, 2016.
조미원, 「『紅樓夢』에 나타난 情의 敍事化 樣相 研究」, 연세대학교 박사학위논문, 2004.

김수현, 「명청 소설의 삽도 연구」, 고려대학교 석사학위논문, 2005.
노선아, 「청대 『紅樓夢』의 전파와 수용양상 연구」, 고려대학교 석사학위논문, 2009.
유연주, 「〈金瓶梅〉 속 관음증적 시선 연구」, 이화여자대학교 석사학위논문, 2013.
이민규, 「무력화된 시선의 주체성」, 경기대학교 석사학위논문, 2002.
이민지, 「張愛玲 文學과 揷畵의 關係 研究: 〈傳奇〉를 中心으로」, 이화여자대학교, 석사학위논문, 2017.
이승아, 「1930년대 여성작가의 공간의식 연구」, 이화여자대학교 석사학위논문, 2000.
이진삼, 「『紅樓夢』의 人物 晴雯 研究」, 제주대학교 석사학위논문, 2015.
이혜선, 「오윤 삽화의 기호학적 연구」, 중앙대학교 석사학위논문, 2008.
Cheers Carmen, 『중국회화의 횡권(橫卷) 형식 연구」, 성균관대학교 석사학위논문, 2011.
LUO JING, 「송대 계화와 기법 연구」, 고려대학교 석사학위논문, 2016.

陳驍, 「清代『紅樓夢』的圖像世界」, 中國美術學院 博士學位論文, 2012.
高雁, 「『紅樓夢』圖文關系的審美嬗變」, 遼寧大學 博士學位論文, 2017.
金秀玹, 「明清小說插圖研究: 敍事的視覺再現及文人化商品化」, 北京大學 博士學位論文, 2013.
劉琛, 「圖像敍事: 當代文化的視覺轉向』, 北京語言大學 博士學位論文, 2006.
沈其旺, 「中國連環畵敍事研究』, 上海大學 博士學位論文, 2011.
蔡紅曦, 「論楊柳靑『紅樓夢』年畵的藝術特征』, 首都師範大學 碩士學位論文, 2014.
霍願願, 「孫溫『紅樓夢』繪本中場景的繪畵語言探析」, 山西大學 碩士學位論文, 2019.
屈一冰, 「清代小說插圖藝術研究」, 河南大學 碩士學位論文, 2019.
張哲, 「孫溫『紅樓夢』繪本中“畵中畵”研究」, 山西大學 碩士學位論文, 2019.

4. 연구논문

• 국내·외 연구논문

강현실·서성, 「명청 서사 삽화의 역사적 전개와 공간의 확장」, 『중국문화연구』 28, 중국문화연구학회, 2015.
고명주, 「《홍루몽(紅樓夢)》과 《경화연(鏡花緣)》의 공간 설정 비교 연구」, 『중국

어문논총』 76권, 중국어문연구회, 2016
_____, 「《홍루몽(紅樓夢)》」 劉姥姥進大觀園의 인지시학적 분석-〈도화원기(桃花源記)〉와 비교를 중심으로」, 『중국어문논총』 78, 중국어문연구회, 2016.
_____, 「紅樓夢 플롯의 선택적 재현과 시각화 - 孫溫 紅樓夢 畵冊을 중심으로」, 『중국학논총』 74, 중국학연구소, 2021.
고창수, 「메타텍스트의 이야기 구조」, 『한성어문학』 24집, 한성어문학회, 2005.
공성수, 「근대 소설 형성기 번안소설 삽화의 구성 원리 연구 - 『매일신보』에 연재된 조일재의 번안소설 삽화를 중심으로」, 『한국문학이론과 비평』 17(2), 한국문학이론과 비평학회, 2013.
김송도, 「영상 문화와 기호학: 말, 글, 그림-융합기호학 서설」, 『기호학연구』 7, 한국기호학회, 2000.
김수현, 「재학화된 인물표상: 《紅樓夢》과 《鏡花緣》의 인물-기물 삽도 연구」, 『중국소설논총』 38, 한국중국소설학회, 2012.
_____, 「청대 器物 문화와 일상의 심미화 - 《紅樓夢》 텍스트와 삽화 속의 기물 재현을 중심으로」, 『중국소설논총』 64, 한국중국소설학회, 2021
김용기, 「인간 욕망의 표출 '엿보기'= 에도가와 란포의 「호반정사건」을 중심으로」, 『일본문화연구』 40권, 동아시아일본학회, 2011.
김한영, 「책과 미술, 그 질긴 인연」, 『예술문화논총』 11, 서원대학교미래창조연구원, 2002.
김홍중, 「문화사회학과 풍경(風景)의 문제: 풍경 개념의 구성과 그 가능성에 대한 이론적 탐색」, 『사회와 이론』 6, 한국이론사회학회, 2005.
박민정, 「청대 『홍루몽』 삽도」, 『충북사학』 20, 충북사학회, 2008.
서성, 「청대 孫溫이 그린 《전본 홍루몽》 화책의 서사 표현 방식」, 『홍루아리랑』 3, 한국홍루몽연구회, 2017.
____, 「『삼국지평화』 삽화의 편집 기획과 공간 운용 방식」, 『중국문화연구』 41, 중국문화연구학회, 2018
____, 「명청 서사 삽화 중의 이시동도(異時同圖)와 이지동도(異地同圖)」, 『한국학연구』 38권, 인하대학교 한국학연구소, 2015.
서성·강희안, 「조함미(曹涵美)가 그린 『금병매화집(金瓶梅畵集)』의 심리 표현 연구」, 『중국문화연구』 46, 중국문화연구학회, 2019.
서성·조성천, 「악각본 〈서상기〉 삽화의 특징과 표현 효과」, 『중국문화연구』 제

38, 중국문화연구학회, 2017.
신영주, 「조선의 문헌 속에 그려진 米芾의 몇 가지 형상에 관한 소고」, 『한문고전연구』 36(1), 한국한문고전학회, 2018.
엄정희, 『그림, 소설, 상호텍스트성의 미학적 효과 – 김영하의 『나는 나를 파괴할권리가 있다』와 『빛의 제국』을 중심으로』, 단국대학교 한국문화기술연구소, 2007.
채우석, 「《紅樓夢》의 우삼저 形象 硏究」, 『중국학논총』 9, 한국중국문화학회, 2000.
최병규, 「《홍루몽》 인물의 이해」, 『인문과학연구』 3, 안동대학교 인문과학연구소, 2000.
최용철, 「청대 홍루몽의 판본삽화와 대중전파」, 『중국어문논총』 83, 중국어문연구회, 2017.
_____, 「《홍루몽》 서사구조의 예술기법 연구(1)」, 『중국학논총』 27, 중국학연구소, 2010.
최윤철, 「한국전통회화에서 사용된 부감법에 대한 연구」, 『기초조형학연구』 12(4), 한국기초조형학회, 2011.
한혜경, 「《홍루몽》의 꿈과 상징성」, 『국제중국학연구』 44, 한국중국학회, 2001.
홍상훈, 「《홍루몽》에 나타난 꿈의 성격」, 『중국문학』 72, 한국중국어문학회, 2012.

阿英, 「漫談紅樓夢的插圖和畵册—紀念曹雪芹逝世二百周年」, 『文物』, 1963.
蔡倩, 「"敍事視角"下的故事再現: 論孫溫全本《紅樓夢》構圖模式與特色」, 『曹雪芹研究』, 2020.
曹立波, 「『增評補圖石頭記』的傳播盛況述評」, 『紅樓夢學刊』, 2004.
陳光鎰, 「連環畫名稱的由來」, 『連環畵研究』 15, 上海: 上海人民美術出版社連環畫編輯室, 1979.
崔人元, 「清代孫溫繪《紅樓夢》的價值分析」, 『中國書畫』, 2015.
潘建國 저, 「서양 사진 석인술과 근대 중국 고전 소설 삽화본의 부흥」, 『코키토』 66, 조문희 역, 부산대학교 인문학연구소, 2009.
房學蕙, 「卷帙浩繁, 富麗精雅——旅順博物館藏『紅樓夢』圖册探析」, 『榮寶齋』, 2007.

葛英穎, 「孫溫繪全本《紅樓夢》中人物繪畫的借鑒手法」, 『四川教育學院學報』, 2008.
靜軒, 「改琦: 來自紅樓夢時代的閣像一改琦『紅樓夢圖詠』研究」, 『紅樓夢學刊』, 2006.
____, 「萬樹桃花月滿天——當代紅樓夢繪畫研究」, 『紅樓夢學刊』, 2014.
林樹中, 「連環畫史溯源」, 『連環畫論叢』 6, 北京: 人民美術出版社, 1983.
劉廣堂, 「丹青造奇境癡絕畫紅樓——孫溫繪全本《紅樓夢》的特色·繪制年代及作者略考」, 『清孫溫全本紅樓夢』, 北京: 作家出版社, 2004.
劉心武, 「霜前月下誰家種——評析孫溫繪『紅樓夢』」, 『紅樓望月』, 南京: 江蘇人民出版社, 2010.
龍迪勇, 「圖像敍事與文字敍事——故事畫中的圖像與文本」, 『江西社會科學』, 2008.
莫軍華, 徐晨, 徐婧, 「孫溫繪《紅樓夢》敍事性的"畫框"圖式構成」, 『裝飾』, 2020.
孫怡姝, 「淸代的宮廷藝術——院畫」, 『滿族研究』, 1994.
孫左滿, 「淸代孫溫繪《紅樓夢》的面世研究和複制」, 『紅樓夢學刊』, 2016.
唐妍, 「紅樓閨閣空間的圖像敍事——以孫溫所繪『全本紅樓夢』爲例」, 『浙江學刊』, 2016.
王克文, 「傳統中國畫的'異時同圖'問題」, 『美術研究』, 1988.
苑軍·苑博雄, 「淸代《紅樓夢》題材年畫的藝術特色探論」, 『紅樓夢學刊』, 2019.
張鴻生, 「《紅樓夢》的連環圖畫作品」, 『紅樓夢學刊』, 2008.

가토 테추히로 저, 「이미지와 텍스트: 이야기 회화와 해석의 문제」, 『미술사 논단』 10, 이원혜 역, 한국미술연구소, 2000.

찾아보기

ㄴ

ㄷ, ㄹ

ㅇ

민족문화연구총서 출간현황(~2024.12.30)

NO	서명		저자	정가
1	총서1	19世紀 韓國 傳統社會의 變貌와 民衆意識	진덕규	9,000
2	총서2	洪武正韻譯訓의 新研究	박병채	10,000
3	총서3	고조선에 대한 새로운 해석	김정배	35,000
4	총서4	韓國 近代教育法制 研究	안기성	13,000
5	총서5	韓國 近代戱曲史 研究	서연호	11,000
6	총서6	韓國 巫俗의 綜合的 考察	김인회	9,000
7	총서7	朝鮮 後期의 詩經論과 詩意識	김흥규	8,000
8	총서8	高麗時代 佛教詩의 研究	인권환	9,000
9	총서9	韓國 現代詩意識 研究	이기서	8,000
10	총서10	道家思想의 研究	이강수	8,000
11	총서11	조선후기 군수광공업사 연구-조총·화약·연환제조를 중심으로	유승주	22,000
12	총서12	西學에 대한 韓國實學의 反應	최동희	9,000
13	총서13	朝鮮前期 制度言論 研究	목정균	9,000
14	총서14	韓國 現代詩史의 代位的 構造	오탁번	7,000
15	총서15	개정증보-金鰲新話 研究	설중환	17,000
16	총서16	韓國의 傳統婚禮 研究	박혜인	9,000
17	총서17	古小說의 原始宗教思想 研究	박용식	10,000
18	총서18	가톨릭과 朝鮮後期 社會變動	노길명	10,000
19	총서19	1920年代 韓國小說 研究	송하춘	8,000
20	총서21	朝鮮後期 天主教史 研究	조광	8,000
21	총서23	朝鮮後期 小說讀者 研究	대곡삼번	7,000
22	총서24	전면개정판-한국의 옛길 嶺南大路	최영준	28,000
23	총서25	金東仁 研究	김춘미	9,000
24	총서26	韓國古代社會의 軍事와 政治	김영하	13,000
25	총서27	古墳出土 副葬品 研究	윤세영	10,000
26	총서31	云丁散藁	김춘동	15,000

27	총서32	韓國現代詩의 意識現象學的 硏究	최동호	9,000
28	총서34	韓國 家庭小說 硏究	우쾌제	10,000
29	총서36	國語被動 硏究	배희임	8,000
30	총서37	韓國古典文學의 原典批評的 硏究	정규복	11,000
31	총서38	企齋記異 硏究	소재영	10,000
32	총서40	法을 통한 朝鮮植民地 支配에 관한 硏究	영목경부	14,000
33	총서42	국어내용연구1	배해수	14,000
34	총서43	日帝末期의 韓國小說 硏究	김종균	12,000
35	총서44	國語 體言化構文의 硏究	홍종선	8,000
36	총서45	羅末麗初의 豪族과 社會變動 硏究	김갑동	10,000
37	총서46	古代國語學 硏究	박병채	13,000
38	총서47	牧民心鑑 硏究	김성준	8,000
39	총서48	韓國傳統音樂 論究	한명희	9,000
40	총서49	漢字語系 歸化語 硏究	조세용	7,000
41	총서51	韓國近代教育思想 硏究	차석기	11,000
42	총서53	古代國語의 語彙 硏究	천소영	9,000
43	총서54	春香傳의 辭說形成 原理	전경욱	9,000
44	총서55	近代轉換期의 言語와 文學	홍일식	9,000
45	총서56	北靑方言의 音韻論	이기동	7,000
46	총서57	韓國文學의 考證的 硏究	최강현	14,000
47	총서58	현대시·시조통합이론	민병기	15,000
48	총서59	高麗 武臣政權期 農民·賤民抗爭 硏究	이정신	10,000
49	총서60	白頭山 說話 硏究	정재호	18,000
50	총서63	朝鮮朝 畿湖學派의 禮學思想에 關한 硏究	배상현	13,000
51	총서65	栗谷李珥의 聖學硏究	장숙필	7,000
52	총서66	韓國古地名辭典	전용신	14,000
53	총서67	高麗·朝鮮時代 敍事文學 發展의 硏究	성택승	8,000
54	총서68	渤海史의 綜合的 考察	한규철	14,000

55	총서70	韓國 近代小說論 硏究	윤충의	9,000
56	총서72	韓國近世 禪家文學	서규태	8,000
57	총서73	조선 중기 정치권력구조 연구	정홍준	9,000
58	총서75	조선후기 운서 한자음 연구	정경일	11,000
59	총서77	高麗 前期 私田 硏究	윤한택	8,000
60	총서78	근대 한국 고등교육 연구	한용진	25,000
61	총서79	심능숙 문학의 연구	장효현	15,000
62	총서81	韓國 近代 文學批評論 硏究	신재기	10,000
63	총서85	한국 현대비평의 문체	이병헌	11,000
64	총서87	조선후기 시가의 현실인식	박노준	12,000
65	총서89	고구려 전기 정치사 연구	금경숙	9,000
66	총서90	독립국가연합 고려인의 생활과 의식	윤인진	10,000
67	총서91	美軍政下의 敎育政策 硏究	김용일	10,000
68	총서92	조선시대 성리학의 연구	윤사순	10,000
69	총서93	朝鮮後期 中人層 漢文學의 硏究	윤재민	14,000
70	총서94	범주문법	강범모	8,000
71	총서95	조선 후기 우화소설 연구	정출헌	12,000
72	총서96	高麗後期 政房 硏究	김창현	12,000
73	총서97	토끼傳·水宮歌 硏究	인권환	16,000
74	총서100	日帝下의 朝鮮貿易 硏究	송규진	10,000
75	총서101	지리산지 농업과 촌락 연구	정치영	20,000
76	총서103	高麗時代 中樞院 硏究	박용운	14,000
77	총서104	조선초기 전세제도 연구	강제훈	13,000
78	총서106	기정진 철학사상 연구	박학래	9,000
79	총서107	조선후기 인성·물성논쟁의 연구	이애희	13,000
80	총서109	서사문법시론	강헌국	9,000
81	총서110	북간도 한인사회의 형성과 민족운동	김춘선	32,000
82	총서111	주자학에서 실학으로	김용헌	35,000

83	총서113 朝鮮初期 性理學과 歷史學-기억의 복원, 좌표의 성찰	오항녕	18,000
84	총서114 조선후기 사회변화와 시가문학	정흥모	20,000
85	총서116 판소리 유파와 명창의 세계	김기형	22,000
86	총서117 조선후기 시가사와 가곡 연행	신경숙	20,000
87	총서119 性理學 受容器 佛教 批判과 政治思想的 變容 -鄭道傳과 權近을 중심으로	이정주	13,000
88	총서122 조선후기 가집 연구	이상원	27,000
89	총서123 개정판-학교문법교육론	이관규	24,000
90	총서124 근대 동아시아와 한국 자본주의	김윤희	18,000
91	총서125 조선후기 자연학의 동향	김문용	13,000
92	총서127 한국 고전소설과 정신분석학	강상순	25,000
93	총서128 미국의 헤게모니와 한국민족주의	허　은	23,000
94	총서130 한용운과 근대성	김종인	15,000
95	총서131 大韓帝國期 民族談論과 國家構想	백동현	16,000
96	총서132 19세기 문예사와 기생의 한시	박영민	20,000
97	총서136 빈도 효과-코퍼스를 활용한 국어 문법의 기술	김일환	18,000
98	총서137 규방가사의 전통성과 근대성	백순철	20,000
99	총서138 일제 강점기 설화·동화집 연구-우리 옛이야기의 정체성 찾기	권혁래	18,000
100	총서139 신문관의 출판 기획과 문화운동	권두연	30,000
101	총서140 아동문학의 숨은 의미와 가치	노제운	16,000
102	총서142 한국의 자유민주주의와 『사상계』	이상록	24,000
103	총서143 전통연행을 보는 또 하나의 시각	허용호	35,000
104	총서144 조선조 오륜시가의 역사적 전개 양상	하윤섭	24,000
105	총서145 정약용의 철학사상과 체제개혁론-주희와의 비교를 중심으로	전성건	15,000
106	총서146 누정기를 통해 본 한국한문산문사	안세현	16,000
107	총서147 시적 정의와 시의 윤리	여태천	24,000
108	총서148 16세기 후반~17세기 전반 산문 연구	안득용	23,000
109	총서149 검열, 실종된 작품과 문학사의 복원	문한별	22,000

民族文化研究叢書 167

손온 홍루몽 화책의 서사성 연구

2025년 1월 8일 초판 1쇄 펴냄

저　자 고명주
발행인 허은
발행처 고려대학교 민족문화연구원

등록번호 1964년 9월 28일 제6-18호
주소 서울특별시 성북구 안암로 145
전화 02-3290-1610~4
팩스 02-926-8385
http://riks.korea.ac.kr

ISBN 978-89-7155-196-7 94080
978-89-7155-073-1 (세트)

정가 26,000원